AI시대의 SW아키텍트 입문 필독서

실무에서 사용하는
UML기반의 소프트웨어
아키텍처 설계

UML-based software architecture design used in practice

홍석우 지음

P R E F A C E

소프트웨어 개발은 단순한 코딩 이상의 의미를 갖습니다. 최근의 복잡한 시스템을 효과적으로 설계하고 유지보수하려면 체계적인 아키텍처 설계가 필수적이며, 이를 위한 주요한 설계 도구 중 하나가 UML(Unified Modeling Language)입니다.

UML은 소프트웨어의 구조와 동작을 시각적으로 표현함으로써 개발자, 설계자, 프로젝트 관리자 간의 원활한 커뮤니케이션을 가능하게 하고, 보다 명확한 요구사항 정의와 설계를 돕는 강력한 도구입니다.

이 책 "실무에서 사용하는 UML 기반의 소프트웨어 아키텍처 설계"는 UML을 단순한 이론적 개념이 아니라 실무에서 어떻게 활용할 수 있는지를 중점적으로 다룹니다. 특히, 소프트웨어 개발 프로세스 내에서 UML을 효과적으로 사용하는 방법과, 다양한 아키텍처 패턴을 적용하여 고품질 소프트웨어를 설계하는 방법을 소개합니다.

책의 구성

본서는 총 다섯 개의 부로 구성되어 있습니다.

1부에서는 소프트웨어 설계와 아키텍처의 기본 개념을 다루고, UML이 실제 프로젝트에서 어떤 역할을 하는지 설명합니다. UML의 주요 다이어그램과 개발 프로세스에서의 활용 방안을 살펴봅니다.

2부에서는 UML의 핵심 다이어그램을 실무에서 어떻게 활용하는지를 설명하며, StarUML과 같은 도구를 사용하여 실습을 진행합니다. 특히, UseCase Diagram과 Component Diagram을 작성하는 방법을 중점적으로 다루며, 실전 과제를 통해 학습 효과를 극대화합니다.

3부에서는 실무에서 자주 활용되는 소프트웨어 아키텍처 프레임워크와 품질 모델을 설명하고, SEI ADD(Attribute Driven Design)와 같은 국제 표준의 설계 기법을 적용하는 방법을 다룹니다. 이를 통해 실무에서 요구되는 설계 품질을 높이는 방법을 익힐 수 있습니다.

PREFACE

4부에서는 MSA(MicroService Architecture) 환경에서 자주 사용되는 아키텍처 패턴을 상세히 설명합니다. 최근 클라우드 환경에서 널리 활용되는 CQRS, Saga, API Gateway 등의 패턴을 실무 사례와 함께 다루며, 확장 가능하고 유연한 시스템을 구축하는 방법을 소개합니다.

마지막으로 5부에서는 소프트웨어 아키텍처 평가 기법을 학습하고, ATAM(Architecture Tradeoff Analysis Method)과 같은 평가 모델을 실무에 적용하는 방법을 실습합니다. 이를 통해 설계의 품질을 지속적으로 관리하고 개선하는 전략을 습득할 수 있습니다.

이 책을 통해 기대할 수 있는 것

이 책은 저자가 최근 3년간 15차수에 걸쳐서 삼성SDS 및 삼성전자의 차세대 예비 아키텍처 인력 300여명 이상에 대한 양성 경험을 포함하여, 캄보디아 최고 명문 RUPP(국립대) 컴퓨터학부 교수진 대상 교육, 나이지리아 금융위 직원 대상 교육, 인도네시아 대통령궁 ICT직원 대상 교육, 수원대, 숭실대, 한국산업기술대, 가천대, 한국 생산성 본부, 비트 교육센터, 우송IT교육센터, 인도네시아 ICT공무원 연수 등 국내외 다양한 교육기관에서의 SW아키텍처 인력 양성 경험 및 우즈베키스탄, 우간다, 페루, 인도네시아, 나이지리아, 베트남, 캄보디아 정부 및 교육기관, 의료기관에 대한 IT Advisory 및 Enterprise Architecting 경험, 한국증권금융, 신한은행, 현대카드, 행정안전부, 노동부, 조달청, GS홈쇼핑, 삼성전자 등 국내의 공공 및 금융, 유통, 제조 분야에서의 300억원 규모 이상의 대규모 프로젝트를 진행한 경험, 조달청, 한국산업기술평가원, 정보통신기획평가원, 정보통신산업진흥원, 한국연구재단, 한국국제협력단, 농촌진흥청, 한국전력 등 다양한 기관에서의 SW아키텍처 자문 및 평가 경험을 바탕으로, TOGAF모델, SEI 3 View모델과 같은 Global 표준 아키텍처 모델과 ISO25010과 같은 품질 모델을 적용하여, 실무 프로젝트 환경에서 사용 가능한 소프트웨어 아키텍처를 설계하고 적용하는 방법을 체계적으로 익히는 데 초점을 맞추고 있습니다. 특히, 프로젝트 경험이 있는 실무 개발자나 소프트웨어 설계에 관심이 있는 분들이 실질적으로 활용할 수 있도록 다양한 사례와 실습을 포함하였습니다.

PREFACE

소프트웨어 설계는 단순히 좋은 코드를 작성하는 것이 아니라, 시스템을 오래 사용할 수 있는 유지보수성과 확장성을 고려한 전략적 접근이 필요합니다. 이 책을 통해 Global Standard Model 및 프로세스, UML을 기반으로 효과적인 소프트웨어 아키텍처를 설계하는 방법을 익히고, 이를 실무에 적용할 수 있는 역량을 키울 수 있기를 기대하겠습니다.

저자 홍석우 드림

CONTENTS

PREFACE　　3

PART 1 : UML 기초와 소프트웨어 설계의 이해

CHAPTER 1　소프트웨어 설계와 아키텍처 개요　　15

1.1　소프트웨어 설계란?　　16
1.2　아키텍처와 설계의 차이　　18
1.3　설계에서 UML의 역할　　24
1.4　실무 적용 시 고려 사항　　25
1.5　결론　　25
- 연습문제　　26

CHAPTER 2　UML 개요　　29

2.1　UML의 역사와 표준　　30
2.2　UML의 주요 다이어그램 소개　　34
2.3　UML을 사용하는 이유　　43
- 연습문제　　47

CHAPTER 3　소프트웨어 개발 프로세스와 UML　　49

3.1　개발 프로세스 개요　　50
3.2　UML과 개발 생명주기　　61
- 연습문제　　63

CONTENTS

PART 2 : UML 다이어그램의 실전 활용

CHAPTER 4   **StarUML 설치 및 사용법가이드**   67

    4.1   StarUML 소개   68
    4.2   StarUML 설치   70
    4.3   StarUML 기본 사용법   74

CHAPTER 5   **UseCase Diagram 개념과 작성방법**   77

    5.1   Use Case Diagram의 개념   78
    5.2   UseCase Diagram 구성요소 및 사용법 설명   80
    5.3   UseCase Diagram 실습   96
    ■ 연습문제   136

CHAPTER 6   **Component Diagram 개념과 작성방법**   139

    6.1   Component Diagram의 개념   140
    6.2   Component Diagram 구성요소 및 사용법 설명   145
    6.3   실습과제 : 주차관리 시스템 구축_Component Diagram   147
    ■ 연습문제   151

C O N T E N T S

PART 3 : 실무에서 사용하는 소프트웨어 아키텍처 설계

CHAPTER 7 실무에서 사용하는 SW 아키텍처 프레임워크 ... 155

    7.1   SW아키텍처 Framework 소개 (ISO/IEC 42010 국제 표준) ... 156
    7.2   SW아키텍처 Viewpoint Models ... 166
    ■ 연습문제 ... 174

CHAPTER 8 실무에서 사용하는 SW아키텍처 품질 모델 ... 177

    8.1   ISO/IEC 25010 ... 178
    8.2   SEI Software Architecture in Practice 품질 모델 분류 ... 182
    8.3   SEI QAW(Quality Attribute Workshop) ... 193
    ■ 연습문제 ... 224

CHAPTER 9 실무에서 사용하는 SW 아키텍처 설계 방법론(SEI ADD) ... 229

    9.1   SEI ADD Overview ... 230
    9.2   ADD의 주요 개념 및 핵심 원리 ... 231
    9.3   ADD 입력물 과 출력 ... 232
    9.4   ADD 프로세스 ... 236
    9.5   ADD에서 활용하는 주요 아키텍처 패턴 ... 250
    9.6   ADD적용 사례 ... 250
    9.7   ADD vs QAW vs ATAM 비교 ... 251
    9.8   ADD의 장점 ... 251
    9.9   결론 ... 252
    ■ 연습문제 ... 253

CONTENTS

CHAPTER 10　실무에서 사용하는 SW아키텍처 패턴　257

　10.1　패턴의 역사　258
　10.2　패턴의 역할　260
　10.3　패턴의 특성 및 가치　263
　10.4　소프트웨어 아키텍처 패턴(스타일) 이란?　266
　10.5　실무에서 주요하게 사용되는 소프트웨어 아키텍처 패턴(스타일)　271
　■ 연습문제　289

PART 4 : 클라우드 환경에서 주로 사용되는 아키텍처 패턴

CHAPTER 11　클라우드 환경에서 MSA와 함께 자주 사용되는 아키텍처 패턴　293

　11.1　Saga 패턴　295
　11.2　CQRS 패턴　300
　11.3　Event Sourcing　303
　11.4　API Gateway 패턴　308
　11.5　Circuit Breaker 패턴　310
　11.6　Strangler 패턴　317
　11.7　Service Mesh 패턴　320
　11.8　Bulkhead 패턴　325
　11.9　Sidecar 패턴　328
　11.10　BFF 패턴　331
　11.11　Aggregator 패턴　336
　11.12　Proxy 패턴　338
　11.13　Rate Limiting 패턴　341

CONTENTS

11.14 Retry 패턴 344
■ 연습문제 349

PART 5 : 실무에서 사용하는 아키텍처 평가

CHAPTER 12 SW아키텍처 평가 355

12.1 SW아키텍처 평가 개요 356
12.2 소프트웨어 아키텍처 평가의 필요성 356
12.3 소프트웨어 아키텍처 평가 모델 분류 358
12.4 실습과제 : 주차관리 시스템 구축_ATAM 평가 364
■ 연습문제 382

PART 1
UML 기초와 소프트웨어 설계의 이해

UML-based software architecture
design used in practice

CHAPTER 1

소프트웨어 설계와 아키텍처 개요

1.1 소프트웨어 설계란?
1.2 아키텍처와 설계의 차이
1.3 설계에서 UML의 역할
1.4 실무 적용 시 고려 사항
1.5 결론
■ 연습문제

1.1 소프트웨어 설계란?

소프트웨어 설계는 요구사항을 기반으로 한 체계적인 해결책을 정의하는 과정입니다. 이는 소프트웨어 개발의 초기 단계에서 시작하여, 소프트웨어의 구조와 동작을 정의하고, 개발과 유지보수 과정에서 발생할 수 있는 문제를 미리 방지하는 데 중점을 둡니다.

설계 과정은 다음 두 가지 주요 목표를 가지고 있습니다:

① **기능적 요구사항**의 충족: 시스템이 해야 할 작업을 정확히 수행하도록 설계합니다.
② **비기능적 요구사항**의 최적화: 성능, 보안, 확장성 등 품질 속성을 고려합니다. (품질 속성의 대표적 표준은 ISO/IEC 25010이 주로 사용됨)

1.1.1 소프트웨어 설계의 중요성

소프트웨어 설계는 단순히 코드를 작성하기 전의 준비 단계가 아니라, 프로젝트의 성공 여부를 좌우할 수 있는 핵심 과정입니다. 잘못된 설계는 다음과 같은 결과를 초래할 수 있습니다:

- 유지보수 비용 증가
- 코드 복잡성 증가로 인한 이해도 저하
- 시스템 확장성 문제

> 📁 **예시** 전자상거래 플랫폼 설계

전 세계적인 전자상거래 플랫폼 **Amazon**의 설계는 빠른 주문 처리와 대규모 트래픽을 처리할 수 있는 아키텍처에 중점을 두고 있습니다. 예를 들어, Amazon은 설계 단계에서 다음 요소를 고려했습니다:

- **데이터베이스 설계**: 글로벌 트랜잭션 관리와 데이터 복제 기능
- **서비스 구조화**: 마이크로서비스 아키텍처(MSA)를 기반으로 독립적인 모듈 설계
- **확장성**: 사용자가 증가할 때 부하를 분산할 수 있는 클라우드 인프라 (예시 : Scale Up, Scale Out Pattern 활용)

이러한 설계를 통해 Amazon은 높은 사용량에도 안정적인 서비스를 제공합니다.

> **기술 Tip** 글로벌 트랜잭션 관리와 데이터 복제 기능

① **글로벌 트랜잭션 관리**: 글로벌 트랜잭션 관리는 다중 데이터베이스 또는 다수의 노드 간에 데이터 일관성을 유지하는 데 사용됩니다. 예를 들어, Amazon에서 사용자가 제품을 구매할 때, 결제, 재고 업데이트, 배송 정보 업데이트 등이 여러 서비스와 데이터베이스에 걸쳐 수행됩니다. 글로벌 트랜잭션 관리는 이 과정에서 데이터 불일치를 방지하고, 트랜잭션 실패 시 복구를 보장합니다. 이를 위해 **2단계 커밋 프로토콜(Two-Phase Commit Protocol)** 또는 **분산 트랜잭션 관리 시스템**이 활용됩니다.

- **2단계 커밋 프로토콜**: 모든 관련 노드가 트랜잭션을 준비 상태로 설정한 뒤, 커밋 또는 롤백 명령을 실행합니다. 이를 통해 데이터 일관성을 보장합니다.
- **사용 사례**: 글로벌 재고 관리 시스템에서 주문 시 재고가 여러 창고에 분산되어 있어도, 하나의 트랜잭션으로 처리하여 중복 주문이나 초과 예약을 방지합니다.

② **데이터 복제 기능**: 데이터 복제는 동일한 데이터를 여러 지역 또는 서버에 복사하여 저장하는 것을 의미합니다. 이를 통해 데이터의 가용성과 내구성을 높이고, 지역 간 트래픽 부하를 분산할 수 있습니다. Amazon은 글로벌 사용자 기반을 지원하기 위해 데이터베이스 복제를 광범위하게 사용합니다.

- **유형**:
  - **동기 복제**: 데이터를 모든 복제본에 동시에 업데이트하여 데이터 일관성을 보장하지만, 속도가 느려질 수 있습니다.
  - **비동기 복제**: 데이터 변경 사항을 지연 처리하여 성능을 최적화하지만, 일관성이 즉시 보장되지 않을 수 있습니다.
- **사용 사례**: Amazon은 지역별 데이터 센터에서 가까운 복제본을 제공하여 사용자 요청에 대한 응답 시간을 단축합니다. 예를 들어, 미국 사용자의 요청은 북미 데이터 센터에서, 유럽 사용자의 요청은 유럽 데이터 센터에서 처리됩니다.

이러한 기능들은 Amazon이 글로벌 환경에서 신뢰성 있고 빠른 서비스를 제공할 수 있도록 설계된 핵심 요소입니다.

기술 Tip ISO/IEC 25010

그림 1-1 ISO/IEC 25010 소프트웨어 품질 모델

ISO/IEC 25010: 소프트웨어 품질 모델 비기능적 요구사항을 체계적으로 정의하고 평가하기 위해 국제 표준인 **ISO/IEC 25010**이 활용됩니다. 이 표준은 소프트웨어의 품질 속성을 8개의 주요 범주로 분류하여 정의합니다:

① **기능 적합성(Functionality)**: 시스템이 요구된 기능을 정확히 수행하는 정도
② **성능 효율성(Performance Efficiency)**: 주어진 자원으로 시스템이 얼마나 효율적으로 동작하는지
③ **호환성(Compatibility)**: 다른 시스템이나 구성 요소와의 상호 운용성
④ **사용성(Usability)**: 사용자가 시스템을 얼마나 쉽게 배우고 사용할 수 있는지
⑤ **신뢰성(Reliability)**: 시스템이 특정 조건에서 일관되게 동작하는 능력
⑥ **보안(Security)**: 시스템이 무단 액세스를 방지하고 데이터의 기밀성을 유지하는 능력
⑦ **유지보수성(Maintainability)**: 시스템을 얼마나 쉽게 수정, 확장, 분석할 수 있는지
⑧ **이식성(Portability)**: 다른 환경으로 시스템을 이전할 수 있는 능력

ISO 25010은 각 품질 속성을 평가하기 위한 상세한 지표를 제공합니다. 예를 들어, **성능 효율성**은 응답 시간, 처리량, 자원 활용도를 통해 측정됩니다.

1.2 아키텍처와 설계의 차이

소프트웨어 설계와 아키텍처는 상호 연관된 개념이지만, 그 범위와 초점이 다릅니다. 아래 표는 두 개념의 차이를 요약한 것입니다.

표 1-1 소프트웨어 설계와 아키텍처 비교

구분	소프트웨어 설계	소프트웨어 아키텍처
범위	클래스, 모듈, 인터페이스 등 세부 사항 설계	전체 시스템의 구조와 구성 요소 정의
초점	내부 구현 및 동작	구성 요소 간 관계 및 데이터 흐름 설계
예시	기능 설계, 데이터베이스 스키마 작성	계층형 아키텍처, 클라이언트-서버 아키텍처, 마이크로서비스 아키텍처

1.2.1 아키텍처 설계의 중요성

소프트웨어 아키텍처는 시스템이 지속 가능하고 유지보수 가능하며 확장 가능하도록 하는 기본 틀을 제공합니다. 잘못 설계된 아키텍처는 프로젝트의 실패로 이어질 수 있습니다.

> **예시** Netflix의 마이크로서비스 아키텍처

Netflix는 대규모 사용자 기반을 지원하기 위해 **마이크로서비스 아키텍처**를 채택했습니다. 이 아키텍처는 다음과 같은 특징을 가집니다:

① **서비스 독립성**: 각 서비스는 독립적으로 개발, 배포, 확장 가능
② **확장성**: 특정 서비스에만 부하가 집중될 경우, 해당 서비스만 확장
③ **고가용성**: 일부 서비스가 중단되더라도 다른 서비스에는 영향을 미치지 않음

예를 들어, Netflix의 추천 시스템은 별도의 마이크로서비스로 설계되어, 사용자 활동 데이터를 분석하여 개인화된 추천을 제공합니다.

1.2.2 마이크로서비스 아키텍처

1 마이크로서비스 아키텍처란?

마이크로서비스 아키텍처(Microservices Architecture, MSA)는 하나의 애플리케이션을 여러 개의 독립적인 서비스로 구성하여 운영하는 방식입니다. 각 서비스는 독립적으로 개발, 배포, 운영할 수 있으며 특정 비즈니스 도메인에 집중할 수 있습니다.

- 기존의 **모놀리식 아키텍처(monolithic architecture)** 는 모든 기능이 하나의 거대한 시스템으로 결합되어 있어 유지보수와 확장성이 어려운 문제가 있음.

- 반면, **마이크로서비스 아키텍처**는 각 기능(예: 주문, 배송, 결제, 상품 관리 등)을 개별적인 서비스로 분리하여 유연성을 극대화함.

2 이벤트 기반(Event-driven) 아키텍처

마이크로서비스 간의 통신을 효율적으로 처리하기 위해 **이벤트 기반(Event-driven) 아키텍처**를 사용합니다.

이는 **비동기 방식(Asynchronous Communication)**을 기반으로 하며, 서비스 간 **느슨한 결합(Loose Coupling)**을 유지할 수 있습니다.

- **이벤트(Event):** 특정 서비스에서 발생한 데이터 변경 사항
- **이벤트 큐(Event Queue):** 이벤트를 저장하고, 구독한 서비스가 해당 이벤트를 가져가서 처리
- **Pub/Sub 방식(Publish/Subscribe):** 특정 서비스가 이벤트를 발행(Publish)하면, 이를 구독(Subscribe)하는 다른 서비스가 받아서 처리

(1) 이벤트 기반 아키텍처 예시

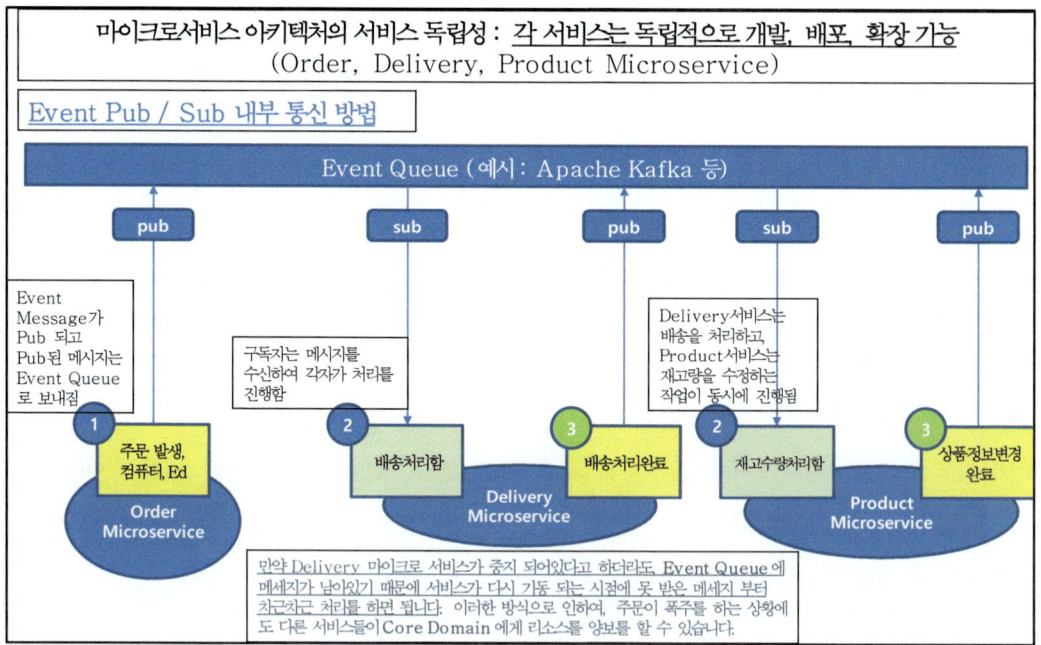

그림 1-2 이벤트 기반 아키텍처 예시

- **서비스 구성**
  - **Order Microservice (주문 서비스)**: 주문이 생성되면 이벤트를 발행)
  - **Delivery Microservice (배송 서비스)**: 주문 이벤트를 받아서 배송을 처리하고, 새로운 배송 이벤트를 발행
  - **Product Microservice (상품 서비스)**: 배송 완료 이벤트를 받아서 재고를 업데이트

- **이벤트 흐름**
  - 사용자가 주문을 생성하면, Order Microservice 가 주문 생성 이벤트를 발행 (pub).
  - Delivery Microservice 가 주문 생성 이벤트를 구독 (sub) 하여 배송을 시작.
  - 배송이 완료되면 배송 완료 이벤트를 발행 (pub).
  - Product Microservice 가 배송 완료 이벤트를 구독 (sub) 하여 재고를 업데이트.

※ 이벤트 기반 통신을 통해 서비스 간 결합도를 낮추면서도 효율적인 데이터 처리가 가능함.

(2) 이벤트 기반 아키텍처에 신규 마이크로서비스 추가 예시

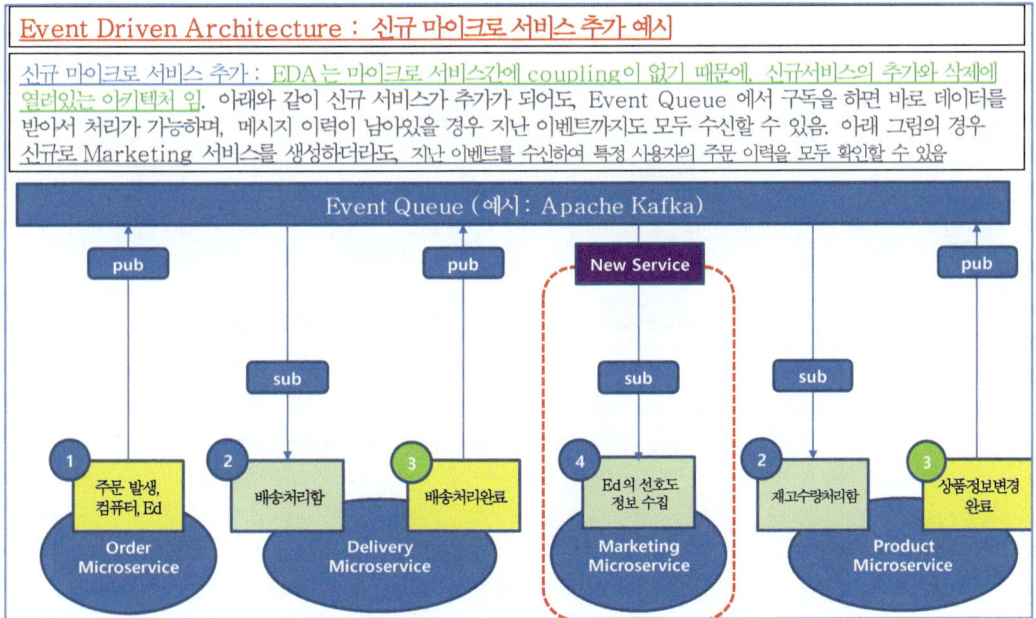

그림 1-3 이벤트 기반 아키텍처에 신규 마이크로서비스 추가

- **새로운 서비스 추가 (Marketing Microservice)**
  - Marketing Microservice 가 새롭게 추가됨.
  - 기존 서비스(Order, Delivery, Product)는 변경 없이 운영됨.
  - Marketing Microservice 가 배송 완료 이벤트를 구독하여, 이를 활용한 마케팅 전략 수립 가능 (예: 프로모션 메시지 발송).

※ 새로운 서비스가 추가되더라도 기존 서비스와의 직접적인 연계 없이, 이벤트만 구독하여 쉽게 확장 가능함.

(3) 이벤트 기반 아키텍처에서 기존 마이크로 서비스 제거 예시

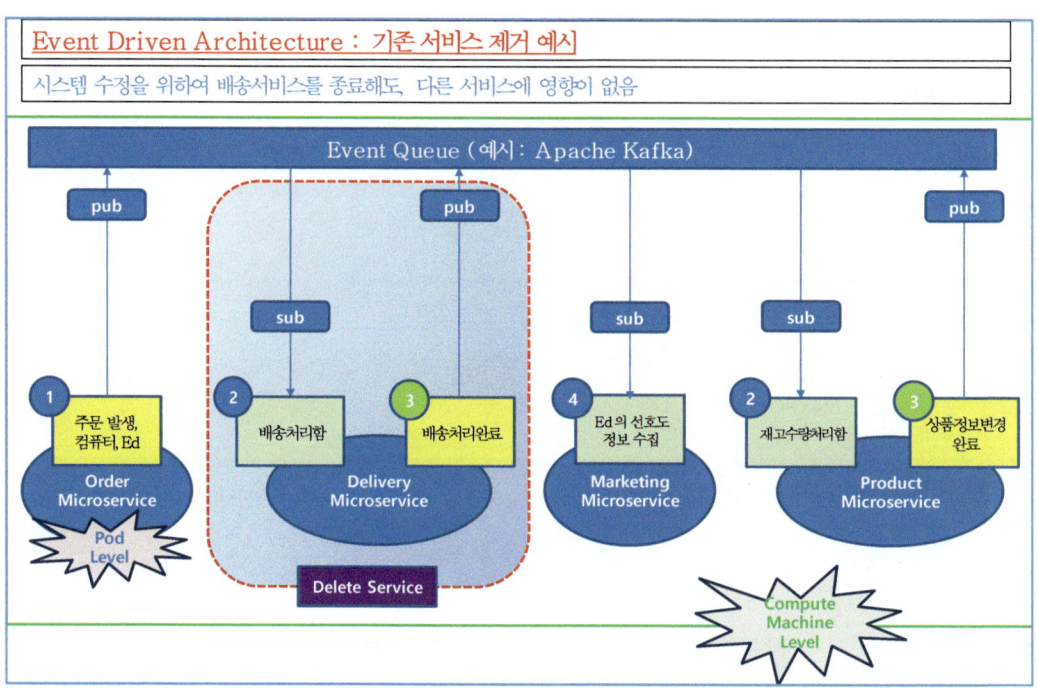

그림 1-4 이벤트 기반 아키텍처에서 기존 마이크로서비스 제거

- **기존 서비스 제거 (Delivery Microservice)**
  - Delivery Microservice 가 삭제되었지만, 다른 서비스에는 영향 없음.
  - Event Queue 는 여전히 주문 생성 및 상품 출하 이벤트를 관리.
  - **Compute Machine Level** 에서 특정 마이크로서비스를 삭제할 수 있도록 설계.

※ 특정 서비스가 없어지더라도, 이벤트 기반 구조 덕분에 다른 서비스가 계속 정상적으로 동작할 수 있음.

3 마이크로서비스 아키텍처의 장점

- **독립적인 개발 및 배포:** 각 서비스는 개별적으로 개발되고 배포될 수 있어 유지보수성이 뛰어남.
- **확장성(Scalability):** 특정 서비스에 대한 트래픽이 증가할 경우, 해당 서비스만 별도로 확장 가능.
- **장애 격리(Fault Isolation):** 한 서비스에 장애가 발생해도 전체 시스템이 영향을 받지 않음.
- **기술 스택의 유연성:** 각 서비스마다 최적화된 프로그래밍 언어, 프레임워크, 데이터베이스 사용 가능.

4 마이크로서비스 아키텍처의 도전 과제

- **서비스 간 통신 복잡성 증가:** 서비스 간 데이터 일관성을 유지하기 어려울 수 있음 → 이벤트 소싱(Event Sourcing) 적용 필요.
- **운영 및 모니터링 문제:** 분산 시스템이므로 **로그 관리(Log Aggregation), 분산 추적(Distributed Tracing)** 등을 적용해야 함.
- **데이터 일관성 유지:** 개별 데이터베이스를 사용하는 경우 **SAGA 패턴** 등을 사용해 트랜잭션 관리 필요.

5 결론

위의 이미지들을 통해 마이크로서비스 아키텍처의 핵심 개념과 **이벤트 기반 구조** 를 이해할 수 있었습니다.

- 서비스 간 **느슨한 결합** 을 유지하면서 독립적으로 운영할 수 있고,
- 신규 서비스 추가나 기존 서비스 제거가 용이하여 확장성과 유지보수성이 뛰어남.

※ 결국, 마이크로서비스 아키텍처는 유연하고 확장 가능한 시스템을 구축하는 강력한 방법론이며, 이벤트 기반 아키텍처와 결합하면 더욱 효과적인 운영이 가능함.

1.3 설계에서 UML의 역할

UML(Unified Modeling Language)은 소프트웨어 설계를 시각적으로 표현하는 데 사용되는 글로벌 표준 언어입니다. UML은 개발자, 설계자, 이해관계자 간의 원활한 의사소통을 지원하며, 시스템의 구조와 동작을 명확하게 정의하는 데 기여합니다.

1.3.1 UML의 주요 역할

① **명확한 커뮤니케이션**: 복잡한 시스템의 구조를 시각적으로 표현하여, 팀 내에서 쉽게 이해할 수 있도록 돕습니다.
② **표준화된 설계**: UML은 국제 표준(ISO/IEC 19501)으로, 전 세계적으로 통용되는 설계 언어입니다.
③ **요구사항의 추적 가능성**: 요구사항과 설계 간의 관계를 명확히 정의하여 개발 중 변경 사항에 대응할 수 있습니다.

1.3.2 UML 다이어그램의 종류

UML은 다양한 유형의 다이어그램을 통해 소프트웨어의 다양한 측면을 표현합니다. 주요 다이어그램은 다음과 같습니다:

- **유스케이스 다이어그램**: 사용자와 시스템 간의 상호작용 모델링
- **클래스 다이어그램**: 시스템의 구조와 클래스 간 관계 표현
- **시퀀스 다이어그램**: 객체 간의 상호작용 흐름 표현
- **컴포넌트 다이어그램**: 시스템의 구성 요소 설계

1.3.3 UML 적용 Global Standard 사례: 국제 항공 예약 시스템

국제항공운송협회(IATA)의 예약 시스템은 복잡한 데이터 흐름과 사용자 인터페이스를 관리하기 위해 UML을 사용합니다. 예를 들어, 다음과 같은 UML 다이어그램이 사용됩니다:

① **유스케이스 다이어그램**: 항공권 검색, 예약, 결제와 같은 주요 시나리오를 모델링
② **시퀀스 다이어그램**: 사용자가 항공권을 검색하고 결제하는 과정에서 발생하는 데이

터 흐름을 정의
  ③ **클래스 다이어그램**: 예약, 결제, 항공편 데이터베이스 간의 관계를 표현

이러한 다이어그램은 전 세계 항공사 및 개발 팀 간의 통일된 언어로 활용됩니다.

1.4 실무 적용 시 고려 사항

소프트웨어 설계 및 아키텍처는 프로젝트의 성공을 좌우할 만큼 중요합니다. 다음은 설계와 아키텍처를 적용할 때 고려해야 할 사항입니다:

① **요구사항 명확화**: 모든 설계는 명확한 요구사항 분석에서 시작해야 합니다.
② **확장성**: 설계 초기 단계에서 시스템이 확장될 가능성을 고려해야 합니다.
③ **유지보수 용이성**: 코드와 문서의 가독성을 높이는 설계를 해야 합니다.
④ **도구 사용**: UML을 효과적으로 사용하려면 설계 도구(예: Lucidchart, StarUML 등)을 적극 활용해야 합니다.

1.5 결론

소프트웨어 설계와 아키텍처는 성공적인 시스템 개발의 핵심입니다. 설계는 세부적인 문제를 해결하고, 아키텍처는 시스템의 큰 그림을 제시합니다. 이 과정에서 UML은 소프트웨어 설계를 시각적으로 표현하는 데 사용되는 글로벌 표준 언어로서, 설계의 명확성과 일관성을 보장합니다.

연습 문제

주관식 문제

1. 소프트웨어 설계의 주요 목표 두 가지를 설명하세요.

2. 마이크로서비스 아키텍처(MSA)의 장점 중 두 가지를 설명하고, 해당 장점이 어떻게 시스템에 기여하는지 예를 들어 설명하세요.

3. ISO/IEC 25010의 소프트웨어 품질 모델에서 "보안(Security)"과 "성능 효율성(Performance Efficiency)"의 개념을 설명하고, 각각의 중요성을 사례를 들어 설명하세요.

4. 이벤트 기반(Event-driven) 아키텍처의 Pub/Sub 방식이 마이크로서비스 간 결합도를 낮추는 이유를 설명하세요.

5. Netflix가 마이크로서비스 아키텍처를 채택한 이유와 그로 인해 얻은 이점을 설명하세요.

객관식 문제

6. 다음 중 소프트웨어 설계의 주요 역할이 아닌 것은?
   a) 시스템의 구조 및 동작을 정의
   b) 코딩 없이 자동으로 소프트웨어를 생성
   c) 유지보수성과 확장성을 고려한 해결책 제공
   d) 비기능적 요구사항 최적화

7. ISO/IEC 25010 품질 모델에서 "이식성(Portability)"이 의미하는 것은?
   a) 소프트웨어가 다른 환경에서도 문제없이 실행될 수 있는 능력
   b) 소프트웨어가 예상된 기능을 수행하는 정도
   c) 다른 시스템과의 상호 운용성
   d) 사용자가 시스템을 쉽게 이해하고 사용할 수 있는 능력

연습문제

8. 마이크로서비스 아키텍처의 특징이 아닌 것은?
   a) 개별 서비스는 독립적으로 배포 가능
   b) 모든 서비스가 동일한 데이터베이스를 공유해야 함
   c) 특정 서비스의 장애가 전체 시스템에 영향을 주지 않음
   d) 특정 서비스에만 부하가 집중될 경우 해당 서비스만 확장 가능

9. 이벤트 기반 아키텍처에서 이벤트 큐(Event Queue)의 역할은 무엇인가?
   a) 모든 서비스의 실행 속도를 동기화하는 역할
   b) 이벤트를 저장하고, 구독한 서비스가 가져가서 처리할 수 있도록 하는 역할
   c) 서비스 간 직접적인 데이터 공유를 가능하게 하는 역할
   d) 애플리케이션의 전체적인 성능을 낮추는 역할

10. Netflix가 마이크로서비스 아키텍처를 채택한 주된 이유는 무엇인가?
    a) 유지보수를 어렵게 만들기 위해
    b) 모든 기능을 하나의 거대한 애플리케이션으로 통합하기 위해
    c) 독립적인 서비스 개발 및 배포를 가능하게 하고, 확장성을 높이기 위해
    d) 이벤트 기반 아키텍처 없이 동기적으로 작동하도록 만들기 위해

CHAPTER 2

UML 개요

2.1 UML의 역사와 표준
2.2 UML의 주요 다이어그램 소개
2.3 UML을 사용하는 이유
■ 연습문제

2.1 UML의 역사와 표준

2.1.1 UML의 탄생 배경

UML(Unified Modeling Language)은 **그라디 부치(Grady Booch), 제임스 럼바흐(James Rumbaugh), 이바 야콥슨(Ivar Jacobson)** 이 개발한 표준 모델링 언어입니다. 이들은 **"쓰리 아미고(Three Amigos)"** 라고 불리며, 1980년대 후반부터 1990년대 초반까지 각각의 객체지향 설계 방법론을 개발했습니다.

1 기존 문제점

1980~1990년대 초반까지 다양한 객체지향 방법론이 존재했으며, 기업마다 또는 프로젝트마다 서로 다른 방법론을 사용하여 표준화가 되어 있지 않았습니다.

- OOD/Booch, OMT, OOAD, ROD, GOOD, HOOD, OOSD 등 다양한 방법론이 존재함.
- 같은 기업 내에서도 서로 다른 모델링 기법이 사용되어 개발자들이 여러 방법론을 익혀야 하는 번거로움이 있었음.

이러한 문제를 해결하기 위해 **그라디 부치, 제임스 럼바흐, 이바 야콥슨**은 자신들의 방법론을 통합하려는 시도를 하였고, 그 결과 **UML이 탄생**하게 되었습니다.

2 UML 개발의 주요 과정

- **1994년**: 제임스 럼바흐가 그라디 부치가 소속된 **래셔널 소프트웨어(Rational Software)** 에 합류하여 UML 개발이 본격적으로 시작됨.
- **1995년**: 두 사람이 기존 방법론을 통합하고, 이바 야콥슨이 합류하면서 UML 초안이 완성됨.
- **1996년**: **객체관리그룹(OMG, Object Management Group)** 을 통해 UML의 표준화를 추진함.

2.1.2 UML의 발전 과정

UML은 지속적으로 발전하면서 더 강력한 모델링 언어로 확장되었습니다.

모델링 언어(UML)의 evolution(진화) History

년도	
~1990년	OOD/Booch, OMT, OOA, ROD, GOOD, HOOD, OOSD, OOJSD 등과 같은 많은 방법론들은 실제 시스템을 구축하는데 있어서 각각의 객체지향 기술들이 갖는 방법과 심벌이 서로 달랐습니다.
~1994년	UMLDMS 1994년 소프트웨어 방법론의 선구자인 그레디 부치(Grady Booch), 제임스 럼바(James Rumbaugh), 이바 야곱슨(Ivar Jacobson)에 의해서 연구되었다.
~1995년	부치 방법론과 럼바의 OMT 방법론 통함 (OOPSLA 발표)
~1996년	야곱슨의 OOSE 방법론 추가
~1997년	1997년 객체관리그룹(OMG, Object Management Group)에서 여러 표기법을 통합하여 UML을 발표하였다. • 1월 : UML1.0 발표(Microsoft, Oracle, HP, IBM, 디지털 이큅먼트 포퍼레이션, 텍사스 인스트루먼트, 래셔널 소프트웨어 참여) • 9월 : UML1.1 발표(OMG에 표준화안 상정) • 11월 : OMG 표준 연장
~2003년	• UML2.0 발표 • 13개의 Diagram을 규정하고 있음
~2012년	• UML2.5 발표 • 14개의 Diagram 규정
~2017년	UML2.5.1 발표

그림 2-1 UML의 진화 역사

■ UML 1.0 → UML 2.5로의 발전

- UML 1.0은 기존 객체지향 방법론을 통합하는 형태로 개발되었으며, 주로 **유스케이스 다이어그램, 클래스 다이어그램, 시퀀스 다이어그램** 등을 중심으로 사용됨.
- UML 2.0에서는 보다 상세한 다이어그램들이 추가되었으며, 총 **13개의 다이어그램**을 공식적으로 규정함.
- UML 2.5에서는 다이어그램이 **14개**로 늘어났으며, 최신 소프트웨어 개발 방식과 연계하여 더욱 확장됨.

2.1.3 UML의 초기 구성

초기 UML은 다음과 같은 세 가지 주요 방법론을 통합하여 개발되었습니다.

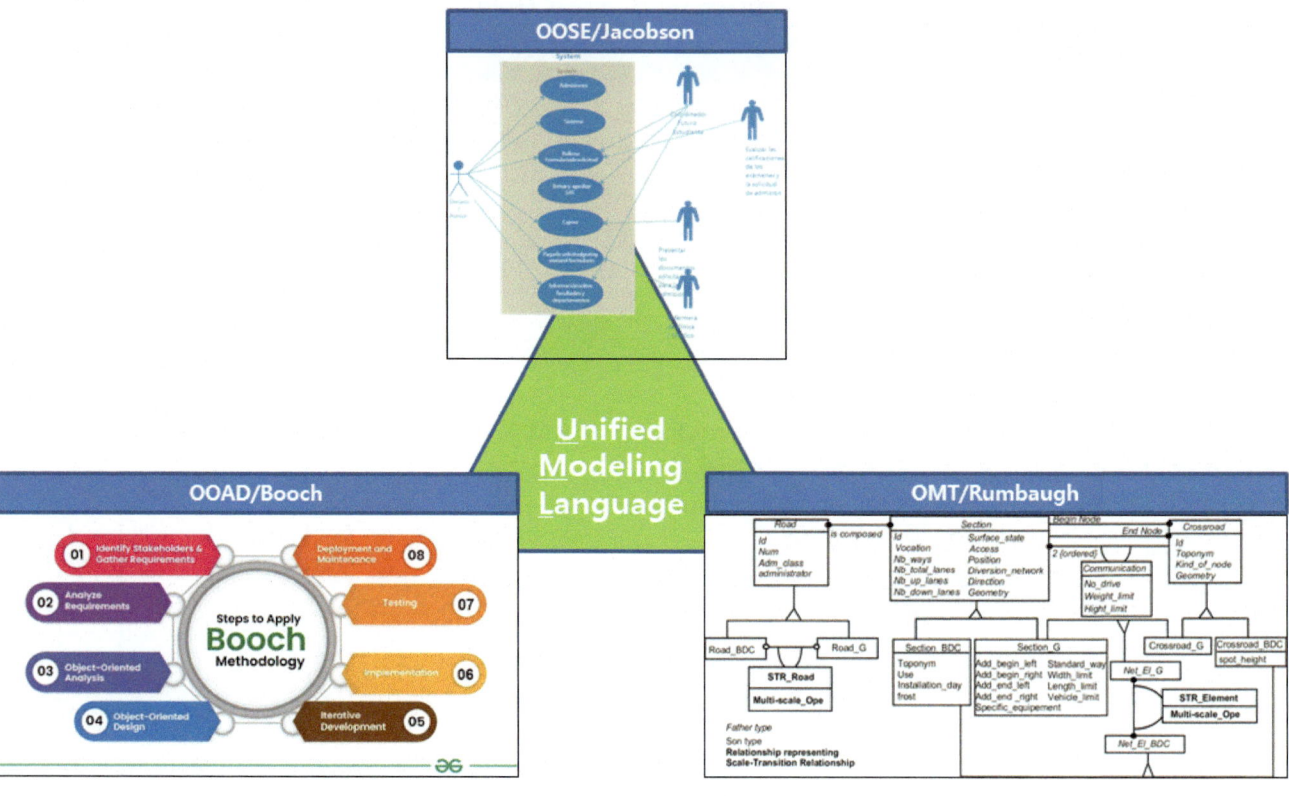

그림 2-2 UML의 초기 구성

- **OOSE (Jacobson)** → 유스케이스 중심 모델링 기법
- **OOAD (Booch)** → 객체지향 설계 기법
- **OMT (Rumbaugh)** → 객체 모델링 기법

이 세 가지 방법론을 통합하여 UML이 만들어졌으며, 소프트웨어 설계를 위한 강력한 모델링 언어로 자리 잡게 되었습니다.

2.1.4 UML 2.5의 구성 및 다이어그램

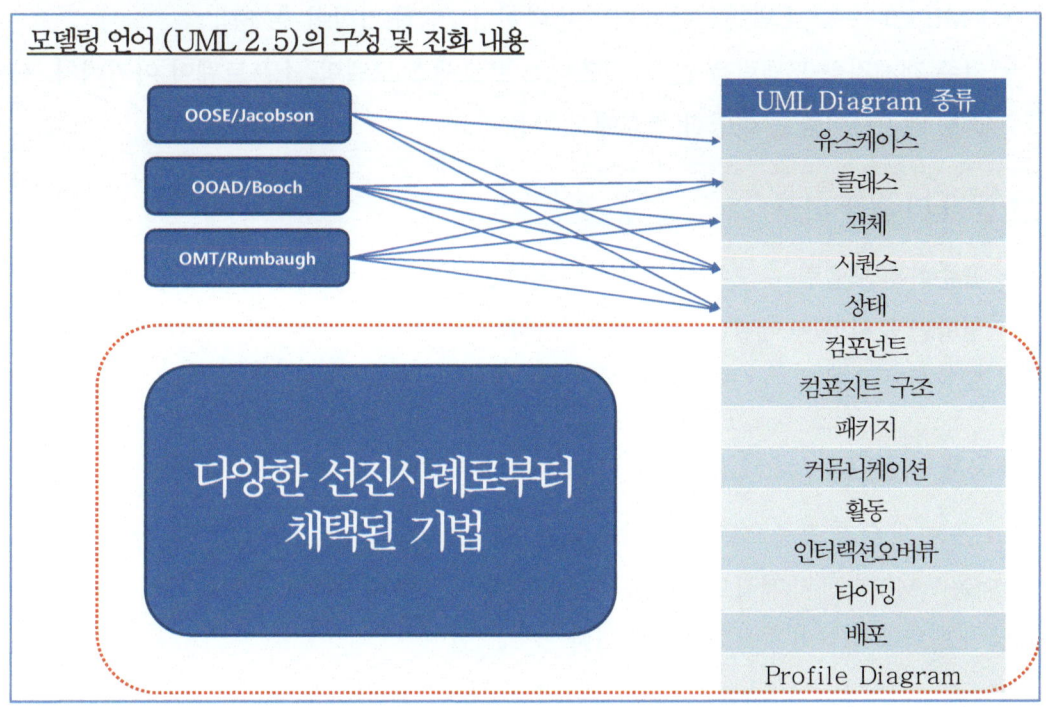

그림 2-3 모델링 언어(UML 2.5)의 구성 및 진화 내용

UML 2.5는 기존 UML의 다양한 기법을 발전시키고, 더욱 체계적인 모델링이 가능하도록 확장되었습니다.

- 다양한 선진 사례에서 채택된 기법을 반영하여 발전됨.
- 기존 객체지향 모델링 외에도 **비즈니스 프로세스 모델링, 시스템 모델링, 소프트웨어 아키텍처 설계** 등에서도 사용될 수 있도록 확장됨.

2.1.5 결론

1 UML의 중요성

UML은 다양한 객체지향 설계 방법론을 통합하여 개발된 **표준 모델링 언어**입니다. 이를 통해 개발자는 **소프트웨어 시스템을 구조화**하고, 기능을 정의하며, 상호작용을 모델링할 수 있습니다.

2 UML의 발전 방향

- UML 1.0 → 2.5로 발전하면서 다양한 다이어그램과 기법이 추가됨.
- 기존 객체지향 모델링을 넘어, **비즈니스 프로세스 모델링, 소프트웨어 아키텍처, 시스템 엔지니어링** 등 다양한 영역에서 활용 가능.

3 UML이 주는 이점

- **표준화된 모델링** → 모든 개발자가 동일한 모델링 방식을 사용 가능
- **명확한 문서화** → 개발자 간 의사소통 원활
- **확장성과 유연성** → 다양한 시스템 설계 및 분석 가능

4 국제 표준으로서의 UML

UML은 현재 국제 표준으로 자리 잡아 ISO/IEC 19501에 의해 공식적으로 승인되었습니다. 이는 UML이 전 세계적으로 통용되는 표준 언어임을 의미하며, 소프트웨어 설계 및 시스템 모델링에서 널리 사용되고 있습니다.

2.2 UML의 주요 다이어그램 소개

UML은 시스템의 다양한 측면을 모델링하기 위해 총 14개의 다이어그램을 제공합니다. 이 다이어그램들은 구조적 다이어그램과 행위 다이어그램으로 나뉘며, 각각의 목적에 따라 사용됩니다. UML2.5의 전체 다이어그램은 아래의 표와 같습니다.

표 2-1 UML2.5의 다이어그램 종류 및 설명

분류	다이어그램 유형	목적
구조 다이어그램 (Structure Diagram)	클래스 다이어그램 (Class Diagram)	시스템을 구성하는 클래스들 사이의 관계를 표현한다.
	객체 다이어그램 (Object Diagram)	객체 정보를 보여준다.
	복합체 구조 다이어그램 (Composite Structure Diagram)	복합 구조의 클래스와 컴포넌트 내부 구조를 표현한다.
	배치 다이어그램	소프트웨어, 하드웨어, 네트워크를 포함한 실행

분류	다이어그램 유형	목적
	(Deployment Diagram)	시스템의 물리 구조를 표현한다.
	컴포넌트 다이어그램 (Component Diagram)	컴포넌트 구조 사이의 관계를 표현한다.
	패키지 다이어그램 (Packate Diagram)	클래스나 유스케이스 등을 포함한 여러 모델 요소들을 그룹화해 패키지를 구성하고 패키티들 사이의 관계를 표현한다.
	프로필 다이어그램 (Profile Diagram)	UML 표준에 대한 경량 확장 메커니즘으로 사용자 지정 스테레오타입, 태그 값 및 제약조건을 정의할 수 있는 보조 UML 다이어그램이다.
행위 다이어그램 (Behavior Diagram)	활동 다이어그램 (Activity Diagram)	업무 처리 과정이나 연산이 수행되는 과정을 표현한다.
	상태머신 다이어그램 (State Machine Diagram)	객체의 생명주기를 표현한다.
	유스케이스 다이어그램 (Use Case Diagram)	사용자 관점에서 시스템 행위를 표현한다.
	상호 작용 다이어그램 (Diagram) — 순차 다이어그램 (Sequence Diagram)	시간 흐름에 따른 객체 사이의 상호작용을 표한한다.
	상호작용 다이어그램 (Interaction Overview Diagram)	여러 상호작용 다이어그램 사이의 제어 흐름을 표현한다.
	통신 다이어그램 (Communication Diagram)	객체 사이의 관계를 중심으로 상호작용을 표현한다.
	타이밍 다이어그램 (Timing Diagram)	객체 상태의 변화와 시간 제약을 명시적으로 표현한다.

2.2.1 구조 다이어그램 (Structure Diagram)

구조 다이어그램은 시스템의 정적인 구조를 나타내며, 클래스, 객체, 모듈, 컴포넌트 및 네트워크 배치 등을 표현합니다.

1 클래스 다이어그램 (Class Diagram)

- **설명:** 시스템을 구성하는 클래스 간의 관계를 표현합니다.
- **특징:**
  - 클래스(Class)와 속성(Attribute), 메서드(Method)를 포함합니다.

- 클래스 간의 관계(연관, 상속, 집합 등)를 정의합니다.
- **예제**: 쇼핑몰 시스템에서 고객, 상품, 주문 클래스를 정의하고, 고객이 주문을 생성하며 상품을 포함하는 관계를 표현.

2 객체 다이어그램 (Object Diagram)

- **설명**: 객체 간의 관계를 보여줍니다.
- **특징**:
  - 클래스 다이어그램의 인스턴스(객체) 수준을 표현합니다.
  - 특정 시점에서 객체 간의 관계를 시각화하는 데 사용됩니다.
- **예제**: 고객: 홍길동이 주문: #001을 생성하고, 해당 주문이 상품: 노트북을 포함하는 상태를 표현.

3 복합체 구조 다이어그램 (Composite Structure Diagram)

- **설명**: 복합 구조의 클래스와 컴포넌트 내부 구조를 표현합니다.
- **특징**:
  - 클래스 내부의 구성 요소와 관계를 상세하게 나타냅니다.
  - 내부적으로 포함된 객체나 서브시스템을 설명하는 데 사용됩니다.
- **예제**: 자동차 클래스 내부의 엔진, 바퀴, 변속기 등의 구성 요소를 표현.

4 배치 다이어그램 (Deployment Diagram)

- **설명**: 시스템의 물리적 배포 구조를 표현합니다.
- **특징**:
  - 소프트웨어와 하드웨어의 관계를 나타냅니다.
  - 네트워크 노드(Server, Database, Client) 간의 연결을 표현합니다.
- **예제**: 웹 애플리케이션이 웹 서버, DB 서버에 배포되는 구조를 표현.

5 컴포넌트 다이어그램 (Component Diagram)

- **설명**: 소프트웨어 시스템을 구성하는 모듈을 표현합니다.
- **특징**:

- 컴포넌트 간의 종속성과 인터페이스를 정의합니다.
- 재사용 가능한 모듈이나 플러그인을 설명하는 데 유용합니다.
- **예제:** 웹 애플리케이션이 사용자 인터페이스 모듈, 비즈니스 로직 모듈, 데이터베이스 모듈로 구성됨을 표현.

6 패키지 다이어그램 (Package Diagram)

- **설명:** 클래스나 컴포넌트를 그룹화하여 논리적인 단위로 묶어 표현합니다.
- **특징:**
  - 시스템을 여러 개의 패키지로 나누어 관리하는 데 유용합니다.
  - 패키지 간의 의존성을 나타냅니다.
- **예제:** 쇼핑몰 시스템을 회원 관리, 상품 관리, 주문 처리 등의 패키지로 분리.

7 프로파일 다이어그램 (Profile Diagram)

- **설명:** UML을 확장하여 특정 도메인에 맞게 프로파일(Profile)을 정의합니다.
- **특징:** 특정 도메인의 요구 사항을 반영하여 UML을 커스터마이징할 때 사용됩니다.
- **예제:** 자동차 제어 시스템에서 실시간 제어, 안전 시스템을 위한 추가적인 UML 요소를 정의.

2.2.2 행위 다이어그램 (Behavior Diagram)

행위 다이어그램은 시스템 내에서 **객체들이 어떻게 상호작용하는지, 시스템이 시간에 따라 어떻게 변화하는지** 를 설명합니다.

1 활동 다이어그램 (Activity Diagram)

- **설명:** 프로세스의 흐름을 표현하는 다이어그램입니다.
- **특징:**
  - 비즈니스 로직과 작업의 순서를 나타냅니다.
  - 분기(조건문), 반복문, 병렬 처리를 표현할 수 있습니다.
- **예제:** 쇼핑몰에서 회원가입 -> 로그인 -> 상품 검색 -> 결제 과정의 흐름을 나타냄.

2 상태 머신 다이어그램 (State Machine Diagram)

- **설명:** 객체의 상태 변화 과정을 표현합니다.
- **특징:**
  - 객체의 생명주기에서 발생하는 상태 변화를 나타냅니다.
  - 특정 이벤트 발생 시 상태가 어떻게 변하는지 표현합니다.
- **예제:** 주문 객체가 주문 생성 → 결제 완료 → 배송 준비 → 배송 중 → 배송 완료 상태로 변하는 과정 표현.

3 유스케이스 다이어그램 (Use Case Diagram)

- **설명:** 사용자와 시스템 간의 상호작용을 표현합니다.
- **특징:**
  - 시스템에서 제공하는 기능을 사용자의 관점에서 표현합니다.
  - 액터(Actor)와 유스케이스(Use Case)로 구성됩니다.
- **예제:** 온라인 쇼핑몰에서 사용자가 상품 검색, 장바구니 담기, 결제하기 기능을 수행하는 다이어그램.

4 순차 다이어그램 (Sequence Diagram)

- **설명:** 객체 간의 메시지 교환 순서를 표현합니다.
- **특징:** 시간 순서대로 객체 간 메시지 전달 과정을 나타냅니다.
- **예제:** 사용자가 로그인 요청을 하면, 서버가 인증 시스템과 데이터베이스에 요청을 보내고 결과를 반환하는 과정.

5 상호작용 개요 다이어그램 (Interaction Overview Diagram)

- **설명:** 여러 상호작용을 조합하여 하나의 큰 흐름을 표현합니다.
- **특징:** 순차 다이어그램과 활동 다이어그램을 결합한 형태입니다.
- **예제:** 쇼핑몰 구매 과정에서 로그인, 상품 검색, 결제 등 여러 상호작용을 포함하는 흐름 표현.

6 통신 다이어그램 (Communication Diagram)

- **설명:** 객체 간의 메시지 교환을 중심으로 상호작용을 표현합니다.
- **특징:** 객체 간 연결과 메시지의 흐름을 나타냅니다.
- **예제:** 고객이 주문 시스템과 결제 시스템을 거쳐 배송 시스템과 상호작용하는 과정.

7 타이밍 다이어그램 (Timing Diagram)

- **설명:** 객체의 상태 변화와 시간 관계를 시각적으로 표현합니다.
- **특징:** 특정 시간 동안 객체 상태가 어떻게 변화하는지 보여줍니다.
- **예제:** 자동차 엔진이 시동 -> 예열 -> 정상 가동 -> 정지 상태로 변화하는 과정을 시간 축으로 표현.

2.2.3 다이어그램 간의 상호작용

UML 다이어그램은 독립적으로 사용되기보다는 서로 상호작용하며 전체 시스템을 모델링하는 데 기여합니다. 예를 들어, 아키텍처 설계에서 유스케이스 다이어그램은 요구사항 분석에 활용되고, 이를 기반으로 컴포넌트 다이어그램과 패키지 다이어그램 클래스 다이어그램 디플로이먼트 다이어그램이 설계됩니다.

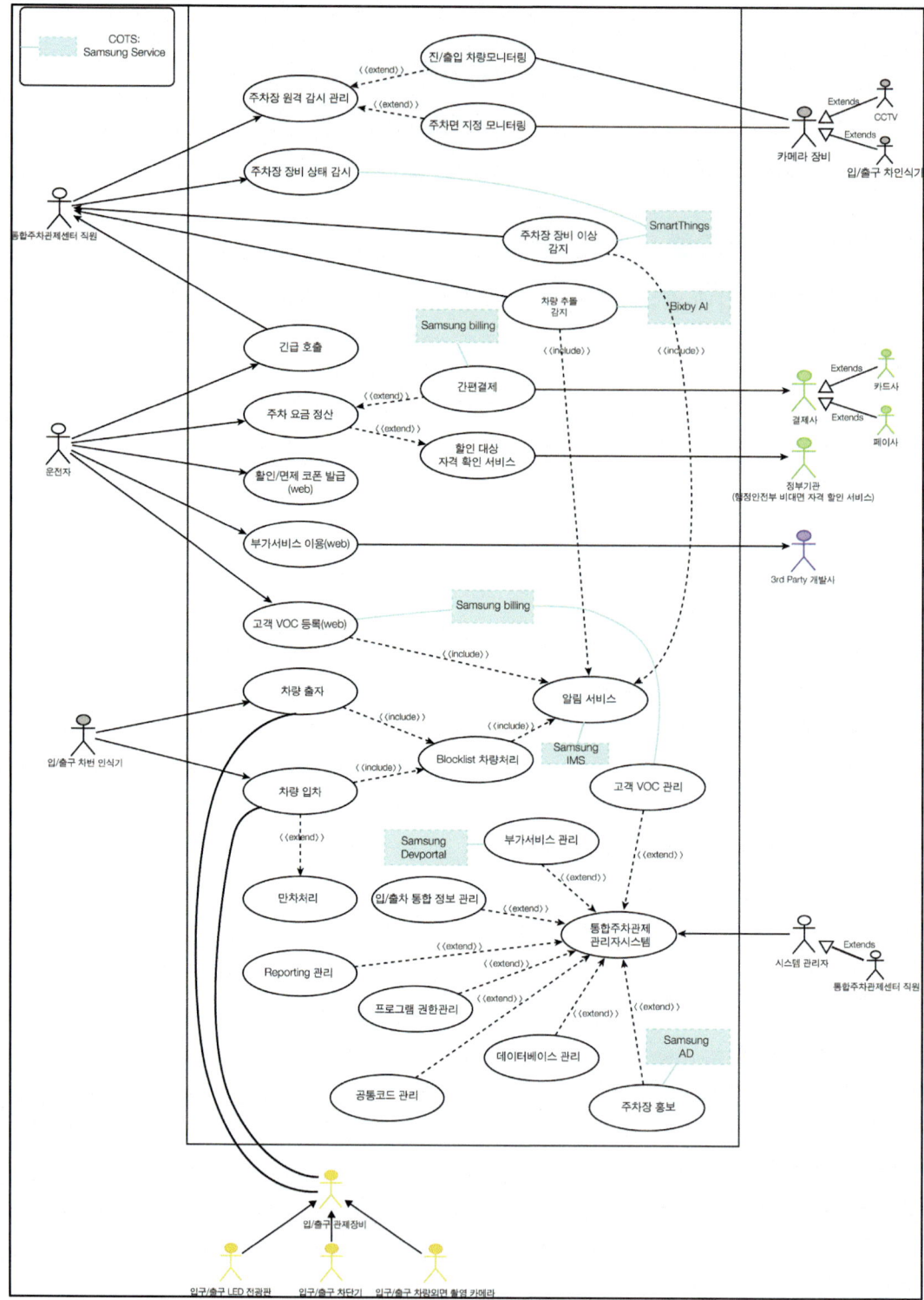

그림 2-4 UseCase Diagram 예시

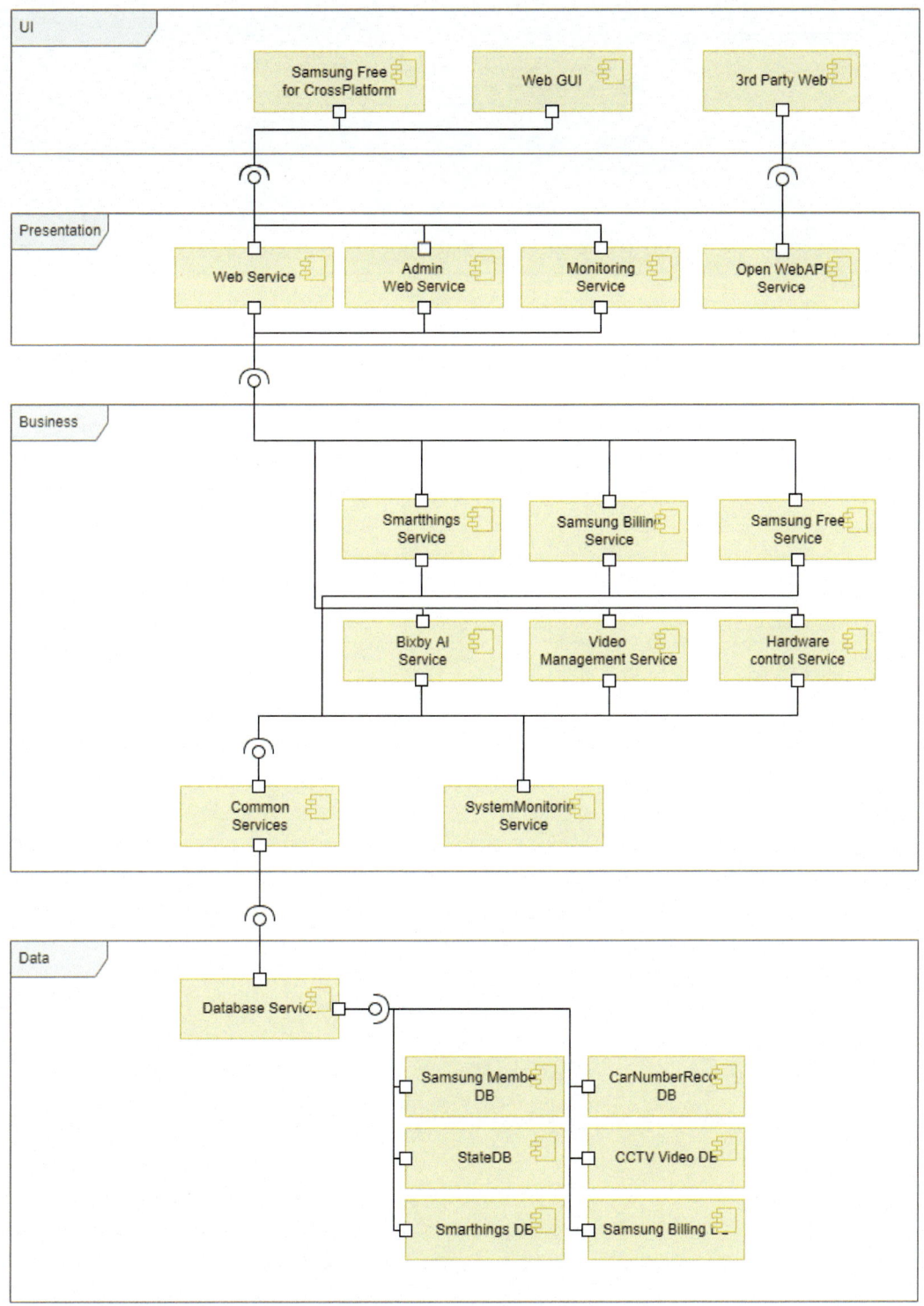

그림 2-5 Component Diagram 예시

그림 2-6 PKG Diagram 예시

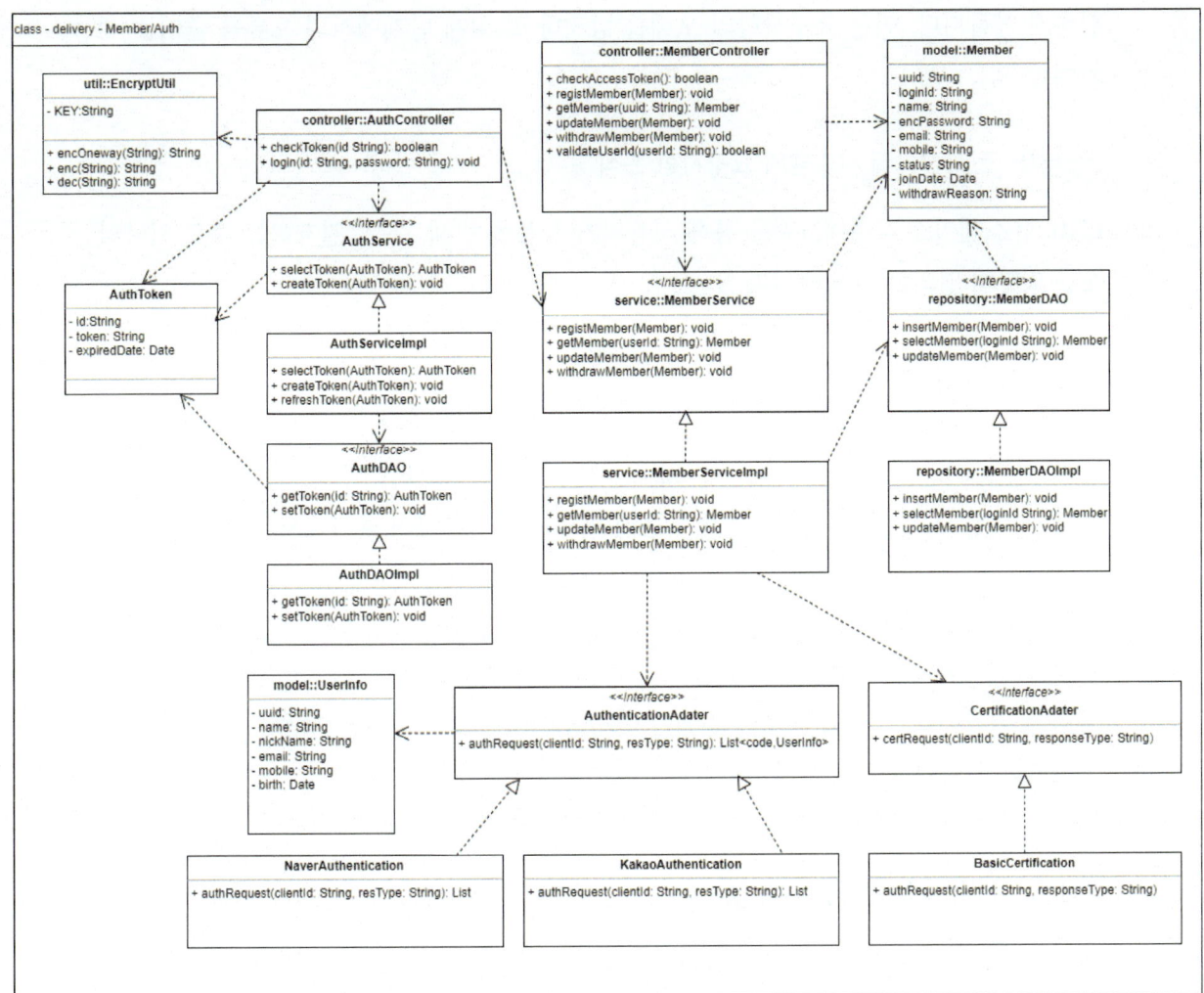

그림 2-7 Class Diagram 예시

2.3 UML을 사용하는 이유

UML은 소프트웨어 개발의 다양한 단계에서 활용될 수 있는 강력한 도구입니다. UML을 사용하는 주요 이유는 다음과 같습니다.

2.3.1 명확한 시각적 표현

UML은 시스템의 복잡한 구조와 동작을 시각적으로 표현하여, 개발 팀 내 의사소통을 원활하게 만듭니다. 이는 요구사항의 오해를 방지하고, 설계 단계에서의 오류를 줄이는 데 기여합니다.

> 📁 **예시**   전자상거래 시스템의 요구사항 분석

UML 유스케이스 다이어그램을 통해 사용자가 상품을 검색, 주문, 결제하는 주요 시나리오를 명확히 정의할 수 있습니다.

2.3.2 표준화된 언어

UML은 국제 표준(ISO/IEC 19501)으로, 전 세계적으로 통용되는 모델링 언어입니다. 이를 통해 개발자, 설계자, 이해관계자가 동일한 언어를 사용하여 효과적으로 협력할 수 있습니다.

> 📁 **예시**   다국적 팀 간 협업

UML을 사용하면 서로 다른 국가의 개발 팀이 동일한 설계 문서를 이해하고, 일관성 있게 구현할 수 있습니다.

2.3.3 요구사항 추적 가능성

UML은 요구사항과 설계 간의 관계를 명확히 정의하여, 시스템 변경 시에도 요구사항이 어떻게 영향을 받는지 추적할 수 있습니다. 이는 유지보수성과 확장성을 높이는 데 큰 장점을 제공합니다.

> 📁 **예시**   주차관리 시스템 구축

아래와 같은 양식을 사용하여, UseCase가 설계의 어느 부분에 어떻게 반영되었는지 알 수 있습니다.

표 2-2 요구사항 추적표 예시

Architectural Driver		Design Elements
ID	Title	

UC-01	주차요금 결제/정산	[Component-and-Connector View]
		- [Client] 4.2.4.1.2.1 ConnectDriverUI의 makePayment()
		- [Main Server – Business Logic]
		  - 4.2.6.12 HighPassPaymentManager
		  - 4.2.6.13 CreditCardPaymentManager
		  - 4.2.6.14 DirectGreenPaymentManager
		- [External Interface (FEP)]
		  - 4.2.10.2 CreditCardFEP
		  - 4.2.10.3 DirectGreenFEP
		
		[Module View – Package Model]
		- [Client] 4.3.1.1.1 Client의 DriverApp
		- [Main Server]
		  - 4.3.1.1.2 Main Server – Business Logic의
		  - HighPassPaymentManager
		  - CreditCardPaymentManager
		  DirectGreenPaymentManager
		- [External Interface (FEP)]
		  - 4.3.1.1.4 External Interface의
		  - CreditCardFEP
		  - DirectGreenFEP
		
		[Module View – Class Model]
		- [Main Server – Business Logic / External Interface]
		  - 4.3.2.2.10 HighPassPaymentManager
		  - 4.3.2.2.11 CreditCardPaymentManager
		  - 4.3.2.2.12 DirectGreenPaymentManager
		
		[Allocation View]
		4.4.2 Node Specification에서
		- Main Server
		- Payment System(Credit Card)
		- Payment System(Direct Green)

2.3.4 다양한 도구와의 호환성

UML은 다양한 설계 도구와 호환되며, 자동화된 코드를 생성하거나 설계를 문서화하는 데 활용할 수 있습니다.

- **주요 UML 도구**
    ① Lucidchart
    ② StarUML
    ③ Visual Paradigm
    ④ Enterprise Architect

이러한 도구들은 UML 다이어그램을 설계하고, 코드 생성과 문서화를 지원하여 개발 효율성을 극대화합니다.

연습 문제

주관식 문제

1. UML(Unified Modeling Language)의 탄생 배경을 설명하세요.

2. UML 2.0과 UML 2.5의 차이점은 무엇인가요?

3. UML이 국제 표준으로 인정받은 근거를 설명하세요.

4. UML의 구조 다이어그램과 행위 다이어그램의 차이점을 설명하세요.

5. UML을 사용하면 얻을 수 있는 주요 이점을 세 가지 이상 서술하세요.

객관식 문제

6. UML을 개발한 세 명의 객체지향 설계자는 누구인가?
   - (1) 리처드 스톨만, 데니스 리치, 제임스 고슬링
   - (2) 그라디 부치, 제임스 럼바흐, 이바 야콥슨
   - (3) 앨런 튜링, 존 폰 노이만, 도널드 크누스
   - (4) 켄트 벡, 마틴 파울러, 로버트 C. 마틴

7. UML 다이어그램 중에서 클래스 간의 관계를 나타내는 다이어그램은?
   - (1) 유스케이스 다이어그램
   - (2) 클래스 다이어그램
   - (3) 활동 다이어그램
   - (4) 시퀀스 다이어그램

8. UML 2.5에서 공식적으로 규정된 다이어그램의 개수는 몇 개인가?
   - (1) 10개
   - (2) 12개
   - (3) 14개
   - (4) 16개

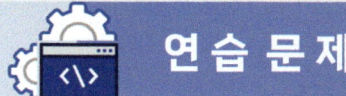 연습문제

9. UML 다이어그램 중에서 객체의 상태 변화 과정을 시각적으로 표현하는 다이어그램은?
   (1) 상태 머신 다이어그램　　　　　　　(2) 배치 다이어그램
   (3) 패키지 다이어그램　　　　　　　　(4) 유스케이스 다이어그램

10. UML을 사용해야 하는 이유로 적절하지 않은 것은?
    (1) 명확한 시각적 표현이 가능하다.
    (2) 개발자 간 원활한 의사소통을 돕는다.
    (3) 특정 기업에서만 사용되는 독점 기술이다.
    (4) 소프트웨어 설계를 표준화할 수 있다.

CHAPTER 3

소프트웨어 개발 프로세스와 UML

3.1 개발 프로세스 개요
3.2 UML과 개발 생명주기
- 연습문제

3.1 개발 프로세스 개요

소프트웨어 개발 프로세스는 소프트웨어를 체계적이고 효율적으로 설계, 개발, 테스트, 배포하기 위한 일련의 단계와 방법론을 의미합니다. 각각의 프로세스는 프로젝트의 특성에 따라 적합한 방식을 선택해야 하며, UML은 이러한 개발 프로세스 전반에서 중요한 역할을 수행합니다.

3.1.1 Waterfall 모델

Waterfall 모델은 가장 전통적인 소프트웨어 개발 프로세스 중 하나로, 각 단계를 순차적으로 진행하는 방식입니다.

그림 3-1 Waterfall 모델

- **주요 단계**

    ① **요구사항 분석**: 시스템 요구사항을 명확히 정의.
    ② **설계**: UML을 사용하여 시스템의 구조적 및 행동적 설계 문서를 작성.
    ③ **구현**: 설계에 기반한 코딩 작업 수행.
    ④ **테스트**: 시스템의 기능 및 성능을 검증.

⑤ **배포 및 유지보수**: 최종 제품을 릴리스하고 개선 작업 수행.

- Waterfall 모델의 장점
    ① **단계적 접근**: 각 단계가 명확히 구분되어 있어 진행 상황을 추적하기 쉽습니다.
    ② **명확한 문서화**: 모든 단계에서 문서를 생성하므로 요구사항, 설계, 테스트 계획이 체계적으로 관리됩니다.
    ③ **고정된 범위**: 초기 요구사항을 명확히 정의하므로 변경 관리가 용이합니다.
    ④ **프로젝트 관리 용이성**: 단계별로 결과물을 확인하고 평가할 수 있어 관리가 간단합니다.

- Waterfall 모델의 단점
    ① **변화에 대한 유연성 부족**: 초기 단계에서 요구사항 변경이 어렵고, 변경이 발생하면 후속 단계 전체에 영향을 미칩니다.
    ② **고객 피드백 지연**: 최종 제품이 완성되기 전까지는 고객이 결과물을 확인할 수 없습니다.
    ③ **장기 프로젝트에 부적합**: 요구사항이 불확실하거나 시간이 오래 걸리는 프로젝트에는 비효율적입니다.
    ④ **초기 오류의 치명성**: 초기 요구사항 분석에서 실수가 발생하면, 후속 단계에서 수정 비용이 매우 커질 수 있습니다.

- Waterfall 모델과 UML의 관계

Waterfall 모델은 명확히 정의된 단계에 따라 진행되므로, UML 다이어그램을 각 단계에서 체계적으로 활용할 수 있습니다. 예를 들어, 요구사항 분석 단계에서는 유스케이스 다이어그램을 사용하고, 설계 단계에서는 클래스 다이어그램과 시퀀스 다이어그램이 가장 일반적으로 사용됩니다.

3.1.2 Agile 모델

Agile 개발 프로세스는 변화에 빠르게 대응하며, 반복적이고 점진적인 개발을 중심으로 합니다. 이는 팀 간 협업과 지속적인 피드백을 강조합니다.

■ Agile의 핵심 원칙

① **작동하는 소프트웨어**를 우선시.
② **고객**과의 **협력**을 중시.
③ **변화에 대한 유연성**을 보장.

■ 스크럼(Scrum) 방식

Agile의 대표적인 구현 방식 중 하나인 스크럼(Scrum)은 소규모 팀이 짧은 개발 주기(스프린트)를 반복하여 점진적으로 소프트웨어를 개발하는 프로세스입니다. 스크럼은 팀 간 협력을 극대화하고, 변화에 유연하게 대응할 수 있도록 설계되었습니다.

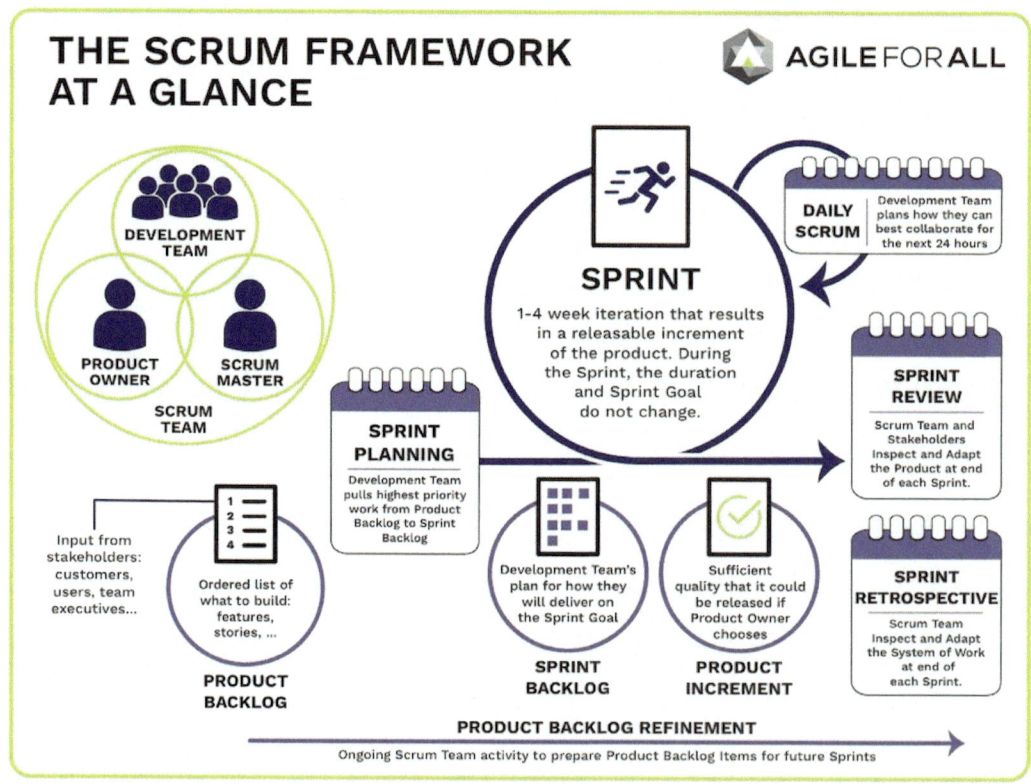

그림 3-2 SCRUM Framework

■ 스크럼의 주요 구성 요소

① **스프린트(Sprint)**:
- 1~4주 단위의 짧은 개발 주기.

- 각 스프린트는 완료 가능한 제품 증가분을 목표로 설정.

② **스크럼 Team**:
- **제품 책임자(Product Owner)**: Product Backlog(제품 기능목록)를 관리하고, 우선순위를 지정.
- **스크럼 마스터(Scrum Master)**: 스크럼 프로세스가 원활히 진행되도록 지원.
- **개발 팀(Development Team)**: 실제 개발 작업을 수행하는 팀원들.

③ **스크럼 아티팩트**:
- **제품 백로그(Product Backlog)**: 전체 요구사항 목록.
- **스프린트 백로그(Sprint Backlog)**: 특정 스프린트 동안 수행할 작업 (스프린트 구현목록).
- **증가분(Product Increment)**: 각 스프린트 종료 시 완성된 제품의 부분.

④ **스크럼 이벤트**:
- **스프린트 계획(Sprint Planning)**: 각 스프린트의 목표와 작업을 계획.
- **일일 스크럼 회의(Daily Scrum)**: 매일 15분 동안 진행 상황을 공유.
- **스프린트 검토 회의(Sprint Review)**: 스프린트 종료 후 작업 결과를 검토.
- **스프린트 회고(Sprint Retrospective)**: 팀 프로세스를 개선하기 위한 피드백 세션.

■ 스크럼 방식의 장점

① **유연성**: 변경 요구사항에 신속히 대응 가능.
② **높은 고객 만족도**: 주기적으로 고객의 피드백을 수집하여 반영.
③ **팀 간 협력 강화**: 정기적인 회의와 투명한 의사소통.
④ **지속적인 개선**: 스프린트 회고를 통해 프로세스를 반복적으로 최적화.

■ 스크럼 방식의 단점

① **관리 복잡성**: 스크럼 방식을 처음 도입할 경우 역할과 절차를 이해하는 데 시간이 필요.
② **팀 의존성**: 팀원 간 협업과 의사소통이 부족할 경우 성과 저하 가능.
③ **스케일링의 어려움**: 소규모 팀에는 적합하지만, 대규모 프로젝트에서는 조정이 복잡.

■ 스크럼과 UML의 관계

스크럼 방식에서도 UML은 팀 간의 의사소통과 설계 문서화를 지원하는 중요한 도구입니다.

- **유스케이스 다이어그램**: 스프린트 목표 정의에 사용.
- **시퀀스 다이어그램**: 특정 기능의 상호작용 설계.
- **클래스 다이어그램**: 데이터 모델링과 코드 기반 설계에 활용.

3.1.3 기타 개발 모델

1 스파이럴 모델(Spiral Model)

스파이럴 모델은 위험 분석과 반복적인 프로토타이핑을 중심으로 한 개발 방법론입니다. 프로젝트를 여러 반복(Iteration)으로 나누어 각 반복 단계에서 요구사항 분석, 설계, 구현, 테스트를 수행합니다.

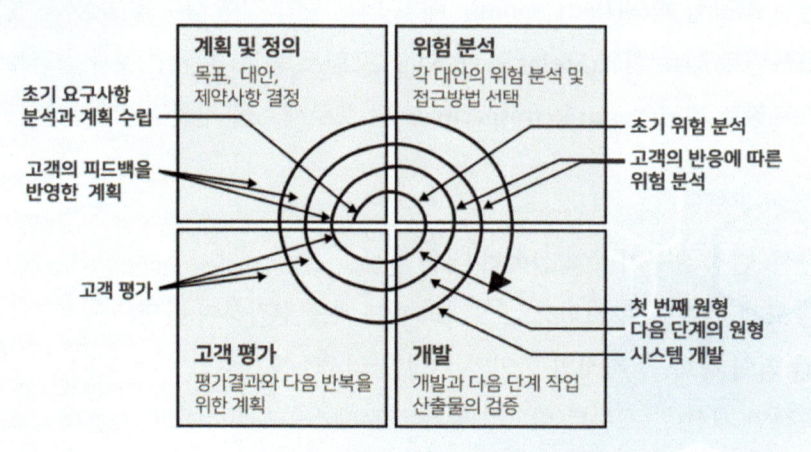

그림 3-3 Spiral Model

■ 주요 단계

① **계획 및 정의**: 목표 설정 및 요구사항 수집.
② **위험 분석**: 프로젝트 위험 요소를 식별하고 해결 방안 설계.
③ **개발 및 테스트**: 프로토타입을 개발하고 검증.

④ **사용자(고객) 평가** : 사용자 피드백을 바탕으로 다음 반복 계획.

- 장점

    ① 위험을 조기에 식별하고 관리 가능.
    ② 지속적인 사용자(고객) 피드백을 통해 요구사항 변경에 유연하게 대응.
    ③ 대규모 프로젝트에 적합하며, 점진적으로 제품 품질을 개선.

- 단점

    ① 소규모 프로젝트에는 비효율적.
    ② 위험 분석에 많은 시간과 비용이 소요될 수 있음.

2 V-모델(V-Model)

V-모델은 Waterfall 모델의 확장으로, 개발 단계와 테스트 단계를 병렬로 구성한 방법론입니다. 각 개발 단계는 대응하는 테스트 단계와 연결되어 있습니다.

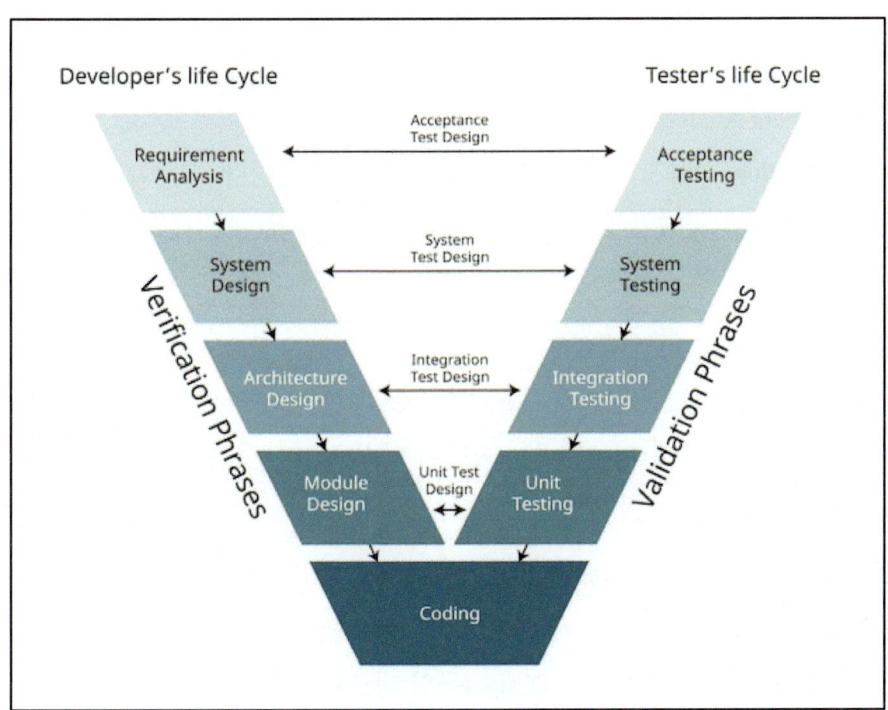

그림 3-4 V-Model

- **V 모델 구성 요소**

    ① **Verification Phases (좌측 경사)**:
    - 개발의 각 단계에서 "설계 및 계획"의 과정을 나타냅니다.
    - 단계별로 요구사항 분석, 시스템 설계, 아키텍처 설계, 모듈 설계 등이 포함됩니다.
    - 이 단계는 문제를 "미리 예방"하고 올바른 시스템을 정의하는 데 중점을 둡니다.

    ② **Validation Phases (우측 경사)**:
    - 개발된 시스템이 요구사항을 충족하는지 "검증"하는 과정입니다.
    - 단계별로 단위 테스트, 통합 테스트, 시스템 테스트, 수용 테스트 등이 포함됩니다.
    - 각 테스트는 Verification 단계에서 정의된 테스트 계획을 기반으로 수행됩니다.

    ③ **Coding (V 모델의 하단)**:
    - 코딩 단계는 V 모델의 중앙에 위치하며, 시스템 개발이 이루어지는 주요 작업입니다.
    - 모든 Verification 단계에서 정의된 설계를 기반으로 코드를 작성합니다.

- **단계별 설명**

    ① Requirement Analysis (요구사항 분석):
    - **Verification**: 사용자 요구사항을 수집하고 문서화합니다.
    - **Validation**: 요구사항에 따라 Acceptance Test Design(수용 테스트 설계)이 이루어집니다.

    ② System Design (시스템 설계):
    - **Verification**: 시스템 구조와 기술 스택을 설계합니다.
    - **Validation**: System Test Design(시스템 테스트 설계)을 통해 전체 시스템이 요구사항을 충족하는지 확인합니다.

    ③ Architecture Design (아키텍처 설계):
    - **Verification**: 시스템을 하위 모듈로 분리하여 상세 설계합니다.
    - **Validation**: Integration Test Design(통합 테스트 설계)을 통해 모듈 간 상호작용을 검증합니다.

④ Module Design (모듈 설계):
- **Verification**: 개별 모듈의 논리와 기능을 설계합니다.
- **Validation**: Unit Test Design(단위 테스트 설계)을 통해 개별 모듈의 기능을 검증합니다.

⑤ Coding (코딩):
- Verification 단계에서 정의된 설계를 기반으로 실제 코드를 작성합니다.

■ 핵심 개념

① **Verification vs Validation**:
- Verification: "우리가 올바른 시스템을 개발하고 있는가?"를 점검합니다.
- Validation: "우리가 개발한 시스템이 올바른가?"를 테스트합니다.

② **병렬적인 활동**:
- 개발자와 테스터의 활동이 병렬적으로 진행되며, 왼쪽(Verification)에서 계획한 것이 오른쪽(Validation)에서 테스트됩니다.

③ **테스트 설계의 중요성**:
- 테스트 설계는 각 Verification 단계에서 미리 수행됩니다. 이를 통해 Validation 단계에서 신속하고 정확한 검증이 가능합니다.

■ 장점
- 명확한 단계와 문서화가 요구되므로 품질이 보장됩니다.
- 초기 단계에서 오류를 발견할 가능성이 높아 비용을 절감할 수 있습니다.
- 각 단계가 논리적으로 연결되어 있어 개발과 테스트 간의 간극이 줄어듭니다.

■ 단점
- 변경 사항을 반영하기 어렵습니다(유연성이 낮음).
- 초기 단계에서 요구사항을 명확히 정의하지 않으면 이후 단계에서 문제가 발생할 수 있습니다.
- 반복적/점진적 개발에는 적합하지 않습니다.

V 모델은 고품질 소프트웨어를 요구하는 프로젝트, 특히 의료, 항공, 은행과 같은 안전-critical한 분야에서 자주 사용됩니다.

3 DevOps 모델

DevOps 모델은 **개발(Development)**과 **운영(Operations)** 팀 간의 긴밀한 협업을 기반으로 하여, 소프트웨어 개발 및 배포 과정을 자동화하고 최적화하는 방법론입니다. 아래의 이미지는 DevOps 모델의 중심 철학과 주요 활동을 시각적으로 설명하며, **무한 루프(Infinity Loop)**를 통해 지속적인 통합과 배포를 강조합니다.

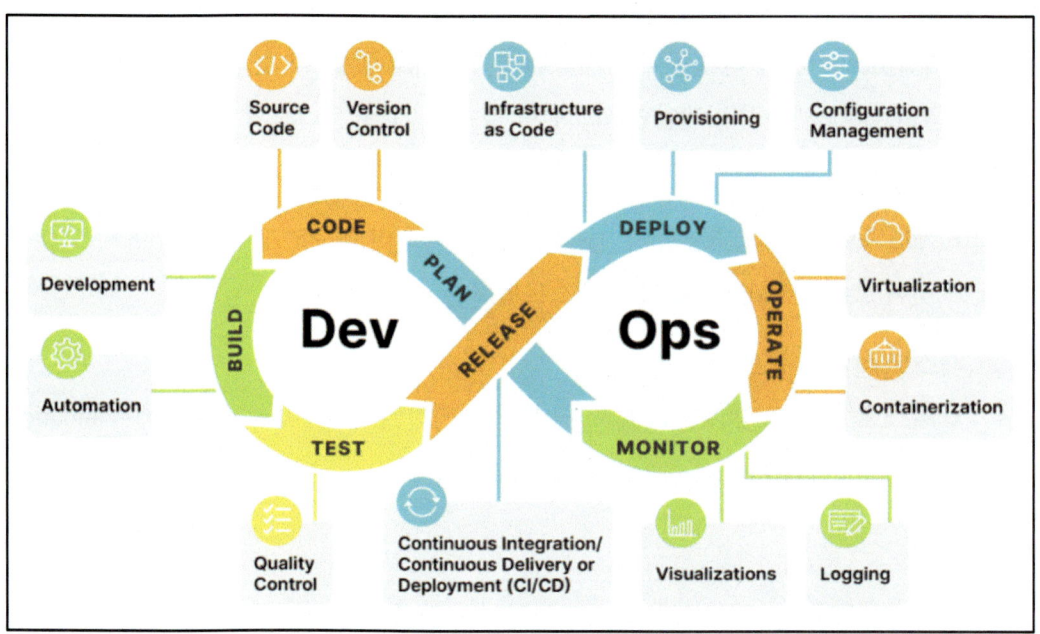

그림 3-5 DevOps Model

- **DevOps의 주요 단계**

  ① **Plan (계획)**:
  - 소프트웨어 개발의 요구사항과 목표를 정의하는 단계입니다.
  - 팀 간의 협업을 통해 작업을 계획하고, 우선순위를 정합니다.
  - **활동**: 요구사항 분석, 프로젝트 관리, 작업 추적.

② **Develop(Code) (개발)**:
- 코드 작성과 버전 관리를 통해 소프트웨어 기능을 개발합니다.
- **활동**:
    - **Source Code**: 개발자가 코드를 작성하고 저장.
    - **Version Control**: Git과 같은 도구로 코드 버전을 관리.

③ **Build (빌드)**:
- 소스 코드를 컴파일하여 실행 파일이나 패키지를 생성하는 단계입니다.
- **활동**: 코드의 의존성 관리, 빌드 자동화 도구(Jenkins, Maven) 활용.

④ **Test (테스트)**:
- 개발된 코드가 요구사항을 충족하고 결함이 없는지 검증하는 단계입니다.
- **활동**:
    - **Quality Control**: 품질 보증 테스트 수행.
    - **Automation**: 테스트 자동화 도구(Selenium, JUnit) 활용.

⑤ **Release (릴리스)**:
- 검증된 코드를 프로덕션 환경으로 배포하기 전에 준비하는 단계입니다.
- **활동**:
    - **CI/CD (Continuous Integration/Continuous Deployment)**: 지속적인 통합 및 배포 프로세스를 자동화하여 변경 사항을 빠르게 릴리스.

⑥ **Deploy (배포)**:
- 애플리케이션을 프로덕션 환경에 배포하는 단계입니다.
- **활동**:
    - **Provisioning**: 필요한 리소스를 프로비저닝.
    - **Infrastructure as Code (IaC)**: Terraform, Ansible을 사용하여 인프라를 코드로 관리.
    - **Configuration Management**: 서버 및 애플리케이션 환경 설정 관리.

⑦ **Operate (운영)**:
- 배포된 애플리케이션을 지속적으로 운영하며, 안정성을 유지하는 단계입니다.

- **활동**:
  - **Virtualization**: 가상화 도구(VMware, Docker)로 리소스 최적화.
  - **Containerization**: Docker 및 Kubernetes를 활용하여 애플리케이션 배포 간소화.

⑧ **Monitor (모니터링)**:
- 시스템 성능과 안정성을 모니터링하여 문제를 사전에 감지하고 대응하는 단계입니다.
- **활동**:
  - **Logging**: 로그 수집 및 분석 도구(ELK Stack) 활용.
  - **Visualizations**: 대시보드를 통해 상태 시각화(Grafana, Prometheus).

■ DevOps의 주요 특징

① **자동화**: 빌드, 테스트, 배포, 모니터링 등의 과정을 자동화하여 생산성과 품질을 향상합니다.
② **지속적 통합(CI)**: 개발자들이 작성한 코드를 지속적으로 통합하고 테스트하여 코드 품질을 보장합니다.
③ **지속적 배포(CD)**: 안정적인 코드가 자동으로 프로덕션 환경에 배포될 수 있도록 지원합니다.
④ **협업과 커뮤니케이션**: 개발팀과 운영팀 간의 원활한 소통을 통해 작업 속도와 효율성을 높입니다.

■ DevOps의 장점

① **빠른 배포**: 자동화와 협업을 통해 새로운 기능과 변경 사항을 신속하게 제공할 수 있습니다.
② **향상된 품질**: 테스트 및 모니터링 자동화로 결함을 사전에 감지하여 품질을 유지합니다.
③ **비용 절감**: 인프라 관리 및 테스트 자동화를 통해 운영 비용을 줄일 수 있습니다.
④ **높은 확장성**: 클라우드 환경과의 통합을 통해 인프라를 유연하게 확장할 수 있습니다.

DevOps는 빠른 변화와 높은 품질이 요구되는 현대 소프트웨어 개발 환경에서 필수적인 접근법으로 자리 잡고 있습니다. DevOps 모델은 지속적인 피드백 루프를 통해 시스템을 점진적으로 개선하며, 사용자의 요구에 신속히 대응할 수 있는 구조를 제공합니다.

3.2 UML과 개발 생명주기

소프트웨어 개발 생명주기(SDLC, Software Development Life Cycle)는 소프트웨어가 아이디어에서 최종 제품으로 변환되는 모든 단계를 포괄합니다. UML은 SDLC의 모든 단계에서 설계를 시각화하고 문서화하는 데 필수적인 도구입니다.

3.2.1 계획 단계

계획 단계에서는 프로젝트 목표와 범위를 정의하고, 요구사항을 수집합니다. UML 유스케이스 다이어그램은 이 단계에서 사용자 요구사항을 명확히 표현하는 데 유용합니다.

- 예시: 전자상거래 시스템
  - 유스케이스: 상품 검색, 장바구니 추가, 결제 처리
  - 액터: 고객, 관리자

3.2.2 분석 단계

분석 단계에서는 요구사항을 세분화하고, 시스템의 주요 요소를 정의합니다. 이 과정에서 클래스 다이어그램이 활용됩니다.

📁 예시 온라인 학습 시스템

- 클래스 다이어그램: 사용자(User), 코스(Course), 등록(Enrollment)

3.2.3 설계 단계

설계 단계에서는 시스템의 세부적인 구조와 동작을 모델링합니다. UML의 클래스 다이어그램, 시퀀스 다이어그램, 상태 다이어그램이 주로 사용됩니다.

> 📁 **예시** 주문 처리 시스템

- 클래스 다이어그램: 주문(Order), 고객(Customer), 상품(Product)
- 시퀀스 다이어그램: 주문 생성 및 확인 프로세스
- 상태 다이어그램: 주문 상태(생성 -> 처리 -> 완료)

3.2.4 구현 단계

구현 단계에서는 설계를 기반으로 소프트웨어를 개발합니다. UML 다이어그램은 개발자 간의 명확한 의사소통을 가능하게 하며, 자동 코드 생성 도구를 통해 생산성을 높일 수 있습니다.

3.2.5 테스트 및 유지보수 단계

테스트 단계에서는 UML 다이어그램을 테스트 케이스 설계에 활용할 수 있습니다. 유지보수 단계에서는 기존 UML 다이어그램을 업데이트하여 시스템의 변경 사항을 반영합니다.

> 📁 **예시** 금융 시스템

- 테스트 케이스: 시퀀스 다이어그램을 기반으로 사용자 인증 흐름 테스트

3.2.6 결론

소프트웨어 개발 프로세스는 체계적인 방법론과 도구가 필요하며, UML은 이를 효과적으로 지원합니다. UML은 개발 생명주기의 모든 단계에서 활용 가능하며, 요구사항 분석부터 설계, 구현, 테스트, 유지보수까지 명확하고 일관된 문서를 제공합니다. 이를 통해 팀 간 협업이 원활해지고, 소프트웨어 품질이 향상됩니다. 다음 장에서는 UML 다이어그램 설계를 실무적으로 적용하는 방법을 다룰 것입니다.

연습 문제

주관식 문제

1. Waterfall 모델의 주요 장점과 단점에 대해 설명하세요.

2. Agile 모델에서 스크럼 방식의 핵심 구성 요소를 3가지 이상 설명하세요.

3. 스파이럴 모델이 Waterfall 모델과 비교하여 가지는 특징적인 장점은 무엇인가요?

4. V-모델에서 Verification과 Validation의 차이점을 설명하세요.

5. DevOps 모델에서 CI/CD의 역할을 설명하세요.

객관식 문제

6. 다음 중 Waterfall 모델의 특징으로 가장 적절한 것은?
   ① 요구사항이 변경될 가능성이 높은 프로젝트에 적합하다.
   ② 개발 단계가 순차적으로 진행되며, 각 단계가 명확하게 구분된다.
   ③ 고객의 피드백을 수시로 반영하여 소프트웨어를 개선한다.
   ④ 빠른 프로토타이핑과 반복적인 개선을 중심으로 개발이 이루어진다.

7. Agile 모델에서 스크럼 방식의 주요 특징이 아닌 것은?
   ① 짧은 개발 주기인 스프린트를 사용한다.
   ② 정해진 개발 단계를 엄격히 따라야 한다.
   ③ 팀 간 협업과 지속적인 피드백을 중시한다.
   ④ 변화하는 요구사항에 유연하게 대응할 수 있다.

연습 문제

8. 스파이럴 모델에서 반복적으로 수행되는 단계가 아닌 것은?
   ① 요구사항 분석 ② 위험 분석
   ③ 유지보수 ④ 사용자 평가

9. 다음 중 V-모델의 특징으로 옳은 것은?
   ① 개발 단계와 테스트 단계가 병렬적으로 진행된다.
   ② 요구사항 변경에 대한 유연성이 높다.
   ③ 고객 피드백을 즉각적으로 반영할 수 있다.
   ④ 소규모 프로젝트에 적합한 개발 모델이다.

10. DevOps 모델에서 소프트웨어의 안정성을 유지하고 성능을 모니터링하는 단계는?
    ① Develop (개발) ② Deploy (배포)
    ③ Monitor (모니터링) ④ Plan (계획)

PART 2

UML 다이어그램의 실전 활용

UML-based software architecture
design used in practice

CHAPTER **4**

StarUML 설치 및 사용법가이드

4.1 StarUML 소개
4.2 StarUML 설치
4.3 StarUML 기본 사용법

4.1 StarUML 소개

1 StarUML이란?

StarUML은 소프트웨어 설계를 위해 UML(Unified Modeling Language) 다이어그램을 작성하고 관리할 수 있는 강력한 도구입니다. 이 도구는 개발자와 설계자에게 효율적인 시스템 모델링과 분석 기능을 제공합니다.

2 주요 특징 및 장점

- 다양한 UML 다이어그램 지원: 클래스, 유스케이스, 시퀀스 등 다양한 다이어그램 유형을 지원합니다.
- 직관적인 사용자 인터페이스: 사용자 친화적인 UI를 제공하여 다이어그램 작성이 용이합니다.
- 코드 생성 및 역공학: UML 모델에서 코드 생성과 기존 코드에서 UML 다이어그램을 생성할 수 있습니다.
- 확장성: 다양한 플러그인을 통해 기능을 확장할 수 있습니다.

3 사용 사례

- 소프트웨어 설계 및 아키텍처 모델링
- 데이터베이스 설계 및 관리
- 비즈니스 프로세스 분석 및 시각화

4.1.1 StarUML에서 기능 확장 대표적 사례

1 코드 생성 (Code Generation)

■ Java, C++, Python 코드 생성 플러그인

- UML 클래스 다이어그램을 작성한 후, Java, C++, Python 등의 프로그래밍 언어 코드로 변환할 수 있습니다.
- 예: staruml-java, staruml-cpp, staruml-python 등의 플러그인 활용
- 활용 사례: 시스템 설계 후 바로 코드로 변환하여 개발 시작

2 역공학(Reverse Engineering)

- 소스 코드에서 UML 다이어그램 자동 생성
  - 기존의 Java, C++ 등의 소스 코드에서 UML 다이어그램을 자동으로 생성하여 구조를 시각적으로 파악 가능
  - 예: staruml-reverse-java, staruml-reverse-cpp
  - 활용 사례: 기존 코드 분석 및 리팩토링 시 유용

3 Markdown 및 HTML 문서 생성

- UML 모델을 Markdown 또는 HTML로 문서화
  - UML 다이어그램을 포함하는 문서를 자동 생성하여 문서화 작업을 자동화
  - 예: staruml-markdown, staruml-html
  - 활용 사례: 소프트웨어 설계 문서를 Markdown으로 내보내어 GitHub 등에서 쉽게 공유 가능

4 데이터베이스 모델링 및 SQL 생성

- ERD(Entity-Relationship Diagram)와 SQL 스크립트 자동 생성
  - 관계형 데이터베이스(RDBMS)의 ERD 모델링을 하고 SQL 스크립트를 자동으로 생성
  - 예: staruml-sql
  - 활용 사례: 데이터베이스 설계 후 DDL 스크립트 생성하여 바로 DB 구축

5 PlantUML 및 Mermaid 지원

- PlantUML을 이용한 텍스트 기반 UML 다이어그램 생성
  - 예: staruml-plantuml
  - 활용 사례: UML 다이어그램을 코드처럼 작성하여 빠르게 공유
- Mermaid.js를 활용한 다이어그램 생성
  - 예: staruml-mermaid
  - 활용 사례: GitHub, Notion 등에서 사용할 수 있는 Mermaid 다이어그램 자동 변환

6 Jira 및 Confluence 연동

- Jira 이슈 트래킹 시스템과 연동
  - 예: staruml-jira
  - 활용 사례: UML 다이어그램을 Jira에 첨부하여 프로젝트 관리 시 활용
- Confluence 문서화 지원
  - 예: staruml-confluence
  - 활용 사례: StarUML에서 만든 UML 다이어그램을 Atlassian Confluence에 쉽게 삽입

7 LaTeX 수식 지원

- UML 다이어그램에 LaTeX 수식 추가
  - 예: staruml-latex
  - 활용 사례: 수학적 표현이 필요한 모델링 작업에 활용

이와 같이 StarUML에서는 다양한 플러그인을 통해 기능을 확장할 수 있으며, 이를 활용하여 개발 및 문서화 작업을 보다 효율적으로 진행할 수 있습니다.

4.2 StarUML 설치

4.2.1 설치 요구사항

- 운영체제: Windows, macOS, Linux
- 하드웨어 요구사항:
  - RAM: 2GB 이상
  - 디스크 공간: 200MB 이상
  - 디스플레이: 1024x768 이상의 해상도

1 StarUML 다운로드

StarUML은 공식 웹사이트(https://staruml.io/)에서 다운로드할 수 있습니다. 자신의 운영체제에 맞는 설치 파일을 선택하세요.

2 설치 과정

(1) Windows 설치

- 다운로드한 .exe 파일을 실행합니다.
- 설치 마법사의 지침에 따라 설치 경로와 옵션을 설정합니다.
- 설치가 완료되면 프로그램을 실행합니다.

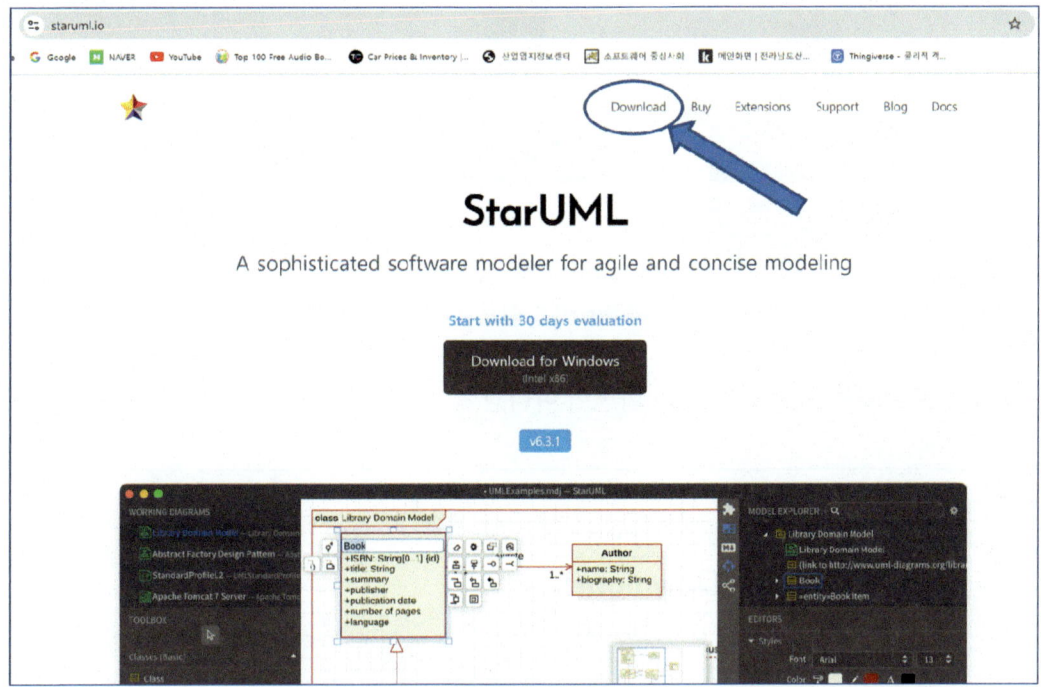

그림 4-1 StarUML 설치 파일 Download 화면(staruml.io)

- Download Button을 누르면 아래의 화면이 나타남

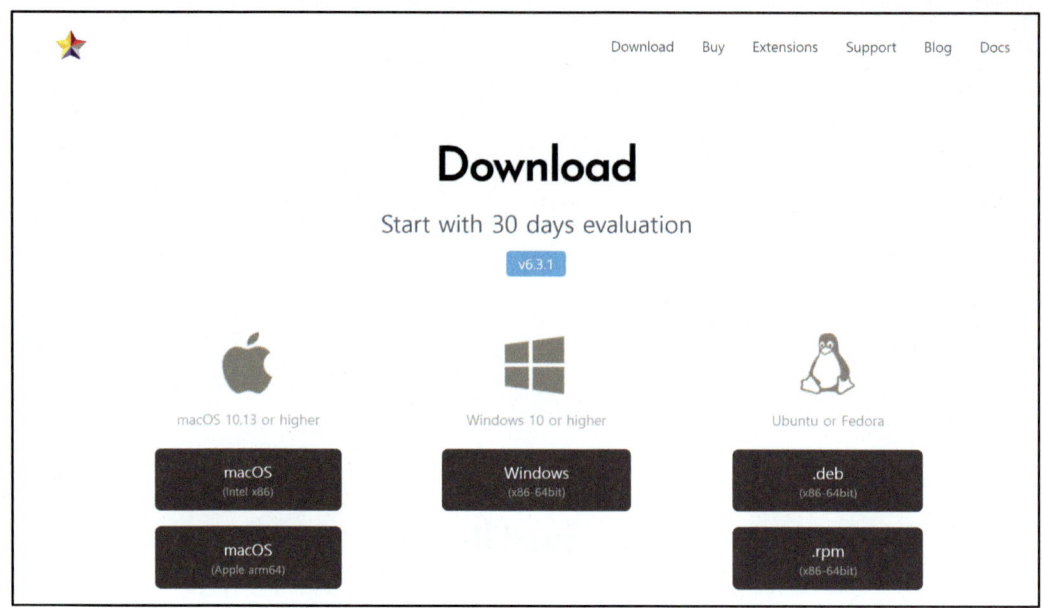

그림 4-2 OS별 StarUML 설치 파일 Download 화면

- 윈도우 버튼을 누르면 아래의 화면이 나타남

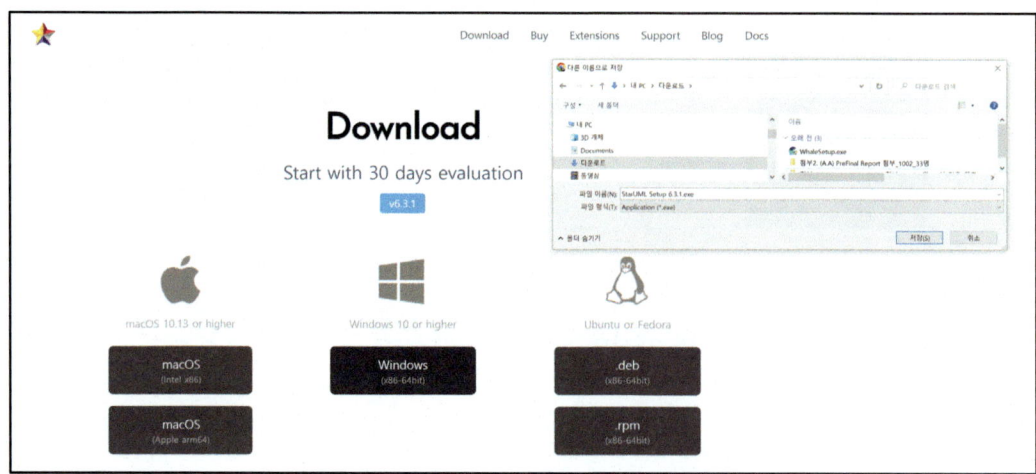

그림 4-3 윈도우 버튼 누른 후 StarUML 설치 파일 다운로드

- StarUML 설치 File 다운로드 후 StarUML 설치 진행

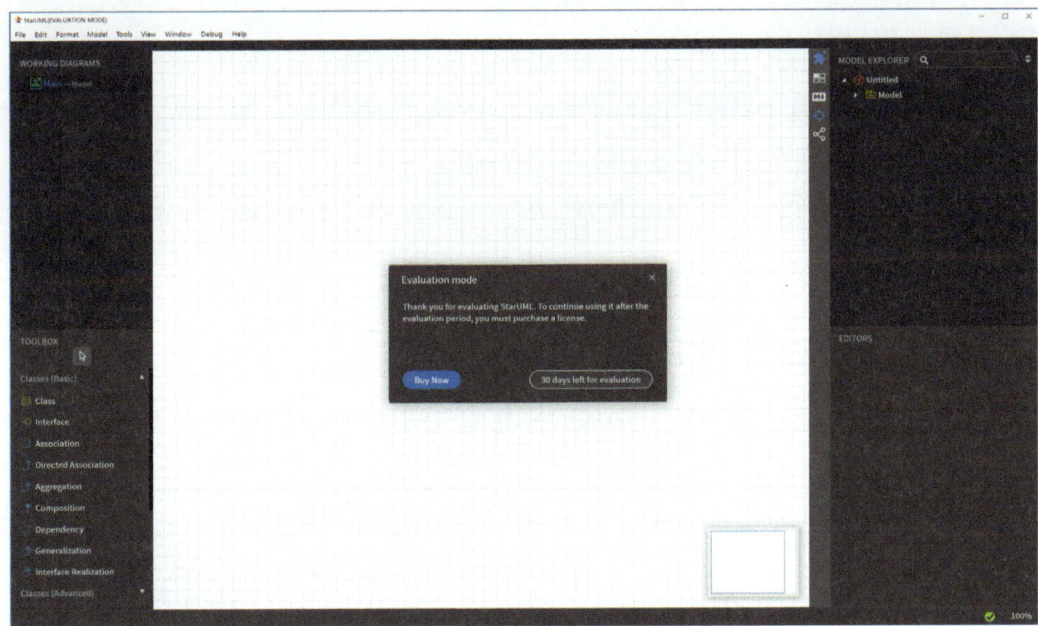

그림 4-4 StarUML 설치 완료 화면

(2) macOS 설치

- 다운로드한 .dmg 파일을 실행하여 애플리케이션 폴더로 드래그합니다.
- 애플리케이션 폴더에서 StarUML을 실행합니다.

(3) Linux 설치

- 다운로드한 .tar.gz 파일을 압축 해제합니다.
- 터미널에서 실행 파일을 실행하여 프로그램을 시작합니다.

2 설치 후 사용

- "30 days left for evaluation" 버튼을 선택하여 우선 평가판으로 사용

4.3 StarUML 기본 사용법

1 사용자 인터페이스 개요

- **상단 메뉴**: 파일(File), 편집(Edit), Format, Model, Tools, View, Window, Debug, Help 메뉴를 통해 다양한 기능에 접근할 수 있습니다
- **작업 공간**: 중앙 영역에서 다이어그램 작성, 좌측 패널에서 프로젝트 구성 요소 관리
- **속성 패널**: 우측에서 선택한 요소의 속성 수정 가능

2 새 프로젝트 생성 및 관리

① "파일(File)" > "새 프로젝트(New Project)"를 클릭하여 New Project를 생성합니다.

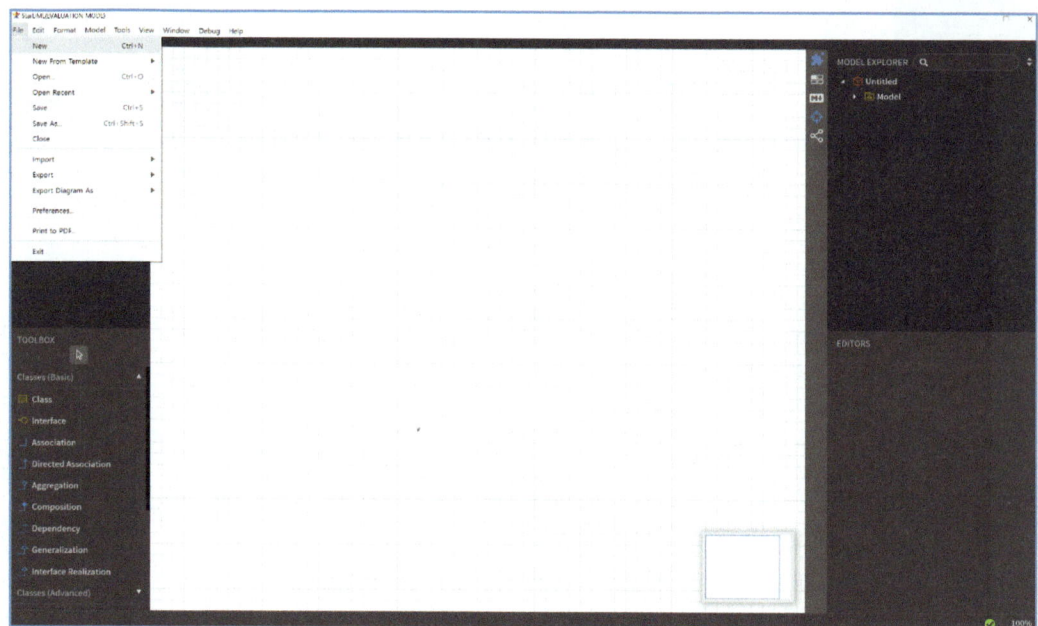

그림 4-5 새 프로젝트 생성

② Model Explorer에서 마우스 오른쪽 버튼을 누른 다음 [Add Diagram]메뉴에서 원하는 다이어그램을 선택합니다.

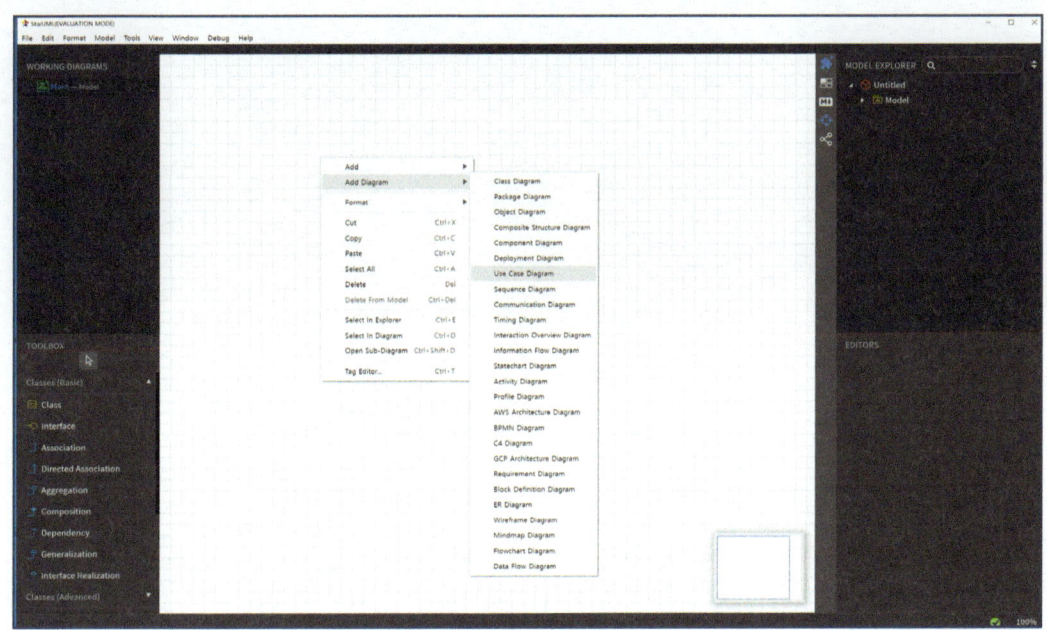

그림 4-6 UseCase Diagram 생성

③ 프로젝트 이름(UseCase_Test)를 입력하고 저장합니다. "UseCase_Test.mdj"가 저장됩니다.

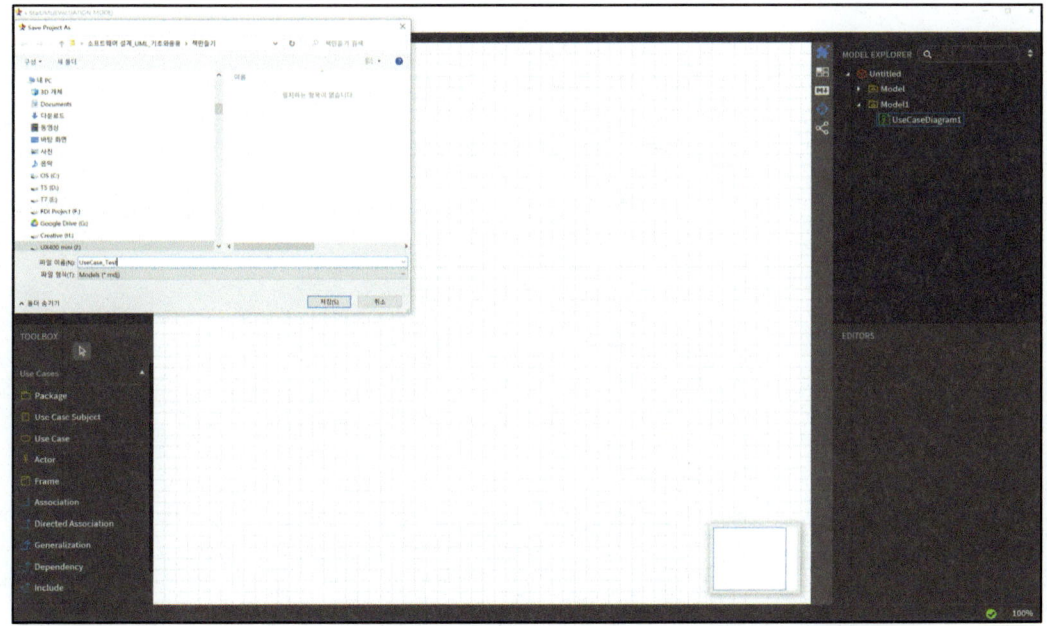

그림 4-7 UseCase_Test.mdj file 저장 및 생성

CHAPTER 5

UseCase Diagram 개념과 작성방법

5.1 Use Case Diagram의 개념
5.2 UseCase Diagram 구성요소 및 사용법 설명
5.3 UseCase Diagram 실습
■ 연습문제

5.1 Use Case Diagram의 개념

Use Case Diagram은 시스템의 기능적 요구사항을 모델링하고, **시스템과 외부 요소(사용자, 다른 시스템 등) 간의 상호작용**을 시각적으로 표현한 UML(Unified Modeling Language) 다이어그램입니다. 시스템이 제공해야 하는 서비스를 정의하고, 이를 사용하는 주체(Actor)와의 관계를 명확히 표현합니다.

1 주요 목적

① **시스템의 기능적 요구사항을 시각화**: 시스템이 제공해야 할 기능을 한눈에 볼 수 있도록 표현.
② **Actor와 시스템 간 상호작용 이해**: 시스템과 사용자(또는 외부 시스템) 간의 관계를 정의.
③ **비즈니스 요구사항 및 사용자 요구사항 명확화**: 프로젝트의 초기 단계에서 요구사항을 정리하고, 이해 관계자들과 소통하는 도구로 사용.
④ **시스템 경계 정의**: 시스템의 범위와 외부 요소 간의 관계를 명확히 규정.

2 표현 방식

① **시스템의 경계 정의**:시스템 경계 안에 Use Case를 배치하고, Actor는 경계 밖에 위치.
② **Actor와 Use Case 연결**: Actor와 Use Case 간의 **직선**으로 연관 관계를 표시.
③ **관계 유형 추가**: <<include>>와 <<extend>>를 사용해 Use Case 간의 관계를 정의.

3 예제

- 시나리오: 온라인 쇼핑 시스템
  - 고객은 시스템에 로그인하고, 상품을 검색한 뒤, 주문을 처리하고, 결제를 한다.

- Use Case Diagram:
  - **Actor**: Customer, Admin, Payment Gateway
  - **Use Case**:
    - Login
    - Search Products

- Place Order
- Make Payment

- **Relationship**:
  - Customer는 Login, Search Products, Place Order와 상호작용.
  - Place Order는 항상 Make Payment를 포함(<<include>>).
  - Search Products는 Admin과 Customer 모두 수행할 수 있음.

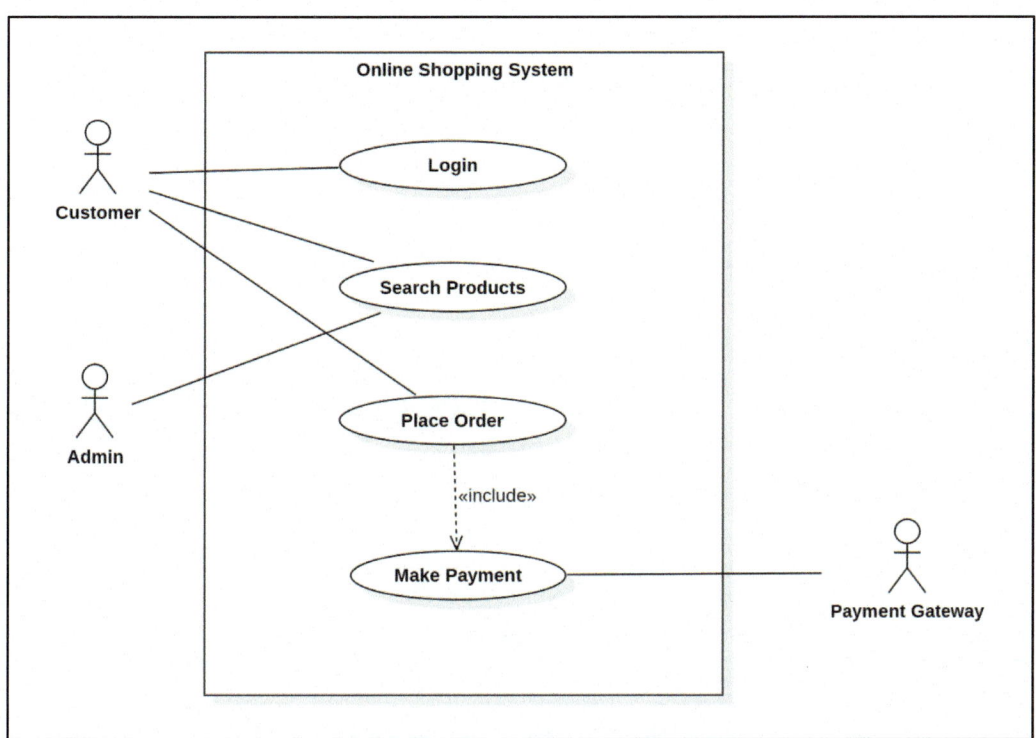

그림 5-1 UseCase Diagram 예제 예시

4 Use Case Diagram의 장점

① **쉽게 이해 가능**: 기술적 배경이 없는 사용자와도 소통이 가능.
② **요구사항 정리**: 시스템이 제공해야 할 주요 기능을 명확히 정의.
③ **시스템 경계 명확화**: 시스템 내부와 외부의 역할 및 관계를 구분.
④ **재사용성 증가**: Include와 Extend 관계를 통해 공통 기능을 재사용.

5 Case Diagram 설계 시 유의점

① **Use Case 이름은 명확하고 간결하게**: 동사+목적어 형식으로 작성.
② **Actor와의 상호작용 중심으로 설계**: Actor와 시스템 간의 관계를 우선적으로 고려.
③ **필요한 관계만 표현**: 불필요하게 복잡한 관계를 추가하지 않음.
④ **시스템 경계 내외를 명확히 구분**: 시스템의 범위를 벗어나는 Actor와 Use Case를 구별.

Use Case Diagram은 시스템이 수행해야 할 기능적 요구사항을 직관적으로 보여주는 도구입니다. Actor와 Use Case 간의 관계를 통해 시스템과 외부 요소의 상호작용을 시각화하며, **요구사항 분석, 설계 문서화, 이해관계자 간의 소통**에서 중요한 역할을 합니다.

5.2 UseCase Diagram 구성요소 및 사용법 설명

표 5-1 UseCase Diagram 구성요소 및 기능

구성요소	기능(or Description)
Package	모델 요소들을 논리적으로 그룹화할 때 사용
UseCase Subject	시스템 또는 서브시스템의 구체적인 경계를 정의함
UseCase	시스템 내에서 수행되는 특정 작업이나 기능을 표현함
Actor	시스템을 사용하는 사용자나 외부 시스템을 의미함
Frame	다이어그램 전체의 외부 경계를 정의함
Association	유스케이스와 액터 간의 연관 관계가 있을 때 연결선 추가
Directed Association	방향성을 가지는 연관관계를 나타내며, 화살표의 방향은 메시지 흐름의 방향이나 작업을 시작하는 주체를 의미함
Generalization	상속관계를 나타내며, UseCase나 Actor간의 관계를 계층적으로 정리하는데 사용됨
Dependency	특정 UseCase가 다른 UseCase를 수행해야만 실행될 수 있는 경우 : 실무에서 UseCase Diagram을 그릴때 Include와 겹치는 경우가 많음 (의존대상 UseCase가 필요할 때 실행됨(느슨한 결합: UseCase간 종속성이 낮음)). (Include의 경우 반드시 실행됨 : 강한 결합) Ex) Process Order UseCase가 Check Inventory UseCase에 의존하는 경우
Include	한 UseCase가 다른 UseCase를 반드시 포함하는 관계를 나타냄. 공통 동작을 재사용하거나, 큰 UseCase를 작은 단위로 나누어서 관리 가능하게 만드는 것 특징 : • 필수적 동작 : 포함된 UseCase는 반드시 실행됨

구성요소	기능(or Description)
	• 재사용성 증가 : 여러 UseCase에서 공통적으로 필요한 동작을 따로 정의해서 재사용 가능 • 종속적 관계 : 호출하는 UseCase가 호출되는 UseCase에 종속적 Ex) Process Order UseCase가 Validate Payment UseCase를 포함 : Process Order를 수행할 때 반드시 Validate Payment가 실행됨
Extend	한 UseCase가 특정 조건이나 상황에서 다른 UseCase의 동작을 확장하는 관계를 나타냄. 특징 : • 조건부 실행 : 확장 UseCase는 특정 조건에서만 실행됨 Ex) Process Order UseCase가 Apply Discount UseCase를 확장 : Apply Discount는 특정 조건(예 : 쿠폰 코드 입력)에서만 실행됨

5.2.1 Include와 Dependency의 비교 설명

Include와 **Dependency**는 Use Case Diagram에서 Use Case 간의 관계를 표현하는 두 가지 방법입니다. 이 둘은 각각의 목적과 사용 방식이 다르며, 특정 시나리오에 따라 적절히 선택하여 사용됩니다. 아래에서 차이점을 중심으로 설명드리겠습니다.

1 Include와 Dependency의 주요 차이점

표 5-2 Include와 Dependency의 차이점

특성	Include	Dependency
관계의 목적	한 Use Case가 다른 Use Case를 반드시 포함하는 관계.	한 Use Case가 다른 Use Case에 의존하는 관계.
동작 여부	포함된 Use Case는 항상 실행됨.	의존 대상 Use Case는 필요할 때 실행될 수 있음.
표현 방식	점선 화살표와 《include》 레이블로 표현.	점선 화살표로 표현 (레이블 없음).
관계의 강도	강한 결합 (포함된 Use Case가 필수적).	느슨한 결합 (Use Case 간 종속성이 낮음).
사용 목적	공통적인 동작이나 기능을 분리해 재사용성을 높임.	특정 Use Case가 다른 Use Case의 결과나 실행을 필요로 함.
구조적 의미	호출 Use Case는 포함된 Use Case에 종속적.	의존 Use Case는 독립적으로 존재 가능.
실행 순서	포함된 Use Case는 호출 Use Case의 흐름 안에서 항상 실행됨.	의존 관계 Use Case는 실행 순서가 명시적이지 않을 수 있음.

(1) Include의 특징

- **목적**: 공통 동작을 재사용하거나 큰 Use Case를 작은 단위로 나누기 위해 사용.
- **실행 조건**: 포함된 Use Case는 호출 Use Case가 실행될 때 항상 실행됩니다.
- **예시**:
  - Use Case Place Order는 항상 Validate Payment Use Case를 포함.
  - Validate Payment는 결제 정보를 확인하는 공통 동작으로, 여러 Use Case에서 재사용 가능.
- **다이어그램 표현**: Place Order ---<<include>>---> Validate Payment

(2) Dependency의 특징

- **목적**: 한 Use Case가 다른 Use Case의 결과나 실행을 필요로 할 때 사용.
- **실행 조건**: 의존 대상 Use Case는 실행될 수도 있고, 실행되지 않을 수도 있습니다.
- **예시**:
  - Use Case Generate Report가 Use Case Fetch Data에 의존:
  - 보고서를 생성하려면 데이터가 필요하므로 Fetch Data가 실행될 가능성이 큼.
  - 그러나 Use Case 간의 결합이 느슨하여 Generate Report가 독립적으로 설계될 수 있음.
- **다이어그램 표현**: Generate Report --- - - -> Fetch Data

2 예시 시나리오로 비교

- 시나리오: 온라인 쇼핑 시스템

  ① **Include**:
  - Place Order Use Case는 항상 Verify Payment Use Case를 포함.
  - 이유: 주문을 처리하기 전에 결제 검증이 필수적이기 때문.
  - 표현: Place Order ---<<include>>---> Verify Payment

  ② **Dependency**:
  - Generate Invoice Use Case가 Verify Payment Use Case에 의존.
  - 이유: 결제 검증이 완료되어야만 송장을 생성할 수 있음.

- 그러나 Verify Payment가 독립적으로 실행될 수 있는 경우도 있음.
- 표현: Generate Invoice --- - - - > Verify Payment

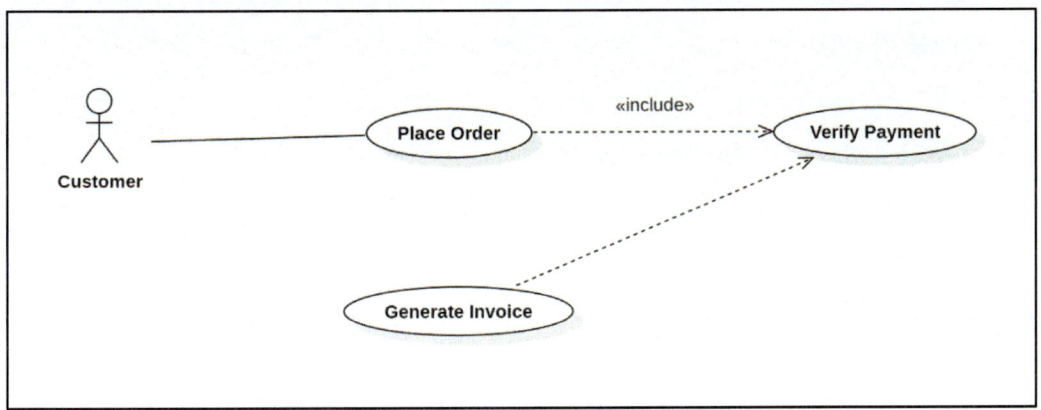

그림 5-2 Include .vs. Dependency 비교

■ 주요 차이점 요약

① **Include**는 반드시 실행되는 강한 결합 관계이며, 공통 동작을 재사용하거나 Use Case를 모듈화하는 데 사용됩니다.
② **Dependency**는 필요에 따라 실행되는 느슨한 결합 관계로, 한 Use Case가 다른 Use Case에 의존하지만 독립적으로 설계될 수 있습니다.
③ **Include**는 "필수적 실행", **Dependency**는 "상황에 따른 의존"이라는 점에서 근본적으로 다릅니다.

5.2.2 Include & Extend 비교 설명

Use Case Diagram에서 **Include**와 **Extend**는 Use Case 간의 관계를 나타내는 중요한 개념으로, 특정 동작을 재사용하거나 조건부 동작을 명확히 표현하는 데 사용됩니다. 각각의 개념은 아래와 같이 정의됩니다:

1 Include (포함 관계)

Include는 한 Use Case가 다른 Use Case를 반드시 포함하는 관계를 나타냅니다.

- **목적**: 공통 동작을 재사용하거나, 큰 Use Case를 작은 단위로 나눠 관리 가능하게 만드는 것.
- **표현 방식**: 점선 화살표에 <<include>> 레이블을 사용하며, 화살표는 호출 대상 Use Case를 가리킴.
- **특징**:
    - **필수적 동작**: 포함된 Use Case는 반드시 실행됩니다.
    - **재사용성 증가**: 여러 Use Case에서 공통적으로 필요한 동작을 따로 정의해 재사용 가능.
    - **종속적 관계**: 호출하는 Use Case가 호출되는 Use Case에 종속적.
- **예시**:
    - Process Order Use Case가 Validate Payment Use Case를 포함:
    - Process Order를 수행할 때 반드시 Validate Payment가 실행됨.
- **활용 사례**:
    - 반복적으로 사용되는 기능을 별도의 Use Case로 정의하여 재사용.
    - 복잡한 Use Case를 여러 단위로 분할하여 관리.

2 Extend (확장 관계)

Extend는 한 Use Case가 특정 조건이나 상황에서 다른 Use Case의 동작을 확장하는 관계를 나타냅니다.

- **목적**: 옵션 동작이나 조건부 동작을 표현.
- **표현 방식**: 점선 화살표에 <<extend>> 레이블을 사용하며, 화살표는 확장 대상 Use Case를 가리킴.
- **특징**:
    - **조건부 실행**: 확장 Use Case는 특정 조건에서만 실행됩니다.
    - **독립적 관계**: 확장 Use Case는 기본 Use Case와 독립적으로 존재할 수 있음.
    - **확장점 (Extension Point)**: 기본 Use Case에서 확장이 일어날 수 있는 지점을 정의.
- **예시**:
    - Process Order Use Case가 Apply Discount Use Case를 확장:
    - Apply Discount는 특정 조건(예: 쿠폰 코드 입력)에서만 실행.

- **활용 사례:**
  - 선택적 기능을 명확히 정의.
  - 조건부로 실행되는 특별한 행동을 표현.

3 차이점 요약

표 5-3 Include와 Extend의 차이점

특성	Include	Extend
관계 유형	필수적 동작 (mandatory behavior)	선택적/조건부 동작 (optional behavior)
표현 방식	≪include≫ 레이블 사용, 점선 화살표	≪extend≫ 레이블 사용, 점선 화살표
화살표 방향	호출 대상 Use Case를 가리킴	확장 대상 Use Case를 가리킴
목적	공통 동작 재사용 및 분리	조건부 동작이나 선택적 동작 표현
실행 조건	항상 실행	특정 조건에서만 실행
종속성 여부	호출하는 Use Case가 종속적	확장 Use Case는 독립적일 수 있음

4 Include와 Extend의 활용 예

■ 예제 시나리오: 온라인 쇼핑 시스템

① **Include**:
- Place Order Use Case가 Verify Payment와 Calculate Shipping Use Case를 포함.
  - 주문을 처리할 때 항상 결제 검증과 배송비 계산이 필요.

② **Extend**:
- Place Order Use Case가 Apply Promotional Code를 확장.
  - 사용자가 쿠폰 코드를 입력하면, 추가로 할인 계산 Use Case가 실행.

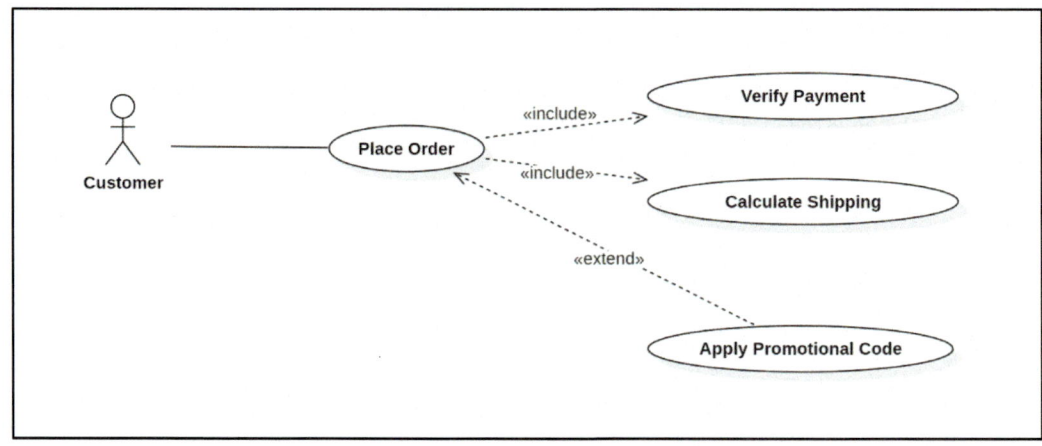

그림 5-3 Include .vs. Extend 비교

- **추가 팁**
  - **Include**는 코드의 모듈화처럼 공통된 행동을 분리하여 재사용성을 높이고, **Extend**는 시스템의 유연성을 제공하는 데 중점을 둡니다.
  - Use Case Diagram 설계 시, 두 관계를 적절히 혼합해 효율적이고 명확한 시스템 모델을 만들 수 있습니다.

5.2.3 Extend에서의 "독립적 관계"와 "확장점" 설명

1 독립적 관계

확장 Use Case는 기본 Use Case와 독립적으로 존재할 수 있음.

- 의미:
  - 확장 관계(<<extend>>)에서 확장 Use Case는 기본 Use Case의 실행과는 **독립적**으로 설계됩니다.
  - 확장 Use Case는 특정 조건이 충족될 때만 실행되며, 이 조건이 충족되지 않으면 실행되지 않아도 기본 Use Case는 여전히 완전하게 동작합니다.
  - 따라서 확장 Use Case는 기본 Use Case와 완전히 분리되어 별도로 정의할 수 있습니다.
- 예시:
  - 기본 Use Case: Place Order (주문하기)

- 확장 Use Case: Apply Discount (할인 적용)

  Apply Discount는 쿠폰 코드가 제공될 때만 실행됩니다.

  만약 사용자가 쿠폰 코드를 입력하지 않으면 Apply Discount Use Case는 실행되지 않지만, Place Order는 문제없이 완료됩니다.

- 주요 특징:
  - 기본 Use Case는 확장 Use Case 없이도 독립적으로 작동 가능.
  - 확장 Use Case는 기본 Use Case에 추가적인 기능을 제공하지만, 실행 여부는 조건에 따라 달라집니다.

2 확장점 (Extension Point)

기본 **Use Case**에서 확장이 일어날 수 있는 지점을 정의.

- 의미:
  - 확장 Use Case가 기본 Use Case의 동작에 추가될 수 있는 **특정 위치나 상황**을 명시적으로 정의합니다.
  - 확장점은 기본 Use Case의 **시나리오 내 위치**를 나타내며, 확장 Use Case가 실행되는 조건이 충족될 경우 해당 지점에서 실행됩니다.
  - 이를 통해 확장 Use Case의 실행 조건과 흐름을 명확히 할 수 있습니다.

- 예시:
  - 기본 Use Case: Process Order (주문 처리)

    확장점(Extension Point): "Payment Confirmation" (결제 확인 단계)
  - 확장 Use Case: Apply Discount (할인 적용)

    "Payment Confirmation" 단계에서 쿠폰 코드가 입력되면 Apply Discount Use Case가 실행됨.

- 확장점 정의 예시 (자연어로 표현):

  ```
  Use Case: Process Order
  Extension Point: Payment Confirmation
  Trigger: If a valid discount code is entered.
  ```

- **주요 특징:**
  - **위치 지정**: 기본 Use Case 내에서 확장 Use Case가 추가될 위치를 명확히 정의.
  - **조건 정의**: 확장이 발생할 조건(트리거)을 명시적으로 표현.
  - **시나리오 명확화**: 복잡한 동작을 단순화하고, 시스템 설계를 명확히 함.

3 관계와 확장점의 상호작용

- 확장 Use Case는 기본 Use Case에서 지정된 확장점(Extension Point)에서만 실행됩니다.
- 기본 Use Case는 확장점이 있어도, 해당 조건이 충족되지 않으면 확장 Use Case를 실행하지 않고 기본 흐름대로 진행합니다.

4 예시: 온라인 쇼핑 시스템

- **시나리오:**

  ① 기본 Use Case: Checkout (체크아웃)
  ② 고객이 상품을 구매하는 기본 흐름.
  ③ 확장 Use Case: Add Gift Wrapping (선물 포장 추가)
  ④ 고객이 "선물 포장"을 선택한 경우에만 실행.
  ⑤ 확장점(Extension Point):
  ⑥ "배송 옵션 선택 단계"에서 실행 조건(고객이 선물 포장을 요청)이 충족되면 Add Gift Wrapping 실행.

- **다이어그램 표현:**
  - 기본 Use Case: Checkout에 "배송 옵션 선택 단계"라는 확장점이 있음. (Code Level 에서 If "확장"으로 가는 조건이 만족되어야 확장 UseCase 실행)
  - 확장 Use Case: Add Gift Wrapping은 "배송 옵션 선택 단계"에서 트리거됨.

5 결론

- **독립적 관계**: 확장 Use Case는 기본 Use Case 없이도 존재 가능하며, 기본 Use Case는 확장 Use Case 없이도 동작 가능.

- **확장점**: 확장 Use Case가 추가될 수 있는 구체적인 위치와 조건을 정의하여 동작을 명확히 표현. (통상적으로 Code의 If문에 해당함)

이 개념을 통해 시스템의 **유연성**과 **가독성**을 높이고, 확장 가능한 설계를 가능하게 합니다.

5.2.4 Generalization 설명

1 Generalization (일반화)

일반화는 상속 관계를 나타내며, Use Case나 Actor 간의 관계를 계층적으로 정리하는 데 사용됩니다.

- **목적**: 공통된 동작이나 특성을 공유하는 Use Case나 Actor를 상위 개체로 추상화하여 표현.
- **표현 방식**: 빈 삼각형 화살표로 표현하며, 삼각형의 꼭짓점이 부모(상위)로 향함.
- **사용 시나리오**:
  - Use Case 간: 하위 Use Case가 상위 Use Case의 행동을 상속받으며, 추가적인 동작을 정의.
  - Actor 간: 특정 Actor가 다른 Actor의 역할을 상속받는 경우.
- 예시:
  - Actor 간 Generalization:
    - Employee가 Manager와 Engineer로 일반화될 수 있음.
    - Manager와 Engineer는 각각 고유한 동작을 가지지만, 공통적으로 Employee의 행동도 수행.
  - Use Case 간 Generalization:
    - 상위 Use Case Make Payment는 하위 Use Case Pay with Credit Card와 Pay with PayPal로 일반화될 수 있음.

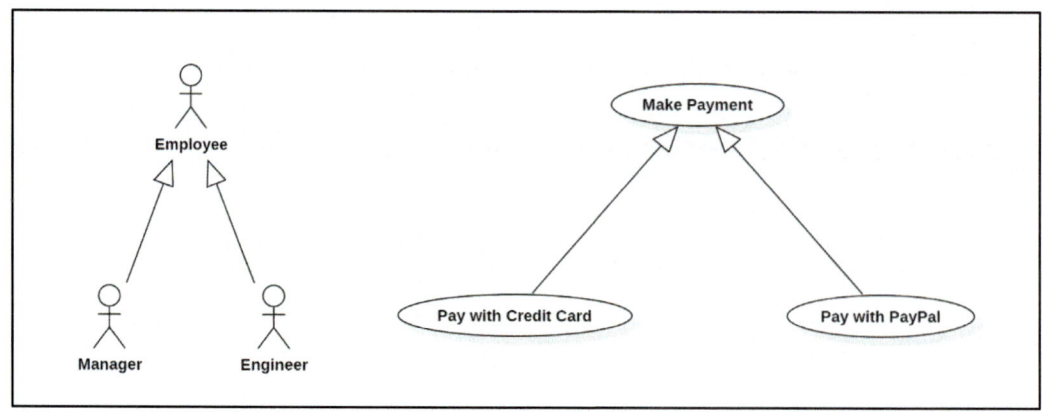

그림 5-4 Generalization 예시

2 요약

표 5-4 Generalization특성 요약

특성	Generalization
관계 유형	상속 관계 (is-a 관계)
연결 대상	Actor 또는 Use Case 간
표현 방식	빈 삼각형 화살표
목적	공통된 동작/특성을 추상화하고 계층화

5.2.5 Directed Association 이란?

StarUML에서 **Directed Association**은 Use Case Diagram에서 액터(Actor)와 **유스케이스(Use Case)** 또는 유스케이스 간의 관계를 표현하는 데 사용됩니다. 이는 UML의 표준 **Association** 관계의 특수한 형태로, **방향성**을 추가하여 특정 동작의 주체나 관계의 흐름을 명확히 나타냅니다.

1 Directed Association의 정의

- Directed Association은 **방향성을 가지는 연관 관계**를 나타냅니다.
- 화살표로 표시되며, 화살표의 방향은 **메시지 흐름의 방향**이나 **작업을 시작하는 주체**를 의미합니다.

2 주요 특징

① **표현 방식**
- Directed Association은 선 끝에 **단일 화살표**를 추가하여 방향을 나타냅니다.
- 화살표는 관계의 시작점과 끝점을 명확히 구분합니다.

② **사용 대상**
- 액터와 유스케이스 간의 상호작용 방향을 나타냄.
- 유스케이스 간의 호출 또는 의존 관계를 나타냄.

③ **방향성의 의미**
- **액터 → 유스케이스**: 액터가 유스케이스를 시작하거나 트리거함.
- **유스케이스 → 액터**: 유스케이스가 액터에게 정보를 반환하거나 응답함.
- **유스케이스 → 유스케이스**: 한 유스케이스가 다른 유스케이스를 호출하거나 의존함.

3 사용 예시

① 액터와 유스케이스 간의 Directed Association
- **설명**: 고객(Customer)이 상품을 검색하는 유스케이스(Search Products)를 시작하는 상황을 나타낼 때:
- `Customer → Search Products`

  화살표는 고객이 유스케이스를 트리거함을 나타냅니다.

② 유스케이스 간의 Directed Association
- **설명**: Place Order 유스케이스가 Validate Payment 유스케이스를 호출하여 결제 정보를 검증하는 경우:
- `Place Order → Validate Payment`

  화살표는 Place Order 유스케이스가 Validate Payment를 의존적으로 호출함을 의미합니다.

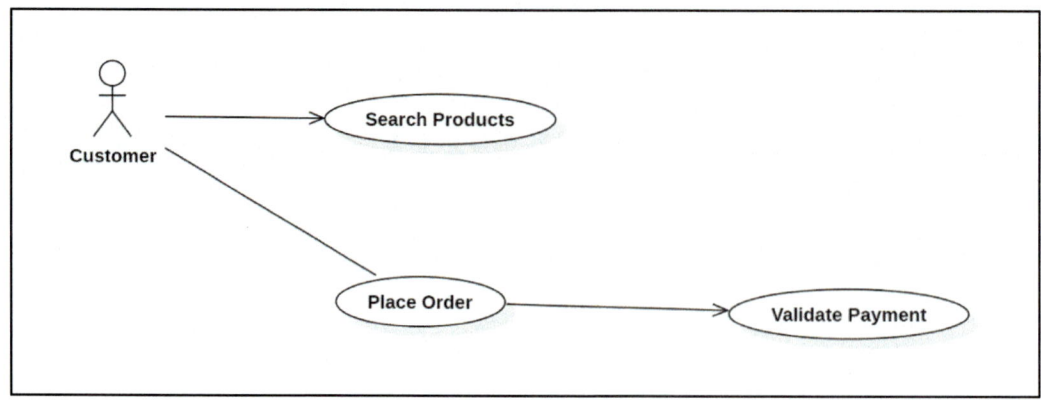

그림 5-5 Directed Association 예시

4 Directed Association과 일반 Association의 차이점

표 5-5 Directed Association과 Association 차이점

특성	Directed Association	Association
방향성	화살표로 방향을 명확히 표시	양방향 또는 방향성을 가지지 않음
사용 목적	작업의 흐름이나 상호작용의 시작점을 명확히 나타냄	두 요소 간의 관계를 표현하되 방향성은 명시하지 않음
표현 방식	한쪽 끝에 화살표를 추가	단순 선으로 연결

5 StarUML에서 Directed Association을 사용하는 방법

1. **연결**

   다이어그램에서 액터와 유스케이스 또는 두 유스케이스를 선택합니다.

2. **관계 설정**

   도구 상자에서 Directed Association을 선택하거나 기본 Association을 추가한 뒤 방향을 설정합니다.

3. **방향 추가**

   Association을 선택한 상태에서 속성 창(Properties)에서 **Direction**을 설정합니다.

6 활용 시 주의사항

- **불필요한 방향성 사용 피하기**: 방향성이 명확하지 않거나 필요 없는 경우 일반

Association을 사용하는 것이 적절합니다.
- **해석의 일관성 유지:** Directed Association의 방향이 의미하는 바를 다이어그램 전체에서 일관되게 유지해야 합니다.

Directed Association은 특정 상호작용의 주체와 흐름을 명확히 하고 다이어그램의 가독성을 높이는 데 유용합니다.

5.2.6 UseCase Subject와 Frame의 차이점

UseCase Subject와 **Frame**은 둘 다 Use Case Diagram에서 시스템의 범위를 나타내는 데 사용되지만, 목적과 사용 방식에 차이가 있습니다. 아래에서 그 차이를 자세히 설명하겠습니다.

1 UseCase Subject

■ 정의

- **UseCase Subject**는 특정 시스템 또는 서브시스템을 명시적으로 나타내는 UML 요소입니다.
- 일반적으로 **사각형**으로 표현되며, Use Case Diagram에서 해당 시스템과 관련된 유스케이스를 포함하는 역할을 합니다.

■ 주요 특징

- **이름 지정**: UseCase Subject의 이름은 특정 시스템이나 서브시스템을 나타냅니다.
  예: Banking System, Order Management.
- **포함 요소**: UseCase Subject 내부에 유스케이스를 배치하며, 이 유스케이스는 해당 시스템의 동작을 나타냅니다.
- **시스템 경계**: 액터는 UseCase Subject 외부에 위치하며, Subject 내부의 유스케이스와 상호작용합니다.
- **시각적 표현**: UseCase Subject는 다이어그램에서 시스템의 범위를 강조하며, 시각적으로 다른 시스템과 상호작용을 구별합니다.

2 Frame

- **정의**
    - **Frame**은 Use Case Diagram 전체의 **외부 경계**를 나타냅니다.
    - 다이어그램 전체를 감싸는 역할을 하며, 시스템의 컨텍스트와 범위를 정의합니다.

- **주요 특징**
    - **이름 지정**: Frame의 이름은 다이어그램 자체를 설명합니다.
      예: ATM Use Case Diagram, E-Commerce Use Case.
    - **포함 요소**: Frame 내부에는 UseCase Subject, 액터, 유스케이스, 관계 등 다이어그램의 모든 요소가 포함됩니다.
    - **전체 범위**: Frame은 다이어그램의 범위를 정의하며, 단일 다이어그램의 경계를 시각적으로 구분합니다.
    - **필수 요소 아님**: UML 표준에서는 Frame이 필수적이지 않으며, StarUML에서는 다이어그램의 시각적 경계를 나타내는 편리한 도구로 사용됩니다.

3 차이점

표 5-6 UseCase Subject와 Frame 차이점

구분	UseCase Subject	Frame
목적	시스템 또는 서브시스템의 구체적인 경계를 정의	다이어그램 전체의 외부 경계를 정의
시각적 표현	시스템을 나타내는 사각형	다이어그램 전체를 감싸는 외곽 프레임
위치	다이어그램 내부에 위치	다이어그램 전체를 감싸는 외부 영역
포함 요소	유스케이스, 시스템과 관련된 요소만 포함	유스케이스, 액터, 관계 등 다이어그램의 모든 요소 포함
사용 여부	구체적인 시스템 경계를 표현할 때 필요	선택 사항 (다이어그램 경계를 강조할 때 사용 가능)

4 예시

- **예: ATM 시스템**
    - **UseCase Subject**: ATM System이라는 사각형을 그려 내부에 Withdraw Cash, Check Balance 등의 유스케이스를 배치.

- **Frame**: 다이어그램 전체의 이름을 ATM Use Case Diagram으로 설정해 경계를 명확히 표시.

5 정리

- **UseCase Subject**는 특정 시스템을 나타내며 유스케이스와 액터 간의 상호작용을 시각적으로 구분합니다.
- **Frame**은 다이어그램 전체의 외부 경계를 나타내며, 다이어그램의 맥락과 범위를 명확히 합니다.

이 두 요소를 적절히 사용하면 UML 다이어그램의 가독성과 명확성을 높일 수 있습니다.

■ 출처 :

① **UML 표준 문서**
- Object Management Group (OMG)에서 제공하는 **UML Specification** 문서.
- OMG UML 공식 웹사이트

② **StarUML 공식 문서**
- StarUML의 공식 가이드는 Use Case Diagram 및 관련 요소들에 대한 설명을 제공합니다.
- StarUML Documentation

③ **UML 관련 서적 및 학술 자료**
- *"Applying UML and Patterns"* (Craig Larman)
- *"UML Distilled"* (Martin Fowler)

5.3 UseCase Diagram 실습

5.3.1 실습과제 : 주차관리 시스템 구축

주차관리 시스템 구축

1. 시스템 개요

학교 및 관공서, 기업의 부설주차장 관리를 위한 주차관리시스템을 설계하고, 무인화를 위한 주차관제장비와의 연동을 통하여, 주차정보의 데이터 통합관리를 통한, 실시간 수입금 현황조회, 이용현황 등 주차관리업무의 효율성을 높이고, 무인화 운영을 통한 인력 최소화 운영을 유도하여 인건비를 절감하며, 사전 무인 정산시스템 등으로 신속한 입·출차를 통해 주차장 운영의 효율을 기하고 고객의 편의를 증대시키고자 한다. 또한, 결제방식에서 하이패스 결제 방식의 추가 도입을 통하여, 사용자의 편의성을 높이고, 행정안전부의 비대면 자격확인 (https://www.mois.go.kr/frt/sub/a06/b02/digitalOpendataQualification/screen.do) 서비스와 연계하여 주차비용 자동정산 및 자동감면 방식을 추가한다.

2. 주차관리 시스템 구성요소 및 주요 기능 설명

■ 주요 시스템 구성요소

- 차번인식시스템(LPR)과 연계한 무인정산(출구/사전)을 통한 신속한 입·출차 관리
- 신용카드, 스마트페이, 전용 할인권(바코드), OCS연동, 모바일앱 등 결제 시스템 수용
- 시간당 최대의 출차를 유도 할 수 있는 시스템 구성(사전정산 활성화)
- 주차장 입·출차 대수 확인 및 주차가능 잔여면수 통합프로그램과 연계하여 주차유도 시스템 구축
- 출구무인정산소, 사전무인정산소, 통합주차관제센터에서 유기적으로 주차요금 정산이 이루어질 수 있게 시스템 구성

■ 시스템 주요 기능

- 입·출차 관리 : 고객이 주차장을 편리하게 이용할 수 있도록 주차요금징수 업무를 신속하게 처리하고 원활한 차량소통이 되도록 차번인식기에 의해서 자동 입·출차관리가 되어야 한다. 모든 출입차량에 대하여 입차과정(차량번호판독결과, 차단기오류, 차량외면 촬영 등)과 출차과정(차량 번호판독결과, 정산기 정상/에러 상태, 결제승인 결과, 차단기오류 등) 등을 실시간으로 통합주차관 제센터 및 관리자 시스템에서도 볼 수 있도록 기능을 구성한다.

- 결제 방법 : 사전무인정산소 운영 및 출차시(출구무인정산소) 신용카드, 핸드폰 결제(삼성페이 등), 하이패스 결제 등 다양한 결제수단을 제공하여 고객의 편의성을 높이고, 주차요금 징수의 투명성이 제고되도록 하여야 한다.

- 주차요금 결제 관리 : 주차요금은 신용카드, 핸드폰 결제, 하이패스 결제 등으로 처리되도록 하며 카드결제에 대한 취소기능도 제공하여야 한다. 결제 완료된 자료는 카드번호, 승인번호 및 결제요금이 저장되어야 하며, 개인정보보호를 위해 카드번호는 정산 완료 후 계약당사자가 지정 한 위치를 마킹('*' 등) 기호로 대체해야 하며 노출 시에도 마킹 처리된 내용에 대하여 판독되어서는 아니 된다.

- 차번 인식 정보 관리 : 차번인식기에 의해 얻어진 차량번호정보는 문자(Text)형태로 데이터베이스에 저장 되어야 하고, 차번인식기 촬영 이미지 및 할인 증빙용 이미지는 파일로 보관하 며, 그 경로(위치) 정보(메타정보)는 데이터베이스 에 별도 관리되어야 한다.

- 차량훼손 유무 관리 : 주차장 4면 촬영(CCTV) 설치시 진입하는 차량의 외관 4면을 촬영 하여 주차장 이용 시 차량 훼손 유무를 확인할 수 있도록 카메라가 설치되어야 하고 관리자가 실시간 검색하여 모니터링 할 수 있어야 한다.

- 주차요금 관리 : 주차요금 계산은 입차시 저장된 정보(차량번호, 입차시간, 경차구분 등)를 통해 출차시간에 자동 계산되며, 행정안전부의 비대면 자격 할인서비스와 연계하여 (기초생활수급자, 국가유공자, 저공해차량, 장애인(차량), 관내주민여부 등) 할인 계산된 주차료를 LED전광판 및 출구 무인정산기(주차관제기)에 표출하여

정산하도록 한다.

- 정기차량 관리 : 주차장 진출입시 차번인식기(LPR)로부터 차량번호 확인 후 자동 인식되어 차단기가 자동으로 개폐되어 진출·입한다. 이때 차번인식기 위의 전광판에 해당 차량번호가 표출되어야 한다. 등록된 정기권 차량번호는 이용기간, 차종, 성명 등을 확인할 수 있어야 하며, 과거 자료를 포함한 모든 자료를 조회할 수 있어야 한다. 등록된 차량정보는 관리자 시스템에서 수정이 가능해야 한다.

- 정기권 관리 : 주차장의 정기권 등록이 가능토록 하여야 한다. 출차시 정기권 차량을 자동 확인, 무정차 출차가 가능하도록 해야 한다. 신청된 정기권 차량정보는 엑셀 또는 개별 건으로 통합주차관제센터에서 등록이 가능해야 한다. 정기권 정보(차량번호, 등록기간 등) 변경시 관리자에 의해 수정이 가능해야 한다.

- 면제차량 관리 : 면제차량은 면제 대상 차량번호, 사유 등 차량정보를 사전에 통합주차관제 센터에서 등록할 수 있도록 하고, 등록된 차량인 경우 자동으로 입·출차가 가능하도록 한다.

- 일반차량 입차 관리 : 주차장 입구의 차번인식기(LPR)가 자동으로 차량번호를 인식하여 차번 인식기 상단의 전광판에 차량번호를 표시하고 주차관리(DB)서버에 입차정보(차량번호, 입차시간)를 전송, 저장하고, 즉시 차단기를 개방하여 주차권 불출 없이 차량을 무정차 진입하게 한다. 입차시 차번인식기(LPR) 또는 차단기 장애로 인해 입차가 지연될 경우 통합주차관제센터 근무자와 통 신할 수 있는 호출기능이 있는 Voip폰을 입구에 설치하여 고객 민원응대가 가능해야 한다.

- 만차 관리 : 최종 차량 입차 후 주차면이 모두 차서 "만차"상태인 경우 입차가 제한될 수 있도록 시스템이 구성되어야 하며, 긴급상황을 대비하여 필요시 관리자 시스템에 의해 수동 입차 처 리가 가능해야 한다.

- 일반차량 출차 관리 : 출구 진입시 차번인식기(LPR)에서 차량번호 분석 후, 자동으로 주차 요금을 계산하여 출구무인정산기 및 사전무인정산기에 주차요금과 차량번호를 표출하고, 출구무인 정산기, 사전무인정산기를 이용하여 주차요금을 지불하면 출구 차단기를 개방하여 진출하게 한 다. 출차시 차량번호 미인식시 출구무인정산

기, 사전무인정산기에서 숫자판(숫자버튼 또는 터치스크린 숫자판)을 이용, 운전자가 직접 차량번호 뒤4자리를 입력하여 출차차량 확인 및 요금정산 후 차단기를 개방시켜 진출하게 한다. 이때, 뒤4자리가 동일한 차량이 2대 이상일 경우 차량번호 순으로 정렬하여 순서를 매겨, 해당 차량의 순번을 선택시 주차요금이 계산되고, 정산 후 출차되도록 해야 한다. 출차시 출구무인정산기, 차번인식기(LPR), 차단기 등의 장애 발생시 또는 할인 요청시 통합주차관제센터 근무자와 통신을 할 수 있는 호출기능과 Voip폰을 설치하 여야 한다. 출구무인정산기에서 출차시 요금할인을 요청하는 차량에 대한 할인 전 요금, 할인 후 요금, 결제할 금액, 결제여부, 정기권 여부, 면제처리 등에 대한 내용을 한 화면에서 확 인할 수 있도록 효율적인 기능을 제공해야 한다. 차량번호는 '19년 바뀐 차량번호 XX가 XXXX→XXX가XXXX의 8자리 번호판이 잘 인식되어야 하며 택시, 시내버스 등 대중교통 차량도 인식이 되어 차량 흐름이 원활하도록 해야 한다. 출차 차량이 일시적으로 정체되는 것을 방 지하기위하여 사전무인정산소에서 주차요금을 출차 전 정산할 수 있어야 한다.

- 공통코드 관리 : 시스템상에서 필요한 주차요금체계, 주차장 위치, 운영시간, 휴일정보, 할 인/면제 코드, 할인코드등록, 면제사유/차량 등록, 할인사유/차량 등록, 주차면수, 기본정보 등록 등 공통 공유정보(코드성 자료)는 별도의 등록/수정 프로그램을 구성하여 제공한다.
- 민원응대 관리 : 이용고객 호출시 모든 연결은 통합주차관제센터로 연동시켜, 순차적으로 관제 센터의 화상 또는 음성이 선택되어, 호출한 주차장의 Voip폰과 관제센터의 Voip폰이 1:1 통화 되도록 하여야 한다. 입구(Voip폰)와 출구(Voip폰)의 기본 스피커가 1.5m이상에서 청취하기에 음량 이 약한 경우에는 방수 처리된 별도의 스피커를 보관함에 넣어 설치하여야 한다.
- 주차기기 상태 관리 : 주차기기 이상 발생 시에 통합주차관제센터에서 원인파악 및 대처가 용이하도록 각 주차기기의 이상 유무를 확인할 수 있게 통합주차관제센터에 주차장 기기 상태 모 니터링 시스템을 구축한다.
- 장애자 및 국가유공자 등 면제/할인차량 관리 (행정안전부 비대면 자격확인 서비스 연계) : 출구 무인정산기에서 증빙자료를 카메라로 확인 후 자동 저장하여 이후 출

차시 자동 면제/할인 처리될 수 있도록 프로그램이 구성되어 감면대상 차량이 원활하게 주차장을 이용할 수 있도록 해야 한다. 연계서비스 오류를 대비하여, 출차시 출구무인정산기에서 고객이 할인/면제를 요 청 호출하면 통합주차관제센터 근무자가 관련 증빙자료를 확인하고 수동으로 할인/면제 여부 를 판단할 수 있도록 구성하여야 한다. 관리자에 의해 면제/할인대상 취소·변경 등이 될 수 있 게 시스템이 구성되어야 한다.

- 할인/면제 쿠폰 발급 : 방문하는 차량에 대한 할인/면제를 위한 Web 서비스(PC, 태블릿, 모바 일 등) 기능을 구축한다. (권한(ID, PW) 설정 방식 등)

- 블랙리스트 차량 관리 : 블랙리스트 차량에 대한 알람을 설정하고 출입을 통제할 수 있는 기능을 구축한다.

- 데이터베이스 관리 : 주차장에서 발생된 데이터 중 입·출차 및 결제관련 자료는 실시간으로 통합주차관제센터 및 관리자 시스템으로 자동 전송되어 수집되도록 구축되어야 한다. 통합주차 관제센터 및 관리자 시스템으로 전송된 주차장의 데이터는 실시간으로 조회, 출력, 조작이 가능하여야한다. 통합주차관제센터에서 주차장의 입·출차 차량에 대해 조작(차량번호 수정, 할인처리 등)이 이루어 질 때, 처리 결과 데이터는 동일하게 적용되도록 구축되어야 한다. 주차장에서 발생된 입· 출차 관련 데이터는 실시간으로 주차장의 주차관제(DB)서버에 저장 관리되어, 입·출차 관련 현황을 실시간으로 조회 가능하도록 구축되어야 한다. 주차장에서 발생된 데이터는 실시간으로 통합 주차관제센터 데이터베이스로 전송되어 모든 주차장의 데이터를 통합주차관제센터 및 관리자 시 스템에서 실시간으로 조회, 출력, 조작이 가능하도록 구축되어야 한다.

- 통합주차관제 관리자 시스템 : 자동 전송된 데이터를 기본으로 모든 입·출차 현황을 조회, 출력, 조작할 수 있어야 하고, 한 화면에서 입차 차량정보(차번인식기 이미지, 판독 차량번호, 입차시간 등)와 출차 차량정보(차번인식기 이미지, 판독 차량번호, 출차시간, 주차요금, 정기권 여부, 할인내역 및 할인요금 등)를 볼 수 있도록 구성해야 하며, 차량번호 미인식시 해당 차량 을 선택하여 차번인식기의 이미지를 보고 차량번호를 수정할 수 있어야 한다. 이때, 출차시 입 차정보와 조합하여 출차여부를 확

인할 수 있어야 한다. 매출일보/월보/연보, 할인현황/할인구분 코드별 현황, 결제수단 매출현황 및 승인내역 검색/조회, 입차내역/출차내역 조회, 시간대별 입·출차현황, 미출차내역조회 등의 데이터를 조회, 관리할 수 있어야 한다.

- 프로그램 권한 관리 : 주요 프로그램에 대한 권한은 관리자로 지정 운영될 수 있어야 한 다.
- Reporting 관리 : 모든 조회 프로그램은 인쇄 또는 엑셀 전환이 가능해야 한다.
- 주차장 원격 감시 관리 : 주차장의 입·출구 차번인식기에서 촬영된 이미지를 실시간으로 볼 수 있는 진출입차량 모니터링 시스템을 구축하여야 한다. 주차장에 설치되는 모든 장비에 대한 상태 정보(정상,에러 등)를 실시간으로 확인 가능하도록 구축하여야 한다.

3. 시스템 요건

- 신용카드, 핸드폰 등 주차요금에 대한 결제 시 고객쪽에 허가된 외부망(ADSL, VDSL, 광랜)을 통하여 결제되어야 한다.
- 다양한 디바이스 (단말, 인터넷, PDA, 모바일 등)를 이용해 정산조회가 가능해야 한다.
- 결제정보 해킹 등에 대비하여 알려진 모든 악성코드 및 바이러스에 대한 대응 방안을 강 구하여야 한다.
- 긴급상황을 대비하여 필요시 관리자 시스템에 의하여 수동 입차 처리가 가능해야 한다.
- 복제 부정 카드를 사용할 수 없도록 해야 한다.
- 0.5초 이내에 카드 인식을 해야 한다.
- 시스템이 다운되더라도 10분 이내에 복구 되어야 한다.
- 시스템 설치 이후 신규 추가 도입되는 주차시스템과의 확장성이 보장 되어야 한다.
- 데이터베이스는 관리자가 원하는 시간에 백업이 가능하도록 설정해야 한다.

- 주차장의 자동화 주차관제시스템은 주차장 자체의 주차관제(DB)서버를 중심으로 자동화 주차관제시스템 관련 기기들이 연계되어 운영되어야 하며, 운영에 따른 보안대책을 수립하여 데이터가 누출되지 않도록 해야 한다.
- 요금 정책을 변경할 경우, 지정된 시간에 일괄적으로 모든 단말기에 적용할 수 있어야 한다.
- 정부 정책에 따른 번호판 체계 변경시에 차량 인식이 잘 이루어질 수 있도록 지정된 시간에 일괄적으로 모든 차번인식기에 적용할 수 있어야 한다.
- 정부 정책에 따른 번호판 체계 변경 및 요금 정책 변경의 경우, 이에 관한 모의테스트를 실행할 수 있어야 한다.
- 시스템 재구동시 데이터베이스시스템이 자동으로 구동되도록 설정하여 자동화 주차관제시스 템 운영이 원활하게 하여야 한다.
- 주차장의 데이터베이스는 주기적으로 백업이 될 수 있도록 백업스케줄을 설정해야 한다.
- 주차장 데이터베이스의 주요파일은 관리자 등급을 설정하여 데이터의 변형, 조작을 방지 하기 위한 권한설정이 이루어져야 한다.
- 정전, 통신 장애 등 비상 상황이 발생할 경우 주차장 이용고객이 출차가 가능하도록 차단기 가 수동으로 조작될 수 있어야 한다.
- 정전이 복구되어 전력이 재공급될 때에는 무인요금계산기 및 주변기기의 전원이 자동으로 복구 되어 정상적인 기능을 즉시 제공할 수 있어야 한다.

5.3.2 실습과제 : 주차관리 시스템 구축_UseCase Diagram

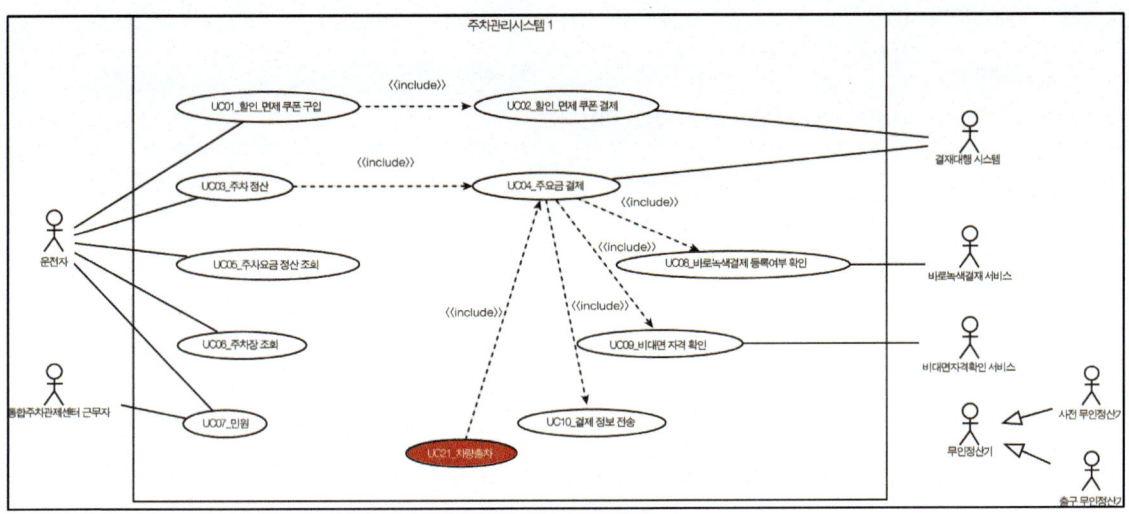

그림 5-6 UseCase Diagram 1

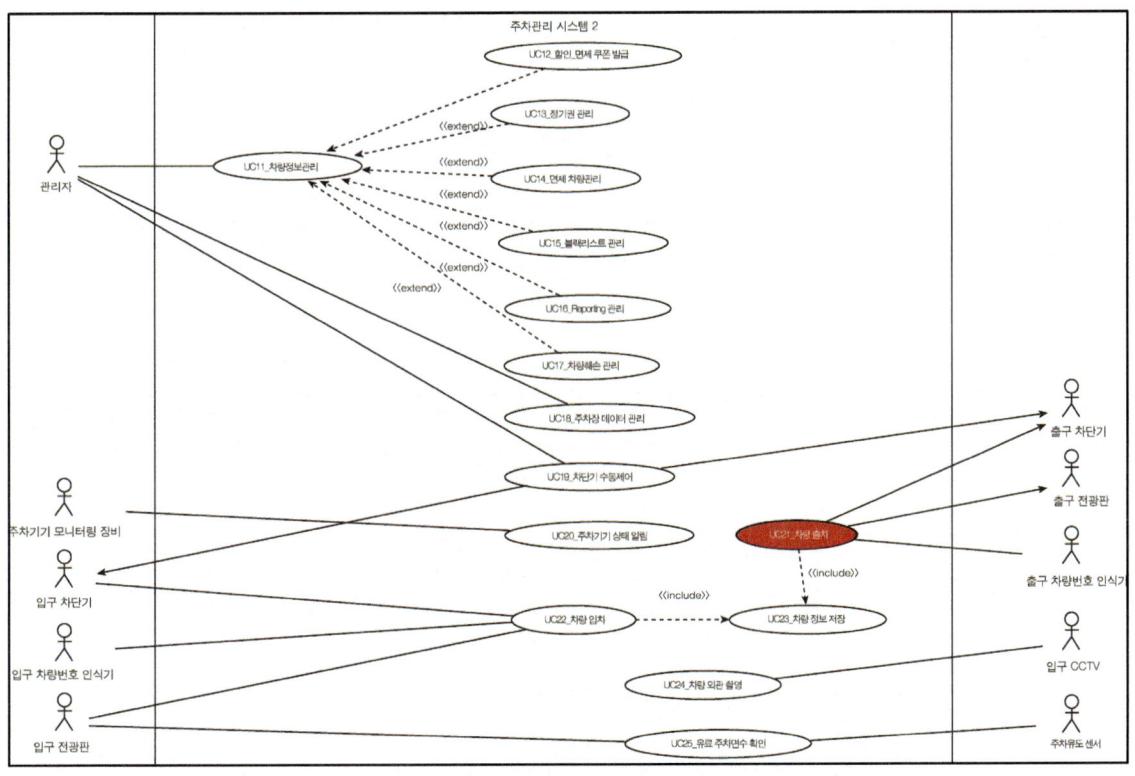

그림 5-7 UseCase Diagram 2

5.3.3 실습과제 : 주차관리 시스템 구축_Actor List

표 5-7 Actor List

Name	Description
운전자	주차 관리 시스템 및 주차장을 이용하는 고객 시스템 관점에서 Actor의 역할: 입구 전광판에서 주차장의 여유 면수 확인 무인정산기 혹은 Web, App에서 주차요금 결제 Web, App에서 주차장 위치 및 주차장의 여유 면수 확인 Web, App에서 할인, 면제 쿠폰 구입 Web, App에서 주차요금 정산 내역 확인 바로녹색결제 서비스에 미리 결제 정보를 등록해서 주차요금을 정산 Voip폰으로 민원 제기
통합주차관제센터 근무자	주차 관리 시스템을 사용하는 통합주차 관제센터 직원 시스템 관점에서 Actor의 역할: Voip폰으로 고객과 1:1 민원 응대
관리자	주차장 관리를 위해 주차 관리 시스템에서 제공하는 주차장 관리/모니터링, 수동 제어, 차량 데이터 관리 등의 기능을 사용하는 직원 시스템 관점에서 Actor의 역할: 차량정보 관리 주차장 데이터 관리 차단기 수동제어 주차장 주차 기기 상태 모니터링
입구/출구 차량번호 인식기	차량 번호판 인식을 위해 주차장 입구와 출구에 설치된 인식기 시스템 관점에서 Actor의 역할: 차량 입차 시 차량 번호판 사진 및 영상을 촬영하고 번호를 인식하여 관련 데이터를 시스템으로 전송 차량 출차 시 차량 번호판 사진 및 영상을 촬영하고 번호를 인식하여 관련 데이터를 시스템으로 전송
입구/출구 차단기	차량의 출입 통제를 위해 주차장 입구와 출구에 설치된 차단기 시스템 관점에서 Actor의 역할: 시스템에서 차단기 제어 명령을 수신하면 해당 요청 수행
입구/출구 전광판	주차 관리 시스템에서 수신하는 정보를 안내하기 위해 주차장 입구와 출구에 설치된 전광판 시스템 관점에서 Actor의 역할: 시스템에서 수신된 정보를 전광판으로 전달하여 해당 정보 표출

Name	Description
입구 CCTV	차량 훼손 등의 이유로 차량 외관 4면을 촬영하는 CCTV 카메라 시스템 관점에서 Actor의 역할: 차량 입차 시 차량 외관 4면을 사진 및 영상으로 촬영하고 관련 데이터를 시스템으로 전송
주차유도 센서	주차장의 유휴 면수 계산을 위해 주차장 내부에 설치된 주차유도 센서 시스템 관점에서 Actor의 역할: 주차 유휴면을 센서로 감지해서 시스템으로 전송
무인정산기	주차 관리 시스템에서 주차요금 정보를 전달받아 디스플레이 화면에 표출하고, 운전자의 결제 정보를 받아 시스템으로 결제를 요청 시스템 관점에서 Actor의 역할: 정산할 주차요금 내용을 시스템에서 전달받아 화면에 표출 운전자가 요청한 결제 정보를 시스템으로 전달하여 결제 요청 수행
결제대행 시스템	이미 안정적으로 운영되고 있는 외부 결제 시스템으로, 신용카드 및 간편 결제 등 다양한 결제 수단을 지원하는 시스템 시스템 관점에서 Actor의 역할: 운전자의 주차 요금 정산을 위한 결제 요청 수행
바로녹색결제 서비스	간편 결제를 위한 외부 결제 시스템으로, 사전 등록된 카드 정보로 결제를 지원하는 시스템 시스템 관점에서 Actor의 역할: 운전자의 주차 요금 정산을 위한 결제 요청 수행
비대면 자격확인 서비스	행정안전부에서 제공하는 외부 시스템으로, 요금 감면 대상 여부를 확인하는 시스템 시스템 관점에서 Actor의 역할: 요금 감면 대상 여부를 확인하고 해당 자격 대상자는 요금 결제 시 감면된 요금으로 결제
주차기기 모니터링 장비	주기적으로 주차장 내부에 설치된 모든 주차기기들의 동작 상태를 수집하는 타이머 시스템 관점에서 Actor의 역할: 각 주차기기의 동작 상태를 확인 및 수집하는 일을 주기적으로 수행하는 모니터링 트리거

5.3.4 실습과제 : 주차관리 시스템 구축_UseCase List

표 5-8 UseCase List

ID	Title	Description	Priority	
			중요도	영향도
UC-01	할인/면제 쿠폰 구입	운전자가 주차장 모바일 웹 또는 어플리케이션에서 주차요금 할인, 면제 쿠폰을 구입한다. (1시간권, 2시간권, 1일권 등)	중	중
UC-02	할인/면제 쿠폰 결제	운전자가 구입하려는 할인, 면제 쿠폰의 결제를 요청한다.	중	중
UC-03	주차정산	운전자가 사전 무인정산기 또는 출구 무인정산기로 주차 정보를 확인하고 주차 요금을 안내 받는다. 그리고 web, app을 통해서도 주차 요금을 확인할 수 있다.	상	중
UC-04	주차요금 결제	운전자가 주차 요금을 결제한다.	상	중
UC-05	주차요금 정산 조회	운전자가 web이나 app으로 주차요금 정산 내역을 조회한다.	중	하
UC-06	주차장 조회	운전자가 web이나 app으로 주차장의 위치와 유휴면 수를 조회한다.	중	하
UC-07	민원	운전자가 Voip폰으로 민원을 제기한다.	중	하
UC-08	바로녹색결제 등록 여부 확인	바로녹색결제 등록 여부를 확인하고, 맞다면 해당 간편 결제를 통해 결제를 요청한다.	중	중
UC-09	비대면 자격 확인	해당 운전자가 할인 대상 여부인지 확인하고, 맞다면 할인된 요금으로 결제를 요청한다.	중	중
UC-10	결제 정보 전송	운전자가 주차요금 정산을 위해 무인정산기에서 결제를 요청하면 무인정산기는 운전자의 결제 정보를 읽고 이를 시스템으로 전송한다.	상	중
UC-11	차량 정보 관리	주차장을 이용하는 차량 정보를 관리한다.	상	중
UC-12	할인/면제 쿠폰 발급	할인/면제 쿠폰을 관리하여 쿠폰을 사용하는 차량은 할인 및 면제된 요금을 정산하도록 요청한다.	중	하
UC-13	정기권 관리	정기권 차량을 관리하여 해당 차량이 출차 시 요금 정산 없이 출차하도록 제어한다.	중	하
UC-14	면제차량 관리	주차요금 면제 차량을 관리하여 해당 차량이 출차 시 면제된 요금을 정산하도록 요청한다.	중	하
UC-15	블랙리스트 관리	블랙리스트 차량을 관리하여 해당 차량이 진입할 수 없게 차단기를 제어한다.	하	하
UC-16	Reporting 관리	주차 시스템의 조회 기능에서 인쇄를 하거나 엑셀로 전환한다.	중	하
UC-17	차량 훼손 관리	입구 CCTV에서 촬영한 사진 및 영상을 기준으로 차량 훼손 여부를 판단한다.	중	중

ID	Title	Description	Priority	
			중요도	영향도
UC-18	주차장 데이터 관리	주차 관리 시스템 관리자는 시스템을 통해 주차장에서 발생된 데이터를 실시간으로 조회, 수정한다.	상	상
UC-19	차단기 수동 제어	주차 관리 시스템 관리자는 입출구 차단기를 수동으로 제어한다.	중	중
UC-20	주차기기 상태 알림	주차기기 모니터링 타이머가 기기들의 상태를 수집하고, 이상 감지 시 주차 관리 시스템 직원에게 알림을 준다.	상	상
UC-21	차량 출차	주차장 출구로 나가려는 차량을 차량번호 인식기를 통해 인식하고, 이를 시스템에 알리면 시스템은 차단기를 제어한다.	상	상
UC-22	차량 입차	주차장 입구로 들어오는 차량을 차량번호 인식기를 통해 인식하고, 이를 시스템에 알리면 시스템은 차단기를 제어한다.	상	상
UC-23	차량 정보 저장	차량이 입차 혹은 출차 되면 차량 정보를 저장 혹은 업데이트한다.	상	상
UC-24	차량 외관 촬영	주차장 입구로 들어오는 차량의 외관 4면을 카메라로 촬영하여 시스템에 전달한다.	중	중
UC-25	유휴 주차면 수 확인	주차장의 유휴 주차 면수를 확인한다.	상	중

5.3.5 실습과제 : 주차관리 시스템 구축_UseCase Scenario

1 UC-01 할인/면제 쿠폰 구입 UseCase Scenario

UC-01 할인/면제 쿠폰 구입

Scenario List

〈Table. List of Scenario_할인/면제 쿠폰 구입〉

Scenario Title	이벤트 흐름 유형	Description
할인/면제 쿠폰 구입	기본	운전자가 web 또는 app을 통해 할인, 면제 쿠폰 구입을 요청한다.
할인/면제 쿠폰 구입 취소	선택	운전자가 web 또는 app에서 이미 구입한 할인, 면제 쿠폰에 대한 구입을 취소한다.
할인/면제 쿠폰 구입 실패	예외	결제 대행 시스템의 오류 발생으로 결제 요청이 실패하는 경우

할인/면제 쿠폰 구입 (기본)

Pre condition

〈Table. List of Pre Condition_할인/면제 쿠폰 구입〉

Title	Description
운전자 로그인 상태	운전자가 web 또는 app에 로그인 된 상태이다.

Post condition

〈Table. List of Post Condition_할인/면제 쿠폰 구입〉

Title	Description
구입 내역 반영	시스템이 구입 완료된 내역을 반영한다.

Flow of events

〈Table. List of Step_할인/면제 쿠폰 구입〉

Step No.	Description
1	운전자는 web 또는 app에서 구입하고 싶은 할인, 면제 쿠폰을 선택하고 시스템으로 구입을 요청한다.
2	시스템은 "UC-02 할인/면제 쿠폰 결제"를 통해 쿠폰 요금 결제를 요청한다.
3	시스템은 구입 완료 내용을 저장한다.

2 UC-02 할인/면제 쿠폰 결제 UseCase Scenario

UC-02 할인/면제 쿠폰 결제 (기본)

Pre condition

〈Table. List of Pre Condition_할인/면제 쿠폰 결제〉

Title	Description
결제 정보 전달 완료	Web또는 App을 통해 운전자의 결제 정보를 전달받은 상태이다.
결제 요금 계산 완료	최종적으로 결제할 요금이 계산된 상태이다.

Post condition

⟨Table. List of Post Condition_할인/면제 쿠폰 결제⟩

Title	Description
결제 내역 반영	시스템이 결제 완료된 내역을 반영한다.

Flow of events

⟨Table. List of Step_할인/면제 쿠폰 결제⟩

Step No.	Description
1	시스템은 "UC-01 할인/면제 쿠폰 구입"을 통해 결제 요청을 받는다.
2	시스템은 결제 대행 시스템에 주차 요금 결제를 요청한다.
3	결제 대행 시스템은 결제 완료 내용을 시스템에 전달한다.

3 UC-03 주차정산 UseCase Scenario

UC-03 주차 정산

Scenario List

⟨Table. List of Scenario_주차 정산⟩

Scenario Title	이벤트 흐름 유형	Description
주차 정산	기본	운전자가 무인정산기에서 주차 요금을 정산한다.
차량 정보가 없는 차량의 정산 요청	예외	시스템이 차량의 입차/출차 정보를 조회했으나 조회 결과가 없는 경우
UC-04 (주차요금 결제) 실패	예외	"UC-04 주차요금 결제"에서 요청 실패가 발생한 경우

주차 정산(기본)

Pre condition

⟨Table. List of Pre Condition_주차 정산⟩

Title	Description
차량 번호 입력 완료	운전자는 사전 무인정산기에 차량 번호를 입력 완료한 상태이거나, 출구 차량번호 인식기가 차량 번호를 인식한 상태이다.

Post condition

〈Table. List of Post Condition_주차 정산〉

Title	Description
화면에 주차 이용 정보 출력	주차 이용 정보(이용시간, 주차요금 등)가 무인정산기 화면에 출력된다.
운전자에게 결제 요청	운전자에게 결제를 요청한다.

Flow of events

〈Table. List of Step_주차 정산〉

Step No.	Description
1	운전자가 web, app, 또는 사전 무인정산기에서 차량번호를 입력하거나, 출구 차량번호 인식기가 차량 번호를 인식한다.
2	시스템은 해당 차량의 입차 정보를 조회한다.
3	시스템은 해당 차량의 주차 이용 시간을 확인한다.
4	시스템은 "UC-09 비대면 자격 확인"을 확인한다.
5	시스템은 "UC-11 차량 정보 관리"를 통해 할인 혹인 정기권 대상인지 확인한다.
6	시스템은 할인 적용 여부를 바탕으로 운전자가 최종 결제할 요금을 계산한다.
7	시스템은 무인정산기에 해당 차량의 주차 이용 정보를 전달한다.
8	무인정산기는 시스템에서 받은 주차 이용 정보를 화면에 출력한다.
9	무인정산기는 운전자에게 결제를 요청한다.
10	운전자는 등록된 할인, 면제 쿠폰이 있다면 무인정산기 화면에서 선택하여 요금 할인을 받는다.
11	운전자가 원하는 결제 방법을 선택한다.
12	무인정산기는 "UC-10 결제 정보 전송"을 수행한다.
13	시스템은 "UC-04 주차요금 결제"를 수행한다.
14	사전 무인 정산기의 경우에는 무인정산기에 정산 완료 내용과 10분 이내 출차 안내 정보를 출력한다. 출구 무인정산기의 경우에는 무인정산기와 출구 전광판에 정산 완료 내용을 출력한다.
15	시스템은 차량의 정보를 업데이트 한다.

4 UC-04 주차요금 결제 UseCase Scenario

UC-04 주차요금 결제

Scenario List

⟨Table. List of Scenario_주차요금 결제⟩

Scenario Title	이벤트 흐름 유형	Description
주차 요금 결제	기본	시스템이 최종 주차 요금에 대해 결제 대행 시스템으로 결제를 요청하여 결제 완료
결제 실패	예외	운전자가 요청한 결제 정보 문제로 결제 요청이 실패하는 경우
외부 결제 시스템 오류	예외	결제 대행 시스템의 오류 발생으로 결제 요청이 실패하는 경우

주차 요금 결제 (기본)

Pre condition

⟨Table. List of Pre Condition_주차요금 결제⟩

Title	Description
결제 정보 전달 완료	무인정산기를 통해 운전자의 결제 정보를 전달받은 상태이거나, 바로녹색결제 등록 여부를 확인한 상태이다.
결제 요금 계산 완료	최종적으로 결제할 요금이 계산된 상태이다.

Post condition

⟨Table. List of Post Condition_주차요금 결제⟩

Title	Description
결제 내역 반영	시스템이 결제 완료된 내역을 반영한다.

Flow of events

⟨Table. List of Step_주차요금 결제⟩

Step No.	Description
1	시스템은 "UC-03 주차 정산" 또는 "UC-21 차량 출차"를 통해 주차 요금 결제 요청을 받는다.
2	시스템은 "UC-05 바로녹색결제 등록 여부 확인"을 확인한다.

Step No.	Description
3	바로녹색결제 등록한 운전자는 해당 결제 방법으로 결제를 요청한다.
4	바로녹색결제를 등록하지 않은 운전자는 "UC-10 결제 정보 전송"을 통해 운전자의 결제 정보를 받는다.
5	시스템은 결제 대행 시스템에 주차 요금 결제를 요청한다.
6	결제 대행 시스템은 결제 완료 내용을 시스템에 전달한다.
7	시스템은 결제 완료 내용을 "UC-03 주차 정산" 또는 "UC-21 차량 출차"에 전달한다.

5 UC-05 주차요금 정산 조회 UseCase Scenario

UC-08 주차요금 정산 조회

Scenario List

〈Table. List of Scenario_주차요금 정산 조회〉

Scenario Title	이벤트 흐름 유형	Description
주차요금 정산내역 조회	기본	운전자가 web 또는 app에서 주차요금 정산한 내역을 조회한다. (최근 6개월 내역 조회)
정산내역 조회 실패	예외	시스템의 오류 발생으로 조회 요청이 실패하는 경우

주차요금 정산 조회 (기본)

Pre condition

〈Table. List of Pre Condition_주차요금 정산 조회〉

Title	Description
운전자 로그인 상태	운전자가 web 또는 app에 로그인 된 상태이다.

Post condition

〈Table. List of Post Condition_주차요금 정산 조회〉

Title	Description
N/A	N/A

Flow of events

⟨Table. List of Step_주차요금 정산 조회⟩

Step No.	Description
1	운전자는 web 또는 app에서 시스템으로 주차요금 정산 내역을 조회 요청한다.

6 UC-06 주차장 조회 UseCase Scenario

UC-06 주차장 조회

Scenario List

⟨Table. List of Scenario_주차장 조회⟩

Scenario Title	이벤트 흐름 유형	Description
주차장 조회	기본	운전자가 web 또는 app에서 주차장을 조회한다.
주차장 조회 결과 없음	선택	주차장을 조회했으나 등록된 주차장이 없는 경우
주차장 조회 실패	예외	시스템에서 오류가 발생하여 해당 주차장 정보를 조회하는데 실패한 경우

주차장 조회 (기본)

Pre condition

⟨Table. List of Pre Condition_주차장 조회⟩

Title	Description
운전자 로그인 상태	운전자가 web 또는 app에 로그인 된 상태이다.
시스템에 주차장 등록 완료	시스템에 운전자가 선택한 주차장 정보가 등록 완료된 상태이다.

Post condition

⟨Table. List of Post Condition_주차장 조회⟩

Title	Description
N/A	N/A

Flow of events

⟨Table. List of Step_주차장 조회⟩

Step No.	Description
1	운전자는 web 또는 app에서 시스템으로 선택한 주차장을 조회 요청한다.
2	시스템은 해당 주차장의 정보(총 주차 면수, 총 주차 유휴 면수, 주차 요금, 운영시간 등)를 web 또는 app에 출력한다.

7 UC-07 민원 UseCase Scenario

UC-07 민원

Scenario List

⟨Table. List of Scenario_민원⟩

Scenario Title	이벤트 흐름 유형	Description
민원 제기	기본	운전자가 Voip폰을 통해 민원을 제기한다.
약한 청취 음량	예외	Voip폰의 청취 음량이 약한 경우
Voip폰 통신 실패	예외	Voip폰의 통신이 실패하는 경우

민원 제기 (기본)

Pre condition

⟨Table. List of Pre Condition_민원 제기⟩

Title	Description
운전자 대기 상태	운전자가 무인정산기 앞에 대기하는 상태이다.

Post condition

⟨Table. List of Post Condition_민원 제기⟩

Title	Description
Voip폰 통신	통합주차 관제센터 근무자가 1:1로 통화한다.

Flow of events

⟨Table. List of Step_민원 제기⟩

Step No.	Description
1	운전자는 무인정산기에 내장된 Voip폰으로 통화를 시도한다.
2	통합주차 관제센터 근무자의 Voip폰과 주차장의 Voip폰이 1:1로 통화 연결된다.

8 UC-08 바로녹색결제 등록 여부 확인 UseCase Scenario

UC-08 바로녹색결제 등록 여부 확인

Scenario List

⟨Table. List of Scenario_바로녹색결제 등록 여부 확인⟩

Scenario Title	이벤트 흐름 유형	Description
바로녹색결제 등록 운전자	기본	운전자가 바로녹색결제 시스템에 간편 결제 등록했다면 결제를 요청하여 결제를 완료한다.
바로녹색결제 미등록 운전자	선택	운전자가 바로녹색결제 시스템에 등록을 하지 않은 경우
결제 시스템 오류	예외	바로녹색결제 시스템에서 오류가 발생하여 결제 요청이 실패하는 경우

바로녹색결제 등록 운전자(기본)

Pre condition

⟨Table. List of Pre Condition_바로녹색결제 등록 운전자⟩

Title	Description
바로녹색결제 등록 완료	운전자는 바로녹색결제 시스템에 결제 수단 등록이 완료된 상태이다.
차량 정보	바로녹색결제 시스템에 전송할 차량 정보를 조회한 상태이다.

Post condition

⟨Table. List of Post Condition_바로녹색결제 등록 운전자⟩

Title	Description
결제 내역 반영	시스템에 결제 완료된 내역을 반영한다.

Flow of events

⟨Table. List of Step_바로녹색결제 등록 운전자⟩

Step No.	Description
1	차량정보를 바로녹색결제 시스템에 전송한다.
2	바로녹색결제 시스템은 결제 완료 내용을 시스템에 전달한다.
3	시스템은 결제 완료 내용을 "UC-04 주차요금 결제"에 전달한다.

9 UC-09 비대면 자격 확인 UseCase Scenario

UC-09 비대면 자격 확인

Scenario List

⟨Table. List of Scenario_비대면 자격 확인⟩

Scenario Title	이벤트 흐름 유형	Description
비대면 자격 확인 완료	기본	비대면 자격 확인 결과, 자격 대상인 경우 요금이 감면되어 계산된다.
비대면 자격 확인 실패	예외	비대면 자격 확인 시스템에 오류가 발생하여 요청이 실패한 경우

비대면 자격 확인 완료(기본)

Pre condition

⟨Table. List of Pre Condition_비대면 자격 확인 완료⟩

Title	Description
차량 정보	행정안전부에서 제공하는 비대면 자격 확인 시스템에 전송할 차량 정보를 조회한 상태이다.

Post condition

⟨Table. List of Post Condition_비대면 자격 확인 완료⟩

Title	Description
요금 감면	자격 대상임이 확인된 경우 주차요금 감면이 반영된다.

Flow of events

⟨Table. List of Step_비대면 자격 확인 완료⟩

Step No.	Description
1	차량정보를 비대면 자격 확인 시스템에 전송한다.
2	비대면 자격 확인 시스템은 자격 대상 여부 내용을 시스템에 전달한다.
3	시스템은 주차 요금을 계산해서 내용을 "UC-03 주차 정산"에 전달한다.

10 UC-10 민원 UseCase Scenario

UC-10 결제 정보 전송

Scenario List

⟨Table. List of Scenario_결제 정보 전송⟩

Scenario Title	이벤트 흐름 유형	Description
결제 정보 전송	기본	운전자가 선택한 결제 정보를 무인정산기에서 시스템으로 전송한다.
결제 정보 읽기 실패	예외	무인정산기가 사용자의 결제 정보 읽기에 실패한 경우

결제 정보 전송(기본)

Pre condition

⟨Table. List of Pre Condition_결제 정보 전송⟩

Title	Description
결제 요금 확인 완료	운전자는 최종적으로 계산된 결제 요금을 확인 완료한 상태이다.
결제 방법 선택 완료	운전자는 주차 요금을 결제할 수단을 선택 완료한 상태이다.

Post condition

⟨Table. List of Post Condition_결제 정보 전송⟩

Title	Description
주차요금 결제 요청	"UC-04 주차요금 결제"를 수행한다

Flow of events

⟨Table. List of Step_결제 정보 전송⟩

Step No.	Description
1	무인정산기는 운전자가 선택한 결제 방법에 따라 결제 정보를 읽는다. (QR코드, 신용카드, 간편결제 등)
2	무인정산기는 읽은 결제 정보를 시스템으로 전송한다.

11 UC-11 차량 정보 관리 UseCase Scenario

UC-11 차량 정보 관리

Scenario List

⟨Table. List of Scenario_차량 정보 관리⟩

Scenario Title	이벤트 흐름 유형	Description
차량 정보 관리	기본	관리자가 관리자 시스템에서 차량 정보를 관리한다.

차량 정보 관리(기본)

Pre condition

⟨Table. List of Pre Condition_차량 정보 관리⟩

Title	Description
관리자 계정 로그인	관리자 계정으로 로그인 한 상태이다.

Post condition

⟨Table. List of Post Condition_차량 정보 관리⟩

Title	Description
N/A	N/A

Flow of events

⟨Table. List of Step_차량 정보 관리⟩

Step No.	Description
1	관리자가 관리자 시스템을 통해 주차장을 이용하는 차량 정보를 확인한다.
2	시스템은 주차장 이용 차량의 정보를 확인한다.
3	시스템은 UI(관리 콘솔)을 통해 주차장 시스템에 등록된 차량 정보(관리 타입 별 차량 정보, 등록 기간 별 차량 정보 등) 상태를 보여준다.

12 UC-12 할인/면제 쿠폰 발급 UseCase Scenario

UC-12 할인/면제 쿠폰 발급

Scenario List

⟨Table. List of Scenario_할인/면제 쿠폰 발급⟩

Scenario Title	이벤트 흐름 유형	Description
할인/면제 쿠폰 발급	기본	관리자가 관리자 시스템에서 할인/면제 차량 정보를 설정한다.

할인/면제 쿠폰 발급(기본)

Pre condition

⟨Table. List of Pre Condition_할인/면제 쿠폰 발급⟩

Title	Description
관리자 계정 로그인	관리자 계정으로 로그인 한 상태이다.

Post condition

⟨Table. List of Post Condition_할인/면제 쿠폰 발급⟩

Title	Description
차량 정보 반영	할인/면제 쿠폰을 발급받은 해당 차량의 정보가 업데이트 된다.

Flow of events

⟨Table. List of Step_할인/면제 쿠폰 발급⟩

Step No.	Description
1	관리자는 시스템 UI를 통해 차량 정보 설정을 선택한다.
2	관리자는 차량 정보 중 할인/면제 항목을 업데이트한다.

13 UC-13 정기권 관리 UseCase Scenario

UC-13 정기권 관리

Scenario List

⟨Table. List of Scenario_정기권 관리⟩

Scenario Title	이벤트 흐름 유형	Description
정기권 관리	기본	관리자가 관리자 시스템에서 정기권 보유 차량 정보를 설정한다.

정기권 관리(기본)

Pre condition

⟨Table. List of Pre Condition_정기권 관리⟩

Title	Description
관리자 계정 로그인	관리자 계정으로 로그인 한 상태이다.

Post condition

〈Table. List of Post Condition_정기권 관리〉

Title	Description
차량 정보 반영	정기권을 발급받은 해당 차량의 정보가 업데이트 된다.

Flow of events

〈Table. List of Step_정기권 관리〉

Step No.	Description
1	관리자는 시스템 UI를 통해 차량 정보 설정을 선택한다.
2	관리자는 차량 정보 중 정기권 항목을 업데이트한다.

14 UC-14 면제차량 관리 UseCase Scenario

UC-14 면제차량 관리

Scenario List

〈Table. List of Scenario_면제차량 관리〉

Scenario Title	이벤트 흐름 유형	Description
면제차량 관리	기본	관리자가 관리자 시스템에서 주차 요금 면제 차량 정보를 설정한다.

면제차량 관리(기본)

Pre condition

〈Table. List of Pre Condition_면제차량 관리〉

Title	Description
관리자 계정 로그인	관리자 계정으로 로그인 한 상태이다.

Post condition

⟨Table. List of Post Condition_면제차량 관리⟩

Title	Description
차량 정보 반영	면제권을 발급받은 해당 차량의 정보가 업데이트 된다.

Flow of events

⟨Table. List of Step_면제차량 관리⟩

Step No.	Description
1	관리자는 시스템 UI를 통해 차량 정보 설정을 선택한다.
2	관리자는 차량 정보 중 면제 항목을 업데이트한다.

15 UC-15 블랙리스트 관리 UseCase Scenario

UC-15 블랙리스트 관리

Scenario List

⟨Table. List of Scenario_블랙리스트 관리⟩

Scenario Title	이벤트 흐름 유형	Description
블랙리스트 관리	기본	관리자가 관리자 시스템에서 블랙리스트 차량 정보를 설정한다.

블랙리스트 관리(기본)

Pre condition

⟨Table. List of Pre Condition_블랙리스트 관리⟩

Title	Description
관리자 계정 로그인	관리자 계정으로 로그인 한 상태이다.

Post condition

⟨Table. List of Post Condition_블랙리스트 관리⟩

Title	Description
차량 정보 반영	블랙리스트로 지정된 해당 차량의 정보가 업데이트 된다.

Flow of events

⟨Table. List of Step_블랙리스트 관리⟩

Step No.	Description
1	관리자는 시스템 UI를 통해 차량 정보 설정을 선택한다.
2	관리자는 차량 정보 중 블랙리스트 항목을 업데이트한다.

16 UC-16 Reporting 관리 UseCase Scenario

UC-16 Reporting 관리

Scenario List

⟨Table. List of Scenario_Reporting 관리⟩

Scenario Title	이벤트 흐름 유형	Description
Reporting 관리	기본	관리자가 주차장 시스템에서 조회할 수 있는 모든 데이터를 인쇄 또는 엑셀 전환한다.

Reporting 관리(기본)

Pre condition

⟨Table. List of Pre Condition_Reporting 관리⟩

Title	Description
관리자 계정 로그인	관리자 계정으로 로그인 한 상태이다.

Post condition

⟨Table. List of Post Condition_Reporting 관리⟩

Title	Description
N/A	N/A

Flow of events

⟨Table. List of Step_Reporting 관리⟩

Step No.	Description
1	관리자는 시스템 UI를 통해 Reporting 관리 기능을 선택한다.
2	관리자는 차량 정보 중 인쇄 또는 엑셀 전환하고 싶은 데이터 항목을 선택한다.
3	선택한 항목을 인쇄 또는 엑셀 전환한다.

17 UC-17 차량 훼손 관리 UseCase Scenario

UC-17 차량 훼손 관리

Scenario List

⟨Table. List of Scenario_차량 훼손 관리⟩

Scenario Title	이벤트 흐름 유형	Description
차량 훼손 관리	기본	관리자가 주차장 시스템에서 특정 차량의 외관 4면을 촬영한 사진 및 영상을 조회하고, 차량 훼손 여부를 판단한다.
UC-24 (차량 외관 촬영) 실패	예외	"UC-24 차량 외관 촬영"에서 요청 실패가 발생하여 차량 외관 확인이 불가능한 경우

차량 훼손 관리(기본)

Pre condition

⟨Table. List of Pre Condition_차량 훼손 관리⟩

Title	Description
관리자 계정 로그인	관리자 계정으로 로그인 한 상태이다.
UC-24 (차량 외관 촬영) 완료	"UC-24 (차량 외관 촬영)"를 통해 입구 CCTV에서 차량 외관 4면 촬영을 완료하여 데이터베이스에 저장된 상태이다.

Post condition

⟨Table. List of Post Condition_차량 훼손 관리⟩

Title	Description
N/A	N/A

Flow of events

⟨Table. List of Step_차량 훼손 관리⟩

Step No.	Description
1	관리자는 시스템 UI를 통해 차량 정보 조회를 선택한다.
2	관리자는 차량 정보 중 CCTV 사진 및 영상 항목을 조회한다.
3	관리자는 차량의 훼손 여부를 식별한다.

18 UC-18 주차장 데이터 관리 UseCase Scenario

UC-18 주차장 데이터 관리

Scenario List

⟨Table. List of Scenario_주차장 데이터 관리⟩

Scenario Title	이벤트 흐름 유형	Description
주차장 데이터 관리	기본	관리자가 주차장 데이터를 조회, 수정한다.

주차장 데이터 관리(기본)

Pre condition

⟨Table. List of Pre Condition_주차장 데이터 관리⟩

Title	Description
관리자 계정 로그인	관리자 계정으로 로그인 한 상태이다.

Post condition

⟨Table. List of Post Condition_주차장 데이터 관리⟩

Title	Description
N/A	N/A

Flow of events

⟨Table. List of Step_주차장 데이터 관리⟩

Step No.	Description
1	관리자가 관리자 시스템을 통해 주차장 데이터를 확인 및 백업 시간을 설정한다.
2	시스템은 설정된 시간에 주기적으로 주차장 데이터를 백업한다.
3	시스템은 UI(관리 콘솔)을 통해 주차장 데이터(주차장 매출현황, 코드별 현황 등) 상태를 보여준다.

19 UC-19 차단기 수동 제어 UseCase Scenario

UC-19 차단기 수동 제어

Scenario List

⟨Table. List of Scenario_차단기 수동 제어⟩

Scenario Title	이벤트 흐름 유형	Description
차단기 수동 제어	기본	관리자가 시스템을 통해 차단기를 수동으로 제어한다.
차단기 제어 기능 오류	예외	시스템에서 수동 제어 명령을 내렸으나 차단기의 제어 기능에 오류가 발생해서 수동 제어가 되지 않는 경우
시스템 오류	예외	시스템 오류 발생으로 수동 제어 명령을 내리지 못하는 경우

차단기 수동 제어(기본)

Pre condition

⟨Table. List of Pre Condition_차단기 수동 제어⟩

Title	Description
관리자 계정 로그인	관리자 계정으로 로그인 한 상태이다.

Post condition

⟨Table. List of Post Condition_차단기 수동 제어⟩

Title	Description
차단기 동작 완료	차단기가 수동 제어 명령에 따라 동작한다.

Flow of events

⟨Table. List of Step_차단기 수동 제어⟩

Step No.	Description
1	관리자가 시스템 UI를 통해 수동 제어할 차단기를 선택한다.
2	관리자는 차단기의 개폐를 선택한다.
3	시스템은 차단기에 제어를 요청한다.

20 UC-20 주차기기 상태 알림 UseCase Scenario

UC-20 주차기기 상태 알림

Scenario List

⟨Table. List of Scenario_주차기기 상태 알림⟩

Scenario Title	이벤트 흐름 유형	Description
주차기기 상태 모니터링	기본	주차기기 모니터링 timer가 주기적으로 주차기기의 동작 상태를 확인하고 업데이트 한다.
주차기기 고장 알림	선택	주차기기 모니터링 timer가 주차기기의 동작 상태 확인을 요청했

Scenario Title	이벤트 흐름 유형	Description
		으나 주차기기 고장으로 응답이 없어서 주차기기 고장으로 알림을 한 경우
시스템 오류	예외	시스템 오류가 발생하여 주차기기 상태를 모니터링 할 수 없는 경우

주차기기 상태 모니터링(기본)

Pre condition

〈Table. List of Pre Condition_주차기기 상태 모니터링〉

Title	Description
관리자 계정 로그인	관리자 계정으로 로그인 한 상태이다.

Post condition

〈Table. List of Post Condition_주차기기 상태 모니터링〉

Title	Description
주차기기 동작 상태 업데이트	주기적으로 확인하는 주차기기 동작 상태를 시스템에 저장 및 상태 업데이트를 한다.

Flow of events

〈Table. List of Step_주차기기 상태 모니터링〉

Step No.	Description
1	주차기기 모니터링 timer가 주기적으로 주차기기의 동작 상태를 확인한다.
2	주차기기는 동작 상태 정보를 응답한다.
3	시스템은 주차기기 모니터링 timer로부터 받은 상태 정보를 저장 및 업데이트 한다.

21 UC-21 차량 출차 UseCase Scenario

UC-21 차량 출차

Scenario List

〈Table. List of Scenario_차량 출차〉

Scenario Title	이벤트 흐름 유형	Description
주차 정산이 완료된 차량의 출차	기본	사전 무인정산기를 이용하여 주차 정산이 완료됐거나 혹은 바로녹색결제에 등록된 차량은 무정차 출차가 가능하다.
주차 정산이 완료되지 않은 차량의 출차	선택	운전자가 주차 정산이 완료되지 않은 경우
추가 요금을 지불해야하는 차량의 출차	선택	사전 무인정산기를 이용하여 주차 정산이 완료되었지만 10분 이내에 출차하지 않아서 추가 요금이 부과된 경우
입차 기록이 없는 차량의 출차	예외	시스템에서 차량의 입차 기록 조회를 요청했지만 조회 결과가 없는 경우
전광판 고장	예외	시스템에서 출차 내용을 전광판에 표출하도록 명령을 내렸지만 전광판 고장으로 출차가 불가능한 경우
차량번호 인식기 고장	예외	차량번호 인식기 오류로 출차가 불가능한 경우
차단기 고장	예외	시스템에서 차단기 열림 명령을 내렸지만 차단기 고장으로 출차가 불가능한 경우
시스템 오류	예외	시스템의 오류로 주차기기에 명령을 내리지 못해 출차가 불가능한 경우

주차 정산이 완료된 차량의 출차(기본)

Pre condition

〈Table. List of Pre Condition_주차 정산이 완료된 차량의 출차〉

Title	Description
주차 정산 완료	사전 무인정산기를 이용하여 주차 정산이 완료됐거나 바로녹색결제에 등록된 상태
차량 번호 입력 완료	출구 차량번호 인식기가 차량 번호를 인식한 상태이다.

Post condition

⟨Table. List of Post Condition_주차 정산이 완료된 차량의 출차⟩

Title	Description
출구 차단기	시스템이 출구 차단기에 열림 명령을 내려 차단기가 열린다.
출구 전광판	시스템이 출차 가능 내용을 전광판에 전달하고 전광판은 내용을 표출한다.
출차 정보 업데이트	시스템에 출차 정보가 업데이트 된다.

Flow of events

⟨Table. List of Step_주차 정산이 완료된 차량의 출차⟩

Step No.	Description
1	시스템은 출구 차량번호 인식기로 인식된 차량 정보를 통해 주차 요금 정산 내역을 확인한다.
2	시스템은 출구 전광판에 출차 가능 정보를 전달한다.
3	출구 전광판은 시스템에서 받은 정보를 표출한다.
4	시스템은 출구 차단기에 열림 명령을 내린다.
5	출구 차단기는 차단기를 연다.
6	차량이 출차하면 시스템은 해당 차량의 출차 정보를 업데이트 한다.

22 UC-22 차량 입차 UseCase Scenario

UC-22 차량 입차

Scenario List

⟨Table. List of Scenario_차량 입차⟩

Scenario Title	이벤트 흐름 유형	Description
차량 입차	기본	일반 차량이 입차를 시도하는 경우
블랙리스트 차량 입차	선택	블랙리스트에 등록된 차량이 입차하는 경우
만차	선택	주차장에 유휴 주차 면수가 부족하여 만차인 경우
UC-24 (차량 외관 촬영) 실패	예외	"UC-24 차량 외관 촬영"에서 요청 실패가 발생하여 입차가 불가능한 경우

Scenario Title	이벤트 흐름 유형	Description
전광판 고장	예외	시스템에서 입차 내용을 전광판에 표출하도록 명령을 내렸지만 전광판 고장으로 입차가 불가능한 경우
차량번호 인식기 고장	예외	차량번호 인식기 오류로 입차가 불가능한 경우
차단기 고장	예외	시스템에서 차단기 열림 명령을 내렸지만 차단기 고장으로 입차가 불가능한 경우
시스템 오류	예외	시스템의 오류로 주차기기에 명령을 내리지 못해 입차가 불가능한 경우

차량 입차(기본)

Pre condition

〈Table. List of Pre Condition_차량 입차〉

Title	Description
유휴 주차 면수 확보	주차할 수 있는 여유 면수가 확보된 상태이다.
블랙리스트 미등록 차량	블랙리스트 목록에 등록되지 않은 차량이다.

Post condition

〈Table. List of Post Condition_차량 입차〉

Title	Description
입구 차단기	시스템이 입구 차단기에 열림 명령을 내려 차단기가 열린다.
입구 전광판	시스템이 입차 가능 내용을 전광판에 전달하고 전광판은 내용을 표출한다.
입구 CCTV 촬영	차량 외관 4면을 촬영하여 시스템에 전송한다.
입차 정보 등록	차량 정보(입차한 시간, 차량정보, 차량 외관 이미지 혹은 영상 등)을 시스템에 저장한다.

low of events

〈Table. List of Step_차량 입차〉

Step No.	Description
1	입차를 시도하는 차량이 감지되면 입구 차량번호 인식기는 차량번호를 인식하여 시스템으로 전송한다.
2	"UC-24 차량 외관 촬영"을 수행한다.

Step No.	Description
3	시스템은 유휴 주차 면수를 확인한다.
4	시스템은 입구 전광판에 입차 차량정보(차량번호, 입차시간) 표출을 요청한다.
5	입구 전광판은 시스템에서 받은 내용을 표출한다.
6	시스템은 입구 차단기에 차단기 열림 명령을 내린다.
7	입구 차단기는 차단기를 연다.
8	시스템은 입차 차량정보(차번인식기 이미지, 차량번호, 입차 시간 등)을 반영한다.

23 UC-23 차량 정보 저장 UseCase Scenario

UC-23 차량 정보 저장

Scenario List

〈Table. List of Scenario_차량 정보 저장〉

Scenario Title	이벤트 흐름 유형	Description
차량 정보 저장	기본	입출차 차량 정보를 저장한다.
차량 정보가 없는 차량의 저장 요청	예외	주차기기 등의 오류로 저장할 차량 정보가 없는 경우
시스템 오류	예외	시스템 오류로 차량 정보 저장이 불가능한 경우

차량 정보 저장(기본)

Pre condition

〈Table. List of Pre Condition_차량 정보 저장〉

Title	Description
차량 정보 확보	저장할 차량 정보를 확보한 상태

Post condition

⟨Table. List of Post Condition_차량 정보 저장⟩

Title	Description
차량 정보 반영	시스템에 차량 정보가 반영된다.

Flow of events

⟨Table. List of Step_차량 정보 저장⟩

Step No.	Description
1	"UC-21 차량 출차" 혹은 "UC-22 차량 입차"를 통해 차량 정보를 받는다.
2	시스템은 해당 차량 정보를 새로 등록하거나 업데이트 한다.

24 UC-24 차량 외관 촬영 UseCase Scenario

UC-24 차량 외관 촬영

Scenario List

⟨Table. List of Scenario_차량 외관 촬영⟩

Scenario Title	이벤트 흐름 유형	Description
차량 외관 촬영	기본	입차를 시도하는 차량 외관 4면을 촬영한다.
입차 CCTV 고장	예외	입차 CCTV 고장으로 입차가 불가능한 경우
시스템 오류	예외	시스템 오류 발생으로 촬영한 사진 혹은 영상을 전송하지 못하는 경우

차량 외관 촬영(기본)

Pre condition

⟨Table. List of Pre Condition_차량 외관 촬영⟩

Title	Description
차량의 입차 시도	입차를 시도하는 차량이 존재한다.
유휴 주차 면수 확보	주차할 수 있는 여유 면수가 확보된 상태이다.

Post condition

⟨Table. List of Post Condition_차량 외관 촬영⟩

Title	Description
입차 차량 정보로 등록	촬영한 차량 외관 데이터는 입차 차량 정보로 등록된다.

Flow of events

⟨Table. List of Step_차량 외관 촬영⟩

Step No.	Description
1	입구 CCTV는 차량 외관 4면을 촬영하여 시스템에 전송한다.
2	시스템은 전송받은 데이터를 입차 차량 정보로 저장한다.

25 UC-25 유휴 주차 면수 확인 UseCase Scenario

UC-25 유휴 주차 면수 확인

Scenario List

⟨Table. List of Scenario_유휴 주차 면수 확인⟩

Scenario Title	이벤트 흐름 유형	Description
유휴 주차 면수 확인	기본	주차유도 센서가 유휴 주차면을 감지하여 시스템으로 전달한다.
유휴 주차 면수 부족	선택	유휴 주차 면수가 부족하여 입구 전광판에 만차 표출을 해야 할 경우
주차유도 센서 고장	예외	주차유도 센서 고장으로 유휴 면수 파악이 불가능한 경우
시스템 오류	예외	주차유도 센서가 유휴 주차면을 감지하여 데이터를 전송하지만 시스템 오류 발생으로 유휴 면수 확인이 불가능한 경우

유휴 주차 면수 확인(기본)

Pre condition

⟨Table. List of Pre Condition_유휴 주차 면수 확인⟩

Title	Description
주차유도 센서 보유	각 주차면 앞쪽에 주차유도 센서가 부착되어 있다.

Post condition

⟨Table. List of Post Condition_유휴 주차 면수 확인⟩

Title	Description
유휴 주차 면수 업데이트	유휴 주차 면수가 감지되어 시스템에 업데이트 된다.

Flow of events

⟨Table. List of Step_유휴 주차 면수 확인⟩

Step No.	Description
1	주차유도 센서가 차량의 주차여부를 감지하여 변경이 생길 때 마다 실시간으로 시스템에 유휴 여부를 전송한다.
2	시스템은 주차유도 센서에서 받은 정보로 주차장 데이터를 업데이트 한다.
3	시스템은 총 유휴 주차 면수를 계산한다.
4	시스템은 유휴 주차 면수를 반영한다.

연습 문제

주관식 문제

1. Use Case Diagram에서 Include 관계와 Extend 관계의 차이를 설명하시오.

2. UseCase Subject와 Frame의 차이점을 설명하시오.

3. Directed Association과 일반 Association의 차이점을 설명하시오.

4. 주차관리 시스템에서 비대면 자격 확인(UC-09) Use Case의 주요 목적과 동작 흐름을 설명하시오.

5. Use Case Diagram의 주요 목적을 3가지 이상 기술하시오.

객관식 문제

6. 다음 중 Use Case Diagram의 주요 구성 요소가 아닌 것은?
   ① Actor
   ② UseCase
   ③ Class
   ④ Association

7. Use Case Diagram에서 Include 관계에 대한 설명으로 적절하지 않은 것은?
   ① 한 Use Case가 다른 Use Case를 반드시 포함하는 관계이다.
   ② Include된 Use Case는 항상 실행된다.
   ③ Include 관계에서는 ⟨⟩ 레이블을 사용한다.
   ④ Include된 Use Case는 선택적으로 실행된다.

연습문제

8. Extend 관계를 설명하는 올바른 선택지는?
   ① Extend 관계의 Use Case는 필수적으로 실행된다.
   ② Extend 관계에서는 점선 화살표와 《extend》 레이블을 사용한다.
   ③ Extend 관계에서는 한 Use Case가 항상 다른 Use Case를 포함해야 한다.
   ④ Extend 관계는 다른 Use Case와 관계없이 독립적으로 실행된다.

9. 주차관리 시스템에서 차량 입차(UC-22) 시 발생할 수 있는 예외 상황이 아닌 것은?
   ① 블랙리스트 차량이 입차하는 경우
   ② 입차 차량의 차량번호가 정상적으로 인식된 경우
   ③ 입차 차량의 외관 촬영이 실패한 경우
   ④ 차단기 고장으로 인해 입차가 불가능한 경우

10. Use Case Diagram에서 Generalization 관계의 특징으로 적절한 것은?
    ① Generalization은 두 Use Case 간의 강한 결합을 나타낸다.
    ② Generalization은 점선 화살표와 〈〉 레이블을 사용한다.
    ③ Generalization은 공통 동작을 추상화하여 상위 Use Case에서 하위 Use Case로 상속하는 관계이다.
    ④ Generalization 관계에서는 상위 Use Case가 하위 Use Case를 포함한다.

CHAPTER 6

Component Diagram 개념과 작성방법

6.1 Component Diagram의 개념
6.2 Component Diagram 구성요소 및 사용법 설명
6.3 실습과제 : 주차관리 시스템 구축_Component Diagram
■ 연습문제

6.1 Component Diagram의 개념

컴포넌트 다이어그램은 UML(Unified Modeling Language)에서 사용되는 다이어그램 중 하나로, 시스템의 구조를 컴포넌트 단위로 표현하는 데 사용됩니다. 컴포넌트는 소프트웨어의 특정 기능을 수행하는 모듈, 라이브러리, 파일, 서브시스템 등으로 정의되며, 이 다이어그램은 이러한 컴포넌트들 간의 의존 관계, 인터페이스, 연결 방식을 시각적으로 표현합니다.

1 주요 목적

Component Diagram은 시스템의 구조를 모듈화하여 구성 요소(Component) 간의 관계를 시각적으로 표현하는 UML 다이어그램의 한 종류입니다. 주요 목적은 다음과 같습니다:

① 시스템 구조 이해: 시스템의 구성 요소와 그 관계를 한눈에 파악할 수 있도록 돕습니다.
② 모듈화 지원: 시스템을 모듈 단위로 나누어 재사용성과 유지보수성을 향상시킵니다.
③ 의사소통 도구: 개발팀, 설계자, 그리고 이해관계자 간의 효과적인 의사소통을 지원합니다.
④ 의존성 관리: 구성 요소 간의 의존성을 명확히 하여 설계 품질을 높입니다.

2 표현 방식

Component Diagram은 구성 요소와 그 관계를 나타내기 위해 UML 표기법을 사용합니다. 주요 표현 방식은 다음과 같습니다:

① 컴포넌트(Component) : 네모난 사각형으로 표현하며, 내부에 컴포넌트의 이름을 작성합니다.

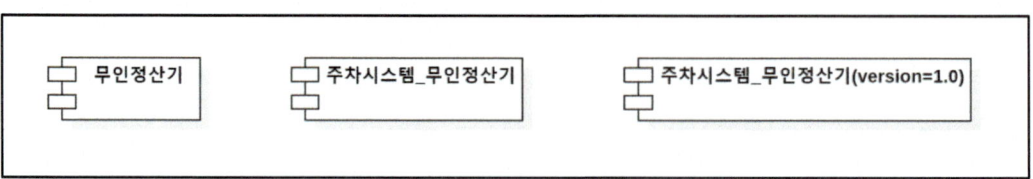

그림 6-1 컴포넌트 표현 방법 예 1

추가적으로 컴포넌트 아이콘(작은 직사각형 두 개)을 왼쪽 상단에 표시할 수 있습니다.

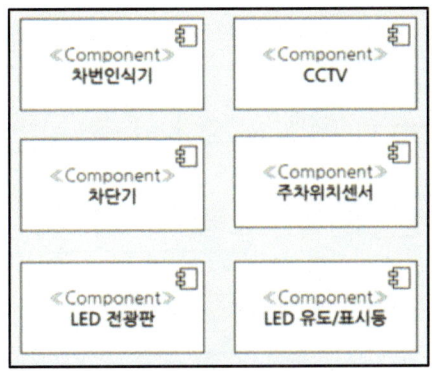

그림 6-2 컴포넌트 표현 방법 예 2

② Interface: 인터페이스는 작은 원(circle)으로 나타내며, 컴포넌트와 연결됩니다. 제공 인터페이스(provided)는 원만 표시하고, 필수 인터페이스(required)는 반달 모양으로 나타냅니다.

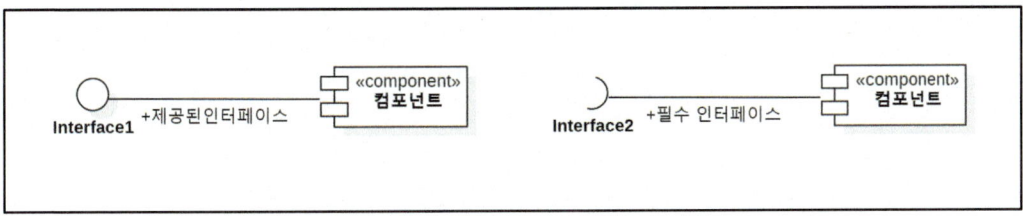

그림 6-3 제공 인터페이스 .vs. 필수 인터페이스

표 6-1 제공된 인터페이스 .vs. 필수 인터페이스 비교

구분	제공된 인터페이스 (Provided Interface)	필수 인터페이스 (Required Interface)
정의	컴포넌트가 외부에 제공하는 서비스나 기능	컴포넌트가 동작하기 위해 외부 컴포넌트의 서비스를 필요로 하는 경우
표기법	반원(□) 형태의 기호	열린 반원(◖) 형태의 기호
역할	외부에서 컴포넌트의 기능을 호출할 수 있도록 제공	외부의 기능을 호출하기 위해 의존 관계를 표현
예시	데이터베이스 컴포넌트의 Read() 메서드 제공	웹 애플리케이션이 인증 컴포넌트의 Authenticate() 메서드 필요
외부 의존성	외부에 의존하지 않고 독립적으로 제공 가능	외부 컴포넌트에 의존하여 동작
의미하는 관계	컴포넌트가 능동적으로 외부에 서비스를 제공하는 관계	컴포넌트가 외부의 서비스를 소비(사용)하는 관계

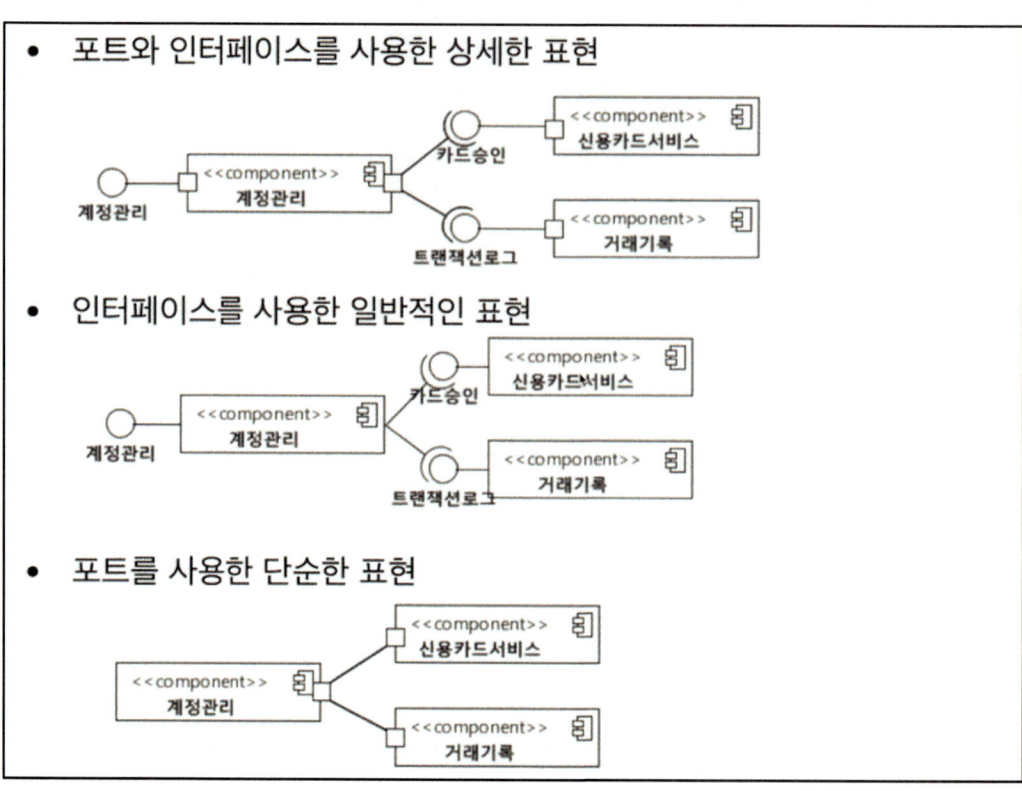

그림 6-4 컴포넌트 상호작용 표현방식

③ Dependency: 점선 화살표로 표현하며, 컴포넌트 간의 의존성을 나타냅니다.

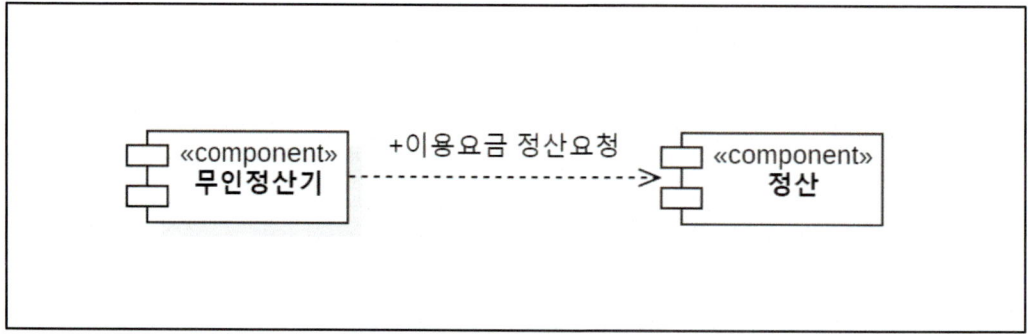

그림 6-5 컴포넌트간의 의존 관계

④ Port: 컴포넌트 외부에서 인터페이스와 상호작용하는 접점을 표현합니다.

3 예제

- **시나리오: 온라인 쇼핑 시스템**
  - 구성 요소 : 사용자 인터페이스(UI), 결제 모듈, 재고 관리, 데이터베이스
- **Component Diagram:**
  - 관계 :
    - UI는 결제 모듈과 재고 관리 모듈의 인터페이스를 사용
    - 결제 모듈은 데이터베이스와 상호작용

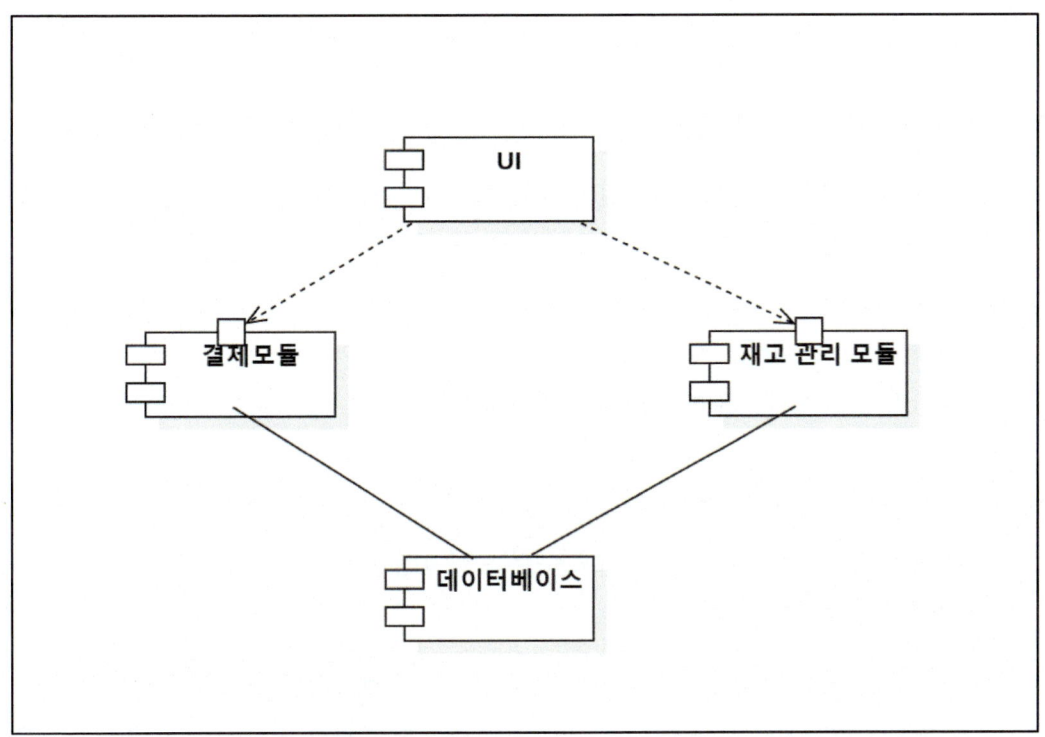

그림 6-6 Component Diagram 예제 예시

- 설명 :
  - UI : 사용자와의 인터페이스 역할을 담당하며, 결제 모듈과 재고 관리 모듈의 인터페이스를 사용함
  - 결제 모듈 : 결제 처리와 관련된 로직을 수행하며, 데이터베이스와 상호작용함

- 재고 관리 : 재고 정보를 조회하거나 업데이트하며, 데이터베이스와 연결됨
- 데이터베이스 : 시스템의 데이터를 저장하고 다른 컴포넌트의 요청에 응답

4 Component Diagram의 장점

① 모듈화된 설계 제공 : 시스템을 독립적인 구성 요소로 나누어 설계와 개발을 병렬적으로 진행할 수 있음
② 변경 용이성 : 각 구성 요소가 독립적이므로 특정 컴포넌트를 변경해도 다른 컴포넌트에 영향을 최소화
③ 재사용성: 공통된 컴포넌트를 다른 시스템에 재사용할 수 있음
④ 유지보수성 향상: 구성 요소 간의 관계가 명확하여 시스템 분석과 유지보수가 용이함

5 Component Diagram 설계 시 유의점

- **구성 요소의 명확한 정의** : 컴포넌트의 역할과 책임을 명확히 정의하여 중복 및 모호성을 피해야 합니다.
- **의존성 최소화** : 구성 요소 간의 의존성을 최소화하여 시스템의 유연성을 높입니다.
- **표준 인터페이스 활용** : 각 구성 요소가 제공하는 인터페이스를 표준화하여 다른 구성 요소와의 상호작용을 단순화합니다.
- **규모 관리** : 너무 많은 컴포넌트를 한 다이어그램에 포함하면 가독성이 떨어지므로, 적절히 분할된 다이어그램을 작성합니다.
- **실제 구현 반영** : 다이어그램은 실제 구현과 일치해야 하며, 설계 단계에서 지속적으로 업데이트되어야 합니다.

Component Diagram은 복잡한 시스템을 명확하고 간단하게 표현하는 데 유용한 도구입니다. 주요 목적과 표현 방식을 이해하고 설계 시 유의점을 준수하면, 보다 효율적이고 유연한 시스템 설계가 가능합니다.

6.2 Component Diagram 구성요소 및 사용법 설명

표 6-2 컴포넌트 다이어그램 구성요소 및 기능

구성요소	기능
컴포넌트 (Component)	시스템의 주요 모듈 또는 구성 요소를 나타냅니다. 코드, 라이브러리, 서브시스템 등을 캡슐화하며, 특정 기능이나 서비스 제공을 표현합니다.
아티팩트 (Artifact)	실행 파일, 데이터베이스, 스크립트 등 물리적인 산출물을 나타냅니다. 시스템 배포 시 필요한 구체적인 결과물을 모델링합니다.
인터페이스 (Interface)	컴포넌트 간의 상호작용을 나타냅니다. 컴포넌트가 제공하거나 요구하는 서비스를 정의하며, 연결된 다른 컴포넌트와의 의존성을 표현합니다.
프레임 (Frame)	시스템이나 특정 컴포넌트를 구성하는 영역 또는 컨텍스트를 구분합니다. 다이어그램의 범위와 내용을 조직적으로 나타내는 데 사용됩니다.
의존 관계 (Dependency)	한 컴포넌트가 다른 컴포넌트에 의존함을 나타냅니다. 일반적으로 점선 화살표로 표현되며, 변경 시 영향을 받는 관계를 설명합니다.
인터페이스 실현 (Interface Realization)	컴포넌트가 특정 인터페이스를 구현함을 나타냅니다. 인터페이스와 이를 구현하는 컴포넌트 간의 관계를 명시합니다.
컴포넌트 실현 (Component Realization)	특정 컴포넌트가 추상적인 정의(예: 설계 단계)를 실제 구현으로 연결함을 나타냅니다. 구현 체계와 설계 간의 관계를 설명합니다.

6.2.1 Interface Realization과 Component Realization의 차이점 설명

1 인터페이스 리얼라이제이션 (Interface Realization)

- **정의**: 인터페이스 리얼라이제이션은 특정 **인터페이스에 정의된 기능**을 컴포넌트가 **구현**하거나 제공한다는 것을 나타냅니다.
- **역할**: 컴포넌트가 해당 인터페이스의 **메서드 및 속성을 실제로 구현**하여 사용할 수 있도록 보장합니다. 이는 객체지향 프로그래밍의 "인터페이스 구현"과 유사합니다.
- **표기법**: 점선과 빈 화살표(----▷)로 인터페이스와 컴포넌트를 연결합니다.
- **예시**: DataAccessComponent가 CRUDOperations 인터페이스를 구현하여 Create(), Read(), Update(), Delete() 메서드를 제공.

2 컴포넌트 리얼라이제이션 (Component Realization)

- **정의**: 컴포넌트 리얼라이제이션은 설계 수준에서 컴포넌트가 시스템 내의 **구체적인 구현 또는 실행 가능 상태**를 제공한다는 것을 의미합니다.
- **역할**: 시스템 설계 단계에서 정의된 **컴포넌트가 물리적 구현**으로 전환되었음을 나타냅니다. 이는 설계 요소와 구현 요소 간의 **매핑 관계**를 보여줍니다.
- **표기법**: UML에서 점선과 빈 화살표(-----▷)로 컴포넌트와 구체적인 클래스나 파일 같은 구현 요소를 연결합니다.
- **예시**: UserManagementComponent가 시스템의 UserService 클래스, 관련 코드 파일, 데이터베이스 등으로 구현.

3 차이점 비교

표 6-3 차이점 비교

구분	인터페이스 리얼라이제이션	컴포넌트 리얼라이제이션
정의	컴포넌트가 특정 인터페이스의 기능을 구현하는 것을 나타냄	설계 단계의 컴포넌트를 실제 물리적 구현 요소로 매핑하는 것을 나타냄
적용 대상	인터페이스와 컴포넌트 간의 관계	설계된 컴포넌트와 구현된 요소(Class, 코드 파일 등) 간의 관계
목적	컴포넌트가 인터페이스의 기능을 제공할 수 있도록 보장	설계 수준의 컴포넌트를 실제 시스템 내에서 실행 가능하도록 구현
표기법	점선과 빈 화살표로 인터페이스와 컴포넌트를 연결	점선과 빈 화살표로 컴포넌트와 구현 요소를 연결
예시	PaymentProcessor가 IPayment 인터페이스를 구현	PaymentProcessor 컴포넌트가 실제 클래스 및 데이터베이스로 매핑
레벨	인터페이스 수준에서의 구현 관계	설계와 구현 간의 매핑 관계

6.3 실습과제 : 주차관리 시스템 구축_Component Diagram

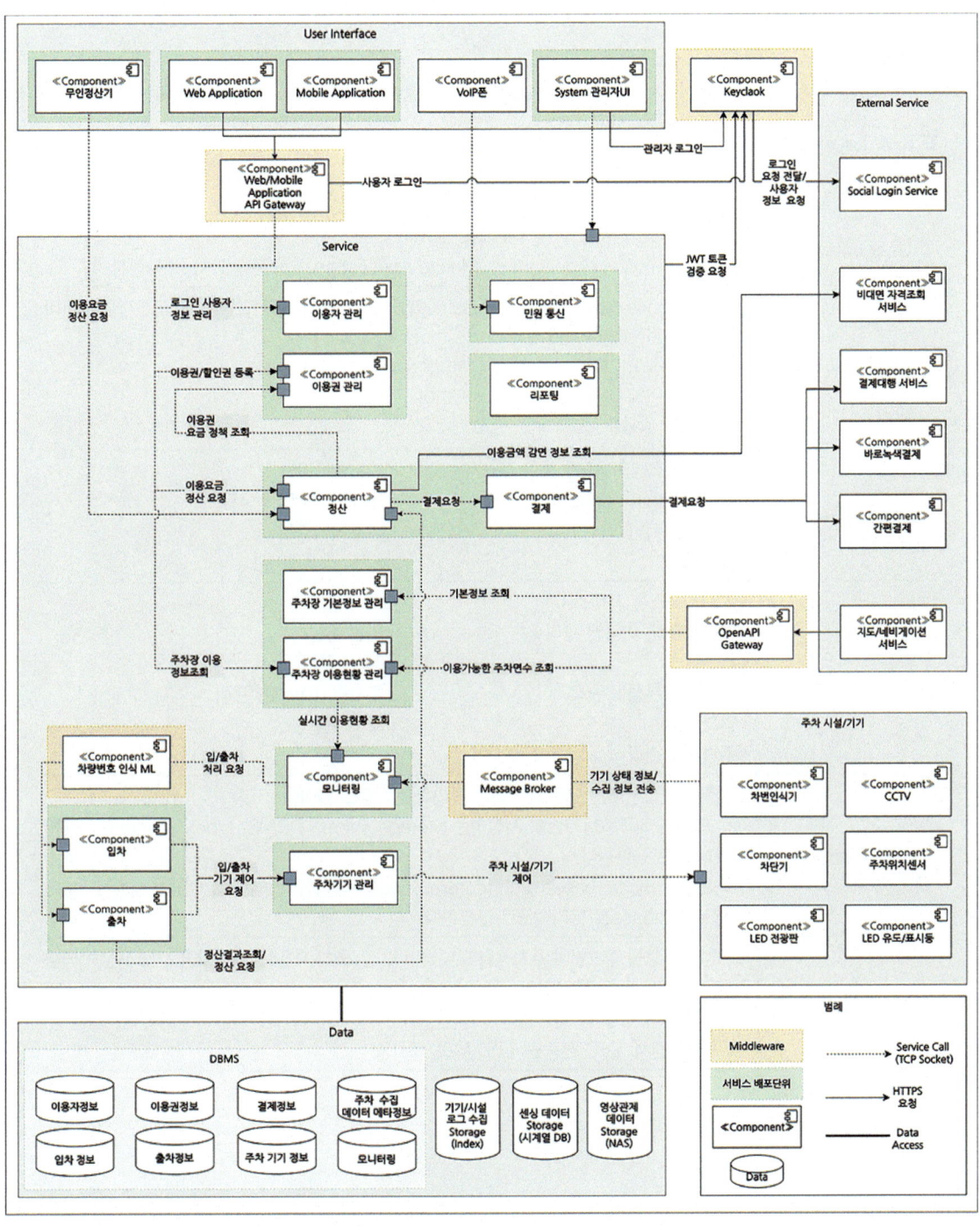

그림 6-7 주차관리시스템 Component Diagram

6.3.1 Layer Description

Layered Architecture와 Service-based Architecture를 반영하여 C&C Top Level View를 작성하였음

표 6-4 Layer별 Description

Name	Description
User Interface	주차장 이용고객, 시스템 관리자 사용 레이어 • 무인정산기, Web Application, Mobile Application, VoIP폰, System관리자UI
Middleware	• Web/Mobile Application API Gateway : Client로부터 전달받은 요청을 적절한 서비스로 전달하는Gateway • 주차장 발생 데이터를 시스템으로 전달하는 Message Broker • 차량번호 인식 머신러닝 컨테이너 레이어 • OpenAPI Gateway
External Service	주차관리시스템과 API통신을 주고받는 외부 서비스 레이어 • Social Login Service • 비대면 자격조회 서비스 • 결제대행 서비스 • 바로녹색결제 • 간편결제 • 지도/네비게이션 서비스
Service	주차관리시스템 서비스 • 이용자관리, 이용권 관리 • 민원 통신 • 리포팅 • 정산, 결제 • 주차장 기본정보 관리 • 주차장 이용현황 관리 • 입차/출차 • 모니터링 • 주차기기 관리
Data	주차장에서 발생하는 모든 데이터를 관리하는 저장소 레이어. Data의 용도에 의해 Data를 저장하는 Storage Type을 DBMS, Index Storage, 시계열 DB, NAS로 구분한다. DBMS는 Service-based architecture Style을 적용하여 중앙 공유 DBMS를 두고, 도메인 별로Database를 논리적으로 분할한다.
주차 시설 및 기기	시스템과 정보를 주고받아 주차현황 모니터링 및 입/출차 자동화, 이용요금 자동 정산 처리를 위한 주차시설 및 기기 레이어 • 차번 인식기, CCTV, 차단기 • 주차위치센서, LED 전광판, LED 유도/표시등

6.3.2 Component Description

표 6-5 컴포넌트 별 Description

구분	Name	Description
User Interface	Web/Mobile Application	Web/Mobile Application : 주차장 이용고객에게 주차장 이용권을 구매/등록하고, 이용요금을 사전결제 할 수 있도록 제공하는 사용자 인터페이스 (React Native Web/Mobile UI)
	시스템 관리자 UI	주차관리시스템 전체 기능 사용 및 주차시설/기기를 모니터링하고 제어 처리 할 수 있는 관리자 인터페이스 (React Native Web UI)
	무인정산기	주차장 이용자가 이용요금을 결제할 수 있는 주차장에 설치된 Kiosk정산기기 인터페이스 (React Native Android UI)
	VoIP폰	주차장 이용자가 응급 상황 발생 시 주차장 근무자와 통신할 수 있는 VoIP 폰 인터페이스. VoIP 폰 공급 업체로부터 지원받는다.
Middleware	Web Application API Gateway	Web/Mobile Application의 요청이 들어오면 적절한 처리를 위해 Business Logic을 처리할 각 서비스에게 요청을 전달하고 응답 처리
	OpenAPI Gateway	지도/네비게이션 서비스에게 주차장 기본정보와 실시간 주차이용가능 면수 정보를 제공하는 OpenAPI Gateway (AWS API Gateway)
	차량번호인식 ML	차번인식기 및 카메라로 캡쳐된 이미지를 학습모델을 통해 정확한 차량번호로 인식하는 머신러닝 모듈 (AWS Lambda)
	메시지 브로커	주차 시설/기기로부터 전달받은 정보를 시스템으로 전달하는 메시지 브로커 (Apache Kafka Cluster)
	Keyclaok	사용자 인증/권한 관리 및 DevOps 툴 SSO를 위한 Opensource 도구
External Service	Social login	사용자 Social 로그인 연동 서비스
	비대면 자격확인 서비스	국가 정책에 의한 이용요금 할인을 위한 행정안전부 할인자격 조회 서비스
	결제대행 서비스	신용카드, 계좌이체 등 결제수단 제공을 위한 PG 서비스.
	바로녹색결제	출차 시 자동정산으로 무정차 출차를 위한 서울시 결제 서비스
	간편결제서비스	모바일 간편결제 수단 제공 서비스
	지도/네비게이션 서비스	주차장 검색, 주차장 이용가능 여부를 지도/네비게이션 사용자에게 제공하기 위해 주차장에서 제공하는 OpenAPI를 호출하는 서비스
Service	이용자 관리	Web/Mobile Application 사용자 및 주차이용자 관리
	이용권 관리	정기권/면제권/할인권과 같은 주차장 이용권 관리
	기본정보 관리	주차장 주소, 운영시간, 운영 요금 정책 등 주차장 기본 정보를 관리하고, 주차장 정보의 공통 코드를 관리하는 컴포넌트
	이용현황 관리	주차장 입/출차 수, 주차 가능 면 수 등 이용현황 정보 관리
	입차	주차장 진입 차량 정보 수집 및 입차 처리

구분	Name	Description
	출차	주차장 진출 차량 정보 수집 및 출차 처리
	정산	주차장 이용시간 및 이용 요금을 계산하고 할인 정책 적용 후 결제 요청
	결제	사용자가 선택한 결제수단으로 최종 이용요금 결제 요청 처리
	모니터링	주차장 전반, 주차관리시스템 및 주차기기 상태 모니터링
	주차기기 관리	주차장에 설치된 주차기기/시설 관리
	리포팅	주차장 운영 현황 및 이력 리포팅 기능 직접 개발 하지 않고 주차장 빅데이터 분석 및 BI 도구를 활용한다.
	민원통신	VoIP를 이용한 사용자와 주차장 근무자의 통신 처리
Data	이용자정보	RDBMS에 저장되는 주차장 이용자 정보
	이용권정보	RDBMS에 저장되는 주차장 정기권/면제권/할인권 정보
	입차정보	RDBMS에 저장되는 주차장 입차 정보
	출차정보	RDBMS에 저장되는 주차장 출차 정보
	결제정보	RDBMS에 저장되는 주차장 이용요금결제 정보
	주차기기정보	RDBMS에 저장되는 주차장 시설/기기 기본정보
	모니터링 정보	RDBMS에 저장되는 모니터링을 위해 수집 정보를 가공/처리한 정보
	주차기기/시설 수집 데이터 메타정보	RDBMS에 저장되는 영상정보, 이미지 정보 경로 및 속성정보
	기기/시설 로그	기기/시설로부터 수집되는 로그 데이터 저장소(Elastic index storage)
	센싱 데이터	기기/시설로부터 수집되는 상태 정보를 저장하는 시계열 저장소 (Prometheus 시계열 storage)
	영상 관제 데이터	CCTV, 카메라로 수집되는 영상 및 이미지 저장소 (AWS S3 등)
주차 시설/기기	VoIP 폰	사용자와 주차장 근무자(관리자)가 통신하기 위한 기기
	무인정산기	사용자의 주차 이용요금을 정산하기 위한 기기
	차번인식기	입/출차 시 차량의 번호를 인식하여 시스템에게 전달해주는 기기
	CCTV	주차장의 영상정보 수집하여 시스템에 전달하는 기기
	차단기	차량의 입/출차 처리를 제어하기 위한 기기
	주차위치센서	주차면에 차량의 주차 여부를 인식하고 시스템으로 전달해주는 기기
	LED 전광판	입/출차 시 차량번호 인식결과, 정산결과 및 주차 유도를 위한 방향 표시, 잔여 주차 면수 등 사용자에게 전달할 정보를 출력해주는 기기
	LED 유도/표시등	차량 진/출입 및 빈공간 주차를 유도하는 주차장 내 LED 시설/기기

연습 문제

주관식 문제

1. Component Diagram의 주요 목적을 3가지 이상 설명하시오.

2. 제공된 인터페이스(Provided Interface)와 필수 인터페이스(Required Interface)의 차이를 설명하시오.

3. Interface Realization과 Component Realization의 차이를 설명하시오.

4. Component Diagram 설계 시 유의해야 할 사항을 3가지 이상 작성하시오.

5. 주차관리 시스템의 Middleware 계층에서 Message Broker의 역할을 설명하시오.

객관식 문제

6. 다음 중 Component Diagram에서 컴포넌트를 나타내는 UML 표기법으로 올바른 것은?
   ① 원형 (○)   ② 네모난 사각형 (□)
   ③ 점선 화살표 (→)   ④ 다이아몬드 (◆)

7. Component Diagram에서 의존성(Dependency)을 나타내는 올바른 표기법은?
   ① 실선 화살표 (→)   ② 점선 화살표 (→)
   ③ 삼각형 화살표 (△)   ④ 원형 연결선 (○)

8. Interface Realization에 대한 설명으로 적절한 것은?
   ① 특정 인터페이스를 구현한 컴포넌트를 나타낸다.
   ② 컴포넌트가 다른 컴포넌트에 의존하는 관계를 표현한다.
   ③ 시스템 설계 단계의 컴포넌트를 실제 구현 요소로 매핑하는 것을 나타낸다.
   ④ 사용자 인터페이스와 관련된 화면 요소를 나타낸다.

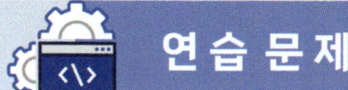

연습 문제

9. Component Diagram의 장점이 아닌 것은?
   ① 모듈화된 설계를 제공하여 독립적인 개발이 가능하다.
   ② 특정 컴포넌트를 변경해도 다른 컴포넌트에 영향을 최소화할 수 있다.
   ③ 객체 간의 동적인 상호작용을 나타내는 데 사용된다.
   ④ 공통된 컴포넌트를 재사용할 수 있다.

10. 주차관리 시스템의 Layer Architecture에서 "Service Layer"에 속하지 않는 기능은?
    ① 정산 및 결제
    ② 주차기기 관리
    ③ 차량번호 인식 머신러닝
    ④ 이용자 관리

PART 3
실무에서 사용하는 소프트웨어 아키텍처 설계

UML-based software architecture
design used in practice

CHAPTER 7

실무에서 사용하는 SW 아키텍처 프레임워크

7.1 SW아키텍처 Framework 소개 (ISO/IEC 42010 국제 표준)
7.2 SW아키텍처 Viewpoint Models
- 연습문제

7.1 SW아키텍처 Framework 소개 (ISO/IEC 42010 국제 표준)

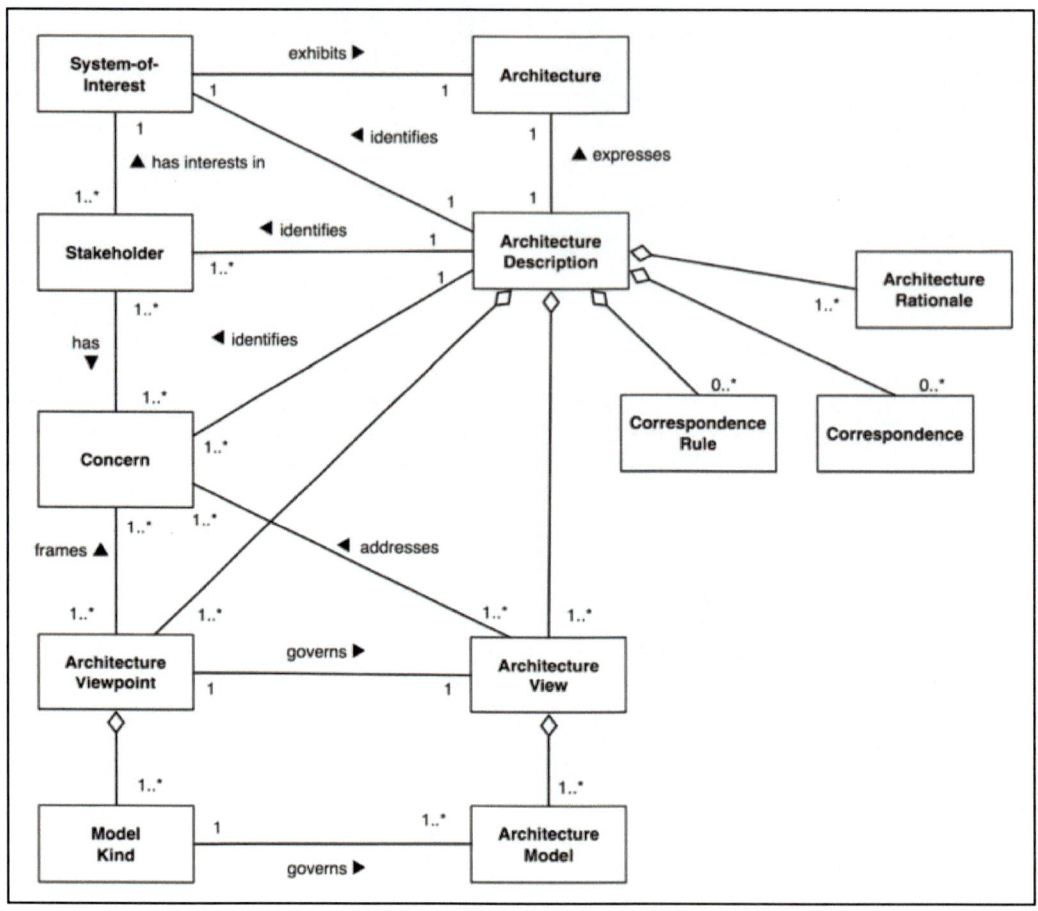

그림 7-1 ISO/IEC 42010

ISO/IEC 42010은 **소프트웨어 및 시스템 아키텍처의 표준화된 설명 방법을 제공**하는 국제 표준입니다. 이 표준은 다양한 이해관계자의 요구를 반영하여 아키텍처를 체계적으로 기술하고 관리할 수 있도록 합니다.

7.1.1 아키텍처 프레임워크의 주요 개념:

- **아키텍처(Architecture):** 시스템의 기본 개념과 속성을 나타내는 구조
- **아키텍처 설명(Architecture Description, AD):** 아키텍처를 표현하는 문서 또는 모델

- **이해관계자(Stakeholder):** 시스템에 영향을 받거나 영향을 미치는 사람 또는 조직
- **관점(View) 및 관점집합(Viewpoint):** 특정 시각에서 아키텍처를 설명하는 방식
- **모델(Model) 및 모델 종류(Model Kind):** 아키텍처를 표현하는 구체적인 방법

7.1.2 프레임워크의 중요성

ISO/IEC 42010 프레임워크는 복잡한 시스템을 효과적으로 관리하고 설명하는 데 중요한 역할을 합니다.

■ 주요 이점:

- **이해관계자 간의 원활한 소통 지원**: 시스템의 개발자, 운영자, 관리자, 고객 등 다양한 이해관계자가 공통된 언어로 시스템을 이해할 수 있도록 합니다.
- **일관된 아키텍처 설명 제공**: 시스템 설계 및 문서를 체계적으로 정리하여 일관성을 유지할 수 있습니다.
- **시스템 변경 및 확장의 용이성**: 시스템이 변화하거나 확장될 경우 기존 아키텍처 설명을 기반으로 효율적인 의사결정을 내릴 수 있습니다.
- **재사용성 및 표준화 향상**: 동일한 프레임워크를 사용하면 다양한 프로젝트에서 아키텍처를 재사용하고 표준화할 수 있습니다.

7.1.3 ISO/IEC 42010의 주요 구성요소

표 7-1 ISO/IEC 42010 주요 구성요소 및 설명

구성요소	설명
아키텍처(Architecture)	시스템의 기본 개념, 속성 및 원칙을 정의하는 구조
아키텍처 설명 (Architecture Description, AD)	아키텍처를 문서화하고 표현하는 작업
이해관계자(Stakeholder)	아키텍처에 영향을 받거나 요구사항을 제시하는 개인 또는 조직
관심사(Concern)	이해관계자가 시스템에 대해 가지는 우려나 요구사항
아키텍처 관점 (Architecture View)	특정 관심사를 다루는 아키텍처 설명의 표현

구성요소	설명
아키텍처 Viewpoint (Architecture Viewpoint)	특정한 관점을 정의하고 다룰 기준과 방법을 제시 (아래 Chapter에서 자세하게 기록)
아키텍처 모델 (Architecture Model)	아키텍처를 시각적으로 표현하는 다이어그램 또는 모델링 기법
모델 종류 (Model Kind)	아키텍처를 설명할 때 사용하는 모델링 방식의 유형 (아래 Chapter에서 자세하게 기록)
System-of Interest	시스템의 목적, 추진배경, 기대효과, 제품의 필요성/역할, 사용자에게 제공할 핵심 기능 및 가치, 주요 이해관계자의 BUSINESS Goal이 포함됨
일관성 (Correspondence)	Correspondence는 **두 개 이상의 아키텍처 요소 간의 관계 또는 상응성을 나타내는 개념**임. 이는 특정한 View(뷰) 내에서, 혹은 여러 View 간에 존재할 수 있으며, 아키텍처 요소들이 어떻게 연결되는지를 설명함. Ex)SEI 3View모델의 C&C View와 Module View간의 일관성 유지 (아래 Chapter에서 자세하게 기록)
일관성 규칙 (Correspondence Rule)	Correspondence Rule은 **아키텍처 요소 간의 Correspondence(상응)를 정의하는 규칙 및 조건**을 의미함 Ex)특정한 View간의 모순을 방지하고, 전체적인 아키텍처의 품질을 유지함 (아래 Chapter에서 자세하게 기록)
아키텍처 근거 (Architecture Rationale)	선택되어 설계된 아키텍처에 대한 논리적 근거 1) 요구사항 • 복잡한 시스템에 많은 사람들이 참여하고, 사람마다 관점이 다르다는 현실 반영 • 고객 또는 최종사용자인 경우 특히 이러한 특성이 강함 2) 특정 이해관계자를 기반으로 하는 많은 비기능적 요구사항 측면 • 구입을 위한 경제성, 유지보수를 위한 유지보수성 • 사용자는 현재와 같은 시스템을 원함 3) 이해관계자의 관심사는 여러가지 View들을 수립 및 정당화 하는데 사용된다.

7.1.3.1 아키텍처 Viewpoint (Architecture Viewpoint)

ISO/IEC 42010에서 Viewpoint(관점)는 아키텍처를 기술하는 데 있어 **특정한 관심사(Concern)를 해결하기 위한 관점의 틀**을 의미합니다. 즉, 이해관계자의 요구를 체계적으로 반영할 수 있도록 **아키텍처의 특정 측면을 정의하는 기준**입니다.

1 Viewpoint(관점)의 개념

• **정의:** Viewpoint는 특정 관심사(Concern)를 해결하기 위해 아키텍처를 바라보는 프

레임워크(Framework) 또는 규칙 및 지침의 집합입니다.

이를 통해 **아키텍처 View(뷰)를 생성하는 기준**이 됩니다.

- **목적:** 다양한 이해관계자가 아키텍처를 명확하게 이해하고 의사소통할 수 있도록 **일관된 방식으로 아키텍처를 설명**하는 역할을 합니다.
- View와의 차이점
    - **Viewpoint(관점)**: 특정 관심사를 해결하기 위한 **표준화된 지침과 방법론**
    - **View(뷰)**: 특정 Viewpoint를 따라 작성된 **구체적인 아키텍처 표현**

예를 들어, "보안 Viewpoint"를 따르면 "보안 View"를 생성할 수 있으며, "데이터 Viewpoint"를 따르면 "데이터 View"를 생성할 수 있습니다.

2 Viewpoint의 특징

- **특정 관심사(Concern)를 다룸** - 보안, 성능, 데이터 흐름 등 특정한 측면을 강조
- **반복적으로 사용 가능**: 동일한 Viewpoint를 여러 프로젝트에서 일관되게 활용 가능
- **이해관계자 중심 설계 지원**: 개발자, 관리자, 사용자의 요구사항을 충족시키도록 설계
- **View(뷰)를 생성하는 기준 제공**: 아키텍처 설명이 체계적이고 일관되도록 도움

3 Viewpoint의 주요 구성 요소

ISO/IEC 42010에서는 Viewpoint를 정의할 때 다음과 같은 요소를 포함하도록 요구합니다.

표 7-2 Viewpoint 구성요소 및 설명

구성 요소	설명
이름(Name)	Viewpoint의 명칭
목적(Purpose)	해당 Viewpoint가 해결하려는 특정 관심사(Concern)
이해관계자(Stakeholders)	이 Viewpoint를 필요로 하는 사람 또는 조직
Viewpoint Model 종류	4+1 View Model • Scenario View • Process View • Logical View • Development View • Physical View • SEI 3View Model

구성 요소	설명
	C&C View • Module View • Allocation View • ISO RM-ODP • Siemens Four View Model
언어 및 기법(Language & Techniques)	View를 작성하는 데 사용할 표기법 및 방법론
표현 형식(Presentation Format)	View를 표현하는 방법 (다이어그램, 문서, 표 등)
분석 기법(Analysis Techniques)	View의 유효성을 평가하는 방법 (시뮬레이션, 검증 도구 등)

4 Viewpoint의 중요성

- **일관된 아키텍처 설계 지원:** 다양한 시스템에서도 동일한 기준을 적용할 수 있도록 함
- **효율적인 의사소통 제공:** 개발자, 관리자, 고객 등 이해관계자 간 원활한 협업 가능
- **시스템 확장성 및 유지보수 향상:** 체계적인 설계를 통해 향후 변경이 용이함
- **보안 및 성능 최적화:** 특정 요구사항을 만족하는 시스템 설계 가능

5 결론

ISO/IEC 42010에서 **Viewpoint(관점)**는 특정 관심사를 해결하기 위해 아키텍처를 바라보는 방법을 정의하는 지침입니다.

Viewpoint를 활용하면 다양한 이해관계자의 요구를 반영할 수 있으며, **체계적이고 표준화된 방식으로 아키텍처를 설계하고 문서화**할 수 있습니다.

각 프로젝트의 목적에 맞는 적절한 Viewpoint를 설정하여 **효율적인 아키텍처 설계 및 관리**를 수행하는 것이 중요합니다.

7.1.3.2 모델 종류(Model Kind)

ISO/IEC 42010에서 Model Kind(모델 종류)는 아키텍처를 설명할 때 사용하는 모델링 방식의 유형을 의미합니다. 즉, 특정한 유형의 정보를 표현하는데 사용되는 **표준화된 모델링 접근 방식**을 뜻합니다.

1 Model Kind의 개념

- **정의:** Model Kind는 아키텍처 모델(Architecture Model)이 속하는 특정한 유형을 나타내며, **어떤 요소들을 어떻게 표현할지**를 결정하는 틀 역할을 합니다.
- **목적:** 아키텍처를 명확하고 일관성 있게 표현하기 위해 **표준화된 방법을 제공**함으로써 이해관계자가 동일한 방식으로 시스템을 이해하도록 돕습니다.

2 Model Kind의 특징

- **표준화된 모델링 방식 제공:** 특정한 정보(구조, 행위, 기능 등)를 표현하는 방법을 정의
- **다양한 모델 유형 지원:** 구조적 모델, 동적 모델, 기능 모델 등 다양한 유형 존재
- **일관된 시각적 표현 가능:** 동일한 Model Kind를 사용하면 다양한 시스템에서도 통일된 표현 가능
- **아키텍처 분석 및 검증 용이:** 모델링 방식이 표준화되어 있어 검증이 쉬움

3 3) Model Kind의 주요 유형

일반적으로 사용되는 모델링 방식은 아래와 같습니다.

표 7-3 Model Kind 설명 및 예시

Model Kind	설명	예시
구조적 모델 (Structural Model)	시스템의 구성 요소와 그들 간의 관계를 나타내는 모델	UML 클래스 다이어그램, ERD(Entity-Relationship Diagram)
행위 모델 (Behavioral Model)	시스템의 동작 방식과 프로세스를 나타내는 모델	UML 시퀀스 다이어그램, 상태 전이 다이어그램
기능 모델 (Functional Model)	시스템이 수행하는 기능과 그들 간의 관계를 설명하는 모델	기능 흐름 블록 다이어그램(FFBD), Data Flow Diagram(DFD)
정보 모델 (Information Model)	시스템에서 처리하는 데이터와 그 관계를 설명하는 모델	ER 모델(Entity-Relationship Model), RDF (Resource Description Framework)
물리적 모델 (Physical Model)	시스템의 물리적인 구성 요소를 설명하는 모델	네트워크 다이어그램, 하드웨어 블록 다이어그램
개념적 모델 (Conceptual Model)	시스템의 개념적 설계와 추상적인 구조를 설명하는 모델	개념적 UML 다이어그램, 아키텍처 개념 모델

Model Kind	설명	예시
프로세스 모델 (Process Model)	시스템이 실행하는 주요 프로세스와 절차를 나타내는 모델	BPMN(Business Process Model and Notation), SIPOC 모델
보안 모델 (Security Model)	시스템의 보안 요구사항 및 정책을 설명하는 모델	보안 위협 모델링(STRIDE), RBAC(Role-Based Access Control) 모델

4 Model Kind의 활용 사례

- **소프트웨어 개발**: UML 클래스 다이어그램(구조적 모델)과 시퀀스 다이어그램(행위 모델) 사용
- **데이터베이스 설계**: ER 다이어그램(정보 모델) 사용
- **비즈니스 프로세스 분석**: BPMN(프로세스 모델) 사용
- **네트워크 설계**: 네트워크 토폴로지 다이어그램(물리적 모델) 사용
- **보안 시스템 설계**: STRIDE 기반 보안 모델(보안 모델) 사용

5 Model Kind의 중요성

- **아키텍처 문서화의 일관성 유지**: 다양한 이해관계자가 모델을 쉽게 이해할 수 있도록 표준화
- **효율적인 분석 및 검증**: 구조적, 행위적, 기능적 측면을 체계적으로 검증 가능
- **재사용성 향상**: 동일한 모델링 기법을 사용하면 다른 프로젝트에서도 재사용 가능
- **커뮤니케이션 개선**: 개발자, 기획자, 경영진 등이 동일한 모델을 기반으로 논의 가능

6 결론

ISO/IEC 42010의 Model Kind는 **아키텍처 모델을 특정한 방식으로 표현하는 표준화된 방법**을 의미합니다. 이를 활용하면 아키텍처를 체계적으로 표현할 수 있으며, 시스템의 구조, 동작, 기능, 데이터 흐름 등을 명확하게 나타낼 수 있습니다.

각 도메인에 적합한 Model Kind를 선택하여 사용하면 **효율적인 아키텍처 설계 및 분석**이 가능해집니다.

7.1.3.3 일관성 규칙(Correspondence rule)과 일관성(Correspondence)

ISO/IEC 42010에서는 **아키텍처 요소 간의 관계 및 일관성을 유지하기 위해** Correspondence(상응)와 Correspondence Rule(상응 규칙) 개념을 도입했습니다.

이 개념들은 **아키텍처 설명(AD) 내에서 요소 간의 연관성을 정의하고, 아키텍처의 일관성과 정확성을 유지**하는 데 중요한 역할을 합니다.

1 Correspondence(상응)의 개념

- 정의: Correspondence는 두 개 이상의 아키텍처 요소 간의 관계 또는 상응성을 나타내는 개념입니다.
  이는 특정한 View(뷰) 내에서, 혹은 여러 View 간에 존재할 수 있으며, 아키텍처 요소들이 어떻게 연결되는지를 설명합니다.
- 목적:
  - 아키텍처 요소 간의 관계를 명확하게 표현
  - 시스템 내의 종속성(Dependency), 추적성(Traceability), 일관성(Consistency)을 유지
  - 아키텍처 변경이 발생할 때 영향도를 분석하는 기준 제공
- **Correspondence의 예시**
  - 기능적 요구사항과 이를 충족하는 시스템 구성 요소 간의 관계
  - 데이터 모델과 네트워크 구조 간의 연관성
  - UML 다이어그램의 클래스 모델과 데이터베이스 ERD 간의 관계

2 Correspondence Rule(상응 규칙)의 개념

- 정의:
  Correspondence Rule은 **아키텍처 요소 간의 Correspondence(상응)를 정의하는 규칙 및 조건**을 의미합니다.
  즉, 특정한 관계가 성립되기 위한 조건과 제약 사항을 설명합니다.
- 목적:
  - 아키텍처 요소 간의 관계가 일관성 있게 유지되도록 보장
  - 상응 관계를 자동으로 검증하거나 도구를 통해 분석할 수 있도록 지원
  - 특정한 View 간의 모순을 방지하고, 전체적인 아키텍처의 품질을 유지
- **Correspondence Rule의 예시**

- 모든 소프트웨어 컴포넌트(Software Component)는 하나 이상의 기능적 요구사항을 충족해야 한다.
- 특정 데이터베이스 테이블은 UML 클래스 다이어그램의 엔터티(Entity)와 반드시 1:1 매핑되어야 한다.
- 보안 정책 관점(Security Viewpoint)에서 정의된 암호화 규칙이, 실제 네트워크 설계에도 동일하게 적용되어야 한다.

3 Correspondence와 Correspondence Rule의 관계

Correspondence와 Correspondence Rule은 서로 보완적인 개념으로, Correspondence Rule이 **Correspondence**를 관리하고 일관성을 유지하는 역할을 합니다.

표 7-4 상응과 상응 규칙 비교 설명

개념	설명	예시
Correspondence (상응)	아키텍처 요소 간의 관계를 정의하는 개념	데이터 모델과 네트워크 설계 간의 연결
Correspondence Rule (상응 규칙)	Correspondence(상응)의 유효성을 검증하는 규칙 및 제약 사항	모든 데이터 모델 요소는 네트워크 설계 요소와 1:1 매핑되어야 함

4 Correspondence와 Correspondence Rule의 예제

■ 예제 1: 웹 애플리케이션의 기능적 요구사항과 구현 관계

- **Correspondence (상응):** "사용자 로그인 기능"이 "로그인 API 및 데이터베이스 테이블"과 연관됨.
- **Correspondence Rule (상응 규칙):** "모든 기능적 요구사항은 하나 이상의 구현 요소(코드, API)와 반드시 연결되어야 한다."

표 7-5 기능 구현 관점 상응과 상응 규칙 활용 예시 설명

요소	Correspondence (상응 관계)	Correspondence Rule (상응 규칙)
로그인 기능	로그인 API 및 DB 테이블과 연결됨	모든 기능은 구현 요소와 1:1 관계를 가져야 함
주문 처리 기능	주문 API 및 결제 시스템과 연결됨	API는 관련된 데이터 모델과 대응해야 함

- **예제 2: 보안 관점에서의 Correspondence와 Rule**
  - **Correspondence (상응):** 보안 정책에서 "HTTPS 사용"이 "네트워크 아키텍처의 TLS 설정"과 연결됨.
  - **Correspondence Rule (상응 규칙):** "모든 웹 애플리케이션은 TLS 1.2 이상의 보안 프로토콜을 사용해야 한다."

표 7-6 보안 관점 상응과 상응 규칙 활용 예시 설명

요소	Correspondence (상응 관계)	Correspondence Rule (상응 규칙)
보안 요구사항	HTTPS 적용과 연관됨	모든 네트워크 구성 요소는 TLS 1.2 이상 사용
암호화 저장 정책	데이터베이스 암호화 설정과 연관됨	모든 사용자 데이터는 AES-256 암호화 적용

5 Correspondence와 Correspondence Rule의 중요성

- **아키텍처 요소 간의 관계를 명확하게 유지**: 설계 오류 및 불일치 방지
- **일관된 아키텍처 품질 유지**: 전체적인 아키텍처 구조의 정합성 보장
- **변경 관리에 용이**: 시스템 변경이 발생해도 영향을 빠르게 분석 가능
- **자동화된 검증 가능**: 도구를 활용하여 규칙 준수 여부를 자동 검증

6 결론

ISO/IEC 42010에서 **Correspondence(상응)**는 아키텍처 요소 간의 관계를 정의하는 개념이며, **Correspondence Rule(상응 규칙)**은 이러한 관계를 유지하기 위한 규칙과 조건을 의미합니다.

이를 활용하면 **아키텍처의 일관성을 유지하고, 체계적으로 관리하며, 향후 변경이 발생하더라도 쉽게 대응할 수 있습니다.**

7.2 SW아키텍처 Viewpoint Models

7.2.1 4+1 Viewpoint Model

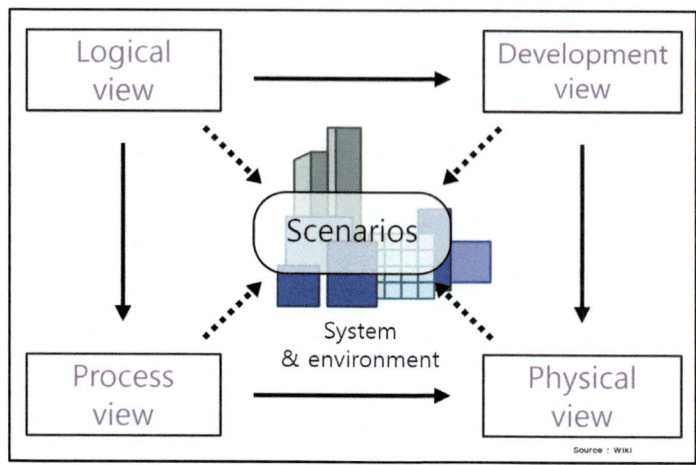

그림 7-2 4 + 1 Viewpoint Model

4+1 Viewpoint Model은 소프트웨어 아키텍처를 다양한 관점에서 설명하기 위해 제안된 모델로, **Philippe Kruchten**이 1995년에 제안한 개념입니다.

이 모델은 4개의 주요 View(뷰)와 **1개의 Use Case View**로 구성되어 있으며, 소프트웨어 아키텍처를 **다양한 이해관계자의 요구를 반영하여 설명하는 방법론**입니다.

1 4+1 Viewpoint Model 개요

- **목적:** 다양한 이해관계자(Stakeholders)의 요구를 효과적으로 반영하여 **소프트웨어 아키텍처를 체계적으로 표현**하기 위함.
- **구성 요소:**
  - 4개의 핵심 View (Logical, Process, Development, Physical)
  - +1: Use Case View (이해관계자 요구사항 정리 및 연결 역할)
- **주요 특징:**
  - 각 View는 특정한 이해관계자의 관점에서 아키텍처를 설명
  - View 간의 연결성을 유지하여 전체 시스템을 통합적으로 이해할 수 있도록 설계
  - UML 다이어그램을 활용하여 다양한 모델링 기법 적용 가능

2 4+1 View 구성요소

(1) Logical View (논리적 뷰)

소프트웨어의 주요 기능과 역할을 설명하는 뷰

시스템이 제공하는 주요 기능을 논리적으로 표현하며, 객체 모델(Object Model)과 계층 구조(Hierarchy)를 포함

- **주요 대상:** 소프트웨어 설계자, 개발자
- **주요 질문:**
  - "이 시스템의 주요 기능은 무엇인가?"
  - "각 기능은 어떤 객체/컴포넌트로 구성되어 있는가?"
- **사용되는 다이어그램:**
  - UML 클래스 다이어그램(Class Diagram)
  - 객체 다이어그램(Object Diagram)

- 예제: 온라인 쇼핑몰 시스템의 경우,
  - "회원 관리", "상품 조회", "주문 처리" 등의 기능을 각각 **객체 모델로 표현**할 수 있음.

(2) Process View (프로세스 뷰)

시스템의 동작과 동시성(Concurrency), 스레드(Thread), 성능(Performance) 등을 설명하는 뷰

애플리케이션의 실행 흐름을 표현하며, **프로세스 간의 상호작용과 병렬 처리 기법**을 다룸.

- **주요 대상:** 시스템 설계자, 성능 엔지니어
- **주요 질문:**
  - "각 프로세스는 어떤 순서로 실행되는가?"
  - "프로세스 간의 데이터 교환은 어떻게 이루어지는가?"
  - "시스템의 성능 및 확장성(Scalability)을 어떻게 보장할 것인가?"
- **사용되는 다이어그램:**
  - UML 시퀀스 다이어그램(Sequence Diagram)
  - UML 활동 다이어그램(Activity Diagram)

- 예제: 온라인 쇼핑몰에서 "상품 주문" 프로세스의 경우,
  - "사용자가 결제 요청 → 주문 처리 → 결제 승인 → 배송 요청" 순으로 동작하는 **프로세스 흐름을 정의**할 수 있음.

(3) Development View (개발 뷰)

소프트웨어의 모듈(Module) 및 패키지(Package) 구조를 설명하는 뷰

개발자가 시스템을 구현할 때 **코드 수준에서의 모듈 구성과 의존성을 정의**합니다.

- **주요 대상:** 개발자, 소프트웨어 엔지니어
- **주요 질문:**
  - "어떤 모듈이 존재하며, 각 모듈 간의 관계는 무엇인가?"
  - "코드 패키지는 어떻게 구성되는가?"
- **사용되는 다이어그램:**
  - UML 컴포넌트 다이어그램(Component Diagram)
  - UML 패키지 다이어그램(Package Diagram)

- 예제: 온라인 쇼핑몰의 경우,

"프론트엔드(React)", "백엔드(Spring Boot)", "데이터베이스(MySQL)" 등을 포함한 **모듈별 아키텍처를 정의**할 수 있음.

(4) Physical View (물리적 뷰)

소프트웨어의 물리적 배포(Deployment) 구조를 설명하는 뷰

실제 시스템의 하드웨어 및 네트워크 환경에서 **애플리케이션이 어떻게 배포되고 실행되는지를 설명**합니다.

- **주요 대상:** 시스템 관리자, 네트워크 엔지니어
- **주요 질문:**
  - "소프트웨어는 어떤 서버에서 실행되는가?"
  - "클라우드 환경에서는 어떻게 배포되는가?"
- **사용되는 다이어그램:**
  - UML 배포 다이어그램(Deployment Diagram)

- 네트워크 토폴로지 다이어그램(Topology Diagram)

■ 예제: 온라인 쇼핑몰의 경우,

"웹 서버(Nginx) + 애플리케이션 서버(Spring Boot) + 데이터베이스 서버(MySQL) + 캐시 서버(Redis)" 등의 **배포 환경을 다이어그램으로 표현**할 수 있음.

(5) Use Case View (+1 뷰)

이해관계자의 요구사항을 정리하고, 이를 다른 View와 연결하는 역할

소프트웨어가 해결해야 할 문제를 **시나리오 기반(Use Case)으로** 정의합니다.

- **주요 대상:** 고객, 기획자, 개발자
- **주요 질문:**
  - "사용자가 기대하는 핵심 기능은 무엇인가?"
  - "각 기능은 어떤 시나리오를 통해 구현되는가?"
- **사용되는 다이어그램:**
  - UML 유스케이스 다이어그램(Use Case Diagram)

■ 예제: 온라인 쇼핑몰의 경우,

"회원 가입", "로그인", "상품 검색", "주문 결제" 등의 **시나리오를 정의**할 수 있음.

3 4+1 Viewpoint Model의 장점

- **다양한 이해관계자의 요구를 반영**: 각 View는 특정 이해관계자의 관점을 고려하여 설계됨
- **일관된 아키텍처 표현 가능**: 여러 View 간의 연결성을 유지하여 설계 품질 향상
- **유연한 확장 및 변경 용이**: 각 View를 독립적으로 관리하면서도 전체적인 시스템을 조정 가능
- **표준적인 UML 기반 모델링 활용 가능**: 다양한 UML 다이어그램을 적용하여 표현 가능

4 결론

4+1 Viewpoint Model은 **소프트웨어 아키텍처를 여러 관점에서 체계적으로 설명할 수 있도록 지원하는 모델**입니다.

이 모델을 활용하면 **개발자, 기획자, 네트워크 관리자** 등 다양한 이해관계자가 각자의 요구사항을 명확하게 반영할 수 있으며, 전체적인 아키텍처의 일관성을 유지할 수 있습니다.

7.2.2 SEI 3View Model

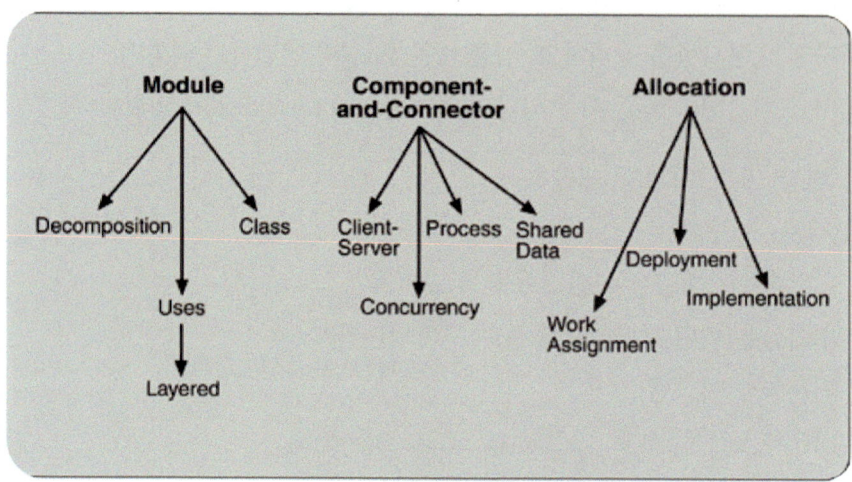

그림 7-3 SEI 3-View Model

SEI(Software Engineering Institute) 3-View Model은 소프트웨어 시스템의 아키텍처를 효과적으로 설명하고 설계하기 위한 모델입니다.

이 모델은 **소프트웨어 아키텍처를 세 가지 주요 관점에서 분석**하며, 각 관점(View)이 서로 보완적인 역할을 수행합니다.

1 SEI 3-View Model 개요

- **개발 기관:** SEI (Software Engineering Institute)
- **목적:**
  - 시스템을 **구조적, 동적, 물리적 관점**에서 분석하여 이해관계자의 요구를 반영
  - 소프트웨어의 아키텍처를 명확하게 표현하고, 개발 및 유지보수의 용이성을 높임
- **구성 요소:**
  - **Module View (모듈 뷰)**

- **Component & Connector View (컴포넌트 & 커넥터 뷰)**
- **Allocation View (할당 뷰)**

2 SEI 3-View Model의 구성 요소

(1) Module View (모듈 뷰)

소프트웨어 시스템을 정적(Static) 구조로 바라보는 관점

시스템의 모듈(Module)과 그들 간의 관계를 중심으로 아키텍처를 정의

- 목적:
  - 시스템을 컴포넌트 단위로 분할하여 모듈 간의 관계를 명확히 표현
  - 재사용성과 유지보수성을 향상
- 주요 대상: 소프트웨어 설계자, 개발자
- 주요 질문:
  - "시스템은 어떤 모듈들로 구성되는가?"
  - "각 모듈 간의 의존성은 무엇인가?"
- 사용되는 다이어그램:
  - UML 클래스 다이어그램(Class Diagram)
  - UML 패키지 다이어그램(Package Diagram)

■ 예제: 온라인 쇼핑몰 시스템의 경우,
  - 회원 관리 모듈, 상품 관리 모듈, 주문 처리 모듈 등으로 시스템을 구성
  - 모듈 간의 관계(예: 주문 처리 모듈이 회원 관리 및 상품 관리 모듈과 연결됨)를 정의

(2) Component & Connector View (컴포넌트 & 커넥터 뷰)

소프트웨어 시스템의 실행 시 동적(Dynamic) 동작을 설명하는 관점

시스템의 컴포넌트(Component)와 그들 간의 상호작용(Connector)을 중심으로 분석

- 목적:
  - 소프트웨어 실행 중 발생하는 프로세스 간의 인터랙션을 설명
  - 성능(Performance), 동시성(Concurrency), 데이터 흐름 등을 고려하여 설계

- **주요 대상:** 시스템 설계자, 성능 엔지니어
- **주요 질문:**
  - "각 컴포넌트는 어떤 방식으로 데이터를 주고받는가?"
  - "프로세스 간의 통신 및 동기화 방법은 무엇인가?"
- **사용되는 다이어그램:**
  - UML 컴포넌트 다이어그램(Component Diagram)

■ 예제: 온라인 쇼핑몰에서 "상품 주문" 프로세스의 경우,
- "사용자가 결제 요청 → 주문 처리 시스템 → 결제 게이트웨이 → 결제 승인 → 배송 요청" 흐름을 정의

(3) Allocation View (할당 뷰)

소프트웨어 시스템이 실제 물리적 환경(하드웨어, 네트워크)에서 어떻게 배포되는지 설명하는 관점

시스템의 소프트웨어와 물리적 자원(서버, 네트워크 장비 등) 간의 매핑을 정의

- **목적:**
  - 소프트웨어 컴포넌트를 하드웨어 자원(서버, 네트워크)에 어떻게 배치할지 결정
  - **배포(Deployment), 성능 최적화, 장애 대응 전략을 수립**
- **주요 대상:** 네트워크 엔지니어, 시스템 관리자
- **주요 질문:**
  - "각 소프트웨어 모듈은 어느 하드웨어에서 실행되는가?"
  - "시스템 장애 발생 시 복구 방법은 무엇인가?"
- **사용되는 다이어그램:**
  - UML 배포 다이어그램(Deployment Diagram)
  - 네트워크 토폴로지 다이어그램(Network Topology Diagram)

■ 예제: 온라인 쇼핑몰의 경우,
- 웹 서버(**Nginx**) + 애플리케이션 서버(**Spring Boot**) + 데이터베이스 서버(**MySQL**) + 캐시 서버(**Redis**) 등의 배포 환경을 정의

3 SEI 3-View Model의 활용 사례

표 7-7. SEI 3-View 활용 분야

활용 분야	적용 View	예제
소프트웨어 설계	Module View	모듈 간의 종속성을 고려한 설계
시스템 성능 최적화	Component & Connector View	병렬 처리 구조 분석
클라우드 배포 전략 수립	Allocation View	AWS, Azure 등의 인프라에 맞춘 아키텍처 배포

4 SEI 3-View Model의 장점

- 소프트웨어의 정적 구조와 동적 동작을 모두 고려한 설계 가능
- 모듈화(**Modularization**)를 통해 유지보수성과 확장성 향상
- 실제 물리적 환경에서의 배포 및 운영을 고려한 아키텍처 설계 가능
- **View** 간의 연결성을 통해 전체적인 시스템 구조를 명확하게 설명할 수 있음

5 결론

SEI 3-View Model은 **소프트웨어 시스템을 설계할 때 모듈, 실행 흐름, 배포 환경을 고려**하여 체계적으로 설명하는 모델입니다.

이 모델을 활용하면 **소프트웨어 개발자, 설계자, 네트워크 관리자 등 다양한 이해관계자**가 효과적으로 협업할 수 있으며, 유지보수성과 성능을 최적화할 수 있습니다.

연습 문제

주관식 문제

1. 4+1 Viewpoint Model이 제안된 목적을 설명하시오.

2. 4+1 Viewpoint Model의 4가지 핵심 View와 +1 View의 역할을 각각 설명하시오.

3. Logical View에서 주로 사용되는 UML 다이어그램의 종류와 그 역할을 설명하시오.

4. Process View에서는 시스템의 어떤 특성을 설명하며, 주로 사용되는 UML 다이어그램을 2가지 이상 설명하시오.

5. Development View의 주요 대상은 누구이며, 어떤 다이어그램을 사용하여 표현되는가?

6. Physical View에서 주로 고려해야 하는 요소는 무엇이며, 어떤 다이어그램을 사용하여 표현되는가?

7. SEI 3-View Model의 3가지 주요 관점을 설명하시오.

8. Module View와 Component & Connector View의 차이를 설명하시오.

9. Allocation View에서 소프트웨어 컴포넌트와 하드웨어 자원의 매핑이 중요한 이유를 설명하시오.

10. 4+1 Viewpoint Model과 SEI 3-View Model의 차이점을 설명하시오.

연습 문제

객관식 문제

11. 4+1 Viewpoint Model에서 Logical View의 주요 목적은 무엇인가?
    ① 시스템의 물리적 배포 구조를 설명
    ② 소프트웨어의 주요 기능과 역할을 논리적으로 표현
    ③ 성능과 동시성을 고려한 실행 흐름을 설명
    ④ 시스템의 하드웨어 배치 및 네트워크 구조를 정의

12. 4+1 Viewpoint Model의 Process View에 대한 설명으로 적절하지 않은 것은?
    ① 시스템의 동작과 스레드, 병렬 처리 등을 설명한다.
    ② 애플리케이션 실행 흐름과 프로세스 간의 상호작용을 다룬다.
    ③ 시스템의 하드웨어 배포 및 네트워크 구성을 설명한다.
    ④ 시퀀스 다이어그램과 활동 다이어그램을 사용하여 표현할 수 있다.

13. 4+1 Viewpoint Model에서 Development View에서 다루지 않는 내용은?
    ① 코드 모듈과 패키지의 구조
    ② 소프트웨어 개발자 관점에서의 코드 구성
    ③ 시스템의 네트워크 배치
    ④ 컴포넌트 간의 의존 관계

14. Physical View의 주요 대상이 아닌 사람은?
    ① 네트워크 엔지니어
    ② 시스템 관리자
    ③ 소프트웨어 설계자
    ④ 데이터센터 운영자

15. Use Case View의 주요 역할은 무엇인가?
    ① 소프트웨어의 실제 배포 환경을 정의
    ② 객체 모델을 정의하고 논리적 계층 구조를 설정
    ③ 이해관계자의 요구사항을 정리하고 다른 View와 연결
    ④ 프로세스의 실행 흐름과 동시성을 분석

연습 문제

16. SEI 3-View Model의 3가지 주요 관점이 아닌 것은?
    ① Module View
    ② Component & Connector View
    ③ Functional View
    ④ Allocation View

17. SEI 3-View Model에서 Component & Connector View의 주요 역할은?
    ① 소프트웨어의 정적 구조를 표현
    ② 시스템의 실행 중 발생하는 프로세스 간의 상호작용을 설명
    ③ 시스템이 네트워크 및 하드웨어 환경에서 어떻게 배포되는지 설명
    ④ 애플리케이션에서 사용되는 클래스와 객체를 정의

18. 다음 중 Module View에서 고려하는 요소로 적절한 것은?
    ① 프로세스 간의 동기화 및 통신 방법
    ② 하드웨어와 네트워크 장비의 연결 방식
    ③ 소프트웨어 시스템을 모듈 단위로 나누고 의존성을 분석
    ④ 애플리케이션의 배포 전략 및 장애 대응 방법

19. SEI 3-View Model에서 Allocation View에서 사용하는 다이어그램이 아닌 것은?
    ① UML 배포 다이어그램
    ② UML 클래스 다이어그램
    ③ 네트워크 토폴로지 다이어그램
    ④ 시스템 배포도

20. 4+1 Viewpoint Model과 SEI 3-View Model을 비교할 때 SEI 3-View Model의 특징으로 올바른 것은?
    ① 이해관계자의 요구를 고려한 4개의 View와 1개의 Use Case View로 구성된다.
    ② 시스템의 정적 구조, 실행 흐름, 배포 환경을 중심으로 아키텍처를 설명한다.
    ③ 프로세스 간의 데이터 흐름을 분석하는 데 집중한다.
    ④ 기능적 요구사항과 비기능적 요구사항을 분리하여 설명한다.

CHAPTER 8

실무에서 사용하는 SW아키텍처 품질 모델

8.1 ISO/IEC 25010
8.2 SEI Software Architecture in Practice 품질 모델 분류
8.3 SEI QAW(Quality Attribute Workshop)
■ 연습문제

8.1 ISO/IEC 25010

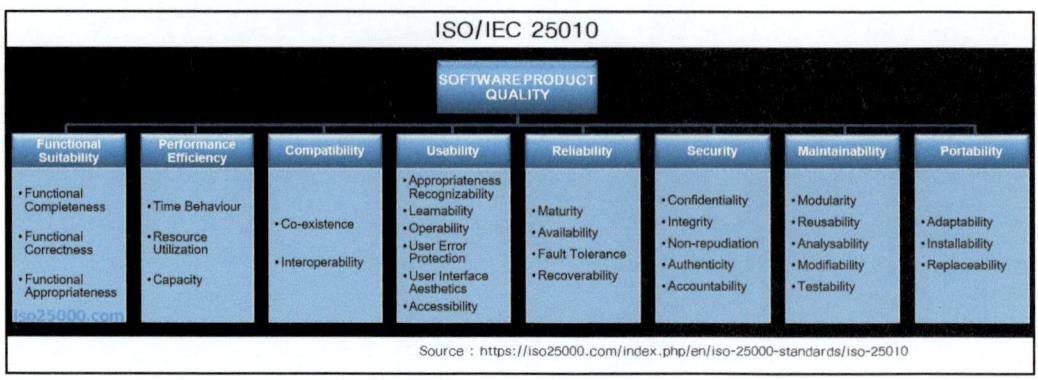

그림 8-1 ISO/IEC 25010

ISO/IEC 25010은 소프트웨어 시스템과 제품의 품질 특성을 평가하는 국제 표준으로, 소프트웨어 아키텍처 설계 및 품질 평가와 관련하여 중요한 역할을 합니다.

ISO/IEC 25010의 **소프트웨어 품질 모델**은 품질 특성을 8개의 주요 카테고리로 분류하며, 각 특성은 여러 하위 특성으로 세분화됩니다. 이를 통해 소프트웨어 시스템의 아키텍처가 사용자 요구사항 및 운영 환경에 적합한지 평가할 수 있습니다.

8.1.1 ISO/IEC 25010 품질 모델의 구성요소

소프트웨어 품질 모델은 **기능적합성, 성능 효율성, 호환성, 사용성, 신뢰성, 보안성, 유지보수성, 이식성**의 8가지 주요 품질 특성과 하위 특성으로 구성됩니다.

표 8-1 ISO/IEC 25010 품질 주특성

소프트웨어 품질 속성	설명
기능 적합성 (Functional suitatility)	제품 혹은 시스템이 명시된 조건에서 사용될 경우 명시되거나 암시된 요구를 충족시키는 기능을 제공하는 정도
성능 효율성 (Performance Efficiency)	규정된 조건 하에 사용된 자원의 양에 비례하는 상대적 성능
호환성 (Compatibility)	어떤 하나의 SW제품, 시스템, 컴포넌트가 다른 SW제품, 시스템, 컴포넌트와 정보를 교환할 수 있는 정도

소프트웨어 품질 속성	설명
사용성 (Usability)	제품 및 시스템이 특정 사용자의 명시된 목적 안에서의 효과성, 효율성, 만족도를 달성할 수 있는 정도
신뢰성 (Reliability)	시스템, SW제품 또는 Component가 주어진 시간 및 조건하에서 특정기능이 수행되는 정도
보안성 (Security)	SW제품과 시스템의 정보 및 데이터를 보호하는 정도. 사람, 시스템, SW제품은 그들의 권한 Level에 따라서 적절한 데이터 Access 권한을 갖는다.
유지보수성 (Maintainability)	제품 혹은 시스템에 대하여 유지보수 담당자가 효율적 효과적으로 변경할 수 있는 정도 Ex) 프로그램이 개발표준을 준수하여 작성되고, 주석이 적절하게 모듈을 설명하고, Indentation이 잘 되어 있으면, Maintainability가 높은 프로그램임.
이식성 (Portability)	시스템, SW제품 혹은 컴포넌트가 다른 운영 환경으로 전환될 수 있는 효과성 및 효율성의 정도

1 기능적합성 (Functional Suitability)

- 시스템이 요구된 기능을 정확하고 완전하게 제공하는 정도를 나타냅니다.
- 하위 특성:
  - **기능 완전성 (Functional Completeness)**: 요구된 모든 기능이 구현되었는지 여부.
  - **기능 정확성 (Functional Correctness)**: 요구된 기능이 정확하게 작동하는지 여부.
  - **기능 적합성 (Functional Appropriateness)**: 사용자가 의도한 작업을 효율적으로 수행할 수 있는지 여부.

2 성능 효율성 (Performance Efficiency)

- 시스템이 주어진 자원으로 적절히 작동하는 정도를 나타냅니다.
- 하위 특성:
  - **시간 효율성 (Time Behavior)**: 응답 시간, 처리 시간 등이 적절한지 여부.
  - **자원 활용성 (Resource Utilization)**: 메모리, CPU 등 자원을 효율적으로 사용하는지 여부.
  - **용량 (Capacity)**: 시스템이 처리할 수 있는 최대 용량.

3 호환성 (Compatibility)

- 다른 시스템, 제품 또는 구성요소와 상호작용할 수 있는 능력.

- 하위 특성:
  - **공존성 (Co-existence)**: 다른 시스템과 동일한 환경에서 문제 없이 동작하는지 여부.
  - **상호운용성 (Interoperability)**: 다른 시스템과 데이터를 교환하거나 상호작용할 수 있는지 여부.

4 사용성 (Usability)

- 시스템이 사용자와 상호작용할 때 얼마나 쉽고 효율적인지 여부.
- 하위 특성:
  - **인지 가능성 (Appropriateness Recognizability)**: 시스템이 사용자의 요구를 쉽게 인지하게 하는지 여부.
  - **학습성 (Learnability)**: 시스템 사용 방법을 배우기 쉬운지 여부.
  - **운용성 (Operability)**: 시스템이 효율적으로 조작될 수 있는지 여부.
  - **사용자 오류 보호 (User Error Protection)**: 사용자의 실수를 예방하거나 완화하는 기능.
  - **사용자 인터페이스 미적 요소 (User Interface Aesthetics)**: 사용자 인터페이스의 디자인과 시각적 품질.
  - **접근성 (Accessibility)**: 장애를 가진 사용자가 시스템을 사용할 수 있는지 여부.

5 신뢰성 (Reliability)

- 시스템이 지정된 조건에서 안정적으로 작동할 수 있는지 여부.
- 하위 특성:
  - **성숙성 (Maturity)**: 시스템이 결함 없이 작동할 수 있는 정도.
  - **가용성 (Availability)**: 시스템이 필요 시 사용할 수 있는 상태로 유지되는지 여부.
  - **결함 허용성 (Fault Tolerance)**: 결함이 발생해도 시스템이 계속 작동할 수 있는지 여부.
  - **복구성 (Recoverability)**: 결함 발생 후 시스템이 복구될 수 있는 정도.

6 보안성 (Security)

- 시스템이 정보와 데이터를 보호하는 능력.

- 하위 특성:
  - **기밀성 (Confidentiality)**: 데이터가 비인가 사용자에게 노출되지 않는지 여부.
  - **무결성 (Integrity)**: 데이터가 부정확하거나 의도치 않게 수정되지 않는지 여부.
  - **부인 방지 (Non-repudiation)**: 정보 및 데이터의 송수신 또는 특정 행위에 대한 증거를 제공하여, 참여자가 나중에 자신의 행위를 부인하지 못하도록 하는 것.
  - **인증성 (Authenticity)**: 사용자와 데이터가 인증된 상태인지 여부.
  - **책임 추적성 (Accountability)**: 사용자 활동이 추적 가능한지 여부.

7 유지보수성 (Maintainability)

- 시스템이 효율적으로 수정, 개선될 수 있는 능력.
- 하위 특성:
  - **모듈성 (Modularity)**: 시스템이 독립적인 구성 요소로 나뉘어 있는지 여부.
  - **재사용성 (Reusability)**: 구성 요소가 다른 시스템이나 목적으로 재사용될 수 있는지 여부.
  - **분석성 (Analyzability)**: 결함이나 수정 사항을 분석하기 쉬운지 여부.
  - **수정성 (Modifiability)**: 시스템이 효율적으로 수정될 수 있는지 여부.
  - **시험성 (Testability)**: 시스템이 수정된 후 테스트하기 쉬운지 여부.

8 이식성 (Portability)

- 시스템이 다른 환경으로 이전되거나 사용할 수 있는 능력.
- 하위 특성:
  - **적응성 (Adaptability)**: 환경 변화에 쉽게 적응할 수 있는지 여부.
  - **설치성 (Installability)**: 시스템이 설치되기 쉬운지 여부.
  - **대체성 (Replaceability)**: 기존 시스템을 대체할 수 있는지 여부.

8.1.2 ISO/IEC 25010의 중요성

- **소프트웨어 아키텍처 평가**: 위의 특성과 하위 특성은 소프트웨어 아키텍처 설계 및 구현 시 품질 요구사항을 체계적으로 고려할 수 있도록 돕습니다.
- **품질 보증 활동**: 프로젝트 초기 단계부터 품질 목표를 설정하고, 개발, 테스트 및 유지

보수 단계에서 품질 평가 지침으로 활용됩니다.
- **다양한 이해관계자 요구 반영**: 사용자, 관리자, 개발자, 유지보수 담당자 등 다양한 이해관계자의 요구를 정량화 및 정성적으로 평가하는 기준을 제공합니다.
- ISO/IEC 25010 품질 모델은 소프트웨어 시스템의 전반적인 품질을 관리하고 개선하는 데 강력한 프레임워크를 제공합니다. 이를 기반으로 조직은 품질 관리 전략을 수립하고, 시스템 개발 과정에서 발생할 수 있는 위험을 사전에 식별하고 완화할 수 있습니다.

8.2 SEI Software Architecture in Practice 품질 모델 분류

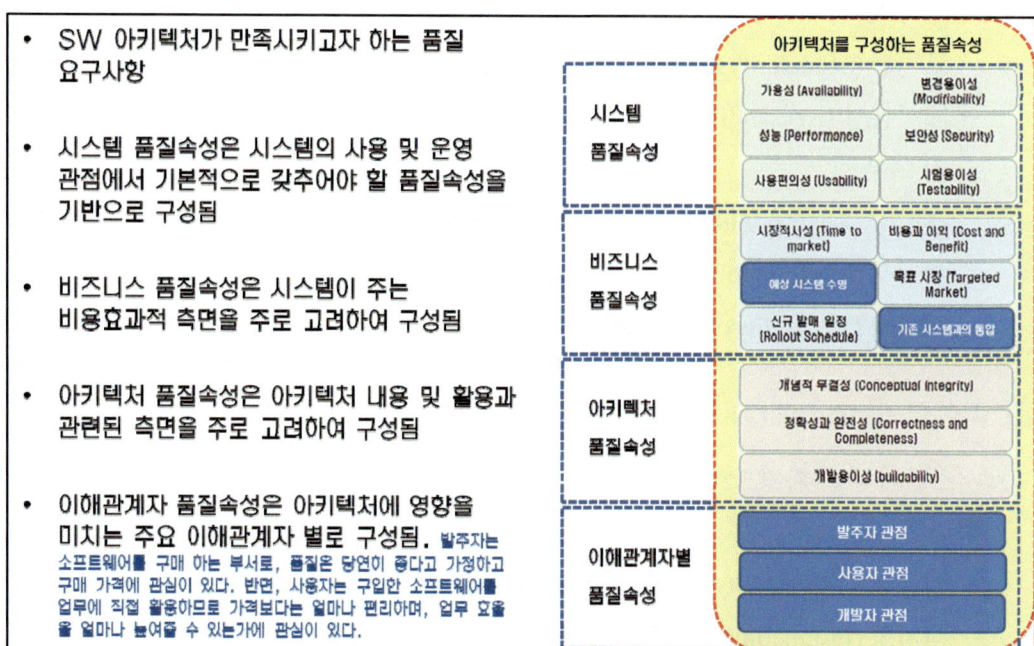

그림 8-2 SEI Software Architecture in Practice 품질 모델 분류

8.2.1 시스템 품질속성

SEI(Software Engineering Institute)에서 정의한 **소프트웨어 아키텍처 품질 속성(Quality Attributes)** 은 시스템이 기대하는 기능을 수행하는 것뿐만 아니라, 성능, 보안, 유지보수성, 가용성 등과 같은 비기능적 요구사항을 만족하는지 평가하는 중요한 요소입니다.

1 가용성 (Availability)

- 정의
  - 시스템이 일정한 가동률을 유지하며 장애 발생 없이 지속적으로 서비스할 수 있는 능력입니다. 이는 시스템 운영 중단을 최소화하고, 장애 발생 시 빠른 복구를 가능하게 하는 설계를 요구합니다.

- 핵심 고려 사항:
  - **장애 허용(Fault Tolerance):** 시스템이 장애가 발생하더라도 정상적인 서비스를 유지할 수 있도록 설계 (예: 장애 복구 시스템, 이중화 구성)
  - **장애 감지 및 복구:** 장애를 빠르게 감지하고 자동으로 복구하는 메커니즘 포함 (예: Auto-Healing, Watchdog Timer)
  - **예방 유지보수:** 장애를 미리 방지하기 위한 모니터링 및 예측 분석 도입
  - **시스템 이중화 및 분산 처리:** 예비 서버 및 클러스터링을 통한 가용성 보장

- 구현 방법:
  - 장애 발생 시 대체 경로(Failover) 제공
  - 하드웨어 또는 소프트웨어 이중화(Redundancy) 적용
  - 클라우드 기반 Auto Scaling 도입
  - 무중단 배포(Blue-Green Deployment) 기법 활용

2 변경 용이성 (Modifiability)

- 정의:
  - 소프트웨어가 변화하는 요구사항에 대응하여 쉽게 수정될 수 있는 능력입니다. 소프트웨어의 설계가 변경 가능성이 높을 경우, 변경 용이성을 고려한 아키텍처 설계가 필요합니다.

- 핵심 고려 사항:
  - **캡슐화(Encapsulation):** 변경이 필요한 부분만 수정될 수 있도록 설계
  - **모듈화(Modularity):** 시스템을 독립적인 모듈로 나누어 수정이 용이하게 함

- **인터페이스 표준화:** 변경 시 영향을 최소화할 수 있도록 인터페이스를 정의
- **유연한 데이터 구조 및 코드 재사용:** 유지보수 및 확장성을 고려하여 설계

■ 구현 방법:

- 마이크로서비스 아키텍처 적용 (Microservices Architecture)
- SOLID 원칙을 따른 객체지향 설계
- API 게이트웨이를 활용하여 서비스 간 의존성 최소화
- 플러그인 기반 시스템 도입

3 성능 (Performance)

■ 정의:

- 시스템이 사용자의 요청을 처리하는 속도와 효율성을 의미하며, 응답 시간, 처리량, 리소스 사용률 등을 포함합니다.

■ 핵심 고려 사항:

- **응답 시간(Response Time):** 요청을 받았을 때 처리하여 응답하는데 걸리는 시간
- **처리량(Throughput):** 단위 시간당 처리할 수 있는 요청의 개수
- **리소스 사용률(Resource Utilization):** CPU, 메모리, 네트워크 등 하드웨어 리소스 사용량 최적화
- **동시성(Concurrency):** 여러 사용자가 동시에 요청을 보낼 때 성능 유지

■ 구현 방법:

- 캐싱(Cache) 기법 활용 (예: Redis, CDN)
- 비동기 처리 및 메시지 큐 사용 (예: Kafka, RabbitMQ)
- 로드 밸런싱(Load Balancing) 적용
- 데이터베이스 인덱싱 및 최적화

4 보안성 (Security)

■ 정의:

- 허용되지 않은 접근을 방지하고, 시스템의 데이터 및 기능을 보호하는 능력입니다.

보안성은 외부 침입뿐만 아니라 내부의 보안 위협으로부터도 시스템을 보호하는 데 중요한 역할을 합니다.

- **핵심 고려 사항:**
  - **인증(Authentication):** 사용자의 신원을 검증하는 절차 (예: ID/PW, OAuth, 2FA)
  - **인가(Authorization):** 인증된 사용자가 어떤 작업을 수행할 수 있는지 결정
  - **데이터 암호화(Encryption):** 전송 및 저장 데이터를 암호화하여 보호 (예: AES, RSA)
  - **침입 탐지 및 예방(IDS/IPS):** 비정상적인 접근 및 공격 탐지
  - **로깅 및 모니터링:** 보안 로그를 저장하고 분석하여 이상 행위를 탐지

- **구현 방법:**
  - HTTPS 및 TLS 암호화 적용
  - 보안 취약점 점검 도구(SonarQube, OWASP ZAP) 활용
  - 방화벽 및 네트워크 접근 제어(NAC) 적용
  - 최소 권한 원칙(Least Privilege Principle) 적용

5 사용성 (Usability)

- **정의:**
  - 사용자가 시스템을 쉽게 이해하고 효과적으로 사용할 수 있는 편의성을 의미합니다. GUI 및 UX(User Experience) 설계에서 매우 중요한 요소입니다.

- **핵심 고려 사항:**
  - **직관적인 UI(User Interface):** 사용자가 즉시 이해할 수 있도록 간결한 UI 제공
  - **일관성(Consistency):** 동일한 기능을 동일한 방식으로 사용할 수 있도록 설계
  - **피드백 시스템:** 사용자 입력에 대한 즉각적인 응답 제공 (예: 오류 메시지, 진행 상태 표시)
  - **접근성(Accessibility):** 다양한 사용자가 접근할 수 있도록 지원 (예: 색맹 모드, 화면 낭독 기능)

- 구현 방법:
  - UI/UX 테스트 및 사용자 피드백 반영
  - 반응형 웹 디자인(Responsive Design) 적용
  - 표준 UI 컴포넌트 사용
  - 다국어 지원 및 접근성 표준 준수

6 테스트 용이성 (Testability)

- 정의:
  - 소프트웨어가 테스트되기 쉽고, 결함을 빠르게 찾아낼 수 있는 능력을 의미합니다. 소프트웨어의 품질을 유지하기 위해 중요한 요소입니다.

- 핵심 고려 사항:
  - **자동화 테스트 지원:** 테스트 코드가 쉽게 작성되고 실행될 수 있도록 설계
  - **단위 테스트(Unit Test):** 개별 모듈이 독립적으로 테스트될 수 있도록 설계
  - **통합 테스트(Integration Test):** 여러 컴포넌트가 함께 동작할 때의 테스트 지원
  - **디버깅 및 로깅:** 문제 발생 시 원인을 쉽게 분석할 수 있도록 로그 기록

- 구현 방법:
  - 테스트 주도 개발(TDD) 도입
  - CI/CD 파이프라인에 자동화 테스트 포함
  - 코드 커버리지(Code Coverage) 분석 도구 활용
  - 모의(Mock) 객체를 활용한 테스트 환경 구축

7 결론

SEI에서 정의한 품질 속성들은 소프트웨어의 기능적 요구사항뿐만 아니라 **운영 효율성, 유지보수성, 보안성, 확장성** 등을 고려하여 설계되어야 함을 강조합니다.

각 품질 속성은 서로 연관되어 있으며, 아키텍처 설계 시 균형을 맞추는 것이 중요합니다.

품질 속성을 고려한 아키텍처를 설계하면 **안정적인 운영, 높은 사용자 만족도, 효율적인 유지보수 및 확장성**을 갖춘 소프트웨어 시스템을 구축할 수 있습니다.

8.2.2 비즈니스 품질속성

SEI(Software Engineering Institute)에서 정의한 소프트웨어 아키텍처의 **비즈니스 품질 속성**은 소프트웨어가 기업의 목표와 전략에 부합하도록 설계되는 것을 목표로 합니다. 이는 시장에서의 경쟁력, 비용 효율성, 시스템 수명 및 출시 전략 등을 포함합니다.

1 시장 적시성 (Time to Market)

- 소프트웨어를 얼마나 빨리 출시할 수 있는지를 평가하는 요소입니다.
- 경쟁 시장에서는 제품의 출시 시점이 성공을 좌우할 수 있으므로, 개발 일정에 맞춰 신속하게 출시해야 합니다.
- 예시:
  - 서비스 개발 시, 핵심 기능만 먼저 제공하고 추가 기능은 이후 버전에서 점진적으로 제공하는 방법을 사용할 수 있습니다.
  - 자원을 효율적으로 활용하여 개발 기간을 최소화하는 것도 전략 중 하나입니다.

2 비용과 이익 (Cost and Benefit)

- 소프트웨어 개발 및 유지보수에 드는 **비용**과 이를 통해 얻을 수 있는 **이익**의 균형을 맞추는 것이 중요합니다.
- 비용 절감과 성능 최적화 중 어느 것이 더 중요한지를 결정해야 합니다.
- 예시:
  - 개발 초기부터 비용 절감을 우선할 것인지, 아니면 장기적인 관점에서 비용을 투자하여 고품질 아키텍처를 설계할 것인지 고려해야 합니다.
  - 유지보수 비용을 줄이기 위해 **재사용 가능한 모듈 설계**를 도입할 수 있습니다.

3 예상 시스템 수명 (Predicted Lifetime of the System)

- 개발된 시스템이 얼마나 오랫동안 사용될 것인지에 대한 예측이 필요합니다.
- 수명이 긴 시스템의 경우, **변경 용이성(Modifiability)**, **확장성(Scalability)**, **이식성(Portability)** 등의 요소가 중요합니다.
- 예시:
  - 5년 이상 유지될 시스템이라면 모듈화된 설계를 통해 기능 추가 및 수정이 용이하

도록 설계해야 합니다.
- 클라우드 환경에서 운영될 시스템이라면, 하드웨어 및 소프트웨어 업그레이드를 고려한 설계를 해야 합니다.

4 목표 시장(Targeted Market)

- 소프트웨어가 목표하는 시장을 정의하고, 해당 시장에서 경쟁력을 갖출 수 있도록 설계해야 합니다.
- 패키지 소프트웨어의 경우, **다양한 플랫폼에서의 호환성**과 **기능성**이 중요한 요소가 됩니다.
- 예시:
  - 글로벌 시장을 목표로 한다면 다국어 지원 및 현지화(Localization) 기능을 포함해야 합니다.
  - 웹 애플리케이션이라면 **모바일 친화적인 디자인**을 적용하여 다양한 기기에서 최적의 경험을 제공해야 합니다.

5 신규 발매 일정 또는 공개 일정(Rollout Schedule)

- 제품을 한 번에 완성하여 출시할 것인지, 점진적으로 기능을 추가하여 배포할 것인지 결정해야 합니다.
- 점진적 배포(Incremental Rollout) 방식은 초기 시장 반응을 확인하고, 필요에 따라 기능을 개선할 수 있는 장점이 있습니다.
- 예시:
  - MVP(Minimum Viable Product) 방식으로 기본 기능만 포함한 제품을 먼저 출시한 후, 추가 기능을 단계적으로 배포하는 전략을 활용할 수 있습니다.

6 기존 시스템과의 통합(Integration with Legacy System)

- 기존 시스템과의 **호환성** 및 **연동성**을 고려해야 합니다.
- 기존 시스템과 통합되지 않으면, 새로운 시스템의 도입이 어려울 수 있으며 추가적인 비용이 발생할 수 있습니다.
- 예시:

- 금융권에서는 기존 메인프레임 시스템과 신규 웹 애플리케이션을 연동해야 하므로 **API 게이트웨이**를 활용한 통합 설계가 필요합니다.
- ERP(전사적 자원 관리) 시스템과 새로운 고객 관리 시스템(CRM)을 연동하여 데이터를 원활하게 주고받을 수 있도록 해야 합니다.

7 결론

비즈니스 품질 속성은 **기업의 목표와 시장 환경에 맞춰 소프트웨어를 설계하는 데 중요한 기준**이 됩니다.

- 시장 적시성(Time to Market)을 고려하여 신속하게 개발 및 출시해야 하며,
- 비용과 이익(Cost and Benefit)을 분석하여 경제성을 확보해야 합니다.
- 예상 시스템 수명(Predicted Lifetime)을 평가하여 지속적인 확장 가능성을 보장하고,
- **목표 시장(Targeted Market)과의 적합성**을 유지해야 합니다.
- 또한 기존 시스템과의 통합(Integration with Legacy System)을 고려한 설계로 전체적인 운영 효율성을 높이는 것이 필수적입니다.

8.2.3 아키텍처 품질속성

SEI(Software Engineering Institute)에서 정의한 소프트웨어 **아키텍처 품질 속성**은 소프트웨어 설계의 일관성과 완성도를 보장하고, 시스템이 효율적으로 개발될 수 있도록 하는 핵심 요소들로 구성됩니다.

1 개념적 무결성 (Conceptual Integrity)

- **일관성 있는 설계**를 유지하는 것이 중요합니다.
- 시스템 전체 설계와 개별 구성 요소 간의 일관성이 유지되어야 하며, **상위 레벨 설계(High-Level Design)와 상세 설계(Low-Level Design)의 연속성**이 확보되어야 합니다.
- 소프트웨어의 다양한 구성 요소들이 서로 조화를 이루도록 설계되어야 합니다.
- 예시:
  - 애플리케이션의 UI 디자인과 백엔드 로직이 일관된 방식으로 동작하도록 통합해야 합니다.

- 객체지향 설계를 사용할 경우, 모든 모듈이 동일한 설계 패턴(예: MVC 패턴)을 따르도록 해야 합니다.

2 정확성과 완전성 (Correctness and Completeness)

- 사용자가 기대하는 **기능을 정확하게 제공**하며, 모든 요구사항이 충족되어야 합니다.
- **요구 분석과 소프트웨어 구현 간의 일치성(Traceability)**을 유지하는 것이 중요합니다.
- 정확성과 완전성을 보장하기 위해 요구사항을 **명확하게 문서화**하고, 이를 바탕으로 설계를 진행해야 합니다.
- 예시:
  - 사용자가 입력한 데이터를 검증하고 오류를 방지하는 기능이 포함되어야 합니다.
  - 온라인 쇼핑몰에서 결제 기능이 요구사항대로 정확하게 작동하는지 테스트해야 합니다.

3 개발 용이성 (Buildability, 구축 가능성)

- 전체 시스템을 적절한 모듈로 분할(Modularization)한 후, 개발 팀이 쉽게 구현할 수 있도록 설계해야 합니다.
- 소프트웨어 개발 과정에서 기능을 추가하거나 변경할 때, **설계가 유연하게 대응할 수 있어야 합니다.**
- 시스템의 복잡성을 줄이고 개발팀이 **정해진 기간 내에 목표한 기능을 구현할 수 있도록 지원하는 아키텍처**가 필요합니다.
- 예시:
  - 마이크로서비스 아키텍처(MSA)를 적용하여 독립적인 서비스 단위로 개발하고, 각 서비스가 유기적으로 결합될 수 있도록 설계할 수 있습니다.
  - API 기반 개발을 통해 프론트엔드와 백엔드의 개발을 병렬적으로 진행할 수 있습니다.

4 결론

소프트웨어 아키텍처에서 품질 속성을 유지하는 것은 **소프트웨어의 성능, 확장성, 유지보수성**을 보장하는 중요한 요소입니다.

- 개념적 무결성(Conceptual Integrity)을 확보하여 **설계의 일관성을 유지**해야 하며,
- 정확성과 완전성(Correctness and Completeness)을 통해 **요구사항과 구현 간의 차이를 최소화**해야 합니다.
- 개발 용이성(Buildability)을 고려한 설계를 통해 **효율적이고 유연한 개발이 가능하도록 해야 합니다.**

8.2.4 이해관계자 품질속성

소프트웨어 아키텍처에서 이해관계자(Stakeholders)는 주로 **발주자, 사용자, 개발자**로 구분되며, 각 이해관계자가 중요하게 여기는 품질 속성이 다릅니다. **SEI(Software Engineering Institute)의 소프트웨어 아키텍처 모델**에서는 이러한 이해관계자의 요구를 반영한 품질 속성을 정의하고 있습니다.

1 발주자 관점 (Customer Perspective)

- "비용 절감과 투자 대비 성과(ROI)"를 가장 중요하게 고려합니다.
- 제품의 **가격 또는 개발 비용**을 핵심 요소로 보며, 비용 대비 최적의 성능과 기능을 제공하는 아키텍처를 선호합니다.
- 발주자는 경쟁 시장에서 **비용 효율적인 솔루션을 선택할 확률이 높습니다.**
- 예시:
  - 클라우드 기반 소프트웨어를 구매할 때 초기 비용이 낮고 유지보수 비용이 적은 솔루션을 선호합니다.
  - SaaS(Software as a Service) 모델에서 구독료가 낮은 서비스가 더 매력적일 수 있습니다.

2 사용자 관점 (End-User Perspective)

- 사용자는 단순한 기능 제공뿐만 아니라 **사용 편의성(Usability), 학습 곡선(User Learning Curve)** 등을 중요하게 여깁니다.
- 소프트웨어가 **빠르고 직관적이며 이해하기 쉬워야 하며**, 이를 위해 **UX/UI 디자인과 인터랙션**이 고려되어야 합니다.

- 시스템이 오류 없이 **안정적으로 작동하며, 신뢰할 수 있어야** 합니다.
- 예시:
  - 전자상거래 웹사이트의 경우, 사용자가 쉽게 상품을 찾고 결제할 수 있도록 UI/UX를 직관적으로 설계해야 합니다.
  - ERP 시스템을 구축할 경우, 복잡한 기능이라도 쉽게 학습할 수 있도록 매뉴얼 및 튜토리얼이 제공되어야 합니다.

3 개발자 관점 (Developer Perspective)

- 개발자는 **코드 유지보수성(Maintainability), 확장성(Scalability), 이식성(Portability)** 등을 중요하게 고려합니다.
- 플랫폼이 변경되더라도 새로운 환경에서 쉽게 적용될 수 있도록 아키텍처의 유연성(Flexibility)을 요구합니다.
- 소프트웨어 변경 요청(Change Request)이 들어왔을 때, **개발 과정 중에 쉽게 수정할 수 있도록 설계되기를 희망**합니다.
- 예시:
  - 마이크로서비스 아키텍처(MSA)를 적용하면 개별 기능을 독립적으로 업데이트할 수 있어 유지보수가 용이합니다.
  - 여러 운영체제(Windows, Mac, Linux)에서 실행할 수 있도록 크로스플랫폼 개발을 고려할 수 있습니다.

4 결론

SEI 소프트웨어 아키텍처에서는 각 이해관계자의 관점을 반영하여 품질 속성을 설계해야 합니다.

- 발주자는 비용 절감과 효율적인 투자(ROI)를 우선 고려하며,
- 사용자는 직관적이고 사용하기 쉬운 시스템을 요구하며,
- 개발자는 유지보수성과 확장성을 고려한 유연한 설계를 원합니다.

이해관계자의 요구를 충족하는 균형 잡힌 아키텍처를 설계하는 것이 **소프트웨어의 성공적인 개발과 운영에 필수적입니다.**

8.3 SEI QAW(Quality Attribute Workshop)

SEI(Software Engineering Institute)에서 개발한 Quality Attribute Workshop(QAW)는 소프트웨어 아키텍처의 품질 속성을 효과적으로 도출하고 이해 관계자(stakeholders) 간의 공통된 이해를 형성하기 위한 프로세스입니다.

QAW는 시스템의 비기능적 요구사항(Non-functional Requirements, NFRs)을 정의하는 데 도움을 주며, 특히 시스템이 충족해야 하는 품질 속성을 명확히 하고 우선순위를 결정하는 데 활용됩니다.

8.3.1 QAW의 목적

- 소프트웨어 시스템의 품질 속성(quality attributes)을 체계적으로 식별하고 문서화함.
- 시스템 아키텍처 설계 초기에 품질 속성에 대한 명확한 이해를 제공하여 **비기능적 요구사항을 정의함**.
- 개발자, 운영자, 사용자 등 다양한 이해관계자 간의 **품질 속성에 대한 공감대 형성**.
- 품질 속성이 시스템에 미치는 영향을 분석하고, 이를 만족하기 위한 **아키텍처 전략을 수립**.

8.3.2 QAW 프로세스

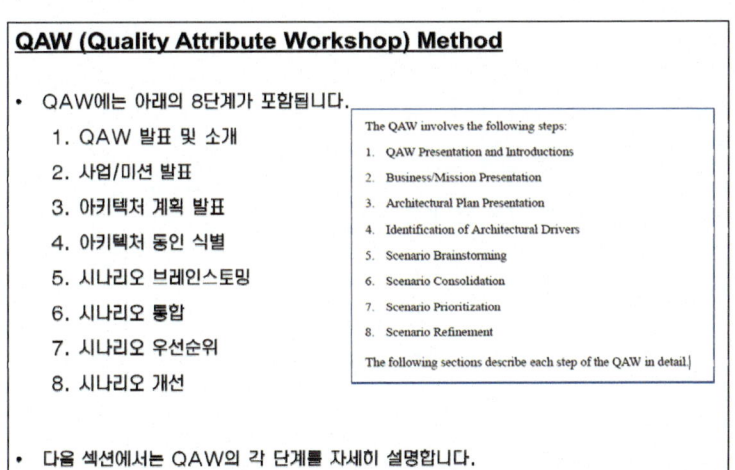

그림 8-3 SEI QAW Process

1 QAW 발표 및 소개

QAW(Quality Attribute Workshop)는 시스템의 품질 속성을 분석하고 이해관계자 간의 공통된 목표를 정립하는 중요한 프로세스입니다.

이 단계에서는 **QAW 진행자가 워크숍의 목적과 방법론을 설명하고, 이해관계자들이 자신을 소개하는 과정**이 포함됩니다.

(1) QAW의 동기 및 방법론 설명

- QAW 진행자는 **워크숍의 목적과 필요성**을 설명해야 합니다.
  - 품질 속성(Quality Attributes)이 **소프트웨어 아키텍처에서 중요한 역할을 하는 이유**를 명확히 제시해야 합니다.
  - 특정 시스템에서 **품질 속성을 정의하고 평가하는 방법론**을 안내합니다.
- 각 단계의 개요를 설명하면서, **참여자들이 프로세스를 이해하고 효과적으로 기여할 수 있도록 준비**시켜야 합니다.

(2) 표준 슬라이드 프레젠테이션 활용

- 이해관계자의 필요에 따라 맞춤형 프레젠테이션을 사용하되, **표준화된 형식을 유지하는 것이 중요**합니다.
- 슬라이드 구성 예시
  ① QAW 개요 및 목적
  ② 품질 속성이 시스템 설계에서 중요한 이유
  ③ QAW 진행 방법 및 기대 효과
  ④ 워크숍의 주요 단계와 활동
  ⑤ 역할 및 책임 (진행자, 이해관계자 등)

(3) 참가자 및 이해관계자 소개

- 진행자는 먼저 자신을 소개하고, 이후 참여자들도 자신의 배경과 역할을 간단히 설명하는 시간을 가집니다.
- 소개 시 포함해야 할 내용:
  - 이름 및 직책

- 소속 조직 및 역할
- 시스템 구축 과정에서의 책임 및 관심 영역
- 시스템과의 관계 (예: 개발자, 관리자, 고객 등)

예를 들어,

"안녕하세요, 저는 ○○ 회사에서 소프트웨어 아키텍처를 담당하는 김철수입니다. 이번 프로젝트에서 품질 속성 분석을 담당하고 있으며, 시스템의 성능과 확장성을 최적화하는 데 중점을 두고 있습니다."

(4) 효과적인 QAW 발표 및 소개의 중요성

- **명확한 QAW 동기 부여**: 참가자들이 워크숍의 목적을 이해하고 적극적으로 참여하도록 유도해야 합니다.
- **이해관계자 간의 원활한 의사소통**: 각자의 역할과 관심사를 공유함으로써, 협력적인 환경을 조성합니다.
- **시스템 설계 방향 정립**: 모든 참가자가 품질 속성의 중요성을 인식하고, 이를 아키텍처 설계에 반영할 수 있도록 준비합니다.

(5) 결론

QAW 발표 및 소개 단계는 워크숍의 성공을 위한 필수적인 과정으로,

- 진행자는 **QAW의 목적과 방법을 명확하게 설명**하고,
- **표준화된 슬라이드 프레젠테이션을 사용하여 효과적으로 정보를 전달**하며,
- 이해관계자들은 **자신의 역할을 소개하면서 협업의 기초를 마련**해야 합니다.

이 단계를 효과적으로 수행하면 **참여자들이 워크숍에서 적극적으로 의견을 개진하고, 품질 속성에 대한 심층적인 논의를 진행할 수 있는 환경이 조성됩니다.**

2 사업/미션 발표

Step 2: Business/Mission Presentation 단계는 시스템의 비즈니스 또는 미션과의 정합성을 검토하고, 이를 기반으로 품질 속성을 도출하는 과정입니다.

이 단계는 QAW(Quality Attribute Workshop) 프로세스에서 **비즈니스 목표와 시스템 요구**

사항 간의 **일관성을 확보**하는 중요한 부분을 차지합니다.

(1) 비즈니스 또는 미션 동의(Business/Mission Alignment)

- **이해 관계자 커뮤니티의 대표**가 시스템의 비즈니스 또는 미션과 관련된 내용을 발표합니다.
- 여기서 "비즈니스 또는 임무 동인(Business or Mission Driver)"이라는 용어가 중요하게 사용됩니다.
  - 이는 시스템이 해결해야 하는 **핵심 목적과 방향성을 설정하는 요소**를 의미합니다.
- 시스템을 개발하는 조직의 성격에 따라 **비즈니스 목표가 수익성 중심인지, 공공성 중심인지 차이가 발생**할 수 있습니다.

■ 조직의 목적에 따른 동기 부여 차이

- **일반 기업:**
  - 수익성과 시장 경쟁력을 높이기 위해 시스템을 설계하고 개발.
  - 주요 관심사: ROI(투자 대비 수익), 시장 점유율, 제품 성능, 사용자 경험.
- **정부 기관 및 공공 조직:**
  - 공공성을 극대화하고 정책적 효율성을 개선하는 데 초점.
  - 주요 관심사: 시스템 안정성, 접근성, 보안, 정책적 일관성.

(2) 이해 관계자의 비즈니스/미션 컨텍스트 발표

- 일반적으로 **관리자 또는 관련 책임자**가 프레젠테이션을 진행하며, 약 **1시간 동안 비즈니스 또는 임무 문제를 설명**합니다.
- 발표 내용은 다음과 같은 항목을 포함해야 합니다.
  ① **시스템이 해결해야 할 주요 비즈니스 또는 미션 문제**
     - 조직의 목표와 시스템의 역할을 설명.
  ② **높은 수준의 기능 요구 사항(High-Level Functional Requirements)**
     - 시스템이 제공해야 하는 필수 기능 정의.
  ③ **제약 조건 및 품질 속성 요구 사항(Constraints and Quality Attributes)**
     - 개발 및 운영 과정에서 고려해야 할 제약 사항과 품질 속성 정의.

■ 예제

예를 들어, 온라인 쇼핑몰 시스템이라면 주요 비즈니스 요구는 **고객 편의성 증대, 빠른 결제 프로세스, 신뢰성 높은 재고 관리 시스템**이 될 것입니다.

반면, **정부기관의 공공 데이터 관리 시스템**이라면 **데이터 무결성, 접근 보안성, 정책 준수 여부**가 주요 미션이 될 것입니다.

(3) 품질 속성 동의 및 관련 정보 검토

- 발표를 듣는 동안 진행자는 **품질 속성과 관련된 중요한 정보를 식별**합니다.
- 이를 통해 향후 시스템 개발 과정에서 **비즈니스/미션 목표에 부합하는 품질 속성을 도출**할 수 있습니다.
- 예를 들어:
  - **고객 경험 개선**이 핵심 목표라면 → 사용성(Usability)과 성능(Performance)이 중요한 품질 속성이 됨.
  - **공공 데이터 보호**가 핵심 목표라면 → 보안(Security)과 신뢰성(Reliability)이 중요한 품질 속성이 됨.

(4) 이후 단계와의 연계

- 이 단계에서 확인된 **비즈니스/미션 요구사항을 기반으로 품질 속성 도출**이 이루어집니다.
- 이후 단계에서는 도출된 품질 속성을 구체화하여 **기술적 요구사항(Architectural Drivers)로 변환**하는 작업이 진행됩니다.

■ 예제

만약 시스템의 주요 비즈니스 목표가 "실시간 데이터 처리"라면,

이후 단계에서 "성능(Performance)과 확장성(Scalability)"이 아키텍처 설계의 주요 품질 속성이 됩니다.

(5) 결론

사업/미션 발표 단계는 **비즈니스 목표와 시스템 설계 간의 정렬을 확인**하는 중요한 과정입니다.

이를 통해 시스템이 **조직의 목적에 부합하며, 적절한 품질 속성을 반영**할 수 있도록 기반을 마련하는 역할을 합니다.

- ■ 핵심 요약
    - 이해 관계자가 시스템의 **비즈니스/미션과의 연계성**을 설명.
    - **기업 vs. 공공 조직**에 따라 비즈니스 동인이 다름.
    - **고수준의 기능 요구 사항, 품질 속성, 제약 조건**을 검토.
    - **도출된 정보를 기반으로 품질 속성을 식별**하여, 이후 단계에서 아키텍처 설계로 발전.

3 아키텍처 계획 발표

Step 3: Architectural Plan Presentation 단계는 시스템의 **아키텍처적 방향과 주요 기술적 요소를 정의**하는 과정입니다.

이 단계에서 **상위 수준의 시스템 설명, 컨텍스트 도면, 그리고 초기 아키텍처 산출물**을 바탕으로 발표가 진행됩니다.

(1) 아키텍처 계획 발표의 목적

- 현재까지 확정된 시스템의 아키텍처 방향과 기술적 요소를 이해관계자와 공유.
- 비즈니스 및 미션 요구 사항을 충족할 수 있도록 **기술적 접근 방식과 전략**을 설명.
- **아키텍처 관련 초기 문서 및 시스템 설계 계획**을 제시하여 논의의 기반 마련.

- ■ 핵심 포인트
    - 시스템의 **상위 수준 개요 및 기술적 요구 사항**을 정의.
    - **하드웨어, 미들웨어, 표준화된 기술적 요구 사항 및 제약 조건** 등을 포함.
    - **향후 세부적인 아키텍처 결정에 영향을 미치는 요소들**을 파악.

(2) 아키텍처 프레젠테이션의 주요 내용

아키텍처 계획 발표에서 다루어야 할 정보는 다음과 같습니다.

① 비즈니스 및 미션 요구 사항 충족을 위한 아키텍처 전략

- 이전 단계에서 정의된 **비즈니스/미션 목표를 충족**하기 위한 아키텍처적 방법론을 설명.

- 주요 **설계 패턴, 기술 스택, 운영 전략** 등을 포함.
- 비즈니스 요건과 기술적 요건 간의 정렬이 중요한 핵심 포인트.

■ 예제:

온라인 쇼핑몰 시스템이라면, 빠른 주문 처리를 위해 **마이크로서비스 아키텍처**를 채택하고, 고가용성을 위해 **로드 밸런싱 및 분산 데이터베이스 전략**을 활용.

② 기술 요구 사항 및 제약 조건

- 시스템을 운영하기 위한 필수적인 **운영 체제, 하드웨어, 미들웨어 및 표준화된 기술 요구 사항**을 설명.
- 프로젝트에서 반드시 지켜야 할 **기술적 제약 사항**도 정의.

■ 예제:

금융 시스템 개발 시, 보안 강화를 위해 암호화 기술(AES-256)을 필수적으로 적용해야 할 수도 있음. 또는 **GDPR**과 같은 데이터 보호 법규를 준수해야 하는 경우도 존재.

③ 아키텍처 다이어그램 및 시스템 개요

- **컨텍스트 다이어그램**을 포함하여 시스템의 상위 수준 개요를 제공.
- 시스템 구성 요소 간의 관계를 시각적으로 표현하여 **전체 구조에 대한 이해도를 높임**.

■ 예제:

온라인 쇼핑몰의 경우, 다음과 같은 시스템 구조 다이어그램을 포함할 수 있음.

- 사용자 인터페이스 **(React.js)**
- **API Gateway (Kong, Nginx)**
- 비즈니스 로직 서버 **(Spring Boot)**
- 데이터베이스 **(PostgreSQL, Redis)**
- 외부 결제 서비스 연동 **(Stripe, PayPal API)**

④ 기존 시스템과의 통합 방안

- 기존 레거시 시스템과의 **연계 방식 및 데이터 흐름을 정의**.
- 새로운 시스템이 기존 인프라에 원활하게 통합될 수 있도록 아키텍처를 고려.

- **예제:**

기존 ERP 시스템과 통합할 경우, **API 기반 연계 방식**(RESTful API, GraphQL) 또는 ESB(Enterprise Service Bus)를 활용할 수 있음.

(3) 진행 방식 및 정보 캡처

- 발표 동안 논의된 내용을 계속해서 기록하여 나중에 참고 가능하도록 유지.
- 참석자들이 피드백을 제공하고 아키텍처 방향을 조정할 수 있도록 논의를 유도.

- **핵심 요약**
  - **비즈니스 목표와 일관된 기술적 전략**을 설명.
  - **운영 체제, 하드웨어, 미들웨어, 표준 기술 및 제약 조건**을 정의.
  - **컨텍스트 다이어그램과 상위 수준 시스템 다이어그램을 포함**하여 시각적 이해도를 높임.
  - **기존 시스템과의 통합 방식 고려.**

(4) 결론

아키텍처 계획 발표는 비즈니스 요구 사항을 충족하는 기술적 접근 방식을 정의하는 과정입니다.

이 단계에서 다루는 아키텍처 방향은 **향후 세부 설계 및 개발 과정에 중요한 영향을 미치므로** 체계적이고 명확한 발표가 필요합니다.

잘 정리된 아키텍처 발표를 통해, 이해관계자 간의 공감대 형성과 설계 방향성을 확립하는 것이 핵심 목표입니다.

4 아키텍처 동인(Driver) 식별

Step 4: Identification of Architectural Drivers 단계는 소프트웨어 아키텍처의 핵심적인 설계 요소(동인, Drivers)를 식별하는 과정입니다.

이 단계에서는 시스템의 **품질 속성 목표, 비즈니스 및 기술적 요구사항**을 기반으로 **설계의 주요 결정 요소를 정리**하고, 이해관계자들과 합의하여 아키텍처의 방향성을 구체화합니다.

(1) 아키텍처 동인 식별의 목적

- **아키텍처 설계의 핵심적인 기준을 정리**하여, 이후 설계 과정에서 일관성을 유지.
- **품질 속성 목표, 비즈니스 요구 사항, 시스템 제약 조건** 등을 바탕으로 **핵심적인 설계 기준을 수립**.
- 이해관계자들과 협의하여 **우선순위가 높은 아키텍처적 의사결정 사항을 확정**.

■ 핵심 포인트

- 시스템의 **핵심 품질 속성, 비즈니스 목표, 기술적 제약 조건**을 수집.
- 아키텍처적으로 중요한 **핵심 요구 사항**을 구체화하여 설계 시 고려할 요소를 명확히 정리.
- 이해관계자 간 논의를 통해 **우선순위를 정하고, 최종 합의된 아키텍처 동인 목록을 결정**.

(2) 아키텍처 동인의 주요 구성 요소

아키텍처 동인은 다음과 같은 요소들로 구성됩니다.

① 높은 수준의 요구 사항 (High-level Requirements)

- 시스템이 반드시 충족해야 하는 **기능적 및 비기능적 요구 사항**을 포함.
- 시스템의 주요 기능, 확장성, 유지보수성 등의 요구 사항을 명확하게 정의.

■ 예제:

온라인 쇼핑몰의 경우,

- **고객이 원활하게 상품을 검색하고 구매할 수 있도록 해야 한다.**
- **결제 시스템은 높은 보안 수준을 유지해야 한다.**
- **주문량이 증가해도 성능이 저하되지 않도록 확장성이 보장되어야 한다.**

② 비즈니스/미션 목표 (Business/Mission Goals)

- 시스템이 개발되는 **비즈니스적 또는 미션 기반 목표**를 포함.
- 조직 또는 프로젝트의 장기적인 목표를 반영하여 설계 방향을 설정.

- 예제:
  - **경쟁사보다 빠르게 서비스를 출시**하여 시장 점유율을 높이는 것이 목표이다.
  - 기업의 브랜드 이미지를 강화하기 위해 사용자 경험(UX)을 최우선으로 고려한다.

③ 목적 및 우선 순위 (Objectives & Priorities)
- 이해관계자들과 논의하여 시스템 설계 시 가장 중요한 우선순위를 정리.
- **비즈니스 요구 사항과 기술적 요구 사항 간의 균형을 고려**.

- 예제:
  - **우선순위 1: 보안**: 금융 데이터를 다루기 때문에 보안이 최우선 고려 사항.
  - **우선순위 2: 성능**: 사용자가 몰리는 이벤트 기간에도 원활한 서비스 제공 필요.
  - **우선순위 3: 확장성**: 글로벌 시장 진출을 위해 다국어 및 다양한 결제 수단 지원 필요.

④ 다양한 품질 속성 (Quality Attributes)
- 가용성, 성능, 확장성, 유지보수성, 보안성, 변경 용이성 등의 **비기능적 품질 속성**을 고려.
- 시스템이 운영되는 환경에서 **어떤 품질 속성이 가장 중요한지**를 이해관계자들과 협의.

- 예제:
  - **가용성 (Availability)**: 시스템 다운타임을 최소화하고, 장애 발생 시 자동 복구 기능 필요.
  - **확장성 (Scalability)**: 클라우드 기반 인프라를 활용하여 트래픽 증가 시에도 원활한 서비스 제공.
  - **보안 (Security)**: 사용자 계정 및 결제 정보를 암호화하고, 강력한 인증 시스템을 도입.

⑤ 시스템 제약 조건 (Architectural Constraints)
- 개발 환경, 운영 환경, 예산, 일정 등의 제약 조건을 고려.
- 기존 시스템과의 **통합 가능성** 및 **사용 가능한 기술 스택** 등을 논의.

- 예제:
  - **제약 조건 1**: 클라우드 기반으로 구축해야 하며, AWS를 우선적으로 고려.
  - **제약 조건 2**: 기존 ERP 시스템과의 데이터 연동이 필수적이며, REST API를 활용.

- **제약 조건 3:** 개발 일정이 6개월 이내로 제한됨.

(3) 아키텍처 동인 식별 프로세스

① 초기 정보 수집

- 2단계(비즈니스/미션 발표)와 3단계(아키텍처 계획 발표)에서 수집한 **핵심 정보를 비교 및 통합.**
- 이를 바탕으로 각 이해관계자가 **기록한 메모를 분석**하여 주요 동인을 정리.

② 이해관계자 논의 및 정제

- 이해관계자들과 다시 모여 **주요 아키텍처 동인 목록을 공유.**
- 각 요소에 대해 **설명, 추가, 삭제 및 수정이 필요한지 논의.**
- 높은 수준의 요구 사항, 비즈니스 목표, 품질 속성 등을 반영하여 **최종 목록을 정제.**

③ 최종 목록 확정

- **브레인스토밍 기법**을 활용하여 **수집된 요소들을 체계적으로 정리.**
- 합의된 아키텍처 동인을 문서화하여 **이후 설계 과정에서 참고할 수 있도록 유지.**

(4) 아키텍처 동인 식별의 중요성

- **설계의 방향성을 결정하는 핵심적인 요소**로 작용.
- 비즈니스 목표와 기술적 목표 간의 **균형을 맞출 수 있도록 가이드라인 제공.**
- **이해관계자들의 요구 사항을 명확하게 반영**하여, 이후 개발 단계에서 설계 변경을 최소화.
- **의사결정 과정에서 주요 기준을 제공**하여, 불필요한 논쟁을 방지하고 프로젝트 진행 속도를 향상.

(5) 결론

아키텍처 동인 식별 단계는 소프트웨어 아키텍처의 핵심적인 요구 사항을 정리하고, 주요 품질 속성을 정의하는 과정입니다. 이 단계에서 정리된 정보는 이후 설계 및 개발 단계에서 중요한 기준이 되며, 설계의 일관성을 유지하고 프로젝트의 성공 가능성을 높이는 데 필수적인 역할을 합니다.

5 시나리오 브레인스토밍

시나리오 브레인스토밍(Scenario Brainstorming)은 QAW(Quality Attribute Workshop) 과정에서 이해 관계자가 시스템의 품질 속성을 보다 구체적으로 표현할 수 있도록 지원하는 단계입니다. 이 단계에서는 시스템이 어떻게 사용될지에 대한 다양한 시나리오를 정의하고, 품질 속성 요구사항을 구체화하는 과정을 거칩니다.

(1) 시나리오 브레인스토밍 과정

① 이해 관계자의 참여

- 이해 관계자가 시스템 사용과 관련된 구체적인 시나리오를 생성하도록 유도합니다.
- "이 시스템은 사용자를 위한 보고서를 생성해야 합니다"와 같은 모호한 요구 사항을 보다 구체적으로 정리하도록 합니다.
- 이를 위해 품질 속성 측면에서 고려할 요소들을 조사합니다.

② 시나리오의 세부적 분석

- 초기에는 대략적인 요구 사항만 제시될 수 있으나, 시나리오 내에서 품질 속성의 성능, 응답 시간 등을 고려하여 구체적인 수치를 추가해야 합니다.
- 예: "백만 사용자가 사용하는 웹 애플리케이션에서 월요일 아침 9시에 데이터베이스로 보고서를 요청하면 5초 이내에 응답이 와야 한다."

③ 초기 요구 사항과의 비교

- 처음에는 단순한 요구 사항이었지만, 브레인스토밍을 통해 시스템 성능 목표를 보다 구체적으로 설정할 수 있습니다.
- 단순한 기능 요구 사항이 아니라, 성능 및 확장성을 고려한 목표 설정이 중요합니다.

④ 시스템 수정 가능성 고려

- "시스템을 수정할 수 있어야 한다"와 같은 모호한 표현 대신, "시나리오에서 특정 요구 사항을 수정하는 데 걸리는 시간은 10분 이내여야 한다" 등 구체적인 목표를 제시해야 합니다.

(2) 품질 속성 중심의 시나리오 개발

① 품질 속성에 대한 다양한 표현 방법

- 품질 속성을 정의하는 방법은 다양하며, 이해 관계자들이 자연스럽게 자신들의 관점에서 중요하게 생각하는 요소들을 표현할 수 있도록 돕습니다.
- 품질 속성 자체를 명확하게 정의하기보다는 시나리오를 통해 자연스럽게 도출될 수 있도록 합니다.

② 세 가지 주요 시나리오 유형

- **사용 사례 시나리오 (Use Case Scenario)**: 예상되는 시스템 사용과 관련된 시나리오
- **성장 시나리오 (Growth Scenario)**: 시스템의 변경을 포함하는 시나리오
- **탐색적 시나리오 (Exploratory Scenario)**: 시스템이 예상하지 못한 스트레스를 받는 상황에서의 반응을 설명하는 시나리오

(3) 시나리오 브레인스토밍의 핵심 포인트

- 4단계(아키텍처 동인 식별)에서 정리된 아키텍처 동인 목록을 기반으로 각 시나리오가 품질 속성과 연관되어 있는지 확인합니다.
- 각 이해 관계자는 최소 두 가지 이상의 시나리오를 제안할 수 있도록 라운드 로빈 방식으로 진행하여, 다양한 시나리오가 수집될 수 있도록 합니다.
- 수집된 시나리오를 통해 시스템이 실제로 어떻게 작동해야 하는지를 보다 구체적으로 이해할 수 있으며, 이 과정에서 추가적인 품질 속성 요구사항이 도출될 수 있습니다.

(4) 결론

시나리오 브레인스토밍은 QAW 과정에서 가장 중요한 단계 중 하나이며, 다양한 이해 관계자가 시스템의 품질 속성을 보다 구체적으로 표현할 수 있도록 돕는 핵심적인 과정입니다. 이를 통해 시스템의 성능, 확장성, 유지보수성 등 다양한 품질 속성을 명확하게 정의할 수 있으며, 아키텍처 설계의 방향성을 설정하는 데 중요한 역할을 합니다.

6 시나리오 통합

시나리오 통합(Scenario Consolidation)은 **시나리오 브레인스토밍 이후** 유사하거나 중복

된 시나리오를 정리하고 통합하는 과정입니다. 이 과정은 QAW(Quality Attribute Workshop)에서 수집된 다양한 시나리오를 보다 효과적으로 관리하고, **중요도가 높은 시나리오를 선정하는 기초 단계**로 작용합니다.

(1) 시나리오 통합 절차

① 유사한 시나리오 식별 및 통합 요청

- 진행자는 이해 관계자들이 제안한 시나리오 중에서 내용이 매우 유사한 항목을 구별하도록 요청합니다.
- **유사한 시나리오의 특징:**
    - 동일한 기능 또는 품질 속성을 다루는 경우
    - 비슷한 사용 사례(User Case)나 시나리오 흐름을 포함하는 경우
    - 다른 이해 관계자가 표현한 내용이 본질적으로 같은 의미를 가지는 경우
- 해당 시나리오를 제안한 사람들이 동의해야 하며, 시스템 개발 과정에서 **중복된 요구 사항이 반영되지 않도록 정리하는 것**이 목적입니다.

② 시나리오 우선순위 선정 및 투표 준비

- 모든 시나리오를 동등하게 다룰 수 없으므로, **시나리오의 중요도에 따라 우선순위를 결정**해야 합니다.
- 이때, "**희석(가치가 낮아짐)**" **현상을 방지**하기 위해 통합된 시나리오의 가치가 유지될 수 있도록 관리해야 합니다.
- 투표를 진행하기 전까지, 시나리오를 병합하는 과정이 마무리되어야 합니다.

③ 투표 시 혼란 방지를 위한 시나리오 정리

- 일부 시나리오는 **완전히 병합되지 않고 독립적으로 유지**될 수 있습니다.
- 하지만 **유사한 시나리오를 지나치게 병합할 경우, 투표에서 집중되지 않아 중요도가 낮아지는 문제**가 발생할 수 있습니다.
- 따라서 병합된 시나리오는 적절한 수준의 우선순위를 유지하면서 투표 대상에 포함됩니다.

(2) 시나리오 병합 및 고려 사항

① 이해 관계자들의 합의 과정

- 모든 시나리오를 병합하기 전에 이해 관계자들의 다수가 **합의할 수 있도록 의견을 조율하는 과정**이 필요합니다.
- 일부 이해 관계자는 자신의 시나리오가 병합되면서 **포기되는 것으로 오해할 수도 있기 때문에**, 이를 방지하기 위해 신중하게 진행해야 합니다.

② 시나리오가 실제로 병합되는 경우는 드물다

- 시나리오를 병합하는 과정에서는 각 시나리오가 가지는 고유한 특성이 유지될 수 있도록 신중하게 접근해야 합니다.
- 실제로 **완전히 병합되는 시나리오는 거의 없으며**, 대부분의 경우 일부 항목만 조정되거나 명확하게 정리되는 방식으로 진행됩니다.

(3) 결론

시나리오 통합(Scenario Consolidation)은 **중복되거나 유사한 시나리오를 정리하여, 이후 우선순위 투표 과정에서 효율성을 극대화하는 단계**입니다. 이 과정은 이해 관계자들의 협력을 통해 이루어지며, 시나리오의 가치를 유지하면서도 혼란을 줄이는 것이 핵심 목표입니다.

특히, **시나리오의 중요도를 최대한 반영하고, 병합 과정에서 의미가 희석되지 않도록 관리하는 것이 중요**합니다.

7 시나리오 우선순위

시나리오 우선순위 선정(Scenario Prioritization)은 **이해 관계자들이 가장 중요하게 고려하는 시나리오를 선정하는 과정**입니다. QAW(Quality Attribute Workshop)에서 진행된 **시나리오 브레인스토밍과 통합 단계를 마친 후, 모든 시나리오를 대상으로 우선순위를 정하는 투표 방식**을 사용하여 중요도를 평가합니다.

(1) 시나리오 우선순위 선정 절차

① 시나리오 총 수량을 기준으로 투표할 수 있는 개수 결정

- 전체 시나리오 수의 **약 30%에 해당하는 개수**만큼 각 이해 관계자에게 투표할 수 있는 권한이 부여됩니다.
- 예를 들어, 총 **30개의 시나리오**가 생성된 경우, 30 × 0.3 = **9개의 투표권**이 각 이해 관계자에게 제공됩니다.
- 이때, 투표권 수는 반올림(10개)을 적용하여 정수로 맞춥니다.

② 이해 관계자별 투표권 배분

- 투표권의 개수는 진행자의 재량에 따라 짝수로 맞추는 것이 일반적입니다.
- 이해 관계자는 자신이 중요하다고 판단하는 **시나리오 또는 조합에 투표권을 할당**할 수 있습니다.

③ 투표 방식

- 투표는 **로빈(Round-Robin) 방식**을 사용하여 2회 진행됩니다.
- 각 이해 관계자는 **자신이 생각하는 중요한 시나리오에 투표를 분배**할 수 있으며, **한 개의 시나리오에 몰아서 투표할 수도 있음**.

④ 투표 집계 및 우선순위 결정

- 모든 투표가 완료되면 투표 수를 집계하여 **가장 높은 투표를 받은 시나리오부터 우선 순위를 부여**합니다.
- 투표 결과를 기준으로 **시스템 설계 및 품질 속성 개선을 위한 핵심 시나리오를 식별**할 수 있습니다.

(2) 고려 사항

- 이해 관계자들이 공정한 방식으로 투표할 수 있도록 조정이 필요합니다.
- **특정 그룹**(예: 개발자, 경영진 등)의 투표가 특정 시나리오에 몰리는 경우가 발생할 수 있으므로, **투표 전 논의를 통해 방향을 정리**하는 것이 중요합니다.
- 시나리오 선정 과정에서 중요도 높은 시나리오가 적절히 반영되도록 균형을 맞추는 것이 **필요**합니다.

(3) 결론

시나리오 우선순위 선정(Scenario Prioritization)은 **QAW 과정에서 도출된 다양한 시나리오 중에서 가장 중요한 항목을 결정하는 과정**입니다.

이해 관계자들에게 투표권을 제공하고, **객관적인 방법으로 투표를 진행하여 품질 속성 및 시스템 설계를 개선할 수 있는 핵심 시나리오를 선정**할 수 있습니다.

8 시나리오 개선

시나리오 개선(Scenario Refinement)은 **이전 단계에서 선정된 우선순위 높은 시나리오를 보다 구체적으로 다듬는 과정**입니다. 이를 통해 시나리오의 정확성을 높이고, **품질 속성 측면에서 보다 명확한 평가와 분석이 가능하도록** 만듭니다.

(1) 시나리오 개선 과정

① 우선순위가 높은 시나리오 선정

- QAW(Quality Attribute Workshop) 프로세스에서 우선순위가 높은 **4~5개의 시나리오를 선정**하여 세부적으로 분석합니다.
- 제한된 시간 내에서 가장 중요한 시나리오를 깊이 있게 논의하는 것이 목표입니다.

② 6가지 주요 사항을 명확하게 정의

- 시나리오를 구체적으로 분석하기 위해 다음 **6가지 핵심 요소를 명확히 설명**해야 합니다.
    1. **자극 (Stimulus)**: 시스템에 영향을 미치는 조건
    2. **반응 (Response)**: 자극으로 인해 시스템이 수행하는 활동
    3. **자극의 근원 (Source of Stimulus)**: 자극을 생성하는 개체(사용자, 시스템, 환경 등)
    4. **환경 (Environment)**: 자극이 발생하는 조건 (예: 특정 운영 환경, 장애 발생 상황 등)
    5. **자극의 인물들 (Stimulus Artifact)**: 자극과 관련된 주요 인물(사용자, 관리자 등)
    6. **응답 측정 (Response Measure)**: 시스템이 응답하는 방식과 성능을 평가하는 지표

③ 시나리오의 비즈니스/미션 목표 설명

- 각 시나리오가 **시스템의 비즈니스 및 미션 목표와 어떤 관련이 있는지** 설명해야 합니다.

- 이를 통해 시나리오의 중요성을 명확하게 정리할 수 있습니다.

④ 관련된 품질 속성 정의

- 해당 시나리오가 **어떤 품질 속성과 관련되는지** 설명합니다. 예를 들어, 성능(performance), 가용성(availability), 보안(security), 유지보수성(maintainability) 등과의 연관성을 분석합니다.

⑤ 이해 관계자와의 질의응답 진행

- 이해 관계자들이 시나리오에 대해 질문을 제기하고 문제를 파악할 수 있도록 **토론을 진행**합니다.
- 특히, 시나리오의 **품질 속성 측면에서의 실현 가능성과 평가 방법을 명확하게 정의**하는 것이 중요합니다.

(2) 고려 사항

- 시간 내에서 가장 중요한 시나리오를 상세히 다루는 것이 **핵심**입니다.
- 각 시나리오가 비즈니스/미션 목표와 어떻게 연결되는지 논의해야 합니다.
- 품질 속성 측면에서 측정 가능하고 평가할 수 있도록 명확한 기준을 **마련**해야 합니다.
- 이해 관계자들이 적극적으로 참여할 수 있도록 구조화된 토론을 **유도**해야 합니다.

(3) 결론

시나리오 개선(Scenario Refinement)은 우선순위가 높은 시나리오를 보다 **구체적으로 정의하여 품질 속성을 명확하게 평가할 수 있도록 돕는 과정**입니다. 이를 통해 QAW 과정의 결과물이 더욱 신뢰할 수 있는 수준으로 발전하며, 시스템 아키텍처 설계 및 평가에서 **실제 적용 가능한 시나리오로 활용될 수 있습니다.**

8.3.3 QAW에서 다루는 주요 품질 속성

QAW는 일반적으로 다음과 같은 소프트웨어 품질 속성(quality attributes)을 중심으로 진행됩니다.

표 8-2 QAW에서 다루는 주요 품질 속성

품질 속성	설명
성능 (Performance)	시스템의 응답 시간, 처리량, 확장성 등에 대한 요구사항.
신뢰성 (Reliability)	시스템이 장애 없이 지속적으로 동작하는 능력.
가용성 (Availability)	시스템이 얼마나 오랜 시간 동안 정상적으로 운영될 수 있는가.
보안성 (Security)	데이터 보호, 인증, 접근 제어 등의 보안 요구사항.
유지보수성 (Maintainability)	시스템을 쉽게 수정하고 개선할 수 있는 능력.
이식성 (Portability)	시스템이 다른 환경에서도 원활하게 동작할 수 있는가.
사용성 (Usability)	사용자가 쉽게 학습하고 효율적으로 사용할 수 있는지 여부.

8.3.4 QAW의 장점

- **이해관계자 중심 접근 방식**
  다양한 이해관계자가 참여하여 품질 속성을 논의하므로, 모든 요구사항이 반영될 가능성이 높음.

- **품질 속성 조기 검증**
  시스템 개발 초기에 품질 속성을 평가하므로, 나중에 발생할 설계 변경 비용을 줄일 수 있음.

- **시나리오 기반 접근법**
  품질 속성을 단순 나열하는 것이 아니라 **구체적인 시나리오를 통해 정의**하므로, 실제 시스템 동작을 고려한 실용적인 결과 도출 가능.

- **아키텍처 결정 지원**
  품질 속성을 중심으로 아키텍처 설계를 검토하고 개선할 수 있는 기회를 제공.

8.3.5 실습과제 : 주차관리 시스템 구축_Quality Attribute 시나리오List

표 8-3 주차관리 시스템 Quality Attribute Scenario List

ID	Title	Type	Priority 중요도	Priority 아키텍처 영향도	System Feature ID
QA-01	악성 코드 및 바이러스 대응	보안	상	상	ALL
QA-02	시스템 인증 및 권한	인증/권한	상	상	SF-07
QA-03	시스템 신규 기능 확장 용이성	확장성	중	중	ALL
QA-04	시스템 변경 및 업데이트 적용	유지보수성	상	중	ALL
QA-05	시스템 테스트	테스트용이성	상	중	ALL
QA-06	시스템 복구	복구성	상	상	ALL
QA-07	시스템 자동 구동	가용성	상	중	ALL
QA-08	시스템 응답속도 최적화	성능	상	상	ALL
QA-09	24시간 모니터링시스템	가용성	상	상	ALL
QA-10	데이터 보안	보안	상	중	ALL
QA-11	데이터 백업	신뢰성	상	중	ALL
QA-12	시스템과 주차시설 및 기기와의 상호운용성	상호운용성	상	중	SF-01, SF-02, SF05
QA-13	장애 시 주차기기 수동 제어 전환	신뢰성	상	중	SF-02, SF05
QA-14	VoIP 스피커 성능	성능	중	중	SF-02, SF05
QA-15	차량번호 인식 성능	성능	상	중	SF-02, SF05
QA-16	결제수단 다양화 및 확장	확장성	상	중	SF-03, SF-04
QA-17	복제 카드 사용 불가	보안	상	중	SF-03
QA-18	결제정보 암호화 및 보안	보안	상	중	SF-03, SF-04
QA-19	다양한 디바이스를 지원하는 웹/모바일 어플리케이션 제공	이식성	상	중	SF-03, SF-04
QA-20	외부망(ADSL, VDSL, 광랜)통한 사용자 인터페이스 접근	접근성	상	중	SF-03

1 QA-01 악성 코드 및 바이러스 대응

QA Type	보안 (Security)
Description	해킹 등에 대비하여 알려진 모든 악성코드 및 바이러스에 대한 대응 방안을 강구하여야 한다.
Source of Stimulus	정산 시스템
Stimulus	비대면 자격확인 및 결제를 위한 외부 시스템 요청
Artifact	정산 시스템
Environment	운영 환경 (Production Environment)
Response	위/변조, 기밀성이 훼손되지 않은 응답 결과
Response Measure	• 구매 정보와 신용카드정보의 기밀성 유지 여부 • 중간 위/변조 여부 (무결성 확인) • 사용자 인증정보의 유효성 확인
Refined Scenario	시스템으로 들어오는 외부 요청 및 외부로 나가는 요청의 데이터는 암호화하여 기밀성이 유지되어야 하고, 중간 위/변조가 일어나지 않아야 하며 통신을 주고받는 수신자와 응답자는 인증되어야 한다.

2 QA-02 시스템 인증 및 권한

QA Type	인증/권한 (Authentication/Authorization)
Description	주차관리시스템에 대한 사용 권한은 관리자로 지정하여 운영될 수 있어야 하고, 데이터베이스의 주요파일은 관리자 등급을 설정하여 데이터의 변형, 조작을 방지하기 위한 권한설정이 이루어져야 한다.
Source of Stimulus	주차장 근무자
Stimulus	주차관리시스템 설정 메뉴 접근
Artifact	주차관리시스템 설정 메뉴
Environment	운영 환경 (Production Environment)
Response	주차장 근무자는 시스템 설정 메뉴 접근 및 사용 불가
Response Measure	• 개발자, 시스템 운영자, 시스템 사용자 (주차장 근무자) 역할별로 권한 그룹 설정 여부 • 권한 그룹별 정책 설정 여부
Refined Scenario	주차관리시스템 및 시스템 구성장비의 사용 권한은 개발자, 시스템 운영자, 시스템 사용자 역할별로 접근 메뉴 및 기능이 제한되어야 한다.

3 QA-03 시스템 신규 기능 확장 용이성

QA Type	확장성 (Extensibility)
Description	시스템 설치 이후 신규 추가 도입되는 주차시스템과의 확장성이 보장되어야 한다.
Source of Stimulus	개발자
Stimulus	OpenAPI 제공 기능 도입
Artifact	주차관리시스템
Environment	개발(DEV)/테스트(STG)/운영(PRD) 환경
Response	OpenAPI 배포 성공
Response Measure	• 최소한의 코드 수정 여부 • 변경으로 인한 오류 (Side Effect) 최소화 여부
Refined Scenario	주차관리시스템의 추가 기능 확장 시, 모듈 수정을 최소화하고 수정으로 인한 Side-Effect 역시 최소화되어야 한다.

4 QA-04 시스템 변경 및 업데이트 적용

QA Type	유지보수성 (Maintainability)
Description	요금 정책을 변경할 경우, 지정된 시간에 일괄적으로 모든 단말기에 적용할 수 있어야 한다.
Source of Stimulus	주차관리시스템 요금 정책 변경
Stimulus	주차관리시스템 요금 정책 변경 시스템 반영
Artifact	주차관리시스템 요금 정산 서비스
Environment	운영 환경 (Production Environment)
Response	개발 및 운영팀의 업무 정책에 의해 시스템 반영 작업이 수행되고 변경된 요금 정책으로 주차장 이용요금이 자동계산 된다.
Response Measure	• 시스템 정기 배포 및 Hotfix 배포 정책 설정 여부
Refined Scenario	보안 패치 적용, 신규 기능 적용, 기존 기능 개선 및 버그 수정 등의 시스템 업데이트는 정기적으로 수행되어야 하고 필요시 즉시 적용(Hotfix) 이 가능해야 한다.

5 QA-05 시스템 테스트

QA Type	테스트용이성 (Testability)
Description	정부 정책에 따른 번호판 체계 변경 및 요금 정책 변경의 경우, 이에 관한 모의테스트를 실행할 수 있어야 한다.
Source of Stimulus	주차관리시스템 요금 정책 변경
Stimulus	주차관리시스템 요금 정책 변경 시스템 반영
Artifact	주차관리시스템 요금 정산 서비스
Environment	테스트 환경 (Staging Environment)
Response	새로 도입한 요금 정산 시스템의 정상 동작 여부가 확인된다.
Response Measure	• 개발 환경, 테스트 환경 구축 여부 • 신규 기능 동작 성공률 • 신규 기능 동작 실패율
Refined Scenario	시스템 변경 및 업데이트 적용에 관한 모의테스트를 실행할 수 있도록 개발환경, 테스트환경, 운영환경을 분리하여 구축해야 한다.

6 QA-06 시스템 복구

QA Type	복구성 (Recoverability)
Description	시스템이 다운되더라도 10분 이내에 복구되어야 한다.
Source of Stimulus	정전, 통신 장애 등의 재해
Stimulus	시스템 다운
Artifact	주차관리시스템
Environment	운영 환경 (Production Environment)
Response	10분 이내 정상 복구 완료
Response Measure	• 기업 재해 복구(DR) 정책 수립 여부 • RTO (복구시간 목표) 달성 여부 • RPO (복구지점 목표) 달성 여부
Refined Scenario	기업 재해 복구(DR) 정책을 수립하고 재해 복구는 RTO, RPO를 달성해야 한다.

7 QA-07 시스템 자동 구성

QA Type	상호운용성 (Interoperability)
Description	시스템 재구동시 데이터베이스시스템 및 주차시설 관련 기기들이 자동으로 구동되어 주차 관리시스템의 정상적인 기능을 제공할 수 있어야 한다.
Source of Stimulus	주차 시설 및 주차 기기
Stimulus	시스템 재시작
Artifact	주차 시설 및 주차 기기
Environment	운영 환경 (Production Environment)
Response	주차 시설 및 주차 기기의 재시작 성공률 100%
Response Measure	• 주차시설 및 주차 기기 시스템 연동 상태 확인
Refined Scenario	시스템과 연동하는 주차시설 및 주차 기기는 시스템을 통해 자동으로 종료 및 재시작 할 수 있어야 한다.

8 QA-08 시스템 응답속도 최적화

QA Type	성능 (Performance)
Description	0.5초 이내에 카드 인식을 해야 한다.
Source of Stimulus	주차장 이용자
Stimulus	주차장 이용자가 주차이용요금 결제를 위하여 신용카드를 시스템에 입력한다.
Artifact	정산기기, 주차관리시스템
Environment	운영 환경 (Production Environment)
Response	0.5 초 이내에 기기로부터 전달받은 시스템이 신용카드 정보를 인식하고 결제 요청을 진행한다.
Response Measure	시스템이 요청을 처리하는 시간과 CPU, Memory 등 리소스 사용량 등을 측정 • 평균/최소/최대/백분율 응답시간 • CPU 사용율/메모리 사용량/디스크 사용량/네트워크 사용량 • 동시 접속 사용자 수
Refined Scenario	임계성능테스트를 통해 주차관리시스템의 최적 평균 응답시간을 도출하고 시스템이 해당 수치를 달성하도록 해야 한다. 모바일/웹 어플리케이션의 경우, 최대 허용 동시 사용자를 산정하고 시스템 성능이 이를 만족해야 한다.

9 QA-09 24시간 모니터링 시스템

QA Type	가용성 (Availability)
Description	주차장에 설치되는 모든 장비에 대한 상태 정보(정상, 에러 등)를 실시간으로 확인 가능하도록 구축하여야 한다.
Source of Stimulus	차단기
Stimulus	차단기 오류 발생
Artifact	주차관리시스템
Environment	운영 환경 (Production Environment)
Response	알람을 통해 차단기 상태 및 에러 메시지를 출력한다.
Response Measure	• 알람 메시지와 실제 차단기의 에러 발생 시각 및 차단기 에러 상태 일치 여부 • 에러 발생 이력 확인 가능 여부
Refined Scenario	주차장에 설치되는 모든 장비에 대한 상태 정보(정상, 에러 등)를 실시간으로 1년 365일 하루 24시간 동안 확인 가능하도록 모니터링 시스템을 구축하여야 한다.

10 QA-10 데이터 보안

QA Type	보안 (Security)
Description	보안대책을 수립하여 데이터가 누출되지 않도록 해야 한다.
Source of Stimulus	개인정보를 위협하는 사이버 공격
Stimulus	개인정보를 위협하는 사이버 공격 발생
Artifact	주차장 근무자 및 주차장 이용자 관련 개인 정보
Environment	개발(DEV)/테스트(STG)/운영(PRD) 환경
Response	개인 정보 데이터를 유출, 손상, 변조 및 오용으로부터 보호
Response Measure	• 개인정보보호법 및 정보공개법 등 데이터 보안 규제 준수 여부 • 민감 데이터 암호화/마스킹 관리 여부 • 보안 업무 규정 (컴플라이언스) 정책 설정 여부
Refined Scenario	데이터 보호를 위한 컴플라이언스 정책을 수립하고 데이터 보안 규제를 준수해야 한다.

11 QA-11 데이터 백업

QA Type	신뢰성 (Reliability)
Description	데이터베이스는 주기적인 백업 및 관리자가 원하는 시간에 백업이 가능하도록 설정해야 한다.
Source of Stimulus	Database 백업 주기 도달
Stimulus	Database 백업
Artifact	Database
Environment	운영 환경 (Production Environment)
Response	개발 및 운영팀의 업무 정책에 의해 DB 백업 작업이 수행된다.
Response Measure	• 정기 백업 및 비 정기 백업 정책 설정 여부
Refined Scenario	데이터베이스는 주기적인 백업 및 관리자가 원하는 시간에 백업이 가능하도록 설정해야 한다.

12 QA-12 시스템과 주차시설 및 기기와의 상호운용성

QA Type	상호운용성 (Interoperability), 가용성(Avaliability)
Description	주차장 자체의 주차관제(DB)서버를 중심으로 주차관리시스템과 관련 기기들이 연계되어 운영되어야 한다.
Source of Stimulus	차량 진입
Stimulus	차량이 주차장에 진입하여 주차
Artifact	주차관리시스템
Environment	운영 환경 (Production Environment)
Response	주차 전체 과정동안 시스템에 의한 주차기기 제어로 차량 주차 완료
Response Measure	• 시스템의 기기 별 원격제어 수행 성공률 • 시스템의 기기 별 원격제어 수행 실패율
Refined Scenario	주차관리시스템을 중심으로 주차 기기/시설의 상호작용 가용률은 99.99%[1]를 만족해야 한다.

---

1 가용율 99.99%: 하루당 장애시간 8.64초, 주당 장애시간 1.01분, 월당 장애시간 4.38분, 연간 장애시간 52.60분을 허용

13 QA-13 장애 시 주차기기 수동 제어 전환

QA Type	신뢰성 (Reliability)
Description	정전, 통신 장애 등 비상 상황이 발생할 경우 주차장 이용고객이 입/출차가 가능하도록 차단기가 수동으로 조작될 수 있어야 한다.
Source of Stimulus	차량 번호 인식 오류
Stimulus	차량 번호 인식 오류로 System에서 차단기 Open 실패
Artifact	차단기
Environment	운영 환경 (Production Environment)
Response	차단기 제어 설정을 수동으로 전환
Response Measure	• 주차시설 및 주차 기기 제어 설정 변경 여부 확인 • 주차시설 및 주차 기기 제어 실패 이력 확인
Refined Scenario	정전, 통신 장애 등 비상 상황이 발생할 경우 주차장 관리자가 주차 시설 및 주차 기기를 수동으로 제어할 수 있어야 한다.

14 QA-14 VoIP 스피커 성능

QA Type	성능 (Performance)
Description	VoIP폰의 기본 스피커가 1.5m이상에서 청취하기에 음량이 적절 해야 한다.
Source of Stimulus	주차장 관리자
Stimulus	VoIP로 주차장 이용자와 통신
Artifact	VoIP 스피커
Environment	운영 환경 (Production Environment)
Response	1.5m이상에서 스피커에서 나오는 음성이 명확하게 들린다.
Response Measure	• MOS[2](Mean Opinion Score) 통화 품질 평가 • 스피커 음량 제어 가능 여부
Refined Scenario	주차관리시스템이 VoIP 통신 상태를 모니터링하고 1.5m거리에서 명확히 들리도록 음량 크기를 원격으로 제어할 수 있어야 한다.

---

2 'Mean Opinion Score', 먼저 깨끗한 원음을 듣고 나서, 다시 인터넷 전화를 통해 전달된 음성을 들은 후 1점에서 5점까지(5-Excellent, 4 -Good, 3 - Fair, 2 -Poor, 1 -Bad) 점수를 주어 평가하는 방식

15 QA-15 차량번호 인식 성능

QA Type	성능 (Performance)
Description	기존 차량 번호, '19년 바뀐 차량번호 및 차량 종류별 (택시, 버스, 대중교통, 전기차 등) 번호 인식 잘 되어야 한다.
Source of Stimulus	차량번호 인식기
Stimulus	진입하는 차량의 차량번호를 촬영하여 시스템에 차량번호 인식 결과 전송
Artifact	차량번호 인식기
Environment	운영 환경 (Production Environment)
Response	실제 차량번호와 일치하는 차량번호 인식 결과 출력
Response Measure	• 차량번호 인식 결과 정확성
Refined Scenario	차량번호 인식 결과 정확성이 100%를 만족하고, 인식 결과로 차량 종류 구분이 가능해야 한다.

16 QA-16 결제수단 다양화 및 확장

QA Type	확장성 (Extensibility)
Description	신용카드, 하이패스, 모바일 간편결제 등 다양한 결제수단을 지원해야 하고, 추후에도 결제수단 확장이 되어야 한다.
Source of Stimulus	결제시스템
Stimulus	주차장 이용자가 선택한 결제수단으로 이용요금 결제를 요청
Artifact	결제시스템
Environment	운영 환경 (Production Environment)
Response	이용요금 결제 성공
Response Measure	지원하는 결제수단 종류
Refined Scenario	PG(Payment Gateway) API를 연동하여 신용카드, 하이패스, 서울시 바로녹색결제, 계좌이체, 모바일 간편결제 서비스[3]로 결제할 수 있어야 하며 결제수단은 추가될 수 있어야 한다.

---

3 노아름 기자, '연합전선 이탈 네이버, 간편결제 밑그림 수정에 무게', 자본시장 미디어 'thebell', 2021-06-24

17 QA-17 복제 카드 사용 불가

QA Type	보안 (Security)
Description	복제 부정 카드를 사용할 수 없도록 해야 한다.
Source of Stimulus	카드 리더기
Stimulus	결제 시스템에서 입력된 카드 정보의 유효성 검사 수행
Artifact	결제 시스템
Environment	운영 환경 (Production Environment)
Response	입력된 카드 정보의 유효성 결과를 출력한다.
Response Measure	• 신용카드 식별번호(BIN) 유효성 결과 • 카드번호 검증코드(Check Digit) 검증 결과 • 보안코드(CVV) 검증 결과
Refined Scenario	부정카드 이용을 최소화하도록 입력된 카드 정보 유효성 검사를 PG사 결제 요청 전에 수행해야 한다.

18 QA-18 결제정보 암호화 및 보안

QA Type	보안 (Security)
Description	개인정보보호를 위해 카드번호는 정산 완료 후 계약당사자가 지정 한 위치를 마킹(' *' 등) 기호로 대체하고 노출 시에도 마킹 처리된 내용에 대하여 판독이 불가해야 한다.
Source of Stimulus	카드 리더기
Stimulus	주차장 이용요금 결제를 위해 입력된 카드 정보 처리
Artifact	결제 시스템
Environment	운영 환경 (Production Environment)
Response	카드번호는 마스킹 처리되어 조회된다.
Response Measure	• 개인식별정보 마스킹 처리 여부 • 데이터 DB 저장 시 암호화 또는 토큰화 여부 • 인증과 인가를 이용한 결제 정보 접근제어 처리 여부
Refined Scenario	주차관리시스템의 결제 및 매출 정보와 개인정보와 같은 민감정보를 구분하여 관련 규정을 준수하고 데이터 마스킹/암호화/토큰화 처리 및 저장공간 격리와 같은 보안 조치가 적용되어야 한다.

19 QA-19 다양한 디바이스를 지원하는 웹/모바일 어플리케이션 제공

QA Type	이식성 (Portability)
Description	다양한 디바이스 (단말, 인터넷, PDA, 모바일 등)를 이용해 정산조회가 가능해야 한다.
Source of Stimulus	주차장 이용자
Stimulus	주차장 정기권/할인권 등의 이용권 구매 및 등록을 위한 웹/모바일 어플리케이션 이용
Artifact	주차장 웹/모바일 어플리케이션
Environment	운영 환경 (Production Environment)
Response	AndroidOS, IOS, 모바일 브라우저, PC 브라우저로 웹 어플리케이션에 접속이 된다.
Response Measure	• IOS 및 AndroidOS 버전 별 모바일 어플리케이션 설치 가능 여부 • 웹 어플리케이션의 Chrome, Safari 등 Cross Browsing 지원 여부
Refined Scenario	주차장 웹/모바일 어플리케이션은 Android OS, IOS, Cross Browsing이 지원되어야 한다.

20 QA-20 외부망(ADSL, VDSL, 광랜)을 이용한 사용자 인터페이스 접근

QA Type	사용성 (Usability)
Description	사용자가 쉽게 사용할 수 있는 UI를 채택하고 신용카드, 핸드폰 등 주차요금에 대한 결제 시 주차장 이용자에게 허가된 외부망(ADSL, VDSL, 광랜)을 통하여 결제되어야 한다.
Source of Stimulus	주차관리시스템 이용권 구매 어플리케이션 사용자
Stimulus	인터넷 외부망에서 이용권구매 모바일/웹 어플리케이션 접근
Artifact	이용권구매 모바일/웹 어플리케이션
Environment	운영 환경 (Production Environment)
Response	모바일/웹 어플리케이션 접속 성공
Response Measure	• Google Page Speed Insight Score를 이용한 웹 어플리케이션 성능 측정 (First Contentful Paint (FCP) 1800ms 이내, First Input Delay (FID) 100ms 이내, Largest Contentful Paint (LCP) 2500ms, and Cumulative Layout Shift (CLS) 0.1 이하) • 플랫폼 별 모바일 어플리케이션 성능 측정
Refined Scenario	주차관리시스템 네트워크는 내부망과 이용권 구매 어플리케이션 서비스망을 분리해야 하며 어플리케이션의 웹 성능은 Google Lighthouse Score 80 점 이상이어야 한다.

8.3.6 QAW와 ATAM의 차이점

QAW와 유사한 방법으로 SEI에서 개발한 ATAM (Architecture Tradeoff Analysis Method)이 있습니다. 하지만 두 방법은 목적과 적용 방식에서 차이가 있습니다.

표 8-4 QAW와 ATAM 차이점

비교 항목	QAW (Quality Attribute Workshop)	ATAM (Architecture Tradeoff Analysis Method)
목적	품질 속성을 정의하고 시나리오를 개발	아키텍처의 품질 속성을 평가하고 개선
시점	소프트웨어 개발 초기 단계	아키텍처가 일부 설계된 이후 평가 단계
초점	품질 속성을 식별하고 이해관계자와 공유	아키텍처 결정이 품질 속성에 미치는 영향 분석
결과	품질 속성 목록과 시나리오 정의	품질 속성 분석 및 아키텍처 개선 제안

8.3.7 QAW의 활용 예시

- **대규모 정보 시스템 개발**: 정부 기관에서 대규모 정보 시스템을 구축할 때, 다양한 부서의 이해관계자가 참여하여 품질 속성을 논의.
- **클라우드 기반 시스템 설계**: 클라우드 환경에서 가용성, 확장성, 성능이 중요한 경우 QAW를 통해 비기능적 요구사항을 정의.
- **IoT(사물인터넷) 시스템 개발**: IoT 환경에서는 보안성과 신뢰성이 핵심 요소이므로, 이를 초기에 명확히 정의하는 데 사용.

8.3.8 결론

QAW는 **소프트웨어 시스템의 품질 속성을 명확하게 정의하고 이해관계자 간의 공통된 인식을 형성하는 데 유용한 워크숍 방법론**입니다.

소프트웨어 아키텍처 설계 초기에 적용하면 **품질 요구사항을 명확히 하고, 향후 설계 및 개발 과정에서 발생할 수 있는 품질 문제를 사전에 예방**할 수 있습니다.

특히 **대규모 시스템, 보안이 중요한 애플리케이션, 클라우드 및 IoT 시스템** 등에서 QAW를 활용하면 품질 속성을 효과적으로 관리할 수 있습니다.

연습 문제

주관식 문제

1. ISO/IEC 25010 품질 모델에서 소프트웨어 품질 특성은 총 몇 개의 주요 카테고리로 분류되는가?

2. SEI에서 정의한 소프트웨어 아키텍처 품질 속성(Quality Attributes) 중 '시스템이 일정한 가동률을 유지하며 장애 발생 없이 지속적으로 서비스할 수 있는 능력'을 무엇이라고 하는가?

3. QAW(Quality Attribute Workshop)의 주요 목적 중 하나는 무엇인가?

4. ATAM(Architecture Tradeoff Analysis Method)과 QAW의 주요 차이점 중 하나를 서술하시오.

5. 시나리오 브레인스토밍 단계에서 고려해야 하는 세 가지 주요 시나리오 유형을 나열하시오.

6. QAW에서 이해관계자의 요구 사항을 체계적으로 분석하고 이를 기반으로 품질 속성을 식별하는 주요 단계는 무엇인가?

7. 아키텍처 동인(Architectural Drivers)을 식별하는 과정에서 고려해야 할 핵심 요소 두 가지를 서술하시오.

8. 시스템의 확장성(Scalability)을 고려해야 하는 주요 비즈니스 품질 속성은 무엇인가?

9. QAW에서 시나리오를 통합하는 주요 목적은 무엇인가?

10. 소프트웨어의 변경 용이성(Modifiability)을 높이기 위한 주요 설계 원칙 두 가지를 서술하시오.

연습 문제

객관식 문제

(각 문제마다 정답은 하나입니다.)

11. ISO/IEC 25010 품질 모델에서 "시스템이 요구된 기능을 정확하고 완전하게 제공하는 정도"를 의미하는 품질 특성은 무엇인가?
    (A) 신뢰성 (Reliability)
    (B) 기능적합성 (Functional Suitability)
    (C) 사용성 (Usability)
    (D) 유지보수성 (Maintainability)

12. SEI에서 정의한 품질 속성 중 "소프트웨어가 변화하는 요구사항에 대응하여 쉽게 수정될 수 있는 능력"을 의미하는 것은?
    (A) 성능 (Performance)
    (B) 보안 (Security)
    (C) 변경 용이성 (Modifiability)
    (D) 사용성 (Usability)

13. 아래 설명에 해당하는 QAW 단계는 무엇인가?

    > "이 단계에서는 이해관계자가 시스템의 품질 속성을 보다 구체적으로 표현할 수 있도록 시나리오를 생성하는 과정이 포함된다."

    (A) 시나리오 브레인스토밍 (Scenario Brainstorming)
    (B) 아키텍처 동인 식별 (Identification of Architectural Drivers)
    (C) 시나리오 개선 (Scenario Refinement)
    (D) 시나리오 통합 (Scenario Consolidation)

연습문제

14. SEI의 품질 속성 중 '소프트웨어가 다른 환경에서도 원활하게 동작할 수 있는 능력'을 의미하는 것은?

(A) 신뢰성 (Reliability) (B) 사용성 (Usability)
(C) 이식성 (Portability) (D) 보안성 (Security)

15. 소프트웨어 시스템의 품질 속성을 평가하고, 이해관계자 간의 공통된 인식을 형성하기 위한 워크숍 방식은?

(A) QAW (B) ATAM
(C) FMEA (D) SCRUM

16. 다음 중 SEI에서 정의한 소프트웨어 아키텍처 품질 속성이 아닌 것은?

(A) 성능 (Performance)
(B) 보안 (Security)
(C) 고객 만족도 (Customer Satisfaction)
(D) 변경 용이성 (Modifiability)

17. 아키텍처 동인(Architectural Drivers) 식별 과정에서 가장 먼저 수행해야 하는 단계는?

(A) 아키텍처 다이어그램 작성
(B) 초기 정보 수집
(C) 시스템 테스트 계획 수립
(D) 사용자 교육 진행

18. QAW 프로세스에서 '시나리오의 중요도를 평가하고 우선순위를 정하는 단계'는?

(A) 시나리오 브레인스토밍
(B) 시나리오 통합
(C) 시나리오 개선
(D) 시나리오 우선순위 선정

연습 문제

19. ATAM과 QAW의 차이점으로 적절한 것은?
    (A) ATAM은 품질 속성을 정의하는 과정이고, QAW는 아키텍처 평가를 수행한다.
    (B) QAW는 초기 단계에서 품질 속성을 정의하고, ATAM은 아키텍처의 품질 속성을 평가하고 개선한다.
    (C) QAW는 성능 분석에 초점을 맞추고, ATAM은 UI 디자인을 평가한다.
    (D) ATAM은 시스템 운영 환경을 분석하는 기법이며, QAW는 하드웨어 설계를 평가하는 기법이다.

20. 소프트웨어 아키텍처 품질 속성 중 '시스템이 장애 발생 후 얼마나 신속하게 복구될 수 있는지'를 의미하는 속성은?
    (A) 신뢰성 (Reliability)
    (B) 복구성 (Recoverability)
    (C) 성능 (Performance)
    (D) 보안성 (Security)

CHAPTER 9

실무에서 사용하는 SW 아키텍처 설계 방법론(SEI ADD)

9.1 SEI ADD Overview
9.2 ADD의 주요 개념 및 핵심 원리
9.3 ADD 입력물 과 출력
9.4 ADD 프로세스
9.5 ADD에서 활용하는 주요 아키텍처 패턴
9.6 ADD적용 사례
9.7 ADD vs QAW vs ATAM 비교
9.8 ADD의 장점
9.9 결론
■ 연습문제

9.1 SEI ADD Overview

SEI(Software Engineering Institute)에서 개발한 **ADD (Attribute-Driven Design)** 방법론은 소프트웨어 아키텍처 설계를 체계적으로 수행하는 방법입니다.

ADD는 **품질 속성(Quality Attributes)**을 기반으로 아키텍처를 점진적으로 구체화하는 방식으로, 시스템의 비기능적 요구사항(Non-functional Requirements, NFRs)을 충족시키기 위한 아키텍처 설계를 위하여 개발되었습니다.

> ADD method : 소프트웨어의 품질 속성 요구 사항을 기반으로 설계 프로세스를 적용하여 소프트웨어 아키텍처를 정의하는 접근 방식임.
>
> ADD는 아키텍처 전술[Bass 03]과 도출된 요구 사항을 충족하는 패턴을 적용하여, 시스템 또는 시스템 요소를 분해하는 재귀적 설계 프로세스(recursive design process)를 따릅니다.
>
> 뒷 장 그림 1에 나와 있는 것처럼 ADD는 기본적으로 "계획, 실행, 확인" 주기를 따릅니다.
>
> - 계획(Plan): 품질 속성 및 설계 제약 조건을 고려하여 아키텍처에서 사용할 요소 유형을 선택합니다.
> - Do: 요소는 기능적 요구사항뿐만 아니라 품질 속성 요구사항을 충족하기 위해 인스턴스화됩니다.
> - 확인(Check): 결과 설계를 분석하여 요구 사항이 충족되는지 확인합니다.
>
> 이 프로세스는 아키텍처적으로 중요한 모든 요구 사항이 충족될 때까지 반복됩니다.

그림 9-1 ADD 소개 1

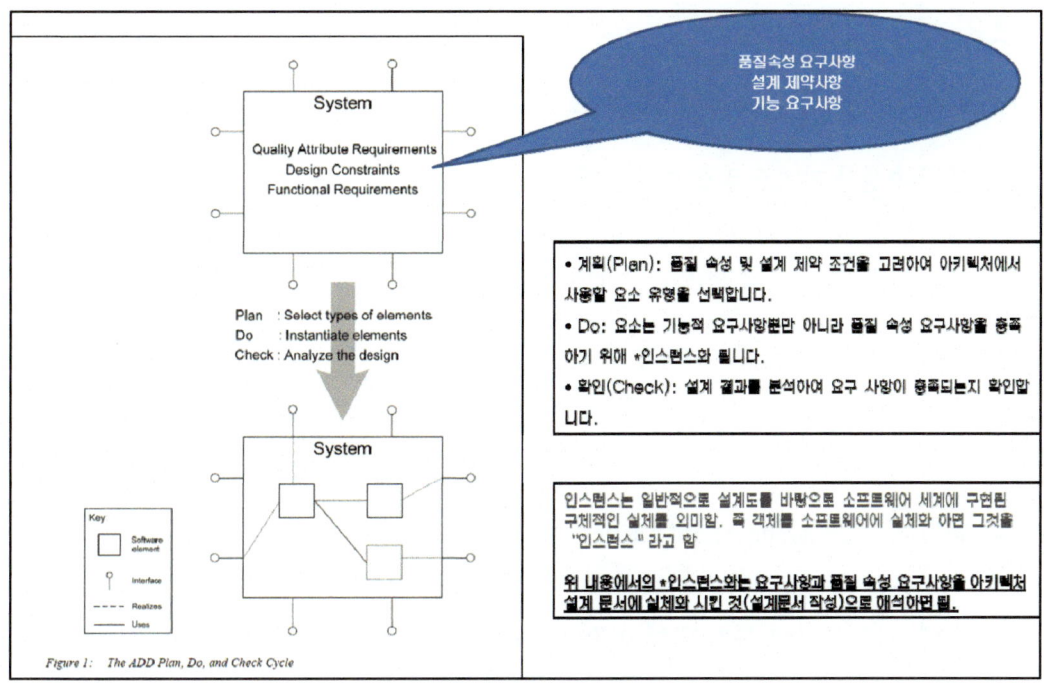

그림 9-2 ADD 소개 2

9.2 ADD의 주요 개념 및 핵심 원리

9.2.1 ADD의 주요 개념

ADD는 시스템의 품질 속성을 최우선적으로 고려하여 아키텍처를 설계하는 방법론입니다. 기존의 아키텍처 설계 방법들이 기능적 요구사항(Functional Requirements)에 초점을 맞추는 반면, ADD는 비기능적 요구사항(Non-functional Requirements, 즉 품질 속성)을 기반으로 설계를 진행합니다.

즉, ADD는 다음과 같은 질문에 답을 제공합니다.

- 성능, 보안, 가용성 등의 요구사항을 만족시키기 위해 아키텍처를 어떻게 설계할 것인가?
- 품질 속성 간의 트레이드오프(trade-off)를 어떻게 관리할 것인가?
- 아키텍처의 주요 설계 결정(Architectural Decisions)을 어떻게 체계적으로 진행할 것인가?

9.2.2 ADD의 핵심 원리

ADD는 다음과 같은 3가지 핵심 원리를 기반으로 작동합니다.

① **품질 속성을 기반으로 설계를 진행**
- 기능적 요구사항이 아니라, 품질 속성이 설계의 중심이 됨.
- 예: 성능 최적화를 위해 로드 밸런싱(Load Balancing)을 도입.

② **점진적인 설계 (Iterative Refinement)**
- 아키텍처를 한 번에 완성하는 것이 아니라, 점진적으로 세부적인 부분을 설계함.
- 높은 수준(Level 1)에서 시작하여 점차 세부적인 수준(Level 2, Level 3)으로 구체화.

③ **패턴 및 전술(Architectural Tactics and Patterns) 활용**
- 검증된 소프트웨어 아키텍처 패턴을 활용하여 품질 속성을 충족.
- 예: 보안을 강화하기 위해 **인증(Authentication)** 및 **접근 제어(Access Control)** 패턴을 적용.

9.3 ADD 입력물과 출력

9.3.1 ADD(Attribute Driven Design)의 입력물

3.1 Inputs to ADD (1)

ADD에 대한 입력은 시스템 이해 관계자가 비즈니스 및 미션 목표에 따라 우선 순위를 지정하는 <u>기능 요구 사항, 설계 제약 조건 및 품질 속성 요구 사항임</u>.

여기서, 기능 요구 사항은 소프트웨어가 특정 조건에서 사용될 때 명시적이고 묵시적인 이해 관계자의 요구를 충족하기 위해 시스템이 제공해야 하는 기능을 의미함[ISO 01].

<u>아래 내용은 기능 요구 사항의 샘플 목록임.</u>

- 시스템은 사용자가 증권을 사고 팔 수 있도록 해야 함.
- 시스템은 사용자가 각 계정의 활동을 검토할 수 있도록 해야 함.
- 시스템은 기상 센서의 입력을 모니터링하고 기록해야 함.
- 시스템은 원자로 노심 온도 변화를 운영자에게 알려야 함.
- 시스템은 모든 위성의 궤도와 궤적을 계산하고 표시해야 함.

3.1 Inputs to ADD (2)

<u>설계 제약은</u> 시스템의 최종 설계에 통합되어야 하는 시스템 설계에 대한 결정임.
그들은 미리 결정된 결과를 가진 디자인 결정을 의미함.

예를 들어 다음은 설계 제약 조건의 샘플 목록입니다.

- Oracle 8.0은 영구 저장소에 사용됩니다.
- 시스템 서비스는 World Wide Web을 통해 액세스할 수 있어야 합니다.
- 시스템은 Visual Basic을 사용하여 구현되어야 합니다.
- 시스템은 게시/구독을 통해서만 다른 시스템과 상호 작용해야 합니다.
- 시스템은 Windows 및 Unix 플랫폼에서 모두 실행됩니다.
- 시스템은 레거시 애플리케이션과 통합되어야 합니다.

Design constraints are decisions about a system's design that must be incorporated into any final design of the system.
They represent a design decision with a predetermined outcome.
For example, here is a sample list of design constraints:

- Oracle 8.0 shall be used for persistent storage.
- System services must be accessible through the World Wide Web.
- The system shall be implemented using Visual Basic.
- The system shall only interact with other systems via Publish/Subscribe.
- The system shall run on both Windows and Unix platforms.
- The system shall integrate with legacy applications.

3.1 Inputs to ADD (3)

<u>품질 속성 요구 사항은</u> 시스템이 다양한 속성을 나타내야 하는 정도를 나타내는 요구 사항으로 구성됨.

예를 들어 다음은 품질 속성 요구 사항의 샘플 목록입니다.

- 구축 가능성 : 시스템은 6개월 이내에 구축할 수 있어야 합니다.
- 가용성 : 시스템은 1초 이내에 프로세서 충돌에서 복구됩니다.
- 이식성 : 시스템은 사용자 인터페이스(UI)가 6개월 이내에 새로운 플랫폼으로 이식될 수 있도록 해야 합니다.
- 성능 : 시스템은 1초 이내에 센서 입력을 처리해야 합니다.
- 보안 : 시스템은 승인되지 않은 사용자에 대한 액세스를 100% 거부합니다.
- 테스트 가능성: 시스템은 85% 경로 적용 범위에서 3시간 이내에 단위 테스트를 수행할 수 있어야 합니다.
- 사용성 : 시스템은 사용자가 1초 이내에 작업을 취소할 수 있어야 합니다.
- 용량 : 시스템의 CPU 사용률은 최대 50%를 넘지 않아야 합니다.

3.1 Inputs to ADD (4)

기능 요구 사항, 설계 제약 조건 및 품질 속성 요구 사항은 앞에서 학습한 예시와 같이 명시적인 내용도 있지만, 묵시적인 경우도 많이 있음.

예를 들어 다음은 몇 가지 묵시적 제약 및 요구 사항임.

- "모든 시스템 거래가 증권거래위원회의 검토 대상임을 감안할 때"는 시스템이 영구적인 거래 로그를 유지하고 해당 거래를 기반으로 한 보고서 생성을 지원해야 함을 의미합니다. (로그 유지 및 보고서 생성 기능 요구사항)
- "Joe가 시스템의 영구 저장소 측면을 처리하는 데 가용할 수 있는 유일한 리소스(인적자원)이고 Joe가 Oracle 경험이 있다는 점을 감안할 때"는 Oracle을 영구 저장소에 사용해야 함을 의미합니다. (인적 제약사항)
- "시스템에 대한 시장 수요가 8개월 이내에 극적으로 증가할 것이라는 점을 감안할 때"는 우리 시스템이 6개월 이내에 구축 가능해야 함을 의미합니다. (기간적 제약사항)

> Functional requirements, design constraints, and quality attribute requirements may be implied rather than explicit.
> For example, here are several implied constraints and requirements:
> • "Given that all system transactions are subject to review by the Securities and Exchange Commission" implies that the system must keep a permanent trans-action log and support report generation based on those transactions.
> • "Given that Joe is the only resource available to handle the persistent storage aspects of the system and that Joe only has Oracle experience" implies that Oracle must be used for persistent storage.
> • "Given that market demand for the system will increase dramatically within eight months" implies that our system must be buildable within six months.

* 묵시적 : 직접적으로 말이나 행동으로 드러내지 않고 은연중에 뜻을 나타내 보이는

3.1 Inputs to ADD (5)

어떤 경우에는, 특정 조건을 기능 요구 사항, 설계 제약 조건 또는 품질 속성 요구 사항으로 분류하는 것이 어려울 수 있음.

예를 들어 다음은 분류되지 않은 두 가지 요구 사항입니다.

- 사용자 인증을 제공하기 위한 보안요구사항은 기능요구사항 또는 품질속성요구사항으로 해석될 수 있다.
- 특정 레거시 응용 프로그램과의 상호 운용성을 위한 요구 사항은 기능 요구 사항 또는 설계 제약 조건으로 해석 될 수 있습니다.

다행스럽게도 세 가지 종류의 입력을 구별하는 것은 ADD를 시작하기 전에 이러한 입력을 수집하는 것만큼 중요하지 않습니다.

이 문서의 나머지 부분에서는 위의 ADD 입력을 집합적으로 "요구사항"이라고 합니다.

9.3.2 ADD(Attribute Driven Design)의 예상 출력물

3.2 Outputs to Expect From ADD (1)

ADD의 출력은 역할, 책임, 속성 및 소프트웨어 요소 간의 관계 측면에서 시스템 설계입니다.

이 문서 전체에서 다음 용어가 사용됩니다.

- 소프트웨어 요소: 다양한 역할과 책임을 수행하고 속성을 정의하고 다른 소프트웨어 요소와 관련하여 시스템 아키텍처를 구성하는 계산 또는 개발 아티팩트 [Bass 03]
- 역할: 일련의 관련 책임 [Wirfs-Brock 03]
- 책임: 소프트웨어 요소가 제공하는 기능, 데이터 또는 정보
- 속성: 이름, 유형, 품질 속성 특성, 프로토콜 등과 같은 소프트웨어 요소에 대한 추가 정보 [Clements 03]
- 관계(or Interface): 두 소프트웨어 요소가 서로 연관되거나 상호 작용하는 방법에 대한 정의

The output of ADD is a system design in terms of the roles, responsibilities, properties, and relationships among software elements.
The following terms are used throughout this document:
- software element: a computational or developmental artifact that fulfills various roles and responsibilities, has defined properties, and relates to other soft-ware elements to compose the architecture of a system [Bass 03]
- role: a set of related responsibilities [Wirfs-Brock 03]
- responsibility: the functionality, data, or information that a software element provides
- property: additional information about a software element such as name, type, quality attribute characteristic, protocol, and so on [Clements 03]
- relationship: a definition of how two software elements are associated with or interact with one another

---

3.2 Outputs to Expect From ADD (2)

ADD로 인한 설계는 C&C, Allocation, Module View를 포함하여 다양한 유형의 아키텍처 View를 적절하게 사용하여 문서화됩니다[Clements 03].

일반적으로 ADD는 일련의 설계 결정으로부터 초기 소프트웨어 아키텍처 Description을 생성하여 아래의 내용을 보여줍니다.

1. 시스템을 주요 개발 요소로 분할하는 방법 (요소 분할)
2. 시스템의 다른 구조의 일부가 될 요소, 각 요소의 유형, 소유하는 속성 및 구조적 관계
   (요소 속성 및 구조적(Detail Level) 관계)
3. 요소들 사이에서 어떤 상호작용이 일어날 것인지, 그러한 상호작용의 속성과 그것들이 일어나는 메커니즘
   (요소 간의 관계(or Interface))

위의 각 범주에 대한 특정 설계 결정은 이 문서의 나머지 부분에서 ADD 단계를 설명할 때 제공됩니다.

9.4 ADD 프로세스

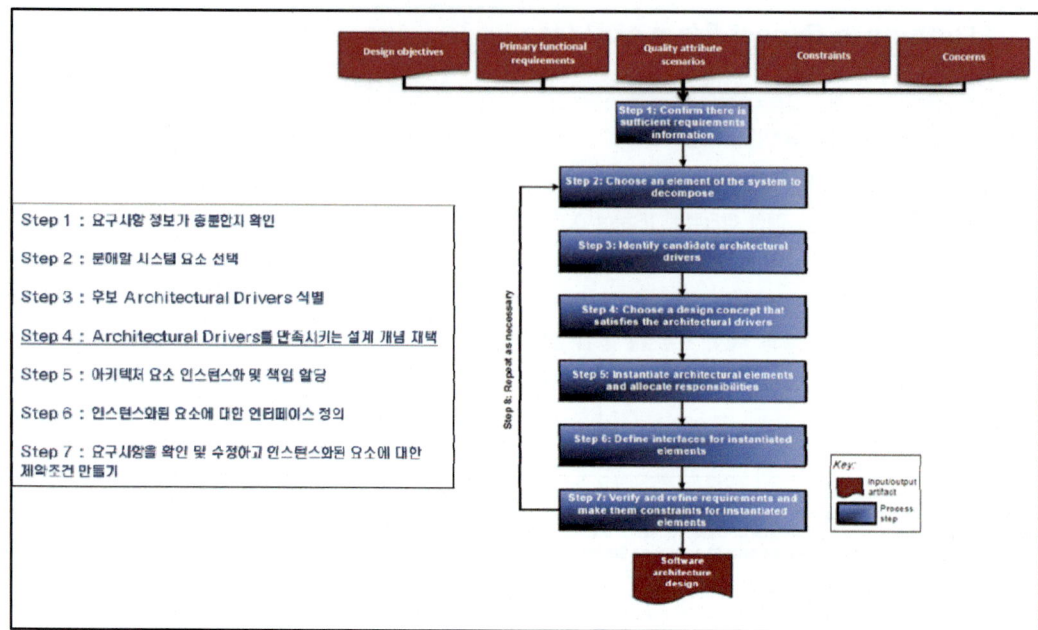

Step 1 : 요구사항 정보가 충분한지 확인
Step 2 : 분해할 시스템 요소 선택
Step 3 : 후보 Architectural Drivers 식별
Step 4 : Architectural Drivers를 만족시키는 설계 개념 재택
Step 5 : 아키텍처 요소 인스턴스화 및 책임 할당
Step 6 : 인스턴스화된 요소에 대한 인터페이스 정의
Step 7 : 요구사항을 확인 및 수정하고 인스턴스화된 요소에 대한 제약조건 만들기

9.4.1 요구사항 정보가 충분한지 확인 (ADD Step 1)

4.1 What does STEP 1 Involve ? (1)

첫 번째 단계에서 ADD를 진행하기 위한 요구 사항에 대한 충분한 정보가 있는지 확인합니다.
본질적으로 시스템의 이해 관계자가 비즈니스 및 미션 목표에 따라 요구 사항의 우선 순위를 지정했는지 확인합니다.
또한 계속 진행하려면 품질 속성 요구 사항에 대한 충분한 정보가 있는지 확인해야 합니다.
설계자는 우선 순위가 지정된 요구 사항 목록을 사용하여 설계 중에 집중할 시스템 요소를 결정합니다.
이해 관계자에게 중요한 순서대로 요구 사항과 아키텍처 구조에 대한 잠재적 영향을 고려합니다.
우선 순위가 지정되지 않은 요구 사항 : 플래그를 지정하고 순위를 매기기 위해 이해 관계자에게 반환해야 함.

(2 많은 개발 시나리오에서 전체 및 완전한 요구 사항은 아키텍팅 프로세스의 상당히 늦은 단계 까지, 알려지지 않을 수 있습니다. 또한, ADD가 시작될 때 요구 사항이 불완전할 수 있습니다.
ADD는 설계 단계에서 사용 가능한 요구 사항을 기반으로 아키텍처 설계를 생성합니다.
아키텍트는 잠정적인 것으로 알려진 요구 사항을 기반으로 설계 결정을 표시하고, 추후에 구체적 요구사항이 도출되면, 더 나은 입력(요구사항)을 기반으로 프로세스를 백업 및 수정할 준비가 되어 있어야 합니다.)

(3 이해 관계자는 ADD의 첫 번째 단계 이전에 요구 사항의 우선 순위를 지정해야 합니다.
우선 순위 지정 프로세스는 ADD의 범위를 벗어납니다.)

4.1 What does STEP 1 Involve ? (2)

또한 시스템의 품질 속성 요구 사항에 대한 정보가 충분한지 확인해야 합니다.
각 품질 속성 요구 사항은 품질 속성 시나리오[Bass 03]와 동일한 방식으로 "자극-반응" 형식으로 표현되어야 합니다.
각 요구 사항은 다음과 같이 명시적으로 설정된 특정 자극에 대한 시스템의 측정 가능한 품질 속성 응답으로 설명되어야 합니다.

- 자극 소스
- 자극
- Artifact (인공물, 대상체)
- 환경
- 응답
- Response Measure

각 품질 속성 요구 사항에 대한 이 정보를 알면 설계자가 이러한 요구 사항을 달성하기 위해 다양한 디자인 패턴과 전술을 선택하는 데 도움이 됩니다.
주어진 품질 속성 요구 사항에 대해 위의 정보를 사용할 수 없는 경우 파생된 요구 사항을 만들거나 이해 관계자와 협력하여 요구 사항을 명확히 해야 합니다.
어떤 경우에도 품질 속성 시나리오를 사용하여 이러한 요구 사항을 문서화할 수 있습니다.
이해 관계자가 요구 사항의 우선 순위를 지정하고 하나 이상의 품질 속성 요구 사항에 대한 충분한 정보가 있는 한 설계를 진행할 수 있습니다. 결과 설계는 지금까지 수집된 요구 사항이 아키텍처 설계에 영향을 미칠 정도로 충분할 것입니다.

Step 1 : 요구사항 정보가 충분한지 확인_품질속성 예시 *illustrative*

- **Quality Attribute Title Scenario Performance Efficiency (Time Behavior 사례)**
  - QA-01 Title Scenario 작성사례_빌딩에너지관리 시스템 계측이력 조회속도

QA Type : Performance Efficiency (Time Behavior)

Description :
- [2번] 관리자 PC에서 계측 이력(약 4천건) 조회 기능 실행 시, 조회 버튼을 클릭한 시점부터 2초안에 조회 결과가 화면에 나타나야 한다.

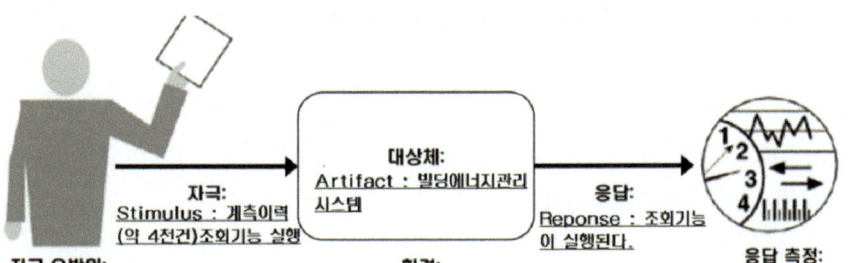

Step 1 : 요구사항 정보가 충분한지 확인_품질속성 예시
illustrative

- **Quality Attribute Title Scenario**
  - QA-01 Title Scenario 작성사례_빌딩에너지관리 시스템 계측이력 조회속도

QA Type (ISO/IEC 25010 기준)	Performance Efficiency (Time Behavior)
Description	관리자 PC에서 계측 이력 (약 4천건) 조회 기능 실행 시, 조회 버튼을 클릭한 시점부터 2초안에 조회 결과가 화면에 나타나야 한다.
Source of Stimulus	관리자
Stimulus	계측이력 (약 4천 건) 조회기능 실행
Artifact	빌딩에너지관리 시스템
Environment	시스템 정상 동작 중
Response	관리자가 계측이력 (약 4천 건)조회 기능을 실행하면, 집계정보가 화면에 조회된다.
Response Measure	조회버튼을 클릭한 시점부터 2초안에 조회결과가 화면에 보여야 한다.
관련 전략 or tactics	Memory Cache, Message Queue

9.4.2 분해할 시스템 요소 선택

Step 2 : 분해할 시스템 요소 선택 (Element에 대한 Divide & Conquer 적용)

5.1 WHAT DOES STEP 2 INVOLVE? (1)

이 두 번째 단계에서는 후속 단계에서 설계 초점이 될 시스템 요소를 선택함.
아래 두 가지 방법 중 하나로 이 단계에 도달할 수 있음.

1. "그린필드" 개발의 일환으로 처음으로 2단계에 도달(recursive process를 거치지 않고 최초로 2단계를 진행하는 경우) 하는 경우 : 분해할 수 있는 유일한 요소는 시스템 자체이며, 기본적으로 모든 요구 사항은 해당 시스템에 할당됨.

2. 부분적으로 설계된 시스템을 개선하고 이전에 2단계를 방문(이전의 ADD 반복) 한 적이 있는 경우 : 이 경우 시스템은 2개 이상의 요소(Element)로 분할되었으며, 해당 요소별로 요구 사항이 할당되었음. 다음 단계의 초점으로 각 요소를 분해한 후 분해한 요소에 요구사항을 할당함.

Step 2 : 분해할 시스템 요소 선택 (Element에 대한 Divide & Conquer 적용)

5.1 WHAT DOES STEP 2 INVOLVE? (1)

Types of systems

- Greenfield systems in novel domains
  - E.g. Google, Amazon, WhatsApp
  - Less well known domains, more innovative
- Greenfield systems in mature domains
  - E.g. "Traditional" enterprise applications, standard mobile applications
  - Well known domain, less innovative
- Brownfield systems
  - Changes to existing system

Green field systems : 새롭게 만드는 시스템

Brown field systems : 기존 시스템을 Update

Greenfield Systems in novel domains : (새로운 영역의 새롭게 만드는 시스템 : 좀 더 혁신적임)

Greenfield Systems in mature domains : (성숙된 영역에서의 새롭게 만드는 시스템 : 전통적 기업 응용 시스템, Standard Mobile Application)

Step 2 : 분해할 시스템 요소 선택 (Element에 대한 Divide & Conquer 적용)

5.1 WHAT DOES STEP 2 INVOLVE? (2)

두 번째 경우에는 <u>다음 네 가지 관심 영역 중 하나에 따라 집중할 요소(Element or Entity)를 선택할</u> 수 있습니다.

1. 아키텍처에 대한 현재 지식 (Current knowledge of the Architecture)

    - 선택할 수 있는 유일한 요소인 경우(예: 추가적으로 분해가 필요한 요소를 선택함)

    - 시스템의 다른 요소와의 종속성 수 (관계 or Coupling) (예: 많거나 적은 종속성)

2. 위험과 어려움 (Risk and Difficulty)

    - 요소 (Element or Entity)의 관련 요구 사항을 달성하는 것이 얼마나 어려운지
      => (ex) 기술적 난이도 : Reference가 없는 신기술 적용, 구현 난이도 : 기능 복잡도
    - 요소 (Element or Entity)의 관련 요구 사항을 달성하는 방법에 대해 얼마나 익숙한지
      => (ex) 구현에 대한 Reference가 풍부하고, 관련 경험을 가진 인력이 풍부한 경우
    - 요소 (Element or Entity)의 관련 요구사항을 달성하는 것과 관련된 위험
      => (ex) Reference가 없고, 관련 경험인력이 풍부하지 않은 신기술을 적용하는 경우
      => (최근 실제 사례 1) MSA도입 초기에 MSA 아키텍처 적용의 경우
      => (최근 실제 사례 2) 데이터 베이스 연동기술이 SQL Mapper(MyBatis)에서 ORM(Hibernate)으로 이전되는 초기에 ORM기술을 채택하는 경우

Step 2 : 분해할 시스템 요소 선택 (Element에 대한 Divide & Conquer 적용)

5.1 WHAT DOES STEP 2 INVOLVE? (2)

3. 사업기준 (Business Criteria)
   - 시스템의 점진적 개발에서 요소 (Element or Entity)가 수행하는 역할
   - 기능의 점진적 릴리스에서 수행하는 역할(즉, 하위 집합 가능성)
   - 구축, 구매, 라이선스 또는 오픈 소스로 사용할 것인지 여부
   - 출시 시간에 미치는 영향
   - 기존 시스템 구성 요소(legacy components)를 사용하여 구현되는지 여부
   - 구성 요소를 처리할 인력의 가용성
4. 조직적 기준 (Organizational Criteria)
   - 자원 활용에 미치는 영향(예: 인적 자원 및 컴퓨팅 자원)
   - 개발과 관련된 기술 수준
   - 조직의 개발 기술 향상에 미치는 영향
   - 권위 있는 누군가(주요 Stakeholder의 시스템 구축 목표)가 그것을 선택했는가 ?

9.4.3 후보 Architectural Drivers 식별

Step 3 : 후보 Architectural Drivers 식별

6.1 WHAT DOES STEP 3 INVOLVE? (1)

앞의 단계에서(At this point), 분해할 시스템 요소 (Element or Entity)를 선택했으며 이해 관계자는 해당 요소에 영향을 미치는 요구 사항의 우선 순위(이해관계자 관점 우선순위)를 지정하였습니다. (Step 1에서 시스템의 이해 관계자가 비즈니스 및 미션 목표에 따라 요구 사항의 우선 순위를 지정했는지 확인 하였음)

이 단계에서는 아키텍처에 대한 상대적 영향을 기준으로 동일한 요구 사항의 순위(아키텍처 관점 우선순위)를 두 번째로 지정합니다. 이 두 번째 순위는 각 요구 사항에 "높은 영향", "중간 영향" 또는 "낮은 영향"을 할당하는 것처럼 간단할 수 있습니다.

이해 관계자가 처음에 요구 사항의 순위를 지정했다면 아키텍처 영향을 기반으로 한 두 번째 순위는 요구 사항을 여러 그룹으로 부분적으로 정렬하는 효과가 있습니다.

간단한 상/중/하위 순위를 사용하는 경우 그룹은 아래의 우선순위를 가진다.
(이해관계자 관점 우선순위, 아키텍처 관점 우선순위)
(H,H) (H,M) (H,L) (M,H) (M,M) (M,L) (L,H) (L,M) (L,L)

Step 3 : 후보 Architectural Drivers 식별

6.1 WHAT DOES STEP 3 INVOLVE? (3)

선택한 요구 사항을 현재 분해 중인 요소 (Element or Entity)에 대한 "후보 아키텍처 드라이버" 라고 한다.

이렇게 선택된 후보 아키텍처 드라이버도, 아키텍처 Review 또는 추가 분석을 통해 후보 아키텍처 드라이버가 변경될 수 있다.

이 단계의 결과 요구 사항 목록은 아키텍처 구조에 영향을 미칠 수도 있고 영향을 미치지 않을 수도 있다.

아키텍처 구조에 영향을 미치는 것을 <u>아키텍처 드라이버라고</u> 합니다.

아키텍처 구조에 영향을 미치기 전 까지는 <u>후보 아키텍처 드라이버라고</u> 합니다.

9.4.4 Architectural Drivers를 만족시키는 설계 개념 채택

Step 4 : Architectural Drivers를 만족시키는 설계 개념 채택

7.1 WHAT DOES STEP 4 INVOLVE? (1)

4단계에서는 아키텍처에 나타날 주요 요소 유형과 요소 간의 관계 유형을 선택해야 한다.

설계 제약 및 품질 속성 요구 사항(후보 아키텍처 동인)은 요소, 관계 및 상호 작용의 유형을 결정하는 데 사용된다.

In Step 4, you should choose the major types of elements that will appear in the architecture and the types of relationships among them.

Design constraints and quality attribute requirements (which are candidate architectural drivers) are used to determine the types of elements, relationships, and their interactions.

Step 4 : Architectural Drivers를 만족시키는 설계 개념 채택

7.1 WHAT DOES STEP 4 INVOLVE? (2)

Architect는 다음 6가지 하위 단계를 따라야 한다.

1. 후보 아키텍처 드라이버와 관련된 설계 문제를 식별한다. 예를 들어, 가용성에 관한 품질 속성 요구 사항의 경우 주요 설계 문제는 결함 방지, 결함 감지 및 결함 복구일 수 있다[Bass 03].

Step 4 : Architectural Drivers를 만족시키는 설계 개념 채택

7.1 WHAT DOES STEP 4 INVOLVE? (2)

2. 각 디자인 문제에 대해 문제를 해결하는 대체 패턴 목록을 만든다.
   (패턴 순수주의자들은 패턴이 "야생에서" 적어도 세 번은 관찰된 것이라고 주장할 수 있습니다. 우리는 패턴이라는 용어를 더 느슨하게 사용하고 신제품도 포함합니다.) (SEI 관점을 Description)
   목록의 패턴은 다음에서 파생된다.
   - 어떤 패턴이 적절할지에 대한 지식, 기술 및 경험
   - 품질 속성을 달성하기 위한 알려진 아키텍처 전술 [Bass 03]
   - 후보 아키텍처 드라이버가 둘 이상의 품질 속성과 관련된 경우 여러 전술이 적용될 수 있음
   - 책, 논문, 회의 자료, 검색 엔진, 상용 제품 등과 같은 기타 출처

목록의 각 패턴에 대해 다음을 수행해야 함

a. 목록의 패턴과 전술 중에서 선택하는 데 도움이 되도록 각 패턴의 매개변수를 식별한다.
예를 들어, 모든 재시작 패턴(예: warm restart, cold restart)에서 재시작에 걸리는 시간은 구별되는 매개변수이다.
b. 식별 매개변수의 값을 추정

Step 4 : Architectural Drivers를 만족시키는 설계 개념 채택

7.1 WHAT DOES STEP 4 INVOLVE? (3)

3. 목록에서 후보 아키텍처 드라이버를 충족시키는 데 가장 적절하다고 생각하는 패턴을 선택하십시오. 선택에 대한 근거(rationale)를 기록하십시오.

(이상적으로는 모든 후보 아키텍처 드라이버를 만족시키는 패턴을 찾고 싶습니다. 그렇지 않으면 근접한 패턴을 선택하고 전술(Tactic)으로 보강하십시오. 근접한 패턴을 찾을 수 없으면 전술(Tactic)로 시작하십시오. 우리는 패턴이라는 용어를 사용하여 요소 유형과 그 관계를 설명합니다.)

어떤 패턴이 적절한지 결정하기 위해

a. <u>상단에 패턴이 있고 왼쪽에 나열된 후보 아키텍처 드라이버가 있는 매트릭스(뒷장 표 1 참조)를 만듭니다.</u>

매트릭스를 사용하여 각 후보 아키텍처 드라이버에 각 패턴을 적용하는 장점/단점을 분석합니다. 다음을 고려하세요:
  - 각 패턴을 사용할 때 예상되는 장단점은 무엇입니까?
  - 패턴이 서로 얼마나 잘 결합됩니까? (패턴 간 상호운용성 등 체크)
  - 패턴이 상호 배타적입니까(즉, 패턴 A 또는 패턴 B 중 하나를 사용할 수 있지만 둘 다 사용할 수는 없음)?

b. 아키텍처 드라이버를 가장 잘 만족시키는 패턴을 선택함.

Step 4 : Architectural Drivers를 만족시키는 설계 개념 채택

7.1 WHAT DOES STEP 4 INVOLVE? (4)

Table 1: Structure of Matrix to Evaluate Candidate Patterns

	Pattern 1		Pattern 2		...	Pattern n	
	Pros	Cons	Pros	Cons		Pros	Cons
Architectural driver 1							
Architectural driver 2							
...							
Architectural driver n							

Step 4 : Architectural Drivers를 만족시키는 설계 개념 채택

7.1 WHAT DOES STEP 4 INVOLVE? (5)

4. 지금까지 식별된 패턴을 고려하고 서로 관련되는 방식을 결정한다. 선택한 패턴의 조합으로 새로운 패턴이 생성된다. <u>아래 그림 예시</u>
(Event Queue Pattern + Pub/Sub Pattern ⇒ Event Driven Architecture (Pattern))

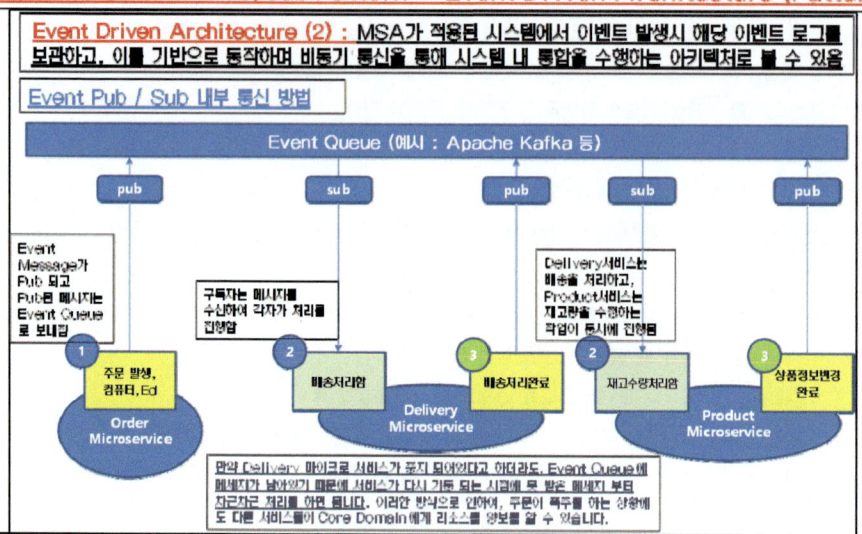

Event Driven Architecture (2) : MSA가 적용된 시스템에서 이벤트 발생시 해당 이벤트 로그를 보관하고, 이를 기반으로 동작하며 비동기 통신을 통해 시스템 내 통합을 수행하는 아키텍처로 볼 수 있음

Event Pub / Sub 내부 통신 방법

만약 Delivery 마이크로 서비스가 죽어있다고 하더라도, Event Queue에 메세지가 남아있기 때문에 서비스가 다시 기동 되는 시점에 못 받은 메세지 부터 차근차근 처리를 하면 됩니다. 이러한 방식으로 인하여, 주문이 폭주 하는 상황에도 다른 서비스들이 Core Domain에게 리소스를 양보할 수 있습니다.

Step 4 : Architectural Drivers를 만족시키는 설계 개념 채택

7.1 WHAT DOES STEP 4 INVOLVE? (6)

5. <u>Component-and-Connector, Allocation, Module View</u>와 같은 다양한 아키텍처 <u>View</u>를 작성하면서, <u>선택한 패턴들을 설명한다.</u> ⇒ (각 View의 Diagram을 그린 후 Description에서 적용한 패턴을 구체적으로 설명함. 3 View설계에서 구체적 예시를 들어서 설명함)

이 시점에서 완전히 문서화된 아키텍처 View를 만들 필요는 없습니다.

확신이 있거나 아키텍처에 대해 추론해야 하는 정보(다양한 요소 유형 (Element or Entity)의 속성에 대해 알고 있는 정보 포함)를 문서화하십시오.

이상적으로는 View 템플릿을 사용하여 이 정보들을 표현 해야 한다[Clements 03].

Step 4 : Architectural Drivers를 만족시키는 설계 개념 채택

7.1 WHAT DOES STEP 4 INVOLVE? (7)

6. 설계 개념의 불일치를 평가하고 해결해야 함.

   a. 아키텍처 드라이버에 대해 설계를 평가함. 필요한 경우 모델, 테스트, 시뮬레이션, 형식 분석 및 아키텍처 평가 방법(아키텍처 리뷰 등)을 사용함.

   b. 고려되지 않은 아키텍처 드라이버가 있는지 확인함.

   => (Design Decision에서 Relevant Quality Attribute에, 빠진 Quality Attribute가 있는 경우 왜 제외가 되었는지, 제외 사유를 기록 해야함)

   c. 설계가 아키텍처 드라이버를 충족하지 않는 경우 대체 패턴 또는 추가 전술 적용.

   d. 아키텍처의 다른 요소(Element or Entity) 디자인과 비교하여 현재 요소의 디자인을 평가하고 불일치를 해결함. (=> 비슷한 성공 사례의 Reference Model을 활용한 아키텍처 설계 평가)

9.4.5 아키텍처 요소 인스턴스화 및 책임 할당

Step 5 : 아키텍처 요소 인스턴스화(상세화) 및 책임 할당

8.1 WHAT DOES STEP 5 INVOLVE? (1)

5단계에서는 이전 단계에서 선택한 다양한 유형의 소프트웨어 요소를 인스턴스화(상세화)한다. 인스턴스화된 요소에는 유형에 따라 책임이 할당됨.

예를 들어, Ping-Echo 패턴에서 ping 유형 요소에는 ping 책임이 있고 echo 유형 요소에는 에코 책임이 있음. (Ping을 한 후 시간 초과 간격 이전에 ECHO REPLY 패킷을 수신한 경우에만 Ping이 성공함)

인스턴스화된 요소에 대한 책임은 후보 아키텍처 드라이버와 관련된 기능 요구 사항 및 상위 요소와 관련된 기능 요구 사항에서도 파생된다. (=> 상위요소는 하위요소로 구체화 및 세분화 됨)

5단계가 끝나면 상위 요소와 관련된 모든 기능 요구 사항은 하위 요소 내에서 일련의 책임으로 표시되어야 한다. (=> 각 View에 대한 문서화 및 상세화 작업 진행)

Step 5 : 아키텍처 요소 인스턴스화(상세화) 및 책임 할당

8.1 WHAT DOES STEP 5 INVOLVE? (2)

다음 3개의 하위 단계를 진행해야 합니다.

1. 4단계에서 선택한 모든 유형의 요소에 대해 하나의 인스턴스를 생성한다. 이러한 인스턴스를 현재 분해 중인 요소(즉, 상위 요소)의 " 자식 " 또는 " 자식 요소 "라고 한다.

2. 유형에 따라 하위 요소에 책임을 할당합니다. 예를 들어, ping 유형 요소에는 ping 기능, ping 빈도, ping 신호의 데이터 내용 및 ping 신호를 보내는 요소를 포함하는 책임이 할당된다.

Step 5 : 아키텍처 요소 인스턴스화 및 책임 할당

8.1 WHAT DOES STEP 5 INVOLVE? (3)

3. 다음 세 가지와 같은 다양한 View를 사용하여 5단계에서 내린 설계 결정을 분석하고 문서화 함.

    a. C&C View는 시스템의 런타임 동작 및 속성에 대해 추론하고 문서화하는 데 유용함
    (=> 예: 다양한 요구 사항을 충족하기 위해 런타임에 요소가 서로 상호 작용하는 방법 및 해당 요소가 나타내야 하는 성능 특성).

    b. Allocation View는 소프트웨어와 non-소프트웨어 간의 관계를 추론하는 데 유용함
    (=> 예: 소프트웨어 요소가 하드웨어 요소에 할당되는 방법)

    c. Module View는 시스템의 비 런타임 속성(예: 수정 가능성)을 추론하고 문서화하는 데 유용함

9.4.6 인스턴스화된 요소에 대한 인터페이스 정의

Step 6 : 인스턴스화된 요소에 대한 인터페이스 정의

9.1 WHAT DOES STEP 6 INVOLVE? (1)

<u>6단계에서는 설계의 소프트웨어 요소에서 제공하는 서비스와 속성을 정의한다. ADD에서 이러한 서비스와 속성을 요소의 인터페이스라고 하며, 인터페이스에는 다음이 포함될 수 있습니다.</u>

- 작업의 의미론(예: 사전 및 사후 조건 등)
- 교환되는 정보(예: 이벤트 신호, 글로벌 데이터 등)
- 오류 처리 등

인터페이스 정의서 예시 (아래)

인터페이스 ID	HR_INV_01	인터페이스 명	급여전표발생 인터페이스
오퍼레이션 명	Request_Generate_Invoice		
오퍼레이션 개요	정기급여를 회계 전표로 발생하는 프로세스. 프로세스를 requestInvolve로 호출하고 처리된 결과를 requestInvoice로 리턴한다.		
사전조건	정기급여 결과가 완료 되어야 함. 전표를 발생하는 회계시스템으로 이관하는 컴포넌트가 동작 중이어야 함		
사후조건	전표 인터페이스 후 전표발생 결과값을 return해야 한다.		
파라미터	각 급여결과, 전표번호, 급여일자, 식별자		
반환 값	전표발생결과, 전표발생금액(검증용)		

Step 6 : 인스턴스화된 요소에 대한 인터페이스 정의

9.1 WHAT DOES STEP 6 INVOLVE? (2)

<u>다음 세 단계를 진행해야 합니다.</u>

1. 5단계에서 인스턴스화한 요소와 관련된 기능 요구 사항을 실행한다.
2. 한 요소에서 생성되고 다른 요소에서 소비되는 정보를 관찰한다.

    다양한 View의 관점에서 인터페이스를 고려한다. 예를 들어

    - C&C View를 사용하면 성능 및 가용성에 대해 추론할 수 있다.
    - Allocation View를 통해 보안 및 가용성에 대해 추론할 수 있다.
    - Module View를 사용하면 정보 흐름에 대해 추론할 수 있다.

3. 각 요소에 대한 인터페이스 문서에 발견한 내용을 기록한다.

> **Step 6 : 인스턴스화된 요소에 대한 인터페이스 정의**
>
> **9.1 WHAT DOES STEP 6 INVOLVE? (3)**
>
> 인터페이스 정의에는 다음 중 몇 가지가 포함될 수 있다.
> - 시스템에 대한 외부 인터페이스
> - 상위 시스템 파티션 간의 인터페이스
> - 상위 수준 시스템 파티션 내 애플리케이션 간의 인터페이스
> - 인프라에 대한 인터페이스

9.4.7 요구사항 확인 및 수정하고 인스턴스화된 요소에 대한 제약조건 만들기

> **Step 7 : 요구사항을 확인 및 수정하고 인스턴스화된 요소에 대한 제약조건 만들기**
>
> **10.1 WHAT DOES STEP 7 INVOLVE?**
>
> **7단계에서는 요소 분해가 지금까지 기능 요구 사항, 품질 속성 요구 사항 및 설계 제약 조건을 충족하는지 확인한다.** (=> 주요 요구사항의 설계 반영 여부 확인)
>
> 또한 추가 분해를 위해 자식 요소를 준비한다.
>
> 다음 세 가지 하위 단계를 진행해야 한다.
>
> 1. 부모 요소에 할당된 모든 기능 요구 사항, 품질 속성 요구 사항 및 디자인 제약 조건이 분해해서 하나 이상의 자식 요소에 할당되었는지 확인한다.
> 2. 하위 요소에 할당된 모든 책임을 개별 요소에 대한 기능 요구 사항으로 변환한다.
> 3. 필요에 따라 개별 하위 요소에 대한 품질 속성 요구 사항을 수정한다.

9.4.8 분해하려는 시스템의 다음 요소에 대해 2-7단계 반복

Step 8 : 분해하려는 시스템의 다음 요소에 대해 2-7단계를 반복

1-7단계를 완료하면 상위 요소를 하위 요소로 분해할 수 있다.

각 자식 요소는 인터페이스 설명, 기능 요구 사항, 품질 속성 요구 사항 및 디자인 제약 조건이 있는 책임 모음이다.

이제 분해할 다음 요소를 선택하는 2단계의 분해 프로세스로 돌아갈 수 있습니다.

(Recursive Process)

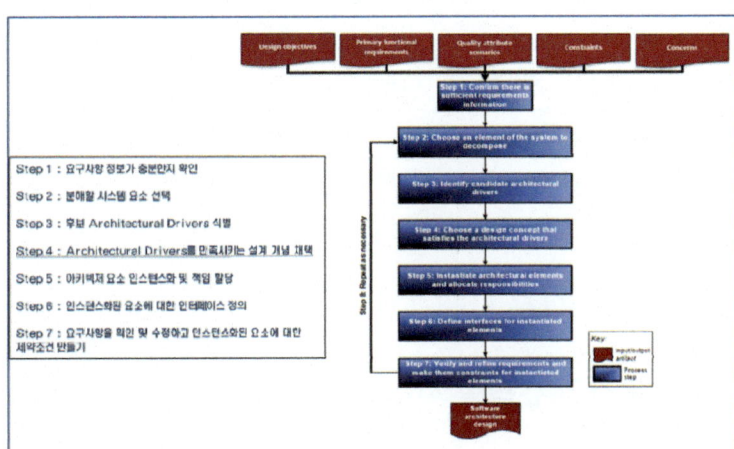

- Step 1 : 요구사항 정보가 충분한지 확인
- Step 2 : 분해할 시스템 요소 선택
- Step 3 : 후보 Architectural Drivers 식별
- Step 4 : Architectural Drivers를 만족시키는 설계 개념 채택
- Step 5 : 아키텍처 요소 인스턴스화 및 책임 할당
- Step 6 : 인스턴스화된 요소에 대한 인터페이스 정의
- Step 7 : 요구사항을 확인 및 수정하고 인스턴스화된 요소에 대한 제약조건 만들기

9.4.9 Summary

Summary

ADD는 품질 속성의 관점에서 시스템 분해에 초점을 맞추기 때문에 다른 설계 방법과 차별화되는 강력한 아키텍처 설계 방법입니다.

ADD는 ADD에 대한 입력 요구 사항을 수집하기 위한 Quality Attribute Workshop 또는 ADD를 적용한 결과 아키텍처를 평가하기 위한 Architecture Tradeoff Analysis Method®(ATAM®)와 같은 다른 SEI 방법과 함께 사용할 수 있습니다.

개발 방법론과 어우러져서 사용할 수도 있음 : ADD는 또한 대부분의 개발 수명 주기 또는 프로세스 (예: 진화, 폭포수, 나선형, RUP(Rational Unified Process) 또는 애자일 개발) 내에서 사용하거나 이에 맞게 조정할 수 있습니다.

9.5 ADD에서 활용하는 주요 아키텍처 패턴

ADD는 품질 속성을 충족하기 위해 다양한 아키텍처 패턴과 전술을 활용합니다.

표 9-1 ADD에서 활용하는 주요 아키텍처 패턴

품질 속성	적용 가능한 아키텍처 패턴
성능 (Performance)	로드 밸런싱, 캐싱, 비동기 처리
신뢰성 (Reliability)	장애 감지 및 복구, 이중화(Redundancy)
보안 (Security)	인증(Authentication), 접근 제어(Access Control), 암호화(Encryption)
가용성 (Availability)	페일오버(Failover), 자동 확장(Auto-scaling)
유지보수성 (Maintainability)	모듈화(Modularity), 마이크로서비스(Microservices)

9.6 ADD 적용 사례

9.6.1 온라인 쇼핑몰 시스템

- **요구사항**: 사용자가 많아질 경우 성능이 저하되지 않아야 함.
- **ADD 적용**:
  - 품질 속성: 성능(Performance) → 로드 밸런싱(Load Balancing) 및 캐싱(Caching) 도입.
  - 품질 속성: 신뢰성(Reliability) → 장애 감지를 위한 헬스 체크(Health Check) 적용.

9.6.2 금융 시스템

- **요구사항**: 높은 보안(Security) 및 데이터 무결성(Integrity) 요구됨.
- **ADD 적용**:
  - 보안 강화: 암호화(Encryption) 및 접근 제어(Access Control) 적용.
  - 신뢰성: 트랜잭션 로그(Transaction Log) 및 데이터 백업(Data Backup) 활용.

9.6.3 클라우드 기반 IoT 플랫폼

- **요구사항**: 센서 데이터가 실시간으로 수집되고, 확장 가능해야 함.
- **ADD 적용**:
  - 품질 속성: 확장성(Scalability) → 마이크로서비스(Microservices) 아키텍처 도입.
  - 품질 속성: 가용성(Availability) → 자동 확장(Auto-scaling) 및 페일오버(Failover) 적용.

9.7 ADD vs QAW vs ATAM 비교

표 9-2 ADD .vs. QAW .vs. ATAM 비교

방법론	주요 목적	적용 시점	핵심 개념
QAW(Quality Attribute Workshop)	품질 속성 도출 및 요구사항 정리	프로젝트 초반	이해관계자와 함께 품질 속성 정의
ADD (Attribute-Driven Design)	품질 속성을 기반으로 아키텍처 설계	요구사항 분석 후 설계 단계	품질 속성에 따른 설계 결정
ATAM (Architecture Tradeoff Analysis Method)	아키텍처 평가 및 개선	설계 후 검증 단계	품질 속성 간의 트레이드오프 분석

9.8 ADD의 장점

① **품질 속성 기반 설계**
  기능적 요구사항뿐만 아니라 성능, 보안, 확장성 등을 고려한 설계 가능.

② **점진적 개선 (Iterative Approach)**
  아키텍처를 단계적으로 구체화하면서 품질 속성을 최적화.

③ **재사용 가능성 (Reusable Patterns & Tactics)**
  검증된 아키텍처 패턴을 활용하여 신속한 설계 가능.

④ **효율적인 의사결정 (Decision-making Process)**
  아키텍처 결정 과정이 체계적이고 논리적으로 진행됨.

9.9 결론

SEI ADD는 **품질 속성을 중심으로 소프트웨어 아키텍처를 설계하는 체계적인 방법론**입니다. 특히 대규모 시스템, 실시간 처리 시스템, 보안이 중요한 애플리케이션 등에 적합합니다.

ADD를 활용하면 비기능적 요구사항을 효과적으로 반영하고, 품질 속성 간의 균형을 맞추며, 체계적인 설계를 수행할 수 있습니다.

연습문제

주관식 문제

1. ADD 방법론에서 기존의 아키텍처 설계 방식과의 가장 큰 차이점은 무엇인가?

2. ADD 방법론에서 품질 속성이 중요한 이유는 무엇인가?

3. ADD의 3가지 핵심 원리를 설명하시오.

4. ADD에서 요구사항 정보가 충분한지 확인하는 이유는 무엇인가?

5. ADD의 설계 과정에서 후보 Architectural Drivers를 식별하는 과정은 왜 중요한가?

6. ADD 프로세스에서 아키텍처 요소를 인스턴스화하는 목적은 무엇인가?

7. ADD에서 활용할 수 있는 대표적인 아키텍처 패턴 3가지를 설명하시오.

8. ADD를 금융 시스템에 적용할 때 고려해야 할 품질 속성 2가지를 설명하시오.

9. ADD와 ATAM의 차이점을 설명하시오.

10. ADD 방법론이 대규모 소프트웨어 개발 프로젝트에서 유용한 이유는 무엇인가?

객관식 문제

11. ADD 방법론에서 가장 우선적으로 고려하는 요소는 무엇인가?
    (A) 기능적 요구사항
    (B) 품질 속성
    (C) 비즈니스 요구사항
    (D) 비용 절감 전략

연습 문제

12. ADD의 핵심 원리 중 "점진적 설계(Iterative Refinement)"에 대한 설명으로 가장 적절한 것은?

(A) 아키텍처를 한 번에 완성하는 방식
(B) 여러 단계에 걸쳐 점진적으로 설계를 구체화하는 방식
(C) 기존 시스템을 분석하여 자동으로 설계를 생성하는 방식
(D) 기능 요구사항을 기반으로 아키텍처를 설계하는 방식

13. 다음 중 ADD 프로세스의 첫 번째 단계는 무엇인가?

(A) 아키텍처 요소 인스턴스화
(B) 후보 Architectural Drivers 식별
(C) 요구사항 정보 확인
(D) 설계 개념 채택

14. 다음 중 ADD에서 활용할 수 있는 성능 최적화 아키텍처 패턴이 아닌 것은?

(A) 로드 밸런싱(Load Balancing)
(B) 캐싱(Caching)
(C) 페일오버(Failover)
(D) 비동기 처리(Asynchronous Processing)

15. ADD에서 신뢰성(Reliability)을 확보하기 위한 주요 기법이 아닌 것은?

(A) 장애 감지 및 복구
(B) 이중화(Redundancy)
(C) 암호화(Encryption)
(D) 트랜잭션 로그(Transaction Log)

16. ADD와 QAW의 가장 큰 차이점은 무엇인가?

(A) ADD는 품질 속성을 정의하는 과정, QAW는 설계를 수행하는 과정
(B) ADD는 아키텍처 설계 방법론, QAW는 품질 속성을 도출하는 과정
(C) ADD는 보안에 중점을 두고, QAW는 성능에 중점을 둠
(D) ADD는 설계 평가를 수행하고, QAW는 아키텍처 설계를 진행

연습문제

17. ADD가 효과적으로 적용될 가능성이 높은 시스템 유형이 아닌 것은?
 (A) 대규모 소프트웨어 시스템
 (B) 실시간 처리 시스템
 (C) 단순한 CRUD 기반 애플리케이션
 (D) 보안이 중요한 애플리케이션

18. ADD에서 아키텍처 설계 시 고려해야 할 품질 속성이 아닌 것은?
 (A) 성능(Performance)
 (B) 보안(Security)
 (C) 사용자 만족도(User Satisfaction)
 (D) 가용성(Availability)

19. ADD 프로세스에서 아키텍처 설계를 구체화할 때 주로 활용되는 방법이 아닌 것은?
 (A) 아키텍처 패턴 적용
 (B) 전술(Tactics) 활용
 (C) 시스템 무작위 실험(Random Testing)
 (D) 요구사항 기반 설계

20. 다음 중 ADD의 장점으로 적절하지 않은 것은?
 (A) 품질 속성을 중심으로 체계적인 아키텍처 설계 가능
 (B) 아키텍처를 점진적으로 개선 가능
 (C) 설계를 자동으로 생성하여 개발자의 개입이 필요 없음
 (D) 아키텍처 결정 과정을 논리적으로 진행

CHAPTER 10

실무에서 사용하는 SW아키텍처 패턴

10.1 패턴의 역사
10.2 패턴의 역할
10.3 패턴의 특성 및 가치
10.4 소프트웨어 아키텍처 패턴(스타일) 이란?
10.5 실무에서 주요하게 사용되는 소프트웨어 아키텍처 패턴(스타일)
■ 연습문제

10.1 패턴의 역사

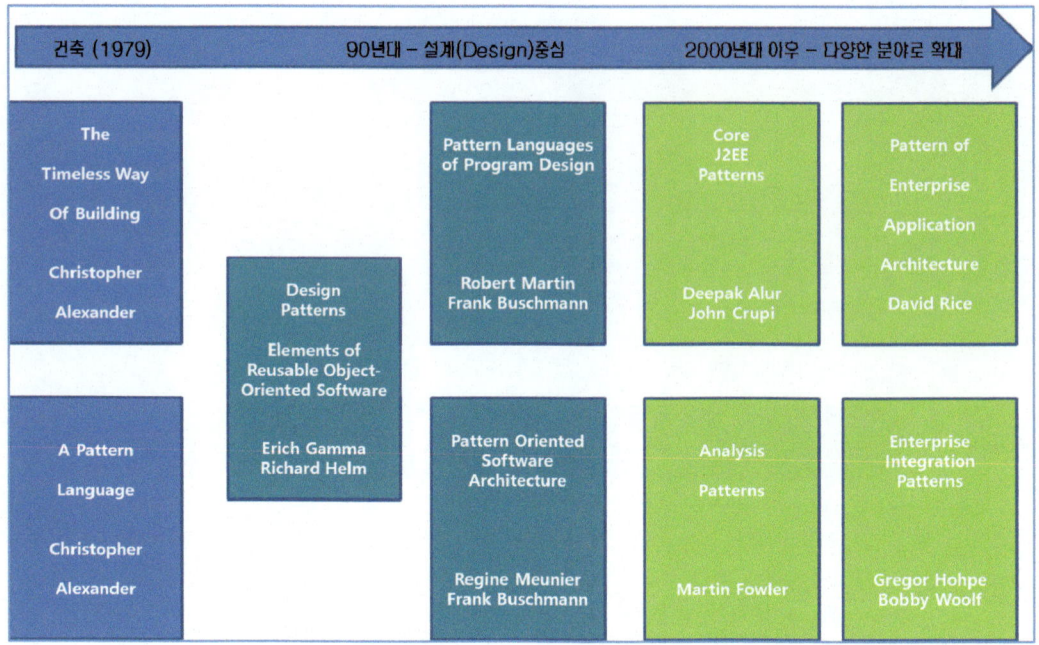

그림 10-1 패턴의 역사

위 그림은 소프트웨어 설계 패턴의 역사를 개괄적으로 보여주는 다이어그램입니다. 이를 기반으로 패턴의 발전 과정을 설명해 보겠습니다.

- **건축에서 출발 (1979년)**
  - 소프트웨어 패턴의 개념은 원래 건축에서 시작되었습니다.
  - **Christopher Alexander**가 저술한 *The Timeless Way of Building*과 *A Pattern Language*는 건축에서 패턴의 개념을 소개하며, 복잡한 구조를 보다 자연스럽고 재사용 가능한 방식으로 설계하는 방법을 제시했습니다.
  - 이 개념이 나중에 소프트웨어 설계에 영향을 미치게 됩니다.
- **1990년대 – 소프트웨어 설계 패턴의 형성**
  - 1990년대에는 소프트웨어 개발에서 패턴 개념이 본격적으로 도입되었습니다.
  - 대표적인 저서와 연구들이 등장하며 객체 지향 설계와 소프트웨어 아키텍처에서 패턴이 중요한 역할을 하게 됩니다.

- 주요 저서:
  - **Design Patterns: Elements of Reusable Object-Oriented Software (Erich Gamma, Richard Helm)**
    → 흔히 "GoF(Gang of Four) 패턴"이라고 불리는 디자인 패턴 개념을 확립
  - **Pattern Languages of Program Design (Robert Martin, Frank Buschmann)**
    → 소프트웨어 개발에서 패턴 언어를 적용하는 방법을 연구
  - **Pattern Oriented Software Architecture (Regine Meunier, Frank Buschmann)**
    → 소프트웨어 아키텍처에서 패턴을 적용하는 방법을 소개

■ 2000년대 이후 – 다양한 분야로 확대

- 패턴 개념이 객체 지향 설계를 넘어 다양한 소프트웨어 엔터프라이즈 아키텍처, 분석, 통합 시스템 등으로 확장되었습니다.
- 대표적인 저서:
  - **Core J2EE Patterns (Deepak Alur, John Crupi)**
    → 자바 엔터프라이즈 애플리케이션을 위한 패턴 정리
  - **Pattern of Enterprise Application Architecture (David Rice)**
    → 기업용 애플리케이션 아키텍처에서 패턴을 활용하는 방법
  - **Analysis Patterns (Martin Fowler)**
    → 소프트웨어 분석 과정에서 패턴 적용
  - **Enterprise Integration Patterns (Gregor Hohpe, Bobby Woolf)**
    → 기업 시스템 간 통합을 위한 패턴

■ 결론

- 패턴의 개념은 건축에서 시작하여 1990년대에는 소프트웨어 설계에서 중요한 역할을 하게 되었고, 2000년대 이후에는 다양한 분야로 확장되었습니다.
- 현재 패턴은 소프트웨어 설계뿐만 아니라 데이터 아키텍처, 클라우드 컴퓨팅, 마이크로서비스 등 다양한 기술 영역에서 활용되고 있습니다.

이렇게 패턴의 역사는 점점 더 복잡한 시스템을 효율적으로 설계하고 관리하는 방향으로 발전해 왔습니다.

10.2 패턴의 역할

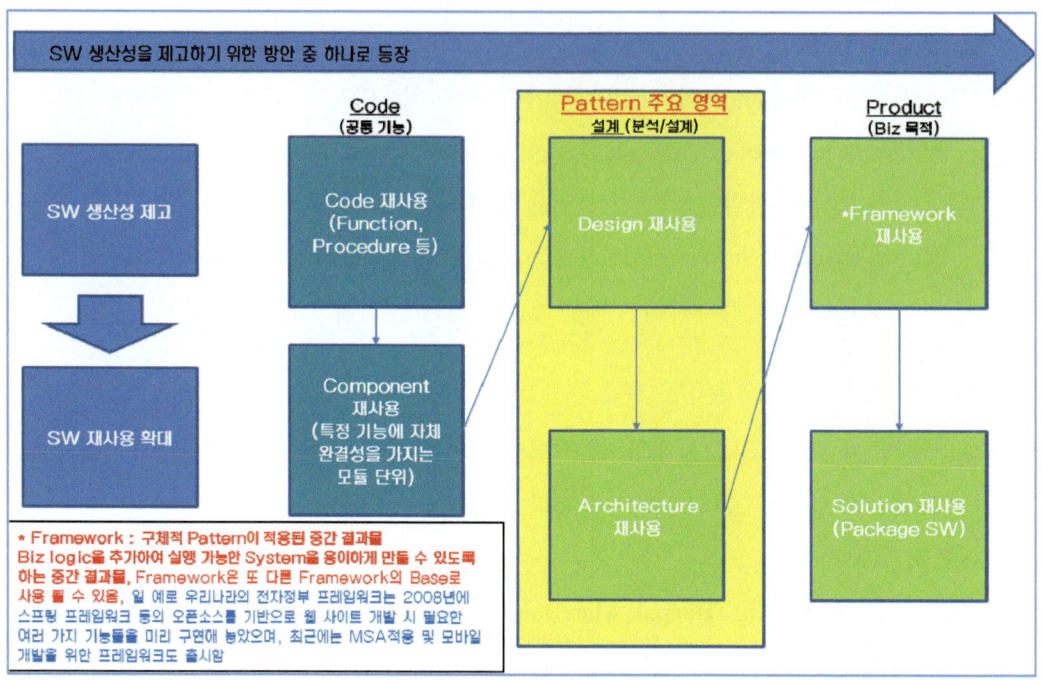

그림 10-2 패턴의 역할

패턴은 SW생산성을 제고하기 위한 방안 중 하나로 등장하였으며, Design 및 아키텍처 재사용을 목적으로 등장 하였습니다.

1 SW 생산성 제고와 패턴의 역할

소프트웨어 생산성을 높이기 위해서는 재사용성(Reusability)이 중요한 요소입니다. 단순한 코드의 재사용을 넘어서 설계 수준에서부터 패턴을 적용하면, 개발 효율성과 유지보수성이 크게 향상됩니다.

① 코드(Code) 수준의 재사용 (공통 기능)

- **코드 재사용**: 함수(Function), 프로시저(Procedure) 등의 코드 블록을 재사용하여 반복적인 작업을 줄임.
- **컴포넌트 재사용**: 특정 기능을 수행하는 독립적인 모듈(Component)을 만들어, 여러 프로젝트에서 쉽게 활용할 수 있도록 함.

② 패턴이 적용되는 주요 영역 (설계 – 분석/설계)

패턴이 가장 중요한 역할을 하는 부분은 **설계(Design, Architecture) 단계**입니다. 단순히 코드 레벨에서 반복되는 요소를 줄이는 것이 아니라, **시스템 구조를 표준화하고 최적화하는 것**이 목적입니다.

- **Design 재사용**:
  → UI 디자인, 알고리즘 설계, 객체 간의 관계 등에서 공통된 패턴을 적용하여 재사용성을 높임.
- **Architecture 재사용**:
  → 전체적인 소프트웨어 구조(예: 계층형 아키텍처, 마이크로서비스 아키텍처 등)를 정의하고, 이를 기반으로 다양한 프로젝트에서 일관성을 유지.

③ 제품(Product) 수준의 재사용 (Biz 목적)

- **Framework 재사용**:
  → 프레임워크는 기존에 설계된 패턴을 활용하여 **Biz Logic을 추가하면 바로 시스템을 구현할 수 있도록 돕는 중간 결과물**입니다.
  → 예를 들어, 스프링 프레임워크(Spring Framework)처럼 웹 애플리케이션 개발을 쉽게 해주는 구조가 대표적인 사례입니다.
- **Solution 재사용 (Package SW)**:
  → 패키지 소프트웨어(예: ERP, CRM 등)처럼 완성된 솔루션을 재사용하여 특정 비즈니스 문제를 해결할 수 있음.

2 패턴의 실질적인 역할

패턴은 단순히 "코드의 반복을 줄인다"는 개념을 넘어서 **개발 생산성을 높이고 유지보수성을 개선하는 핵심적인 방법론**입니다. 주요 역할을 정리하면 다음과 같습니다.

- **개발 효율성 향상**:
  - 설계 수준에서 재사용 가능한 패턴을 정의함으로써 개발 시간을 단축.
  - 기존 검증된 패턴을 사용하여 안정성과 성능을 보장.

- **유지보수성 증대:**
  - 표준화된 설계를 적용하면 유지보수가 쉬워지고, 코드의 일관성이 유지됨.
  - 변경이 필요할 경우 패턴을 기반으로 구조적인 수정이 가능.
- **아키텍처 확장성 제공:**
  - 초기에 적절한 패턴을 적용하면, 확장성이 높은 시스템을 구축할 수 있음.
  - 예를 들어, 마이크로서비스 아키텍처(MSA)는 패턴을 적용하여 시스템을 유연하게 확장할 수 있도록 설계됨.
- **프레임워크와의 연계:**
  - 패턴을 활용하여 프레임워크를 설계하고, 이를 통해 새로운 소프트웨어 개발 시 빠르게 적용할 수 있음.
  - 스프링(Spring), 앵귤러(Angular), 리액트(React) 등과 같은 프레임워크는 패턴을 기반으로 동작.

3 결론

이 이미지는 패턴이 코드 레벨의 단순한 반복을 줄이는 것뿐만 아니라, **설계와 아키텍처 수준에서 재사용성과 생산성을 극대화하는 역할을 한다**는 점을 강조하고 있습니다.

■ 핵심 요약
- 코드 재사용 (함수, 컴포넌트 수준)
- 설계 패턴 적용 (Design, Architecture)
- 프레임워크, 솔루션을 통해 비즈니스 목적의 재사용 증가
- 유지보수성과 확장성을 고려한 시스템 설계 가능

결론적으로, 패턴을 효과적으로 활용하면 소프트웨어 개발의 **생산성, 확장성, 유지보수성**을 크게 향상시킬 수 있습니다.

10.3 패턴의 특성 및 가치

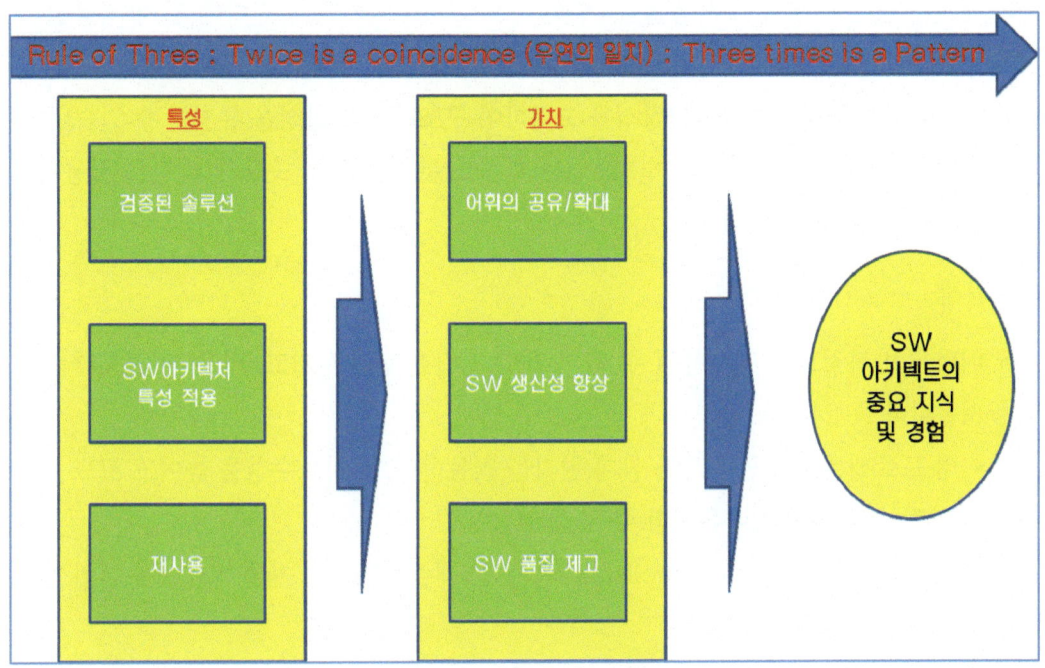

그림 10-3 패턴의 특성 및 가치

1 패턴의 특성

패턴은 반복적으로 나타나는 문제를 해결하기 위해 **검증된 해결책**을 제공하며, 이를 통해 소프트웨어 개발의 효율성과 품질을 향상시킵니다.

① 검증된 솔루션

- 패턴은 특정 문제를 해결하기 위해 **이미 검증된 방법론**을 제공하므로 신뢰성이 높습니다.
- 개발자가 같은 문제를 처음부터 해결할 필요 없이, 기존의 패턴을 활용하여 **안정적인 설계**를 할 수 있습니다.
- 예: 디자인 패턴(싱글턴, 팩토리, 옵저버 등)은 다년간의 경험을 통해 효과적으로 검증된 설계 방식입니다.

② SW 아키텍처 특성 적용

- 패턴은 단순한 코드 재사용을 넘어서, 소프트웨어 **아키텍처 전반에 걸쳐 적용**될 수 있습니다.
- 시스템의 모듈화, 계층화, 확장성을 고려하여 **구조적인 일관성을 유지**할 수 있습니다.
- 예: 마이크로서비스 아키텍처(MSA)는 서비스 분리를 위한 구조적 패턴을 활용하여 유연성을 극대화합니다.

③ 재사용

- 패턴은 반복적으로 재사용될 수 있어 개발 시간을 단축시키고, **비용 절감** 효과를 가져옵니다.
- 여러 프로젝트에서 공통적인 설계 원칙을 적용하여, **유지보수성을 높이고 코드 품질을 일정 수준 이상으로 유지**할 수 있습니다.
- 예: MVC(Model-View-Controller) 패턴은 웹 애플리케이션 개발에서 표준적인 설계 방식으로 자리 잡았습니다.

2 패턴의 가치

패턴은 단순한 기술적 해결책을 넘어서, **소프트웨어 개발 프로세스 전반에서 중요한 가치**를 제공합니다.

① 어휘의 공유 및 확대

- 패턴은 개발자 간에 공통된 용어를 제공하여 **의사소통을 원활하게 함**.
- "팩토리 패턴", "싱글턴 패턴" 등과 같은 용어만으로도 팀원들이 설계 의도를 쉽게 이해할 수 있음.
- **지식의 축적과 확산**이 가능하여, 경험이 적은 개발자도 빠르게 학습할 수 있음.

② SW 생산성 향상

- 검증된 패턴을 활용하면 **중복 개발을 방지하고, 개발 시간을 단축**할 수 있음.
- 일정한 개발 프로세스를 유지할 수 있어, **개발자 간 협업이 원활**하게 이루어짐.
- 예: 객체지향 디자인 패턴을 활용하면 복잡한 시스템을 모듈화하여 관리하기 쉬워짐.

③ SW 품질 제고

- 패턴을 적용하면 **일관된 코드 스타일과 구조**를 유지할 수 있어 **유지보수성이 향상**됨.
- **오류 발생 가능성을 줄이고, 확장성이 높은 시스템을 구축**할 수 있음.
- 예: 전략 패턴(Strategy Pattern)을 사용하면 동작을 쉽게 변경할 수 있어 확장성이 좋아짐.

3 결론: 패턴의 중요성

패턴은 단순히 코드를 재사용하는 개념을 넘어, **소프트웨어 아키텍처 전반에 걸쳐 중요한 원칙과 경험을 공유**하는 방법론입니다.

- **Rule of Three**(세 번째부터 패턴이 된다)라는 개념처럼, 동일한 문제를 여러 번 경험했다면, 이를 해결할 수 있는 패턴을 만들어 적용하는 것이 효과적입니다.
- 패턴은 단순한 코딩 기법이 아니라, **소프트웨어 아키텍트가 갖추어야 할 중요한 지식과 경험**의 축적이기도 합니다.

■ 핵심 요약

- 패턴은 **검증된 솔루션**을 제공하여 **재사용 가능**한 소프트웨어 설계를 가능하게 함.
- 개발자 간 **공통된 언어**를 제공하여 **의사소통을 원활하게 하고, 생산성을 향상**시킴.
- 패턴을 활용하면 **소프트웨어 품질이 높아지고, 유지보수성이 증가**함.

패턴을 효과적으로 적용하면, 소프트웨어 개발이 더욱 효율적이고 체계적으로 이루어질 수 있습니다.

10.4 소프트웨어 아키텍처 패턴(스타일) 이란?

10.4.1 Global 주요 논문 및 출판물에서의 소프트웨어 아키텍처 패턴(스타일) 정의

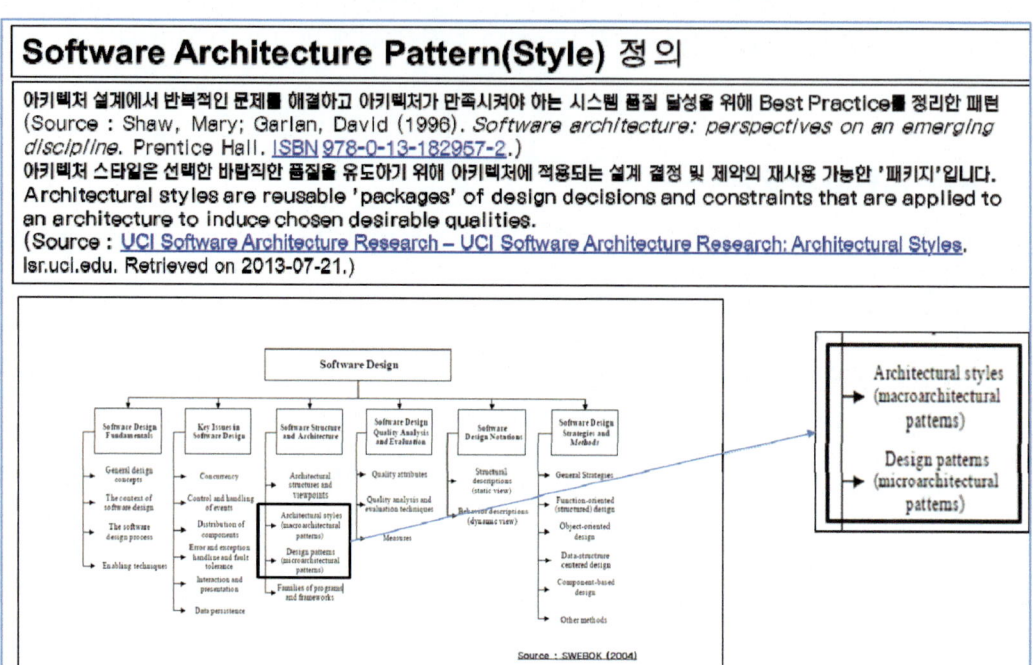

그림 10-4 소프트웨어 아키텍처 패턴 정의

10.4.2 실무 환경에서의 소프트웨어 아키텍처 스타일(패턴) 정의

Software Architecture Style(Pattern)

- 아키텍처 스타일(패턴) 이란 ?
    - ✓ 소프트웨어 시스템의 구조를 체계적으로 구성하기 위하여 기본 스키마를 제시함
    - ✓ 미리 정의된 서브시스템을 제공함
    - ✓ 각 아키텍처 패턴 간의 책임을 명시함
    - ✓ 패턴간의 관계를 조직화하는 규칙, 가이드라인을 제시함
    - ✓ 문제를 소프트웨어 모듈단위로 분해하는 방법을 제시함
    - ✓ 분해한 소프트웨어 모듈 단위가 상호작용하는 방법을 제시함

1 아키텍처 스타일(패턴)이란?

■ 소프트웨어 아키텍처 스타일(패턴, Architectural Pattern)이란?

- 소프트웨어 시스템을 설계할 때 **반복적으로 나타나는 문제를 해결하기 위해 사용하는 검증된 설계 방식**입니다.
- 특정 요구사항을 충족시키기 위해 **컴포넌트 간의 관계와 상호작용을 정의**하는 구조적 접근 방식입니다.
- 디자인 패턴(Design Pattern)보다 더 상위 개념으로, **소프트웨어 시스템 전체의 구조를 결정**하는 데 초점을 맞춥니다.

2 아키텍처 스타일의 주요 특성

아키텍처 스타일은 여러 프로젝트에서 일관된 구조를 유지하고, 개발자가 효율적으로 시스템을 설계하도록 도와줍니다. 이를 위해 다음과 같은 **핵심적인 특성**을 가집니다.

① 구조 (Structure)

- **소프트웨어 시스템을 구성하는 요소와 그 관계를 정의하는 방식**을 의미합니다.
- 예를 들어, **계층형(Layered) 아키텍처**에서는 각 계층이 특정 역할을 담당하고, 서로 독립적인 방식으로 작동합니다.

② 데이터 & 제어 흐름 (Data & Control Flow)

- 시스템 내에서 **데이터가 어떻게 이동하고 처리되는지**를 결정하는 방식입니다.
- 예를 들어, **이벤트 기반(Event-Driven) 아키텍처**에서는 특정 이벤트가 발생하면 해당 이벤트를 처리하는 리스너(listener)들이 반응하는 방식으로 동작합니다.

③ 성능 (Performance)

- 아키텍처 스타일에 따라 **처리 속도, 응답 시간, 확장성(Scalability)** 등이 달라질 수 있습니다.
- 예를 들어, **마이크로서비스(Microservices) 아키텍처**는 분산된 서비스 간의 통신을 통해 확장성을 높일 수 있습니다.

④ 확장성 (Scalability)

- 시스템이 증가하는 부하를 어떻게 처리할 것인지에 대한 방식입니다.
- 예를 들어, **분산 시스템(Distributed System) 아키텍처**에서는 여러 개의 서버를 추가하여 확장성을 높일 수 있습니다.

⑤ 유지보수성 (Maintainability)

- 시스템이 변경될 때 얼마나 쉽게 수정할 수 있는지를 나타냅니다.
- 예를 들어, **플러그인(Plugin) 아키텍처**는 새로운 기능을 쉽게 추가할 수 있도록 설계되어 유지보수가 용이합니다.

3 아키텍처 스타일의 주요 예시

아키텍처 스타일에는 여러 가지 유형이 있으며, 사용 목적과 시스템 특성에 따라 적절한 패턴을 선택해야 합니다.

① 계층형 아키텍처 (Layered Architecture)

- 가장 일반적인 소프트웨어 아키텍처 스타일로, **프레젠테이션, 비즈니스 로직, 데이터 접근 계층**으로 분리됨.
- 예: 웹 애플리케이션에서 UI, 비즈니스 로직, 데이터 관리를 명확하게 분리하는 방식.

② 클라이언트-서버 아키텍처 (Client-Server Architecture)

- 클라이언트(Client)와 서버(Server) 간의 명확한 역할 분리를 통해 동작하는 구조.
- 예: 웹 애플리케이션 (브라우저 ↔ 백엔드 서버)

③ 이벤트 기반 아키텍처 (Event-Driven Architecture)

- 시스템에서 이벤트가 발생하면 이를 처리하는 방식으로 동작.
- 예: **이벤트 버스(Event Bus), 메시지 큐(Message Queue) 시스템**

④ 마이크로서비스 아키텍처 (Microservices Architecture)

- 단일 애플리케이션을 여러 개의 작은 독립적인 서비스로 구성하여 관리하는 방식.
- 예: **Netflix, Amazon, Google**과 같은 대규모 서비스에서 사용

⑤ 파이프-필터 아키텍처 (Pipe-and-Filter Architecture)
- 데이터를 여러 개의 필터(Filter)에서 순차적으로 처리하는 방식.
- 예: 데이터 스트리밍 시스템, **ETL(Extract, Transform, Load) 프로세스**

4 결론

■ 아키텍처 스타일(패턴)의 핵심 요약
- 소프트웨어 시스템 전체의 구조를 정의하는 방식
- 재사용 가능한 설계 원칙을 제공하여 생산성과 유지보수성을 높임
- 확장성, 성능, 데이터 흐름을 고려하여 적절한 스타일을 선택해야 함
- 대표적인 스타일로 계층형, 이벤트 기반, 마이크로서비스, 클라이언트-서버 등이 있음

10.4.3 게으른 건축가의 사례로 본 아키텍처 스타일

> **" Brian Foote의 게으른 건축가 "**
>
> 어느 한 건축가가 대학 건물과 그 주변의 인도에 대한 설계를 하게 되었다. 그러나 그 건축가는 대학 건물만을 설계해 놓고 그 건물 주변의 인도에 대한 설계는 하지 않고 있었다. 그래서 건물은 지어졌지만 사람이 다닐 수 있는 인도는 아직 없었다.
>
> 시간이 지나서 눈이 내리는 겨울이 되었다. 사람들은 건물 주위에 인도가 없었기 때문에 각자가 편한대로 건물주위를 걸어 다녔다. 겨울이 되기 전까지 인도를 만들지 않고 게으름(?)을 피우던 건축가는 사진기를 가지고 사람들이 눈 위에 만들어 놓은 건물과 건물 사이의 발자국의 모양을 찍기 시작했다. 긴 겨울이 지나고 봄이 되어서 건축가는 겨울 내 찍어 두었던 발자국의 사진을 바탕으로 인도를 만들기 시작했다.
>
> 아키텍처 스타일(패턴)은 시스템이 어떻게 동작할 가에 대하여 성급하고 검증되지 않은 추측을 바탕으로 시스템에 대한 설계를 하기보다는, 스마트하고 게으른 건축가가 눈 위의 발자국을 찾아서 인도를 만들듯이 어렵고 복잡한 문제(Wicked Problem)를 풀기 위하여 적용할 수 있는 검증된 해결방법이다.

위의 사례처럼 아키텍처 스타일을 올바르게 적용하면 **소프트웨어 개발이 체계적이고 효율적으로 이루어질 수 있으며**, 시스템의 성능과 확장성 또한 향상됩니다.

10.4.4 소프트웨어 아키텍처 스타일(패턴) 사용시 장점

Software Architecture Style(Pattern)
- 아키텍처 스타일 등장 전 시스템 구축 및 유지보수 상황
  - ✓ 개발자들이 경험을 통하여 각자의 스타일로 개발 및 유지보수 진행
  - ✓ 개발하지 않은 사람들이, 다른 사람이 개발한 시스템을 유지보수 해야 하는 경우가 발생하는데, 다른 사람들이 개발한 코드를 분석하여 유지보수 하기가 어려움
- 보편적인 아키텍처 스타일(패턴)을 사용하여 아키텍처를 설계하면 얻을 수 있는 장점
  - ✓ 개발 기간 단축 : 시행착오를 줄이면서 개발기간의 단축이 가능함
  - ✓ 품질 좋은 소프트웨어 생산
  - ✓ 개발자 간, 개발자와 아키텍트간의 의사소통의 활성화, 및 의사소통의 miss understanding을 최소화 할 수 있음
  - ✓ 수월한 유지보수 가능 : 개발에 참여하지 않은 사람이 유지보수를 하더라도, 유지보수를 수월하게 할 수 있음
  - ✓ 검증된 아키텍처 : 코딩시에 이미 개발해 놓은 라이브러리 함수나 상용화된 컴포넌트들을 사용하면 안정적으로 개발 할 수 있듯이, 아키텍처 스타일도 다양한 레퍼런스 모델 형태로 검증 되었다고 볼 수 있음
  - ✓ 구축 전 시스템 특성에 대한 시뮬레이션 가능 : 이미 알려진 아키텍처 스타일을 이용하면 시스템 개발 전에 시스템 특성에 대하여 시뮬레이션을 해 볼 수 있음
  - ✓ 기존 시스템에 대한 빠른 이해 : 기존 시스템이 어떤 아키텍처 스타일을 이용하여 구축되었는지를 알면 그 시스템을 더 빠르게 이해가 가능함

10.4.5 소프트웨어 아키텍처 설계에서의 아키텍처 스타일(패턴) 적용

Software Architecture Style(Pattern)
- 아키텍처 스타일과 음식 준비
  - ✓ 가족 및 친지들을 초대하여 식사를 해야 할 때, 장을 보기 전에 어떤 종류(스타일)의 음식을 할 것인지 생각한다.
  - ✓ 한식, 이태리식, 일식 등 그 종류를 결정해야, 이에 맞추어서 재료도 사고, 음식을 담는 그릇도 달라질 것이다.
- 소프트웨어 아키텍처 설계에서의 아키텍처 스타일 적용
  - ✓ 음식도 종류에 따라 재료, 조리방법 등이 달라지듯이 소프트웨어 아키텍처도 스타일에 따라 구조, 규칙, 요소 등이 결정된다.
  - ✓ 아키텍처 스타일이 결정되면 소프트웨어 특성과 전체 구조를 알 수 있고, 어떻게 개발해야 하는지도 알 수 있다.
  - ✓ 따라서 좋은 소프트웨어 아키텍처 설계란, 원하는 소프트웨어 생산을 위하여, 적합한 아키텍처 스타일을 선택, 적용 및 통합하는 것이다. (ADD Step 4)

10.5 실무에서 주요하게 사용되는 소프트웨어 아키텍처 패턴(스타일)

주요하게 사용되는 Software Architecture Style
- 아키텍처 스타일 List
    - Multitier architecture
    - Model-view-controller
    - Domain-driven design
    - Representational state transfer (REST)
    - MVVM (Model + View + View Model) 패턴
    - Layered
    - Client-server
    - Master-Slave pattern
    - Pipes and filters
    - Broker pattern
    - Peer-to-peer
    - Repository Architecture pattern
    - Monolithic application (Microservice에서 설명)
    - Service-oriented (SOA, Microservice에서 설명)

10.5.1 Multitier Architecture

1. Multitier architecture

소프트웨어 엔지니어링 에서 다중 계층 아키텍처 (종종 *n* 계층 아키텍처 라고도 함)는 프레젠테이션, 애플리케이션 처리 및 데이터 관리 기능이 물리적으로 분리된 클라이언트-서버 아키텍처 입니다. 다중 계층 아키텍처의 가장 널리 사용되는 것은 3계층(three-tier) 아키텍처 입니다.

가. Layer .vs. Tier

Layer와 Tier의 개념은 종종 같은 의미로 사용되지만, 두 개념이 실제로 차이가 있는 형태로 보는 경우도 있음(마이크로소프트 & 마틴 파울러). 두 개념이 차이가 있는 형태로 보는 관점에서는 *layer*가 소프트웨어 솔루션을 구성하는 요소에 대한 논리적 구조화 메커니즘인 반면 *tier*은 시스템 인프라에 대한 물리적 구조화 메커니즘이라고 주장하고 있음. (Source : Deployment Patterns (Microsoft Enterprise Architecture, Patterns, and Practices), Fowler, Martin "Patterns of Enterprise Application Architecture" (2002). Addison Wesley.)

나. Common Layers

객체 지향 설계를 사용하는 정보 시스템을 위한 논리적 다층 아키텍저(Logical Multilayer Architecture) 에서 다음 네 가지가 가장 일반적으로 사용 됩니다.

- Presentation Layer (일명 UI 계층, view 계층, presentation tier in multitier architecture)
- Application Layer (일명 Service Layer 또는 GRASP Controller Layer 라고도 함)
- Business Layer (일명 Business Logic Layer, Domain Logic Layer 라고도 함)
- Data Access Layer (일명 persistence layer, 특정 Business 계층을 지원하는데 필요한 기타 서비스 라고도 함)

다. 3-Tier Architecture

3계층 아키텍저는 클라이언트-서버 소프트웨어 아키텍저 패턴 이며 User Interface (presentation), functional process logic ("Business rules"), Computer data storage 및 data access가 대부분 별도의 플랫폼 에서 독립적인 모듈 로 개발 및 유지 관리 됩니다.

3-Tier Architecture는 Open Environment Corporation(OEC)의 John J. Donovan 이 개발 했습니다 .

3-tier 아키텍저는 인터페이스가 잘 정의된 모듈식 소프트웨어 의 일반적인 이점 외에도, 요구 사항이나 기술 의 변화에 따라 3계층 중 어느 것이나 독립적으로 업그레이드되거나 교체될 수 있도록 하기 위하여 개발 되었습니다 .
예를 들어 프레젠테이션 계층(일반적으로 PC)에서 운영 체제 를 변경 하면 사용자 인터페이스 코드에만 영향을 줍니다.

일반적으로 사용자 인터페이스(UI)는 데스크탑 PC 또는 워크스테이션 에서 실행되며, 하나 이상의 모듈로 구성된 Functional Process Logic은 워크스테이션 또는 애플리케이션 서버 에서 실행되며, 데이터 저장 로직은 데이터베이스 서버 또는 메인프레임 의 RDBMS 를 사용 합니다.

중간 계층(middle tier)은 자체적으로 다층 계층화될 수 있습니다(이 경우 전체 아키텍저를 "n-tier 아키텍저"라고 함).

다. 3-Tier Architecture

Presentation Tier :

응용 프로그램의 최상위 수준입니다. 프레젠테이션 계층에는 상품 검색, 구매 및 장바구니 콘텐츠와 같은 서비스와 관련된 정보가 표시됩니다. 간단히 말해서 사용자가 직접 액세스할 수 있는 계층입니다(예: 웹 페이지).

Application tier (business logic, logic tier, or middle tier) :

어플리케이션 기능 제어 및 비즈니스 로직 처리

Data Tier

Data Tier는 Data 지속성(persistence) mechanisms(database servers, file shares, 등)과 data persistence mechanism을 캡슐화 하고 데이터를 노출하는 데이터 액세스 계층이 포함됩니다.

라. 3-tier Architecture의 Web development 활용

웹 개발 분야에서 3-tier는 일반적으로 전자 상거래 웹사이트를 지칭하는데 자주 사용되며, 아래의 3계층을 사용하여 구축됩니다.

A front-end web server :
1. 정적 콘텐츠 및 일부 캐시된 동적 콘텐츠 를 제공 하는 프런트 엔드 웹 서버.
2. 웹 기반 응용 프로그램에서 프런트 엔드는 브라우저에서 렌더링되는 콘텐츠입니다. 콘텐츠는 정적이거나 동적으로 생성될 수 있습니다.

Application server :
중간 동적 콘텐츠 처리 및 생성 Level
(예: Symfony , Spring , ASP.NET , Django , Rails , Node.js).

A back-end database or data store :
데이터 세트와 데이터 를 관리하고 액세스를 제공 하는 데이터베이스 관리 시스템 소프트웨어로 구성된 백엔드 데이터베이스 또는 데이터 저장소 입니다.

10.5.2 MVC Architecture

2. MVC Architecture

- MVC모델은 아래 그림처럼 시스템을 세 개의 서브시스템(Model, View, Controller)으로 나누어 구성한다.
- 제어 서브시스템은 뷰 서브시스템과 모델 서브시스템 사이에서 가교 역할을 한다.
- MVC 모델은 같은 모델의 서브시스템에 대하여 여러 뷰 서브시스템을 필요로 하는 상호작용 시스템에 적합하다. 이렇게 시스템을 세 개의 서브시스템으로 분리하는 이유는 사용자 인터페이스에 해당하는 뷰 서브시스템과 데이터와 데이터 처리로직에 해당되는 모델 서브시스템을 독립적으로 분리함으로써 변경에 대한 영향을 덜 미치도록 하려는 것이다.
  즉 UI부분이 자주 변경되더라도 모델 서브시스템에는 영향을 주지 않기 위해서이다.

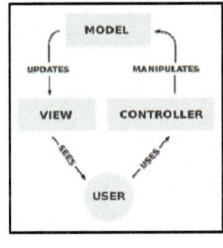
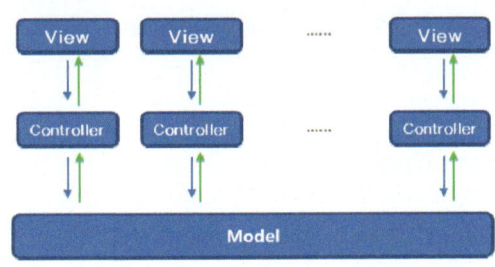

Model 서브시스템
- 뷰/제어 서브시스템과 독립되어 모든 데이터 상태와 로직을 처리한다.
- 따라서 특정 입·출력 방식에 영향을 받지 않고, 오로지 무언가의 호출에 응답만 할 뿐이다.
- MVC모델의 웹 어플리케이션에서는 컨트롤러가 모델을 호출하는 역할을 맡고 있다.
- 이렇게 모델 서브시스템을 독립적으로 존재하게 함으로써 소프트웨어를 좀 더 유연하게 만들 수 있다.

View 서브시스템
- 뷰 서브시스템은 웹 어플리케이션의 사용자와 직접 대화가 이루어지는 부분으로 모델 서브시스템이 제공한 데이터를 사용자에게 보여주는 역할을 한다.
- 즉 모델로부터 얻은 데이터를 표현하는 방법을 제공하고 다양한 뷰를 통해 표시하는데, <u>뷰마다 컨트롤러 서브시스템이 각각 하나씩 연결된다.</u>

Controller 서브시스템
- <u>제어 서브시스템은 뷰와 모델 사이에서 전달자 역할을 한다고 볼 수 있다.</u> 즉 뷰를 통한 사용자의 요청을 적절한 모델 쪽으로 넘겨주고, 모델로부터 받은 응답을 다시 뷰를 통해 사용자에게 돌려준다.
- 따라서 뷰나 모델 서브시스템 입장에서는 제어 서브시스템만 알면 된다.

MVC 장점
- 관심의 분리이다. 즉 데이터를 화면에 표현(뷰)하는 디자인과 로직(모델)을 분리함으로써 느슨한 결합이 가능하다.
- 따라서 동일한 데이터로 서로 다른 형태의 디자인을 추가할 수 있고, 결합이 느슨해서, 서로 영향을 덜 미치기 때문에 구조 변경 요청 시 수정이 용이하다.

MVC 단점
- 기본 기능 설계로 인한 클래스 수의 증가로 복잡도가 증가할 수 있고
- 속도가 중요한 프로젝트에는 적합하지 않을 수 있다.

10.5.3 Domain-Driven Design

Domain-Driven Design(DDD)은 **업무(Domain)** 전문가의 요구사항에 따라, 업무 처리 방식과 일치하도록 소프트웨어를 모델링하는 데 중점을 둔 소프트웨어 설계 접근 방식입니다. 이는 단순한 기술적인 문제 해결이 아니라, 도메인 전문가와 개발자가 협력하여 **비즈니스 로직을 정확히 반영하는 모델을 만드는 것**에 초점을 맞춥니다.

1 DDD의 핵심 개념

① 도메인(Domain)이란?

- 특정 소프트웨어가 해결하고자 하는 **비즈니스 문제 영역**을 의미합니다.
- 예를 들어, **전자상거래 시스템**에서 "상품 관리", "주문 처리", "결제 시스템" 등의 개념이 도메인에 해당됩니다.

② 도메인 모델(Domain Model)

- 도메인의 개념과 규칙을 반영하여 **소프트웨어적으로 표현한 모델**입니다.
- DDD에서는 도메인 모델을 중심으로 소프트웨어를 설계하고, 이 모델이 코드와 직접 연결되도록 합니다.

2 DDD의 주요 원칙

① 보편적인(Ubiquitous) 언어

- 도메인 전문가와 개발자가 사용하는 **공통된 용어**를 정의하여 소통의 오류를 방지합니다.
- 예를 들어, "고객(Customer)"이라는 용어가 코드에서도 동일하게 사용되어야 하며, "사용자(User)" 등의 모호한 표현을 피해야 합니다.
- 문서와 코드, 비즈니스 분석에서 **일관된 언어 체계**를 유지하는 것이 중요합니다.

② 모델과 코드의 일치

- 분석 모델과 설계가 분리되지 않고, **도메인 모델이 코드에 직접 반영**되도록 합니다.
- 즉, 설계 문서와 실제 구현된 코드가 다르게 움직이는 것이 아니라, **도메인 개념이 코드와 자연스럽게 연결**되도록 해야 합니다.

3 DDD의 실천 방법

DDD를 적용하는 방법에는 크게 **전략적 설계**와 **전술적 설계** 두 가지가 있습니다.

① 전략적 설계 (Strategic Design)

- 도메인을 효과적으로 분리하고, 시스템을 조직화하는 데 중점을 둡니다.

- **바운디드 컨텍스트(Bounded Context)**
  → 도메인을 명확하게 구분하여, 독립적인 단위로 관리하는 개념입니다.
  → 예를 들어, 전자상거래 시스템에서 "주문 관리"와 "결제 시스템"은 서로 다른 바운디드 컨텍스트를 가질 수 있습니다.
- **컨텍스트 맵(Context Map)**
  → 여러 개의 바운디드 컨텍스트 간의 관계를 정의하는 지도(Map)입니다.

② 전술적 설계 (Tactical Design)

실제 도메인 모델을 코드로 구현하는 데 필요한 패턴과 개념을 정의합니다.

- **엔티티(Entity)** : 고유한 ID를 가지며, 지속성을 유지하는 객체 (예: 주문, 고객 등)
- **밸류 오브젝트(Value Object)** : 불변성을 가지며, ID 없이 값으로만 비교되는 객체 (예: 주소, 날짜 등)
- **애그리게이트(Aggregate)** : 여러 개의 엔티티를 묶어 관리하는 단위
- **도메인 서비스(Domain Service)** : 특정 엔티티에 속하지 않는 도메인 로직을 캡슐화
- **리포지토리(Repository)** : 엔티티의 저장과 조회를 담당하는 객체

4 DDD 적용의 장점

- **비즈니스 로직의 명확한 모델링**: 소프트웨어가 실제 업무 규칙과 정확히 일치하도록 모델링됩니다.
- **개발자와 도메인 전문가 간의 원활한 협업**: 보편적인 언어를 사용하여 오해를 최소화합니다.
- **유지보수성과 확장성 향상**: 도메인 중심으로 구조화된 소프트웨어는 변경에 유연하게 대응할 수 있습니다.
- **복잡한 도메인 문제 해결 가능**: 대규모 프로젝트에서 특히 효과적인 방식입니다.

5 결론

Domain-Driven Design(DDD)은 단순한 기술이 아니라, **소프트웨어 개발을 도메인 중심으로 사고하는 방식**입니다.

이 접근 방식을 적용하면, **비즈니스 요구사항을 정확히 반영하고, 유지보수가 쉬운 소프

트웨어를 설계할 수 있습니다.

특히, 마이크로서비스 아키텍처(MSA)와 함께 사용하면 **독립적인 바운디드 컨텍스트를 정의하고 서비스 간의 명확한 경계를 유지할 수 있어 더욱 효과적**입니다.

DDD를 올바르게 이해하고 적용하면, 비즈니스 도메인을 정확히 반영하는 견고한 소프트웨어 아키텍처를 구축할 수 있습니다. □

10.5.4 REST(Representational state transfer)

REST(Representational State Transfer)는 **웹 서비스 설계를 위한 아키텍처 스타일**로, 클라이언트와 서버 간의 통신을 단순하고 확장 가능하게 만들기 위한 원칙을 정의합니다. REST는 **웹의 기존 HTTP 프로토콜을 활용하여 리소스를 관리하는 방식**으로 설계되었습니다.

1 REST의 주요 개념

① 리소스(Resource)

- REST에서는 모든 데이터를 **리소스**로 간주하며, 각각의 리소스는 고유한 식별자(URI)를 가집니다.
- 예를 들어, 사용자 정보를 제공하는 리소스는 다음과 같은 URL을 가질 수 있습니다:
- GET /users/123
    → 여기서 /users/123은 ID가 123인 사용자의 정보를 나타냅니다.

② HTTP 메서드(HTTP Methods)

REST는 HTTP 프로토콜의 기본 메서드를 활용하여 **리소스에 대한 작업을 수행**합니다.

표 10-1 HTTP메서드와 설명

HTTP 메서드	설명
GET	리소스를 조회
POST	새로운 리소스를 생성
PUT	기존 리소스를 업데이트
DELETE	리소스를 삭제

- 예제:
    - GET /products/1 → ID가 1인 제품 정보 조회
    - POST /products → 새로운 제품 추가
    - PUT /products/1 → ID가 1인 제품 정보 업데이트
    - DELETE /products/1 → ID가 1인 제품 삭제

③ RESTful URI 설계 원칙

- **리소스를 명확하게 식별하는 URL을 사용해야 함** (동사보다는 명사를 사용)
- 올바른 예:

    GET /books

    GET /books/10

    POST /books
- 잘못된 예:

    GET /getBooks

    POST /createNewBook

④ 상태(State)와 무상태성(Stateless)

- REST는 **클라이언트-서버 간의 요청이 독립적(Stateless)이어야 함**을 의미합니다.
- 서버는 이전 요청의 상태를 기억하지 않고, **모든 요청은 필요한 정보를 포함해야 함**.
- 예를 들어, 로그인 세션을 유지하는 대신, **각 요청에 API 키 또는 토큰을 포함하여 인증**합니다.

2 REST의 주요 속성

RESTful 시스템을 설계할 때 따르는 주요 원칙은 다음과 같습니다.

① 클라이언트-서버 구조(Client-Server)

- 클라이언트와 서버가 명확하게 분리되어 있으며, 클라이언트는 사용자 인터페이스(UI)를 담당하고, 서버는 비즈니스 로직과 데이터 관리를 담당합니다.

② 무상태성(Stateless)

- 서버는 클라이언트의 상태를 저장하지 않으며, **모든 요청은 독립적**이어야 합니다.
- 따라서, 각 요청은 필요한 모든 정보를 포함해야 합니다.

③ 캐시 가능(Cacheable)

- RESTful 시스템에서는 HTTP의 캐싱 기능을 활용하여 성능을 최적화할 수 있습니다.
- Cache-Control 헤더를 사용하여 **데이터를 캐시하도록 설정 가능**.

④ 계층화된 시스템(Layered System)

- 클라이언트는 서버와 직접 통신할 수도 있고, **로드 밸런서, 프록시 서버 등을 통해 계층적으로 설계**할 수도 있습니다.

⑤ 인터페이스 일관성(Uniform Interface)

- RESTful 시스템에서는 **일관된 API 인터페이스를 제공**하여, 클라이언트가 서버의 동작 방식을 예측할 수 있도록 합니다.

⑥ 자체 표현(Self-descriptive Messages)

- 각 요청에는 필요한 정보가 포함되어 있어야 하며, 추가적인 정보를 요청하지 않아도 이해할 수 있어야 합니다.

3 RESTful API의 장점

- **확장성(Scalability)** → 클라이언트와 서버가 독립적으로 확장 가능
- **유연성(Flexibility)** → 다양한 클라이언트(웹, 모바일, IoT 등)와 쉽게 연동 가능
- **간결성(Simplicity)** → HTTP 메서드와 URI를 기반으로 설계하여 직관적
- **성능 향상(Performance)** → 캐싱을 활용하여 응답 속도 개선

4 REST vs SOAP(Salesforce API) 비교

표 10-2 REST .vs. SOAP API 비교

특성	REST	SOAP
프로토콜	HTTP 기반	XML 기반 메시징
메시지 형식	JSON, XML 등 다양한 형식 지원	XML
유연성	다양한 클라이언트 지원	주로 엔터프라이즈 환경에서 사용
속도	가볍고 빠름	상대적으로 무거움
보안	OAuth, JWT 기반 인증	WS-Security 지원

5 결론

REST는 간단하고 확장 가능한 웹 서비스 아키텍처 스타일로, 현재 웹과 API 설계에서 널리 사용됩니다.

특히 **RESTful API**는 모바일 앱, 클라우드 서비스, 마이크로서비스 등 다양한 환경에서 **필수적인 요소**가 되고 있습니다.

REST의 기본 원칙을 이해하고 적절히 적용하면, **유지보수성이 뛰어나고 성능이 최적화된 API**를 설계할 수 있습니다. □

10.5.5 MVVM(Model + View + View Model) 패턴

마이크로 서비스 아키텍처가 신속하게 확산되면서 더이상 MVC 패턴으로 개발이 힘들어지게 되었습니다. MVC 패턴은 Model 과 View 사이에 Controller 를 두어서 사용자의 입력을 처리하도록 고안이 되었습니다. 즉 View 에서 사용자의 요청을 Controller 가 받아서 Model 을 변화 시킨 후, return 할 View 를 선택하여 Model 을 보내는 방식으로 단순하지만 View 와 Model 의 의존도가 너무 강하여 다양한 서비스가 존재하는 MSA 에는 적합하지 않습니다.

이에 Model 이 View 를 몰라도 처리를 할 수 있는 방식인 MVVM 주목 받게 되었습니다. MVVM 패턴은 2005년에 Windows의 그래픽 프레임워크인 WPF(Windows Presentation Foundation)와 Silverlight에서 처음 적용되었고, 주요 목적은 To simplify event-driven programming user interfaces 입니다. 이것을 위해 View에 관한 로직과 비즈니스 로직을 철저히 구분합니다. 여기서 사용되는 주요한 개념이 Data binding 입니다. 아래는 MVVM 패턴의 구성도와 설명입니다.

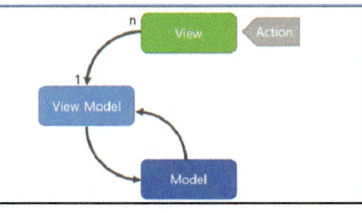

각 Entity의 개념을 살펴보면 다음과 같다.

- Model : 어플리케이션에서 사용되는 데이터와 그 데이터를 처리하는 부분입니다.
- View : 사용자에서 보여지는 UI 부분입니다.
- View-Model : View 와 Model 사이에서 인터페이스 역할. View 와는 Binding 이나 Command 로 연결하고 Model 과는 데이터를 주고 받는 역할을 담당합니다.

동작 메카니즘
View에서 사용자의 요청이 들어오면 Command 패턴을 통해 View-Model에 명령을 내리게 되고 Data Binding으로 인해 View-Model의 값이 변화하면 바로 View의 정보가 바뀌어져 버리게 되는 방식입니다.

MVVM 의 장점은 View 와 Model 사이의 의존성이 없어서 각 구성 요소를 독립적으로 작성하고, 테스트가 가능하며, 모듈화 하여 개발이 가능합니다.

MVVM 의 단점은 View-Model 의 설계가 어렵다.

10.5.6 Layered Architecture

이 패턴은 n-티어 아키텍쳐 패턴이라고도 불린다. 이는 하위 모듈들의 그룹으로 나눌 수 있는 구조화된 프로그램에서 사용할 수 있다. 각 하위 모듈들은 특정한 수준의 추상화를 제공한다. 각 계층은 다음 상위 계층에 서비스를 제공한다.
일반적인 정보 시스템에서 공통적으로 볼 수 있는 계층 4가지는 다음과 같다.
- 프레젠테이션 계층 (Presentation layer) - UI 계층 (UI layer) 이라고도 함
- 애플리케이션 계층 (Application layer) - 서비스 계층 (Service layer) 이라고도 함
- 비즈니스 논리 계층 (Business logic layer) - 도메인 계층 (Domain layer) 이라고도 함
- 데이터 접근 계층 (Data access layer) - 영속 계층 (Persistence layer) 이라고도 함

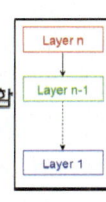

가. 활용
    일반적인 데스크톱 애플리케이션, E-commerce 웹 애플리케이션
나. 장점
    하위 레이어는 다른 상위 레이어에 의해 사용된다. 레이어 표준화가 쉬우며 레이어 수준을 정의하기가 수월하다. 레이어를 변경해도 다른 레이어에는 영향을 끼치지 않는다.
다. 단점
    광범위한 적용이 어렵다.(Not universally applicable.) 특정 상황에서는 특정 레이어가 불필요할 수도 있다.

10.5.7 Client-Server

7. 클라이언트-서버 패턴 (Client-Server pattern)

이 패턴은 하나의 서버와 다수의 클라이언트, 두 부분으로 구성된다. 서버 컴포넌트는 다수의 클라이언트 컴포넌트로 서비스를 제공한다. 클라이언트가 서버에 서비스를 요청하면 서버는 클라이언트에게 적절한 서비스를 제공한다. 또한 서버는 계속 클라이언트로부터의 요청을 대기한다.

가. 활용
　이메일, 문서 공유 및 뱅킹과 같은 온라인 애플리케이션.

나. 장점
　클라이언트가 요청할 수 있는 일련의 서비스를 모델링 할 수 있다.

다. 단점
　요청은 일반적으로 서버에서 별도의 스레드로 처리된다. 프로세스간 통신은 서로 다른 클라이언트가 서로 다르게 표현되므로 오버헤드가 발생한다.

> Thread : 스레드는 어떠한 프로그램 내에서, 특히 프로세스 내에서 실행되는 흐름의 단위를 말한다. 일반적으로 한 프로그램은 하나의 스레드를 가지고 있지만, 프로그램 환경에 따라 둘 이상의 스레드를 동시에 실행할 수 있다. 이러한 실행 방식을 멀티 스레드라고 한다.

10.5.8 Primary(Master)-Secondary(Slave) pattern

8. 마스터-슬레이브 패턴 (Primary(Master)-Secondary(slave) pattern)

이 패턴은 마스터와 슬레이브, 두 부분으로 구성된다. 마스터 컴포넌트는 동등한 구조를 지닌 슬레이브 컴포넌트들로 작업을 분산하고, 슬레이브가 반환한 결과값으로부터 최종 결과값을 계산한다.

> Lag(랙)과 Latency : Lag은 Latency (레이턴시)라고도 불린다. 어감 차이가 약간 있긴 한데, lag은 주로 시간차에 대해서 "렉동"이라고 말할 때 사용하며, latency는 해당 시간차에 대한 수치를 약간 중립적인 입장에서 설명할 때 "지연시간"의 뜻으로 사용한다.

가. 활용
- 데이터베이스 복제에서, 마스터 데이터베이스는 신뢰할 수 있는 데이터 소스로 간주되며 슬레이브 데이터베이스는 마스터 데이터베이스와 동기화된다.
- 컴퓨터 시스템에서 버스와 연결된 주변장치 (마스터 드라이버와 슬레이브 드라이버)

나. 장점
　정확성 - 서비스의 실행은 각기 다른 구현체를 가진 슬레이브들에게 전파된다.

다. 단점
　슬레이브가 독립적이므로 공유되는 상태가 없다. 실시간 시스템에서는 마스터-슬레이브간 레이턴시 문제가 발생할 수 있다. 이 패턴은 분리 가능한 문제에만 적용할 수 있다.

> 레이턴시(latency)는 자극과 반응 사이의 시간이며, 더 일반적인 관점에서는 관찰되는 시스템에서의 어떠한 물리적 변화에 대한 원인과 결과 간의 지연시간이다.

10.5.9 파이프-필터 패턴

9. 파이프-필터 패턴 (Pipe-filter pattern) (1)

이 패턴은 데이터 스트림을 생성하고 처리하는 시스템에서 사용할 수 있다. 각 처리 과정은 필터 (filter) 컴포넌트에서 이루어지며, 처리되는 데이터는 **파이프 (pipes)**를 통해 흐른다. 이 파이프는 버퍼링 또는 동기화 목적으로 사용될 수 있다.

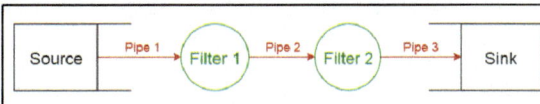

가. 활용
- 컴파일러. 연속한 필터들은 어휘 분석, 파싱, 의미 분석 그리고 코드 생성을 수행한다.
- 생물 정보학에서의 워크플로우

나. 장점

동시성 처리를 나타낸다. 입출력이 스트림으로 구성되고 필터가 데이터를 수신하면 연산을 수행하기 시작한다. 필터 추가가 쉽다. 시스템 확장성이 좋다. 필터는 재사용 가능하다. 주어진 필터들을 재구성하여 또 다른 파이프라인을 구축할 수 있다.

다. 단점

가장 느린 필터 연산에 의해 효율성이 제한될 수 있다. 필터간 데이터 이동에서 데이터 변환 오버헤드가 발생한다.

---

9. 파이프-필터 패턴 (Pipe-filter pattern) (2)

- 이 패턴은 필터에 해당되는 서브시스템이 하나의 데이터를 입력으로 받아 처리한 후 그 결과를 다음 서브시스템으로 넘겨주는 과정을 반복한다.
- 일반적으로 데이터를 변환하는 시스템에서 주로 사용하며, 전체적인 변환 작업은 독립적인 단계로 나누어질 수 있다.
- 이 패턴은 이미지 프로세싱 시스템, 컴파일러의 순차적인 변환 처리기, 유닉스의 Shell등 파이프와 필터를 조합하여 만드는 아키텍처에 적합하고, 사용자의 개입 없이 데이터의 흐름이 전환되는 경우에 사용된다.
- 이 패턴은 필터 또는 파이프 단위로 나누어 개발할 수 있기 때문에 동시 개발이 가능하다는 장점이 있다.

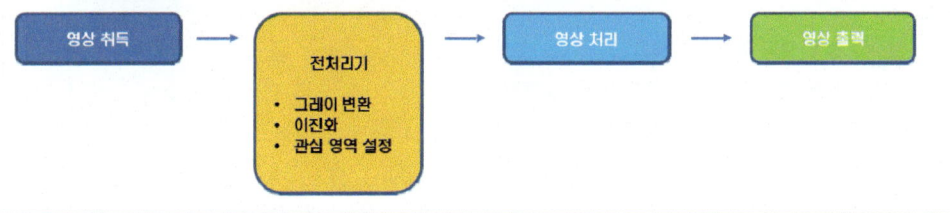

10.5.10 Broker Pattern

10. 브로커 패턴 (Broker pattern)
이 패턴은 분리된 컴포넌트들로 이루어진 분산 시스템에서 사용된다. 이 컴포넌트들은 원격 서비스 실행을 통해 서로 상호 작용을 할 수 있다. 브로커 (broker) 컴포넌트는 컴포넌트 (components) 간의 통신을 조정하는 역할을 한다. 서버는 자신의 기능들(서비스 및 특성)을 브로커에 넘겨주며(publish), 클라이언트가 브로커에 서비스를 요청하면 브로커는 클라이언트를 자신의 레지스트리에 있는 적합한 서비스로 리디렉션한다.

가. 활용
- Apache ActiveMQ, Apache Kafka, RabbitMQ 및
- **JBoss Messaging**와 같은 메시지 브로커 소프트웨어

나. 장점
객체의 동적인 변경, 추가, 삭제 및 재할당이 가능하며 개발자에게 배포를 투명하게 만든다.

다. 단점 : 서비스 표현에 대한 표준화가 필요하다.

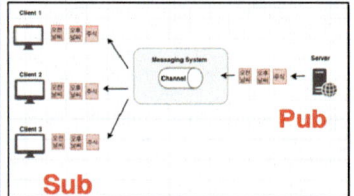

Pub-Sub Pattern과의 차이점 :
Broker와 Pub-Sub은 구조는 비슷하나, Pub-Sub 패턴은 Publisher가 Subscriber의 위치나 존재를 알 필요없이, Message Queue와 같은 Broker역할을 하는 중간지점에 메시지를 던져 놓기만 하면 되고, Broker Pattern은 클라이언트가 브로커에게 Request를 보냄으로써 서버에 접근하는 메커니즘입니다.

10.5.11 Peer-to-Peer 패턴

11. 피어 투 피어 패턴 (Peer-to-peer pattern)
이 패턴에서는, 각 컴포넌트를 **피어 (peers)**라고 부른다. 피어는 클라이언트로서 피어에게 서비스를 요청할 수도 있고, 서버로서 각 피어에게 서비스를 제공할 수도 있다. 피어는 클라이언트 또는 서버 혹은 둘 모두로서 동작할 수 있으며, 시간이 지남에 따라 역할이 유동적으로 바뀔 수 있다.

가. 활용
- G2 와 같은 파일 공유 네트워크
- P2PTV 및 PDTP 와 같은 멀티미디어 프로토콜
- 비트코인, 블록체인 등 암호화폐 기반 상품

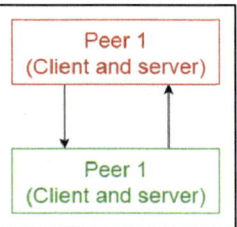

나. 장점
탈 중앙화된 컴퓨팅을 지원한다. 특정 노드 장애에 매우 강하다. 리소스 및 컴퓨팅 성능 면에서 확장성이 뛰어나다.

다. 단점
노드들이 자발적으로 참여하기 때문에 서비스 품질에 대한 보장이 어렵다. 보안에 대한 보장이 어렵다. 노드의 갯수에 따라 성능이 좌우된다.

10.5.12 Repository Architecture Pattern

12. Repository Architecture pattern
- 특징: 주요 데이터가 repository에서 중앙 관리된다.
- 구성: repository와 여기에 접근하는 서브시스템으로 구성된다.
  - Repository 에 공통으로 활용하는 데이터를 보관하고
  - 모든 서브시스템이 repository에 저장된 공유 데이터에 접근하여 정보를 저장, 검색, 변경하는 역할을 한다.
  - 즉 서브시스템은 리포지토리에 정보를 요청하여 가져와 연산한 후 그 결과를 다시 리포지토리에 저장한다.

이 패턴은 대량의 데이터를 공유하는 은행 업무 시스템에 매우 유용한 패턴이다.

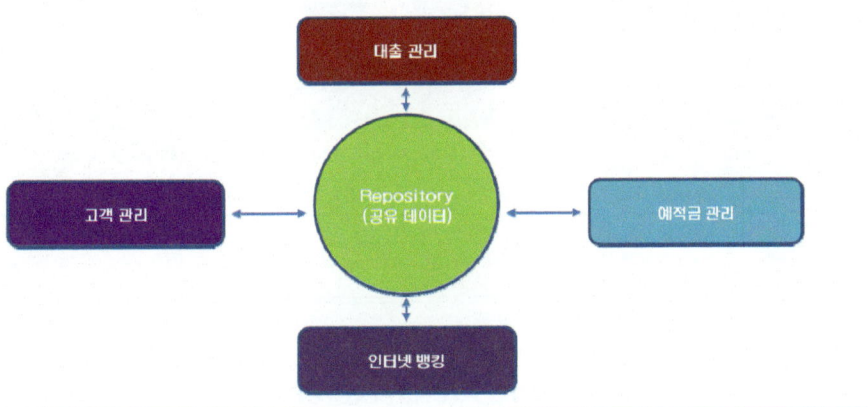

- **데이터 중심형 패턴의 장점**
  - 데이터가 한군데에 모여 있기 때문에 데이터를 모순되지 않고 일관성 있게 관리 가능
  - 새로운 서브시스템의 추가가 용이하다.

- **단점**
  - Repository의 병목 현상 발생 가능
  - 서브시스템과 repository 사이의 결합도가 높아 repository 변경 시 서브시스템에 영향을 줄 수 있다.

10.5.13 Monolithic .vs. SOA .vs. Microservice

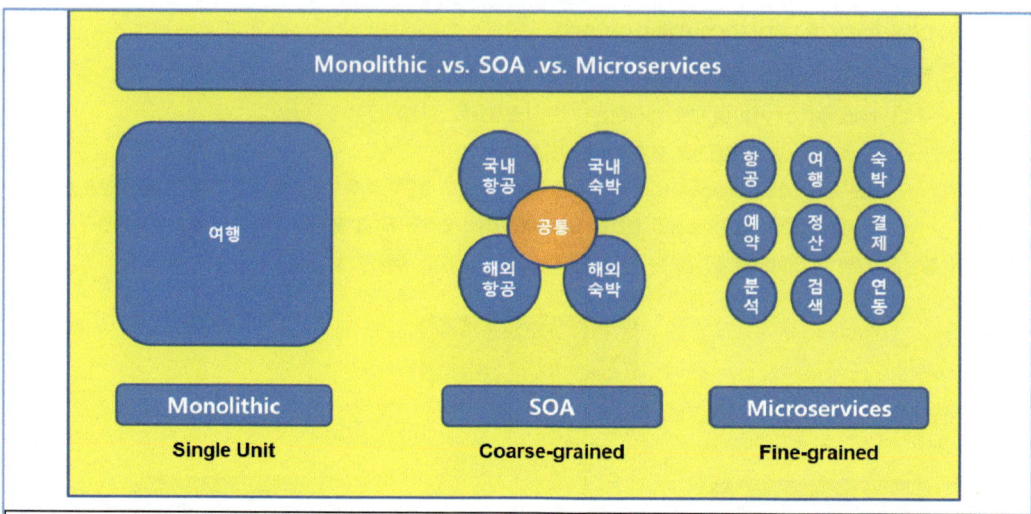

1 모놀리식 아키텍처 (Monolithic Architecture)

- 특징:
    - 하나의 단일 애플리케이션으로 구성되며, 모든 기능이 하나의 코드베이스에서 실행됨.
    - 일반적으로 단일 데이터베이스와 단일 실행 환경을 가짐.

- 장점:
    - 단순한 개발 및 배포 프로세스.
    - 하나의 코드베이스로 유지보수가 용이함.

- 단점:
    - 시스템이 커질수록 유지보수와 확장성이 어려워짐.
    - 특정 기능 변경 시 전체 시스템을 다시 빌드하고 배포해야 함.

- 예시:
    - 여행 애플리케이션에서 "항공권 예매, 숙박 예약, 결제" 기능이 모두 하나의 애플

리케이션 내부에서 처리됨.

2 서비스 지향 아키텍처 (SOA, Service-Oriented Architecture)

- **특징:**
  - 애플리케이션을 여러 개의 서비스로 나누지만, 각 서비스는 비교적 크고 독립적인 기능을 담당함.
  - 서비스 간 통신은 메시지 버스(ESB, Enterprise Service Bus) 또는 API를 통해 이루어짐.

- **장점:**
  - 각 서비스가 독립적으로 운영될 수 있어 확장성이 증가함.
  - 특정 기능만 수정 및 배포 가능하여 유지보수가 쉬워짐.

- **단점:**
  - 서비스 간 통신을 위한 추가적인 인프라 필요.
  - 서비스 간 의존성이 많아질 경우 성능 저하 및 복잡성이 증가할 수 있음.

- **예시:**
  - 여행 애플리케이션에서 "항공권 예매 서비스"와 "숙박 예약 서비스"를 별도의 서비스로 분리하여 관리함.

3 마이크로서비스 아키텍처 (Microservices Architecture)

- **특징:**
  - SOA보다 더 작은 단위의 서비스로 세분화됨.
  - 각 서비스는 독립적으로 배포 및 실행될 수 있으며, 개별적인 데이터 저장소를 가질 수도 있음.

- **장점:**
  - 독립적인 서비스 배포 및 개발이 가능하여 애자일(Agile) 개발 방식에 적합함.
  - 특정 서비스만 확장할 수 있어 비용 및 성능 최적화가 가능함.

- **단점:**
  - 서비스가 많아지면서 네트워크 통신이 많아지고 관리가 복잡해질 수 있음.
  - 서비스 간 데이터 일관성을 유지하는 것이 어려울 수 있음.
- **예시:**
  - 여행 애플리케이션에서 "항공권 예매, 숙박 예약, 결제, 검색, 분석" 등의 기능이 개별적인 마이크로서비스로 제공됨.

4 SOA vs. 마이크로서비스의 차이

- SOA는 비교적 큰 단위의 서비스로 구성되며, ESB를 통한 통합이 일반적임.
- 마이크로서비스는 각 기능이 독립적인 서비스로 존재하며, 개별적으로 배포 및 실행될 수 있음.
- 일반적으로 **"SOA > MSA"** 구조로 볼 수 있으며, 마이크로서비스가 더 세분화된 형태의 서비스라고 볼 수 있음.

5 결론

작은 규모의 애플리케이션 → 모놀리식 아키텍처가 적합.

중간 규모의 시스템 확장성 고려 → SOA가 적합.

대규모 서비스, 클라우드 기반 애플리케이션 → 마이크로서비스 아키텍처가 적합.

위와 같은 아키텍처 설계 선택은 애플리케이션의 규모, 유지보수성, 확장성 등을 고려하여 결정해야 합니다.

연습 문제

주관식 문제

1. 모놀리식 아키텍처에서 특정 기능을 수정할 경우 전체 시스템에 어떤 영향을 미치는가?

2. SOA와 마이크로서비스 아키텍처의 주요 차이점은 무엇인가?

3. 마이크로서비스 아키텍처의 장점 중 하나인 '독립적인 배포'가 왜 중요한가?

4. SOA(Service-Oriented Architecture)에서 서비스 간 통신은 일반적으로 어떤 방식을 사용하는가?

5. 마이크로서비스 아키텍처에서 서비스가 많아질 경우 발생할 수 있는 주요 문제점은 무엇인가?

객관식 문제

6. 모놀리식 아키텍처의 특징으로 가장 적절한 것은?
    a) 독립적인 서비스 배포가 가능하다.
    b) 단일 코드베이스에서 모든 기능이 실행된다.
    c) 각 서비스가 독립적인 데이터 저장소를 가질 수 있다.
    d) 서비스 간 통신을 위해 메시지 버스를 활용한다.

7. SOA와 마이크로서비스 아키텍처에 대한 설명으로 틀린 것은?
    a) SOA는 비교적 큰 단위의 서비스로 구성되며, 마이크로서비스는 더 작은 단위로 세분화된다.
    b) SOA는 ESB(Enterprise Service Bus)를 활용하여 서비스 간 통신을 수행한다.
    c) 마이크로서비스 아키텍처는 특정 기능만을 독립적으로 확장하기 어렵다.
    d) 마이크로서비스는 각 기능이 독립적으로 배포 및 실행될 수 있다.

연습 문제

8. 마이크로서비스 아키텍처의 단점으로 적절한 것은?

    a) 유지보수가 어렵고 서비스 간 통신이 증가하여 관리가 복잡해질 수 있다.
    b) 특정 서비스만 수정하여 독립적으로 배포할 수 없다.
    c) 성능 최적화가 어려워 확장성이 낮다.
    d) 기존 레거시 시스템과의 통합이 어렵다.

9. 아래 설명에 해당하는 아키텍처는?

    - 기능이 단일 코드베이스에서 실행되며, 하나의 애플리케이션으로 구성됨.
    - 시스템이 커질수록 유지보수와 확장성이 어려워짐.
    - 특정 기능 변경 시 전체 시스템을 다시 빌드하고 배포해야 함.

    a) 모놀리식 아키텍처
    b) SOA
    c) 마이크로서비스 아키텍처
    d) 클라우드 네이티브 아키텍처

10. 아래 설명에 해당하는 아키텍처는?

    - 독립적인 서비스 배포가 가능하며, 개별적인 데이터 저장소를 가질 수 있음.
    - 특정 서비스만 확장할 수 있어 비용 및 성능 최적화가 가능함.
    - 서비스가 많아질수록 네트워크 통신이 증가하고 관리가 복잡해질 수 있음.

    a) 모놀리식 아키텍처
    b) SOA
    c) 마이크로서비스 아키텍처
    d) 레이어드 아키텍처

PART 4
클라우드 환경에서 주로 사용되는 아키텍처 패턴

UML-based software architecture
design used in practice

CHAPTER 11

클라우드 환경에서 MSA와 함께 자주 사용되는 아키텍처 패턴

11.1 Saga 패턴
11.2 CQRS 패턴
11.3 Event Sourcing
11.4 API Gateway 패턴
11.5 Circuit Breaker 패턴
11.6 Strangler 패턴
11.7 Service Mesh 패턴
11.8 Bulkhead 패턴
11.9 Sidecar 패턴
11.10 BFF 패턴
11.11 Aggregator 패턴
11.12 Proxy 패턴
11.13 Rate Limiting 패턴
11.14 Retry 패턴
■ 연습문제

이번 장에서는 최근의 시스템 구축이 클라우드 기반의 MSA아키텍처 적용 형태로 이루어지는 경향이 많음에 따라, MSA아키텍처 설계시에 함께 자주 사용되는 아키텍처 패턴에 대하여 구체적으로 알아 보고자 한다.

표 11-1 MSA와 함께 자주 사용되는 아키텍처 패턴

패턴 이름	설명	적용 사례
Saga 패턴	분산 트랜잭션을 여러 개의 작은 작업으로 나누고 보상 동작을 통해 실패를 처리하는 패턴	결제, 주문, 예약 시스템
CQRS 패턴	읽기와 쓰기 작업을 분리하여 성능 및 확장성을 높이는 패턴	금융 거래 처리, 고성능 시스템
Event Sourcing 패턴	상태 변화를 이벤트로 기록하여 시스템의 현재 상태를 이벤트 스트림으로 복원하는 패턴	데이터 변경 추적, 감사 로그 관리
API Gateway 패턴	클라이언트가 마이크로서비스에 접근할 수 있도록 단일 진입점을 제공하는 패턴	모바일 및 웹 애플리케이션 통합
Circuit Breaker 패턴	서비스가 실패할 경우 요청을 차단하여 시스템의 안정성을 유지하는 패턴	외부 API 호출, 불안정한 네트워크 상황
Strangler 패턴	기존 모놀리식 시스템을 마이크로서비스로 점진적으로 대체해 나가는 방식	레거시 시스템의 마이그레이션
Service mesh 패턴	마이크로서비스 간의 네트워크 통신을 안전하게 관리하는 인프라 패턴	보안 및 트래픽 관리가 필요한 서비스
Bulkhead 패턴	장애 발생 시 서비스에 미치는 영향을 최소화하기 위해 서비스의 자원을 격리하는 패턴	고가용성 서비스, 클라우드 애플리케이션
Sidecar 패턴	각 마이크로서비스에 별도의 프로세스를 추가하여 통신, 로깅, 모니터링 등을 보조하도록 하는 패턴	로깅, 모니터링, 서비스 디스커버리
Backends for Frontends (BFF) 패턴	클라이언트의 유형별로 맞춤형 API 백엔드를 제공하여 요청 최적화	모바일 앱과 웹 앱의 요구가 다를 때
Aggregator 패턴	여러 마이크로서비스의 데이터를 집계하여 단일 응답으로 반환하는 패턴	대시보드, 통합 보고서
Proxy 패턴	트래픽을 제어하거나 제한하기 위해 서비스에 대한 프록시를 두어 접근을 제어하는 패턴	인증, 보안, 트래픽 제어
Rate limiting 패턴	요청 수를 제한하여 과도한 트래픽으로 인한 서비스 부담을 방지하고, 시스템 리소스르르 보호하는 패턴	API Gateway, 서버 자원 보호
Retry 패턴	요청이 실패할 경우 일정 횟수만큼 재시도하여 안정성을 높이는 패턴	DB연결, 네트워크 통신

11.1 Saga 패턴

Saga 패턴은 1987년에 Hector Garcia-Molina와 Kenneth Salem이 발표했습니다. 이들은 논문 "Sagas"를 통해, 긴 트랜잭션을 효율적으로 처리하기 위한 방법으로 Saga 패턴을 제안했습니다. 이 패턴은 주로 분산 시스템의 트랜잭션 관리에서 사용되며, 트랜잭션을 여러 개의 작은 작업으로 나누고, 실패 시 이를 복구할 수 있는 보상 동작을 사용해 시스템의 일관성을 유지하는 방법을 설명합니다.

Garcia-Molina와 Salem의 연구는 데이터베이스 및 분산 시스템의 안정성을 확보하는 방안으로 큰 영향을 미쳤으며, 이후 마이크로서비스 아키텍처가 대두되면서 Saga 패턴이 더욱 주목받게 되었습니다.

SAGA 패턴이란 마이크로서비스들끼리 이벤트를 주고 받아 특정 마이크로서비스에서의 작업이 실패하면 이전까지의 작업이 완료된 마이크서비스들에게 보상 (complemetary) 이벤트를 소싱함으로써 분산 환경에서 원자성(atomicity)을 보장하는 패턴입니다.

1 Saga 패턴의 동작 방식

a) 분할된 트랜잭션: Saga 패턴은 전체 트랜잭션을 여러 단계로 나누고, 각 단계를 독립적인 작업으로 수행합니다.
b) 상태 저장 및 보상 작업: 각 단계가 완료될 때 상태가 저장되며, 만약 실패 시 이를 되돌리기 위한 보상 작업을 수행하여 일관성을 유지합니다.

이를 그림으로 표현하면 다음과 같습니다. SAGA 패턴의 이벤트 성공 시 다음과 같이 동작합니다.

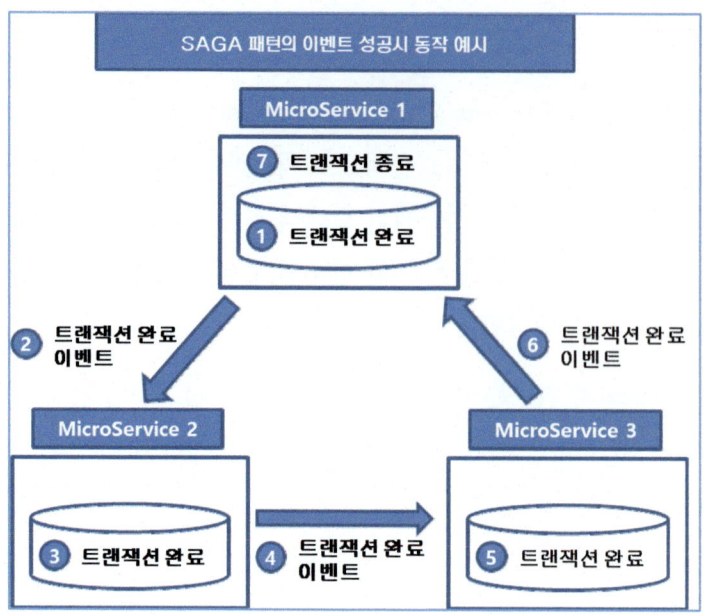

그림 11-1 SAGA패턴 이벤트 성공시 동작 방식

SAGA 패턴의 핵심은 트랜잭션의 관리주체가 DBMS에 있는 것이 아닌 Application에 있습니다. MicroService가 분산되어 있을 때 각 MicroService 하위에 존재하는 DB는 local 트랜잭션만 담당합니다.

즉, 각각의 MicroService의 트랜잭션 요청의 실패로 인한 Rollback 처리(보상 트랜잭션)는 Application에서 구현 합니다.

이러한 과정을 통해서 순차적으로 트랜잭션이 처리되며, 마지막 트랜잭션이 끝났을 때 데이터가 완전히 영속되었음을 확인하고 종료합니다. 이 방법을 통해서 최종 일관성(Eventually Consistency)를 달성할 수 있습니다.

아래는 SAGA 패턴의 이벤트 실패 시 동작 예시 입니다.

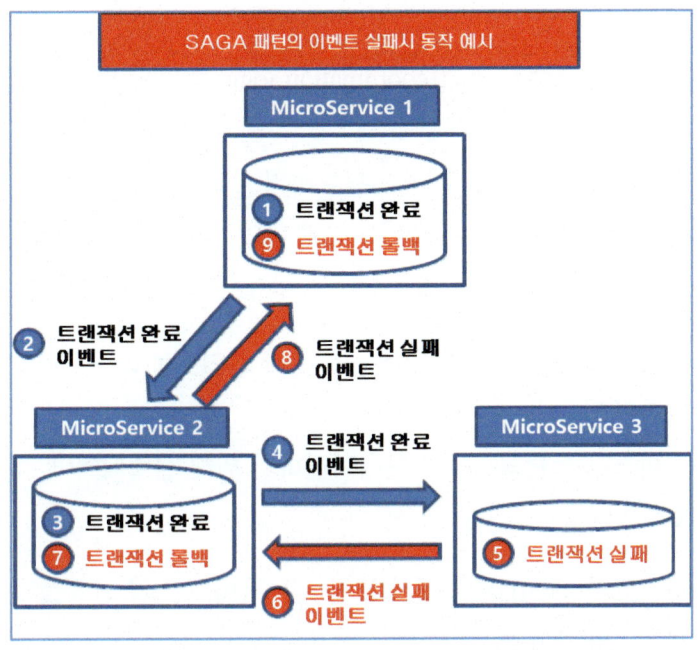

그림 11-2 SAGA패턴의 이벤트 실패시 동작 방식

2 SAGA 패턴 실행 방식

a) 직렬 실행 (Choreography): 각 서비스가 이벤트를 주고받으며 스스로 트랜잭션을 관리하고 다음 작업을 호출

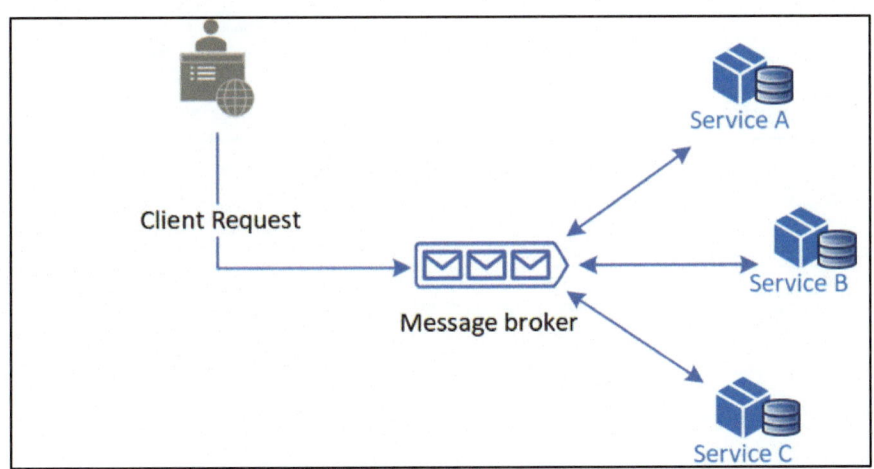

그림 11-3 SAGA패턴 직렬 실행 방식

- 장점
    - 참여하는 Service수가 적고 coordination logic이 필요 없는 간단한 워크플로에 적합함
    - 추가 서비스 구현 및 유지 관리가 필요하지 않음
    - 책임이 Saga 참여 Service에 분산되므로 단일 장애 지점이 발생하지 않음
- 단점
    - 서비스 간 이벤트를 주고받기 때문에 사가 참여 Service 간에 순환 종속성이 발생할 위험이 있음
    - 모든 서비스가 트랜잭션을 시뮬레이션하기 위해 실행되어야 하기 때문에 통합 테스트가 어려움

b) 조정 실행 (Orchestration): 중앙에서 조정하는 서비스가 각 단계를 순서대로 실행하며 트랜잭션을 관리합니다.

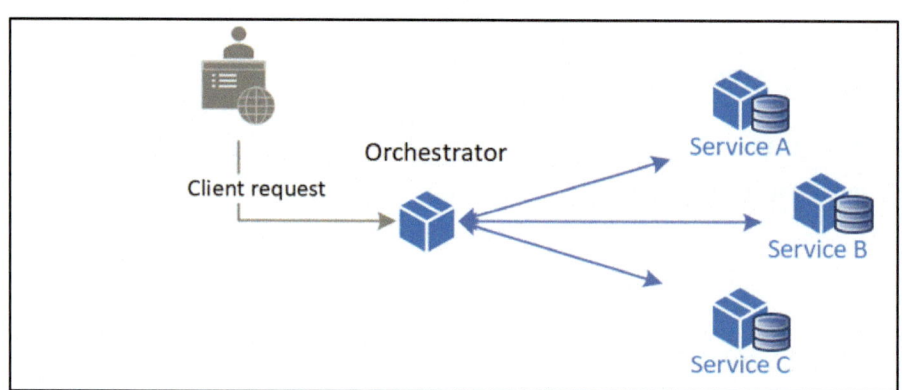

그림 11-4 SAGA패턴 조정 실행 방식

- 장점
    - 비교적 많은 서비스가 있는 복잡한 워크플로우에 적합
    - 오케스트레이터가 Saga 참여 Service에 일방적으로 의존하기 때문에 순환적 종속성이 없음
- 단점
    - 추가적인 설계 복잡성으로 인해 coordination logic을 구현해야 함

- 오케스트레이터가 전체 워크플로를 관리하기 때문에 실패 지점(point of failure)가 하나 더 생김

3 Saga 패턴의 사례

■ 사례 1 : 항공 예약 시스템

항공 예약 시스템을 예로 들어 보겠습니다. 항공권 예약에는 여러 서비스가 연관됩니다. 예를 들어, 항공권 예약, 호텔 예약, 차량 렌트 등을 하나의 트랜잭션으로 처리해야 하는 경우입니다. Saga 패턴을 적용하면 다음과 같이 진행됩니다.

a) 항공권 예약 서비스가 호출됩니다.
b) 예약이 성공하면, 호텔 예약 서비스로 이벤트를 전파하고, 호텔 예약이 이루어집니다.
c) 호텔 예약이 성공하면 차량 렌트 서비스가 호출됩니다.

만약 어떤 단계에서 실패한다면, 이전에 완료된 작업에 대해 보상 작업이 실행됩니다. 예를 들어 차량 렌트 예약이 실패하면, 호텔 예약과 항공권 예약을 취소하는 보상 작업이 실행됩니다.

■ 사례 2: 온라인 쇼핑몰의 주문 처리

고객이 주문을 완료하면, 재고 확인, 결제, 배송 준비 등의 여러 단계를 거쳐야 합니다. 이 과정에서 어느 한 단계라도 실패하면 전체 주문 프로세스가 취소되어야 합니다. Saga 패턴을 적용하면, 각 단계에서 작업이 완료될 때마다 다음 단계로 진행되고, 실패 시에는 이전 작업을 취소합니다.

a) 고객 주문 접수가 완료되면, 재고 확인 서비스가 호출됩니다.
b) 재고가 확인되면 결제 서비스가 호출되어 결제를 진행합니다.
c) 결제가 완료되면 배송 준비가 시작됩니다.

만약 결제 단계에서 오류가 발생하면, 재고 확인 결과를 되돌려 재고를 다시 반환하는 작업이 수행됩니다.

11.2 CQRS 패턴

CQRS 패턴은 마이크로소프트의 소프트웨어 아키텍트이자 소프트웨어 설계 전문가인 그레그 영(Greg Young)에 의해 제안되었습니다. CQRS 패턴은 2000년대 후반에, 정확히는 2009년경, 그가 DDD(Domain-Driven Design)와 관련된 커뮤니티와 컨퍼런스에서 CQRS 개념을 처음 설명하면서 널리 알려지기 시작했습니다.

또한, CQRS 패턴은 DDD(Domain-Driven Design) 커뮤니티에서도 널리 채택되었으며, 에릭 에반스(Eric Evans)의 DDD 철학과 밀접한 관련이 있습니다. 그레그 영은 DDD의 철학을 더욱 발전시켜 CQRS와 같은 패턴을 만들어냈으며, 그 이후 <u>마이크로서비스 아키텍처와 이벤트 소싱</u> 등에서도 자주 사용되며 많은 기업에서 이를 채택하고 있습니다.

<u>오늘날에는 여러 대형 기술 회사들이 대규모 애플리케이션에 CQRS 패턴을 적용하고 있으며, 특히 데이터 일관성과 성능이 중요한 금융 서비스나 전자상거래 플랫폼, 클라우드 기반 서비스</u> 등에서 유용하게 사용되고 있습니다.

CQRS (Command Query Responsibility Segregation) 패턴은 애플리케이션의 명령(상태 변경 요청)과 조회(데이터 조회 요청)를 분리하여 관리하는 설계 패턴입니다.

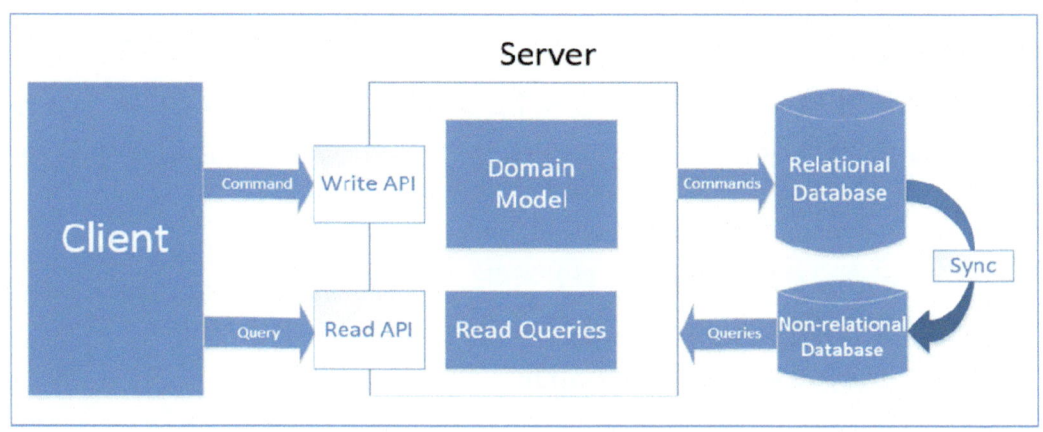

그림 11-5 CQRS패턴 아키텍처

CQRS (Command Query Responsibility Segregation) 패턴에서 "명령"과 "조회"를 분리한다는 것은 애플리케이션이 데이터를 수정하는 작업과 조회하는 작업을 서로 독립적으로 관리한다는 의미입니다. 이를 통해 데이터 상태 변화와 데이터 읽기 로직을 별도의 모델

로 구분할 수 있어, 시스템 성능 및 확장성을 극대화할 수 있습니다. 구체적으로 설명하면 다음과 같습니다:

1 명령(Command, Data 추가 수정 삭제)

명령은 애플리케이션 내에서 상태를 변경하는 모든 작업을 의미합니다. 데이터베이스에 새로운 데이터를 추가하거나, 기존 데이터를 수정하거나, 삭제하는 등의 작업이 이에 속합니다

- 예시:
  - 쇼핑몰 애플리케이션에서 상품 주문 시 사용자가 구매를 "확정"하면, 이는 시스템에 새로운 주문을 추가하는 명령이 됩니다.
  - SNS 애플리케이션에서 사용자가 게시물을 작성하거나 수정할 때, 새로운 게시물이 추가되거나 기존 게시물이 수정되는 작업도 모두 명령에 해당됩니다.

이러한 명령 작업은 시스템의 상태를 변경하는 것이므로, 주로 트랜잭션 처리가 필요하며, 데이터 일관성을 보장해야 합니다.

- 주요 특징:
  - 상태 변경 작업만 수행합니다.
  - 트랜잭션을 통해 데이터의 일관성을 보장합니다.
  - 비즈니스 규칙이 적용되는 핵심 로직을 포함합니다.

2 조회(Query)

조회는 애플리케이션 내에서 데이터의 상태를 확인하는 모든 작업을 의미합니다. 데이터베이스에서 필요한 정보를 검색하거나 필터링하여 사용자에게 보여주는 것과 관련됩니다.

- 예시:
  - 쇼핑몰 애플리케이션에서 사용자가 상품 목록을 볼 때, 이 작업은 데이터베이스에 조회 요청을 보내 상품 정보를 가져오는 것입니다.
  - SNS 애플리케이션에서 사용자가 다른 사용자의 게시물을 읽기 위해 프로필을 방문하는 작업도 조회에 해당합니다.

조회는 읽기 작업이기 때문에 데이터베이스에 데이터를 저장하지 않으며, 주로 빠르고 효율적인 방식으로 필요한 데이터를 제공하는 데 초점을 맞춥니다.

- 주요 특징:
    - 데이터 읽기 작업만 수행합니다.
    - 데이터 일관성 보장보다는 조회 속도와 응답성이 중요합니다.
    - 복잡한 비즈니스 로직을 최소화하고, 주로 데이터 필터링 및 정렬 작업을 수행합니다.

3 CQRS 패턴에서 Command와 Query의 분리가 주는 이점

- 성능 최적화 : 명령과 조회의 책임이 분리되어 있으므로, 각각의 작업에 맞는 최적화가 가능합니다. 예를 들어, 조회 모델은 읽기 성능을 극대화하기 위해 캐시나 읽기 전용 데이터베이스를 사용할 수 있습니다.
- 확장성 : Command와 Query가 독립적으로 설계되었으므로, 서로 다른 방식으로 확장할 수 있습니다. 예를 들어, 조회 요청이 많이 발생할 경우 Query 모델만 추가로 확장하면 됩니다.
- 코드 구조의 명확성 : Command와 Query를 분리함으로써, 코드에서 데이터 수정과 조회 로직이 혼재되는 것을 방지할 수 있습니다. 이는 코드 유지보수성을 높여주며, 특히 복잡한 비즈니스 로직을 갖춘 애플리케이션에서 유용합니다.
- 데이터 일관성 및 분산 처리 : CQRS는 이벤트 소싱과 결합해 데이터 변경 사항을 이벤트로 기록할 수도 있습니다. (이벤트 소싱(Event Sourcing)은 애플리케이션의 상태 변화를 데이터베이스에 저장할 때 "이벤트(event)" 단위로 기록하는 설계 방식입니다. 이 방식은 데이터를 최종 상태로 저장하는 대신, 상태 변경의 과정을 나타내는 일련의 이벤트를 저장하는 방식입니다.)
- 유연성 : 복잡한 비즈니스 로직을 처리하거나 다중 사용자 환경에서 데이터 일관성을 유지하기 쉬워집니다.

4 CQRS 패턴의 단점

- 복잡성 증가: 설계가 복잡해지고, 각기 다른 데이터 저장소나 모델을 유지하는 것이 어렵습니다.

- 일관성 문제: Command와 Query 모델이 다른 저장소를 사용할 경우, 즉각적인 일관성이 보장되지 않을 수 있으며, 이로 인해 잠시 동안 데이터 불일치가 발생할 수 있습니다.

5 패턴의 구성 요소

- Command (명령) 모델: 데이터를 변경하는 책임을 맡습니다. 예를 들어, 새로운 데이터를 추가하거나 수정하는 작업이 여기에 속합니다. Command 모델은 상태를 변경하기 위해 비즈니스 로직을 적용하며, 그 결과가 데이터베이스에 반영됩니다. 일반적으로 트랜잭션 관리와 검증 로직이 필요합니다.
- Query (조회) 모델: 데이터를 조회하는 책임을 맡습니다. Query 모델은 데이터를 읽기 전용으로 조회하며, 데이터베이스에 대한 쓰기 작업은 수행하지 않습니다. 필요한 데이터가 빠르게 조회될 수 있도록 최적화된 구조를 가지는 경우가 많습니다.
- 이벤트 소싱 (옵션): CQRS는 이벤트 소싱과 자주 함께 사용됩니다. 이벤트 소싱은 시스템에서 발생한 모든 변경 사항을 "이벤트"로 기록하여 이벤트 스토어에 저장하는 방식입니다. 이를 통해 특정 시점의 시스템 상태를 재현할 수 있으며, 시스템의 안정성과 일관성을 강화할 수 있습니다.
- 데이터 저장소의 분리: CQRS는 Command 모델과 Query 모델이 서로 다른 데이터 저장소를 사용할 수 있도록 설계될 때 효과적입니다. 예를 들어, Command 모델은 관계형 데이터베이스(RDBMS)를 사용하고, Query 모델은 읽기 성능이 좋은 NoSQL 데이터베이스나 캐싱 솔루션을 사용할 수 있습니다. 이를 통해 성능을 더욱 향상시킬 수 있습니다. (국내 금융 공기업에서 계정계는 Oracle, EDW는 Sybase를 적용한 사례와 비슷한 개념)

11.3 Event Sourcing

이벤트 소싱(Event Sourcing)은 애플리케이션의 상태 변화를 데이터베이스에 저장할 때 "이벤트(event)" 단위로 기록하는 설계 방식입니다. 이 방식은 데이터를 최종 상태로 저장하는 대신, 상태 변경의 과정을 나타내는 일련의 이벤트를 저장하여 해당 객체의 현재 상태를 필요할 때 재구성할 수 있도록 합니다.

1 이벤트 소싱의 주요 개념

- 이벤트(Event) : 이벤트는 시스템 내에서 발생한 특정 상태 변경을 나타내는 불변(Immutable) 데이터입니다. 예를 들어, 쇼핑몰 애플리케이션에서 "상품이 장바구니에 추가됨", "주문이 취소됨" 같은 상태 변경이 각각의 이벤트가 됩니다. 이벤트에는 누가, 언제, 무엇을 했는지에 대한 정보가 포함되어 있습니다.
- 이벤트 스토어(Event Store) : 이벤트는 일반 데이터베이스 대신, 이벤트 스토어에 저장됩니다. 이벤트 스토어는 발생한 모든 이벤트를 시간순으로 기록하며, 각 객체의 상태를 언제든지 재구성할 수 있게 합니다.
- 현재 상태 재구성 : 객체의 현재 상태를 알고 싶을 때, 이벤트 소싱에서는 최초 상태에서부터 현재까지 발생한 모든 이벤트를 순차적으로 적용하여 현재 상태를 복원합니다. 이를 통해 항상 최신 상태를 만들 수 있습니다.

2 소싱의 주요 장점

- 데이터의 추적 가능성 및 복구 : 모든 변경 사항이 이벤트로 기록되므로, 시스템 내에서 데이터가 어떻게 변화했는지 과거의 상태를 쉽게 추적할 수 있습니다. 예를 들어, 사용자의 특정 주문 내역이 수정된 이유를 알기 위해 이벤트 기록을 분석할 수 있습니다.
- 데이터 무결성과 일관성 : 이벤트는 발생 순서대로 기록되므로, 이벤트를 재생해 상태를 재구성할 때 데이터 일관성을 보장할 수 있습니다. 이는 분산 시스템에서 특히 유용하며, 이벤트의 순서대로 상태를 복구함으로써 데이터의 무결성을 유지합니다.
- 시간을 되돌리는 기능 : 이벤트 소싱을 사용하면 특정 시점으로 "시간을 되돌릴 수" 있습니다. 예를 들어, 과거 특정 시점의 데이터를 복원하거나 이벤트의 집합을 반복해서 시뮬레이션할 수 있습니다.
- 이벤트 기반 시스템과의 자연스러운 통합 : 이벤트 소싱은 CQRS와 자연스럽게 통합될 수 있습니다. 이벤트 소싱에서 기록된 이벤트를 조회 모델에서 즉각적으로 반영하거나, 필요 시 비동기적으로 반영할 수 있습니다.

3 소싱의 단점

- 복잡성 증가: 모든 상태 변화를 이벤트로 기록하므로 이벤트 설계가 중요하며, 이벤

트 재구성에 따른 시스템 복잡성이 증가합니다.
- 성능 문제: 과거부터 모든 이벤트를 재생해 현재 상태를 복원해야 하므로, 이벤트 수가 많은 경우 성능이 저하될 수 있습니다. 이를 해결하기 위해 일정 간격으로 "스냅샷(snapshot)"을 저장하는 방식을 사용합니다.

4 소싱 적용 예시

■ 시나리오

전자상거래 시스템에서 사용자가 제품을 주문, 수정, 취소하는 과정에서 상태가 이벤트로 기록된다고 가정합니다.

1. 사용자가 "노트북"을 주문한 경우, `OrderCreatedEvent`라는 이벤트가 생성되어 이벤트 스토어에 기록됩니다.
2. 이후, 사용자가 주문 수량을 변경하면, `OrderUpdatedEvent`가 기록됩니다.
3. 사용자가 주문을 취소하면, `OrderCancelledEvent`가 기록됩니다.

이벤트 스토어에 다음과 같은 이벤트가 순서대로 기록됩니다:

- `OrderCreatedEvent (Order ID: 1, Product: 노트북, Quantity: 1)`
- `OrderUpdatedEvent (Order ID: 1, Quantity: 2)`
- `OrderCancelledEvent (Order ID: 1)`

이벤트를 통해 주문 ID 1의 상태를 복원하려면, `OrderCreatedEvent`로 초기 주문을 생성하고, `OrderUpdatedEvent`로 수량을 업데이트한 다음, `OrderCancelledEvent`로 주문 상태를 취소된 상태로 만듭니다.

5 스냅샷(Snapshot) 사용 예시

이벤트가 매우 많아지면 성능 문제가 발생할 수 있습니다. 이를 방지하기 위해 현재 상태를 주기적으로 저장하는 스냅샷을 사용할 수 있습니다.

예를 들어, 위 주문 내역에서 100번째 주문 시점에 대한 스냅샷을 생성하면, 101번째 이벤트부터 재생하여 현재 상태를 복원할 수 있어 성능이 향상됩니다.

6 이벤트 소싱과 CQRS의 결합

이벤트 소싱은 CQRS와 자주 결합됩니다. 명령(Command) 모델은 이벤트를 생성하여 이벤트 스토어에 기록하고, 조회(Query) 모델은 이벤트를 구독(Subscribe : 구독이란 이벤트가 발생할 때 이를 실시간으로 받는 것을 의미함) 하여 데이터베이스에 읽기 전용으로 저장합니다.

예를 들어:

- 주문이 생성되었다면 OrderCreatedEvent가 발생합니다.
- 주문 상태가 변경되었다면 OrderStatusUpdatedEvent가 발생합니다.

조회 모델은 이러한 이벤트를 실시간으로 받아서, 각 이벤트에 맞는 데이터 업데이트를 수행합니다.

이를 통해 읽기와 쓰기의 부담을 각각 다른 시스템에 분산시키며 확장성을 높일 수 있습니다.

결과적으로 이벤트 소싱을 통해 CQRS 시스템은 복원력 있고 데이터 변화를 추적하기 쉬운 시스템이 됩니다.

기술 Tip 이벤트 소싱과 DB Log의 차이점

이벤트 소싱(Event Sourcing)과 데이터베이스 로그(DB Log)는 둘 다 데이터 변경 사항을 기록한다는 점에서 유사하지만, 그 목적과 사용 방식에서 중요한 차이가 있습니다. 각 개념의 차이를 살펴보겠습니다

(1) 목적 및 용도

- 이벤트 소싱 : 시스템의 상태 변화를 비즈니스 이벤트 단위로 기록하는 것을 목표로 합니다. 이벤트 소싱은 비즈니스 로직의 흐름을 추적할 수 있도록 설계되었으며, 특정 시점의 상태를 재구성하거나 변경 이력을 추적하는 데 적합합니다.
- DB 로그 : 데이터베이스 로그는 주로 데이터의 일관성과 무결성 보장을 목적으로 합니다. 데이터베이스에서 발생하는 모든 트랜잭션(삽입, 수정, 삭제)을 순서대로 기록

하여 장애 상황에서 복구하거나 트랜잭션을 롤백하는 용도로 사용됩니다

(2) 기록 내용

- 이벤트 소싱 : 비즈니스 이벤트가 기록됩니다. 예를 들어, "사용자가 주문을 생성함", "수량을 변경함", "주문을 취소함" 등의 비즈니스 도메인에서 발생한 이벤트가 저장됩니다. 각 이벤트에는 발생 시점, 관련된 도메인 객체의 ID, 변경된 상태 등이 포함됩니다.
- DB 로그 : 데이터베이스 로그는 로우 수준의 변경 사항을 기록합니다. 예를 들어, 특정 테이블의 특정 행이 수정되었다면, 이전 값과 새로운 값이 기록될 수 있습니다. 로그에는 데이터베이스 트랜잭션의 세부 정보가 포함되며, 비즈니스 이벤트보다는 데이터 변경에 초점을 맞춥니다

(3) 사용 방식 및 재생

- 이벤트 소싱 : 특정 시점의 상태를 재구성하기 위해 이벤트 소스를 순차적으로 재생합니다. 시스템의 상태를 처음부터 모든 이벤트를 적용하여 복구할 수 있으며, 과거의 이벤트를 분석하여 시스템의 동작을 추적하거나 감사(Audit) 목적으로 활용할 수 있습니다.
- DB 로그 : 데이터베이스의 로그는 주로 장애 발생 시 데이터 복구나 트랜잭션 롤백을 위해 사용됩니다. 예를 들어, 복구할 때 로그에 기록된 마지막 일관성 있는 시점까지 되돌리거나 롤백합니다. DB 로그는 이벤트 소싱처럼 비즈니스 로직을 재생하기 위한 용도가 아니며, 트랜잭션 단위의 무결성 유지에 중점을 둡니다.

(4) 저장 위치와 형식

- 이벤트 소싱 : 이벤트는 보통 이벤트 스토어라는 별도의 저장소에 기록됩니다. 이벤트 스토어는 비즈니스 이벤트를 시간순으로 저장하며, 이를 통해 조회 및 재구성을 빠르게 할 수 있습니다. 이벤트는 비즈니스 도메인과 연관된 형식으로 기록됩니다.
- DB 로그 : 데이터베이스 로그는 DBMS 내부에서 관리되며, 주로 바이너리 형식으로 저장되어 쉽게 접근하거나 읽을 수 없습니다. 로그는 데이터베이스의 내부 트랜잭션 처리 메커니즘에 의존하며, 외부에서 분석하거나 읽기 위한 형식이 아닙니다

(5) 데이터 일관성과 무결성

- 이벤트 소싱 : 이벤트 소싱은 "최종 일관성"을 보장하는 방식입니다. 이벤트는 특정 순서대로 적용되어 시스템의 상태를 재구성하지만, 모든 이벤트가 실시간으로 일관되게 반영되지 않을 수 있습니다. 일관성 요구 사항에 따라 다른 모델이나 CQRS와 결합하여 상태를 조회할 수 있습니다
- DB 로그 : DB 로그는 데이터베이스의 즉각적인 일관성을 보장합니다. 트랜잭션 로그는 DB의 ACID(원자성, 일관성, 고립성, 지속성) 속성을 유지하는데 필수적이며, DBMS가 데이터의 무결성과 일관성을 강력하게 보장하는 데 필요한 요소입니다.

(6) 이벤트소싱과 DB로그 요약 테이블

표 11-1 이벤트소싱과 DB로그 요약 테이블

측면	이벤트 소싱	DB 로그
목적	비즈니스 이벤트 단위 상태 변화 기록	트랜잭션 무결성 및 데이터 복구
기록 내용	비즈니스 도메인 이벤트	데이터베이스 트랜잭션 변경 내역
사용 방식	이벤트 재생을 통한 상태 재구성	복구 및 롤백에 사용
저장 위치	이벤트 스토어(일반적으로 별도 저장소)	DBMS 내부 (바이너리 로그 형식)
일관성	최종 일관성(CQRS와 결합 시 활용 가능)	즉각적인 데이터 일관성 보장

이벤트 소싱과 DB 로그는 비슷한 기능을 하지만, 이벤트 소싱은 시스템의 비즈니스 로직에 맞춘 변화를 기록하고 추적할 때, DB 로그는 주로 데이터베이스 복구와 무결성 유지를 위해 존재한다는 점에서 차이가 있습니다.

11.4 API Gateway 패턴

API 게이트웨이 패턴은 특정 개인이나 조직이 공식적으로 발표한 개념이라기보다는, 마이크로서비스 아키텍처가 널리 사용되기 시작하면서 자연스럽게 등장하고 발전한 패턴입니다. 2010년대 초반, 넷플릭스(Netflix)와 같은 대규모 웹 서비스 회사들이 마이크로서비스 아키텍처를 도입하면서 이를 효과적으로 관리하기 위한 다양한 패턴을 연구하고 공유했는데, 그중 하나가 바로 API 게이트웨이 패턴입니다.

넷플릭스는 마이크로서비스 기반 애플리케이션의 클라이언트 요청을 관리하기 위해 자체 API 게이트웨이 솔루션인 Zuul을 개발했고, 이는 API 게이트웨이 패턴의 초기 사례 중 하나로 꼽힙니다. 이후 AWS, Microsoft, Google 등 여러 클라우드 제공업체가 API 게이트웨이 서비스를 제공하며 이 패턴을 널리 확산시켰습니다.

API 게이트웨이 패턴은 클라이언트와 마이크로서비스 간의 상호 작용을 단순화하고 효율적으로 관리하기 위해 단일 진입점을 제공하는 아키텍처 패턴입니다. 이를 통해 클라이언트는 여러 마이크로서비스에 직접 접근하는 대신, API 게이트웨이를 통해 필요한 서비스에 접근하게 됩니다.

1 예시: 전자상거래 애플리케이션

전자상거래 애플리케이션은 상품 관리, 주문 처리, 결제, 사용자 관리 등 다양한 마이크로서비스로 구성될 수 있습니다. 각각의 마이크로서비스는 독립적으로 배포되고 관리되지만, 클라이언트(웹, 모바일 앱 등)는 이러한 서비스에 통합된 방식으로 접근해야 합니다.

이러한 경우, API 게이트웨이를 도입하여 다음과 같은 역할을 수행할 수 있습니다:

- 단일 진입점 제공: 클라이언트는 API 게이트웨이를 통해 모든 서비스에 접근하므로, 각 서비스의 엔드포인트를 개별적으로 관리할 필요가 없습니다.
- 인증 및 인가 처리: API 게이트웨이에서 클라이언트의 인증 및 권한 부여를 중앙에서 처리하여 보안을 강화할 수 있습니다.
- 요청 집계: 클라이언트의 요청이 여러 마이크로서비스에 분산되어야 하는 경우, API 게이트웨이가 이를 집계하여 클라이언트에게 단일 응답을 제공합니다.
- 로드 밸런싱 및 라우팅: API 게이트웨이는 클라이언트의 요청을 적절한 마이크로서비스로 라우팅하고, 부하를 균등하게 분산시킵니다.
- 모니터링 및 로깅: 모든 요청과 응답을 중앙에서 모니터링하고 로깅하여 시스템의 상태를 파악하고 문제를 추적할 수 있습니다.

2 아키텍처 구조

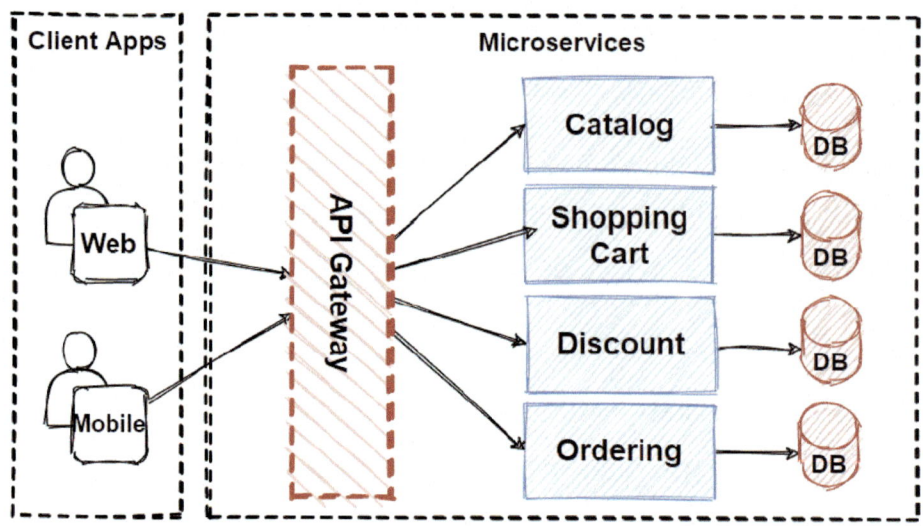

그림 11-6 API Gateway Pattern

11.5 Circuit Breaker 패턴

11.5.1 개요

Circuit Breaker 패턴은 소프트웨어 아키텍트이자 마이크로서비스와 관련된 주요 개념들을 소개한 마틴 파울러(Martin Fowler)와 그의 동료 마이클 네이거(Michael Nygard)가 발전시킨 패턴입니다. 이 패턴은 네트워크와 외부 시스템의 의존성이 커지면서 장애가 연쇄적으로 발생할 가능성이 높아지는 상황에서 안정성을 유지하기 위해 소개되었습니다.

마이클 네이거는 그의 저서 "Release It!" (2007년 출판)에서 Circuit Breaker 패턴을 구체적으로 설명했습니다. 이 책은 분산 시스템에서 안정성을 높이기 위한 다양한 패턴과 기법들을 다루고 있으며, Circuit Breaker 패턴을 통해 서비스 호출 시 장애 전파를 막고 시스템 전체의 안정성을 유지하는 방법을 제안했습니다.

이후, 마틴 파울러는 자신의 블로그와 여러 글에서 이 개념을 널리 알리며 Circuit Breaker 패턴을 포함한 다양한 디자인 패턴들을 소프트웨어 커뮤니티에 소개했고, 특히 마이크로서비스 아키텍처에서의 안정성 패턴을 설명할 때 이 패턴이 널리 언급되었습니다. 따라서,

Circuit Breaker 패턴은 공식적으로 마이클 네이거가 2007년에 출판한 책을 통해 제안되었고, 이후 마틴 파울러가 이를 정리하고 홍보하면서 널리 알려졌다고 보면 됩니다.

그러면 마이크로서비스 아키텍처에서의 Circuit Breaker 패턴의 중요도에 대하여 알아 보겠습니다. 전체적인 시스템 구성이 MSA로 되어 있는 경우, 다른 서비스를 호출하는 상황이 빈번하게 발생을 합니다. 여기서 문제는 각 서버들에 장애가 발생할 수 있다는 점인데, 호출한 다른 서비스에 장애가 발생했다면 장애가 전파되어서, 해당 서비스까지 문제가 발생할 수 있습니다. 또한 장애가 발생한 서버에 계속 요청을 보내는 것은 장애 복구를 힘들게 만들 수 도 있습니다. 그래서 장애가 발생한 서비스를 탐지하고, 요청을 보내지 않도록 차단할 필요가 생기게 되었습니다.

이럴 때 사용하는 것이 Circuit Breaker 패턴입니다. Circuit Breaker 패턴은 문제가 발생한 지점을 감지하고, 실패하는 요청을 계속하지 않도록 방지하는 패턴입니다. 이를 통해서 시스템의 장애 확산을 막고, 장애 복구를 도와주며, 사용자는 불필요하게 대기하지 않아도 됩니다. 즉, <u>Circuit Breaker 패턴은 클라이언트 측면에서 장애를 방지하기 위한 도구로써, 실패할 수 있는 작업을 계속 시도하지 않도록 방지하는 패턴입니다.</u>

11.5.2 동작 원리 및 작동 방식

Circuit breaker 패턴은 소프트웨어 시스템에서 장애 복구와 안정성을 유지하기 위해 사용되는 디자인 패턴입니다. 이 패턴은 원격 서비스 호출 시 반복적인 실패가 발생할 경우, 전체 시스템에 영향을 미치는 것을 방지하기 위해 호출을 차단하는 방식으로 작동합니다. 이름 그대로 전기 회로에서 전류 과부하를 막기 위해 차단기를 사용하는 것에서 유래한 개념입니다.

1 Circuit Breaker 패턴의 주요 동작 원리

Circuit Breaker는 세 가지 상태로 운영됩니다.

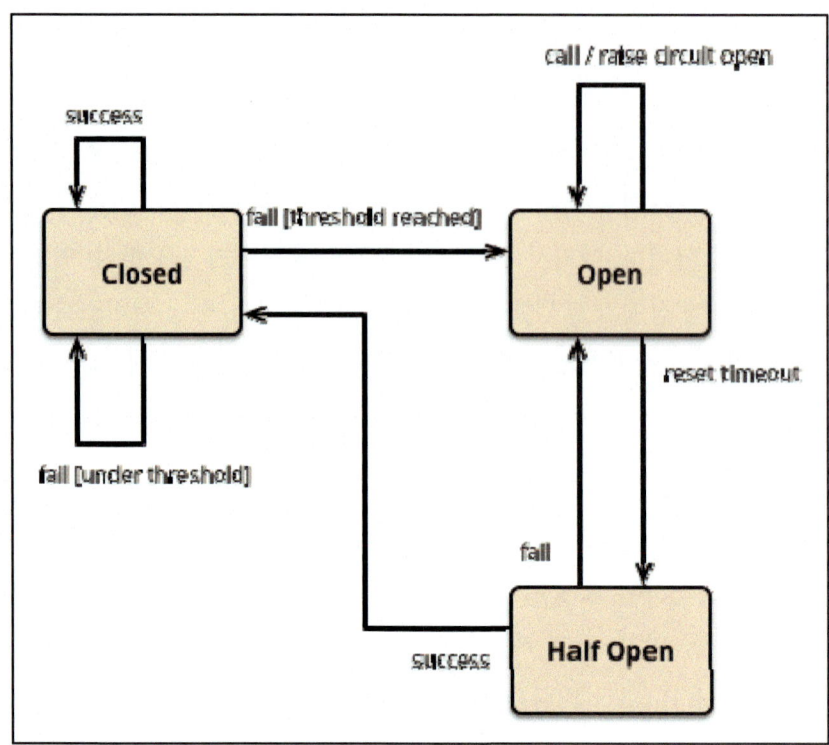

그림 11-7 Circuit Breaker 패턴 동작 원리

Source : https://martinfowler.com/bliki/CircuitBreaker.html

- Closed (닫힘) : 정상적인 상태로, 요청이 성공적으로 수행됩니다. 이 상태에서는 모든 요청이 원격 서비스로 전달됩니다.
- Open (열림) : 실패 횟수가 임계치(threshold)를 넘으면 회로가 열리고, 원격 서비스 호출이 즉시 차단됩니다. 이 상태에서는 새로운 요청이 원격 서비스로 전달되지 않으며, 사용자에게 실패 메시지를 반환할 수 있습니다. Open 상태는 설정된 일정 시간이 지나면 Half-Open 상태로 전환됩니다.
- Half-Open (반열림) : 일정 시간이 지난 후 시스템이 다시 복구되었는지 확인하기 위해 일부 요청을 원격 서비스로 보내는 상태입니다. Half-Open 상태에서 요청이 성공하면 다시 Closed 상태로 전환하고, 실패하면 다시 Open 상태로 돌아갑니다.

2 Circuit Breaker 패턴의 작동 방식

① 서비스에 요청을 보냅니다.
② 요청이 실패하면 실패 횟수를 기록합니다.
③ 실패 횟수가 설정된 임계치를 넘어서면 Circuit Breaker는 Open 상태로 전환됩니다.
④ 일정 시간이 지나면 Half-Open 상태가 되어 일부 요청을 허용하여 서비스가 복구되었는지 확인합니다.
⑤ 성공적으로 응답이 오면 다시 Closed 상태로 돌아가고, 실패하면 Open 상태로 남아 있습니다.

3 Circuit Breaker 패턴의 장점

① 시스템 안정성 : 장애가 있는 서비스로의 과도한 호출을 방지하여 시스템 전체가 불안정해지는 것을 방지합니다.
② 빠른 복구 : 문제 발생 시 빠르게 감지하고 필요한 조치를 취해 시스템을 더 빨리 복구할 수 있습니다.
③ 리소스 관리 : 실패한 서비스 호출을 차단해 시스템 리소스를 효율적으로 관리할 수 있습니다.

4 Circuit Breaker 패턴의 사용 상황

이 패턴은 특히 분산 시스템이나 마이크로서비스 아키텍처에서 외부 서비스에 대한 의존성이 클 때 유용하며, 주로 아래와 같은 상황에서 사용됩니다.

① 네트워크 연결이 불안정한 경우
② 외부 API가 자주 다운되는 경우
③ 특정 서비스가 일시적으로 사용 불가능해지는 경우

5 실제 사례를 통한 이해

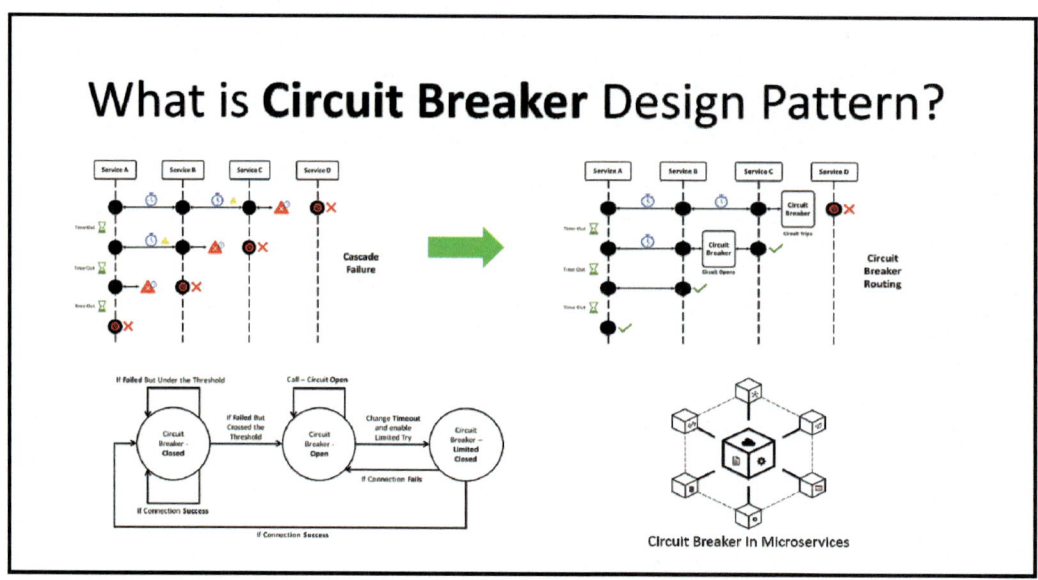

그림 11-8 Circuit Breaker 패턴 사례 모음

Source : https://i1.wp.com/digitalvarys.com/wp-content/uploads/2019/09/Circuit-Breaker-Design-Pattern.png?fit=1921%2C1057&ssl=1

① **Cascade Failure**

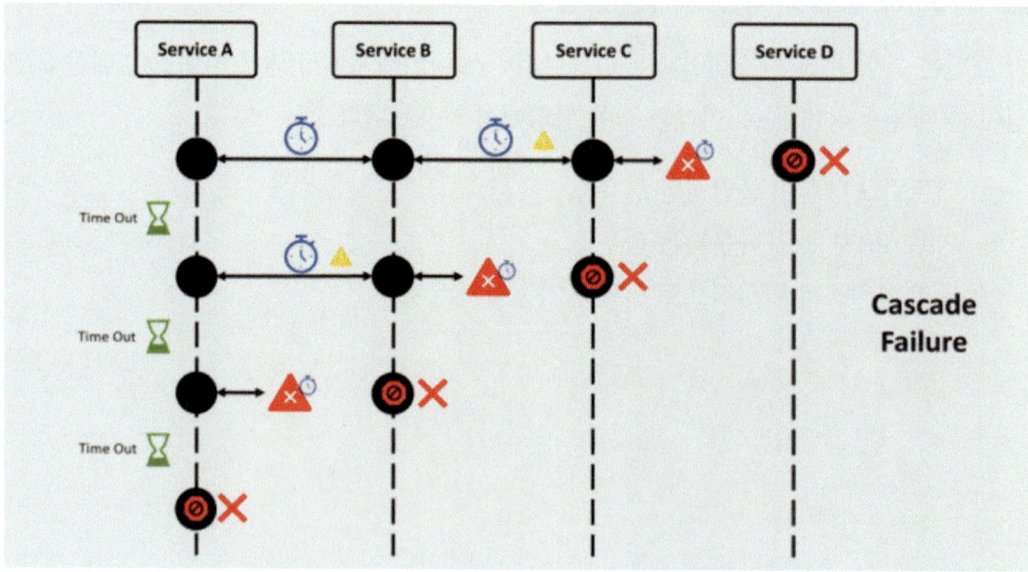

그림 11-9 Circuit Breaker 패턴 Cascade Failure 사례

위 그림은, 어떤 작업을 수행하기 위해 서비스A는 서비스B에 통신하고, 서비스B는 서비스C에 통신하고, 서비스C는 서비스D에 통신하는 경우를 생각해봅시다. 만일 서비스D에서 장애가 발생한다면, 서비스D로 요청을 보내는 서비스C도 실패하고, 서비스B도 실패하고, 서비스A도 실패하게 됩니다. 이것이 바로 연쇄적 실패(Cascading Failure) 문제입니다.

② **Circuit Breaker Routing**

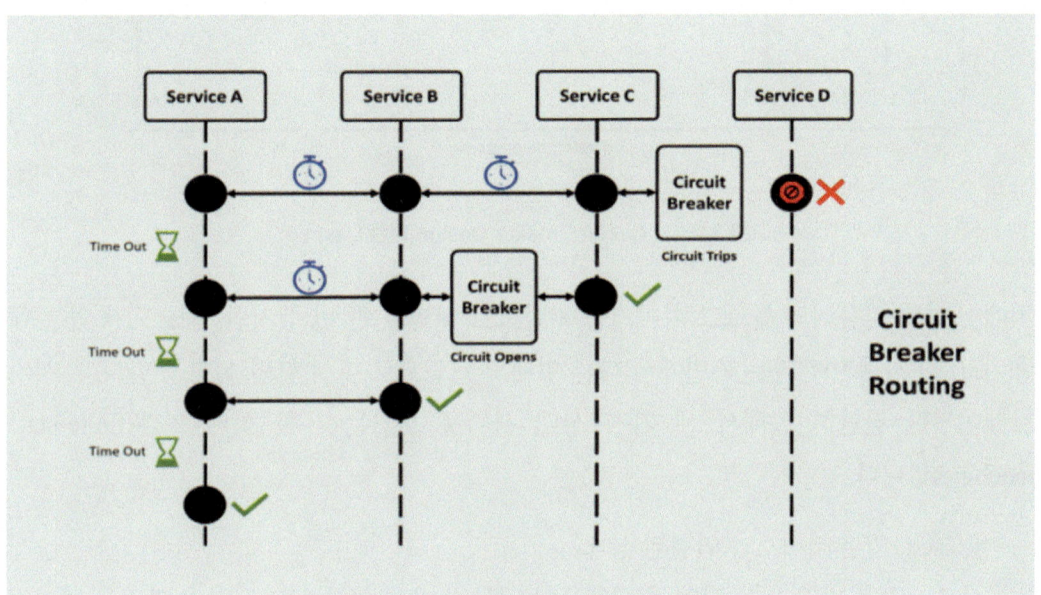

그림 11-10 Circuit Breaker 패턴 Routing 예시

이러한 문제는 서킷 브레이커 라우팅을 통하여 해결 할 수 있습니다. 서킷 브레이커는 기본적으로 일정 기간 동안 특정 작업이 실패한 비율이 과하게 높으면 작업을 수행하지 않고 즉시 에러를 반환합니다. 여기에 더해 서킷 브레이커에서 장애 알림을 발송하거나, 장애 대응 스크립트를 실행하는 등의 작업이 추가 될 수 있습니다.

③ **Circuit Breaker Design Pattern Diagram**

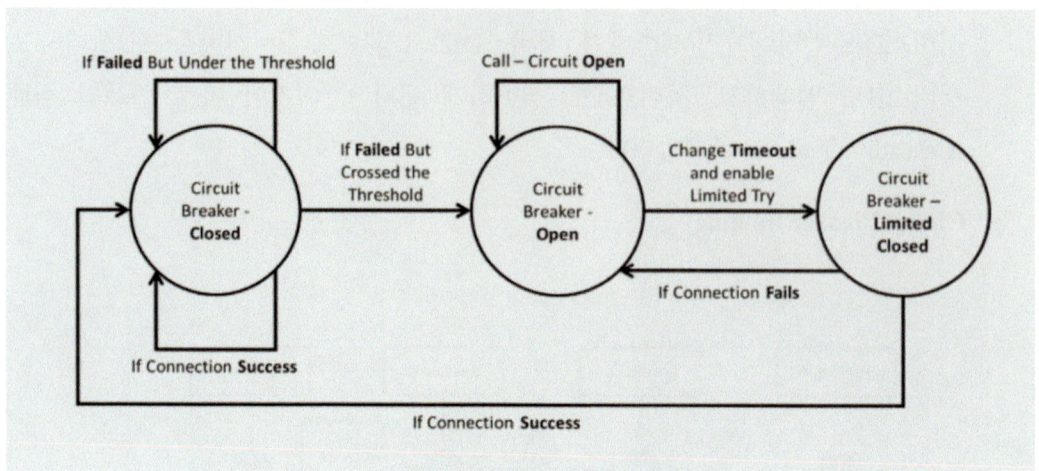

그림 11-11 Circuit Breaker Design 패턴 Diagram

위에서 마틴 파울러의 블로그 이미지를 기반으로 설명을 한 번 했지만, 중요도가 있는 내용이고, 실 사례 이해라는 측면에서 다른 형태의 그림으로 다시 한번 설명을 합니다. 서킷 브레이커란 간단히 말해서 세 가지 상태 사이를 오가는 유한 상태 기계(finite-state machine)입니다.

- Closed: 외부 서비스와 연결된 상태
- Open: 일정 기간 동안 작업의 실패율이 너무 높아서 외부 서비스와의 연결을 일시적으로 끊은 상태
    a) Limited Closed(Half Open) : 외부 서비스로의 연결을 제한적으로 시도하는 상태
    b) 기본적으로 서킷 브레이커는 Closed 상태에서 외부 서비스와 통신하며 작업을 수행하고 전체적인 요청 횟수, 성공 횟수, 실패 횟수에 대해 기록을 합니다.
    c) Closed 상태에서 일정 기간 동안의 실패 비율이 너무 높거나, 연속적으로 모든 요청이 실패하는 등의 문제가 발생하면 서킷 브레이커는 Open 상태로 전환됩니다.

Open 상태에서 충분한 시간이 지난 이후 서킷 브레이커는 Limited Closed 상태가 되고, 일정 시간이 지난 후 시스템이 다시 복구되었는지 확인하기 위해 일부 요청을 원격 서비스로 보내는 상태입니다. Limited Closed 상태에서 요청이 성공하면 다시 Closed 상태로 전환하고, 실패하면 다시 Open 상태로 돌아갑니다.

6 참고자료

- Circuit Breaker : https://martinfowler.com/bliki/CircuitBreaker.html
- What is Circuit Breaker Design Pattern? https://digitalvarys.com/what-is-circuit-breaker-design-pattern/

11.6 Strangler 패턴

1 개요

Strangler 패턴은 소프트웨어 아키텍트 마틴 파울러(Martin Fowler)가 처음 제안한 개념입니다. 그는 2004년에 자신의 블로그를 통해 Strangler 패턴의 개념을 발표했으며, 기존 시스템을 새로운 시스템으로 점진적으로 전환하는 방식의 유용성을 강조했습니다.

마틴 파울러는 호주에서 자생하는 "strangler fig" 식물이 기존 나무를 서서히 감싸고 대체하는 생장 방식에서 이 아이디어를 얻었습니다.

그림 11-12 strangler fig

이 패턴을 통해 기존 시스템을 점진적으로 대체할 수 있는 방법을 설명하면서, 특히 시스템 운영 중에도 리스크를 최소화하며 새로운 기능을 도입할 수 있는 점을 장점으로 언급했습니다. 이는 레거시 시스템을 모던한 아키텍처로 전환하는 과정에서 매우 유용한 접근 방식으로, 이후 다양한 대규모 시스템 현대화 프로젝트에서 널리 사용되었습니다.

2 Strangler 패턴의 주요 개념

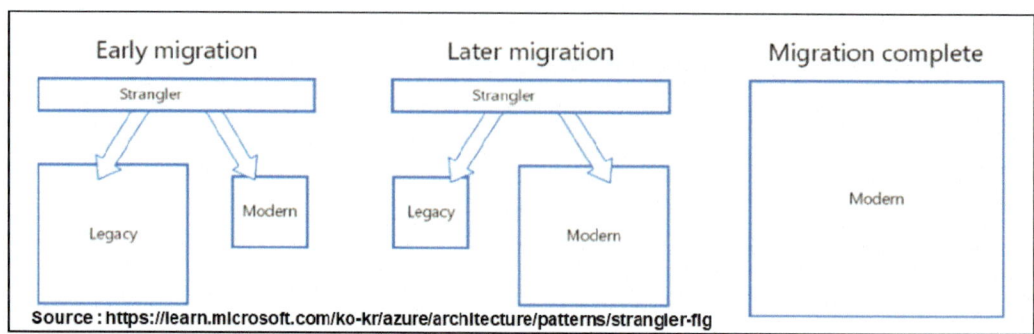

그림 11-13 strangler 패턴

① 점진적인 대체 : 위의 그림에서 볼 수 있듯이 기존 시스템 전체를 한 번에 대체하는 것이 아니라, 작은 부분씩 점진적으로 새로운 시스템으로 전환합니다. 이를 통해 기존 시스템의 안정성을 유지하면서도 새로운 기능이나 개선을 도입할 수 있습니다.

② 병렬 운영 : 기존 시스템과 새로운 시스템이 병렬로 운영되며, 점차 새로운 시스템이 기존 시스템을 대체합니다. 사용자는 단계적으로 새로운 시스템의 기능을 사용하게 되며, 모든 기능이 새 시스템으로 이전된 후에는 기존 시스템이 완전히 제거됩니다.

③ 프록시 또는 라우팅 : Strangler 패턴에서는 프록시를 사용하여 요청을 새 시스템으로 라우팅하거나, 기존 시스템의 일부를 새로운 시스템으로 리다이렉션하여 기존 시스템과의 통합을 원활하게 합니다.

3 Strangler 패턴의 활용 절차

① 새로운 기능 개발 : 기존 시스템에서 개선하고자 하는 기능을 새로운 시스템에서 개발합니다.

② 라우팅 설정 : 프록시를 사용하여 특정 요청을 새로운 시스템으로 라우팅하도록 설정합니다. 필요한 경우 기존 시스템과 통합되도록 합니다.

③ 점진적 이전 : 특정 기능이나 모듈이 완전히 새 시스템으로 이전되면, 그 기능에 대한 기존 시스템의 코드를 비활성화하거나 제거합니다.

④ 완전한 전환 : 모든 기능이 새로운 시스템으로 옮겨지면 기존 시스템을 완전히 제거합니다.

4 Strangler 패턴의 활용 분야

Strangler 패턴은 주로 다음과 같은 상황에서 사용됩니다.

① 레거시 시스템 현대화 : 오래된 시스템이 현재의 요구사항을 충족하지 못하거나 유지보수 비용이 증가할 때, 시스템 전체를 한 번에 대체하는 것보다 위험을 최소화하면서 점진적으로 새로운 시스템으로 전환할 수 있습니다.

② 마이크로서비스 전환 : 기존 모놀리식 시스템을 마이크로서비스 아키텍처로 전환할 때 유용합니다. 기존 시스템의 일부 기능을 새로운 마이크로서비스로 이전하고 점차 모놀리식 시스템을 대체할 수 있습니다.

③ 기능 추가와 개선 : 새로운 기능을 기존 시스템에 추가하면서 기존 구조를 크게 변경하지 않고도 새로운 기능을 더 쉽게 도입할 수 있습니다.

④ 리팩토링 : 기존 코드베이스가 복잡해진 상황에서, 코드 전체를 한꺼번에 수정하기보다는 Strangler 패턴을 사용해 점진적으로 리팩토링할 수 있습니다.

5 Strangler 패턴의 장점과 단점

a) 장점 :
- 점진적인 전환을 통해 시스템 안정성 유지
- 리스크 분산 가능
- 운영 중에도 지속적인 개선과 변화가 가능

b) 단점 :
- 두 시스템의 병렬 운영으로 인해 운영 비용 증가
- 모든 모듈을 완벽히 이전하기까지 시간이 오래 걸릴 수 있음
- 복잡한 라우팅이나 프록시 설정 필요

6 결론

Strangler 패턴은 레거시 시스템을 새롭게 개선하고자 할 때 점진적으로 대체하는 안전한 접근 방식을 제공합니다.

11.7 Service Mesh 패턴

서비스 메쉬(Service Mesh) 패턴은 2010년대 중반에 등장했으며, 미국의 차량 공유 서비스인 Lyft가 2016년에 이 패턴을 최초로 대규모로 도입했습니다. Lyft는 마이크로서비스 아키텍처로의 전환 과정에서 서비스 간 통신의 관리 및 제어 문제를 해결하기 위해 Envoy 프록시라는 오픈소스 소프트웨어를 개발했고, 이를 통해 서비스 메쉬의 개념이 탄생하게 되었습니다.

11.7.1 서비스 메쉬의 기원과 초기 도입

- 기원 : 2010년대 초반부터 많은 기업들이 기존의 모놀리식(Monolithic) 애플리케이션을 마이크로서비스 아키텍처로 전환하면서, 서비스 간 통신과 관련된 다양한 문제에 직면하게 되었습니다. 서비스가 점점 더 분리되고 많아지면서 통신이 복잡해졌고, 보안, 로깅, 모니터링, 장애 복구 등 관리가 어려워졌습니다.
- Lyft와 Envoy : Lyft는 이러한 문제를 해결하기 위해 2016년 Envoy라는 프록시를 개발했으며, 이 프록시가 각 서비스의 사이드카로 배포되어 트래픽을 관리하고 제어할 수 있도록 하였습니다. Envoy는 트래픽 관리, 로깅, 인증 등 기능을 제공하며, 마이크로서비스 간 통신을 중앙에서 제어할 수 있도록 해 주었습니다.
- 서비스 메쉬의 확산 : Lyft가 Envoy를 오픈소스로 공개하면서, Google, IBM 등의 기업들이 이 개념을 발전시켜 Istio와 같은 서비스 메쉬 프레임워크를 만들게 되었고, 현재는 많은 기업들이 대규모 마이크로서비스 환경에서 서비스 메쉬 패턴을 채택하고 있습니다.

11.7.2 주요 구성 요소 및 동작 원리

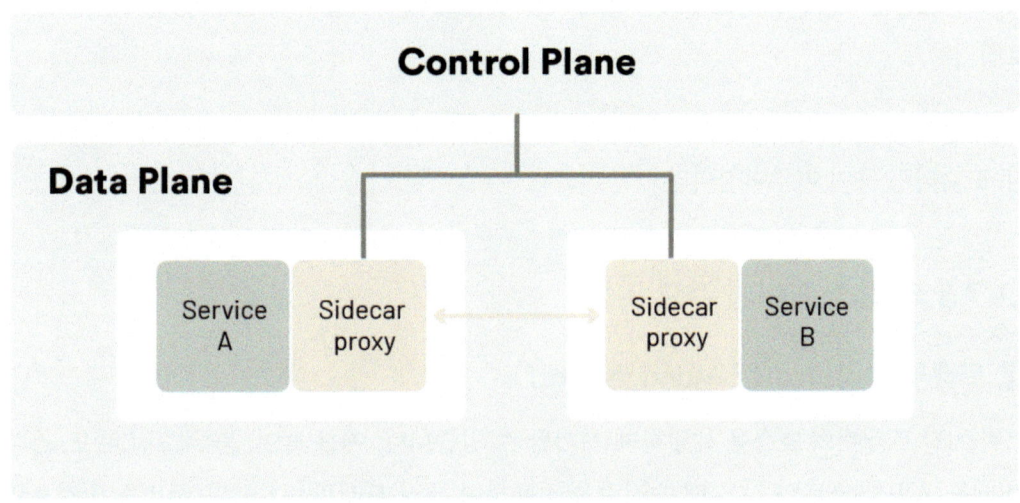

그림 11-14 서비스 메쉬 아키텍처 구조

1 프록시/사이드카

서비스 메쉬는 각 마이크로서비스에 프록시 서버(보통 사이드카 패턴으로 배포됨)를 배치합니다. 이 프록시는 서비스가 다른 서비스와 통신할 때 중간에서 요청을 처리하고 관리합니다.

모든 서비스 간 트래픽은 프록시를 거쳐 통신하므로, 개별 서비스 코드에 변경을 가하지 않고도 트래픽 관리, 보안, 로깅 등의 작업을 수행할 수 있습니다.

2 제어 평면(Service Mesh Control Plane)

제어 평면은 서비스 메쉬의 핵심적인 관리 및 제어 계층으로, 메쉬 내 모든 프록시를 중앙에서 제어하고 구성하는 역할을 합니다.

주요 기능: 트래픽 라우팅 정책, 인증 및 권한 부여, 모니터링 설정 등을 제공합니다. 예를 들어, 특정 트래픽의 라우팅 경로 변경이나 요청 허용/차단 정책을 제어 평면에서 설정할 수 있습니다.

3 데이터 평면(Data Plane)

데이터 평면은 각 서비스에 배포된 프록시들이 서로 데이터를 주고받는 실질적인 통신 경로입니다.

모든 요청과 응답 데이터가 이 계층을 통해 오가며, 제어 평면의 설정에 따라 암호화, 로깅, 모니터링 등이 이루어집니다.

11.7.3 서비스 메쉬의 주요 기능

1 트래픽 관리(Traffic Management)

서비스 간 트래픽의 흐름을 세밀하게 제어할 수 있습니다. 예를 들어, 블루/그린 배포, 카나리 배포, A/B 테스트와 같은 배포 전략을 적용하여 특정 트래픽을 새로운 서비스 버전으로 라우팅하거나, 장애 발생 시 특정 서비스로 트래픽을 우회하는 설정을 할 수 있습니다.

- 블루/그린 배포(Blue/Green Deployment)는 애플리케이션의 **새로운 버전을 무중단으로 배포**하기 위한 전략 중 하나로, 운영 중인 기존 버전(블루)과 새로운 버전(그린)을 동시에 두어 서비스 안정성과 가용성을 확보하는 방식 입니다.
- 카나리 배포(Canary Deployment)는 새로운 소프트웨어 버전을 일부 사용자에게 먼저 배포하여, 문제 발생 여부를 검증한 후 전면적으로 배포하는 방식입니다. 이 전략은 서비스 안정성을 유지하면서 새로운 버전의 리스크를 최소화하는 데 효과적입니다.
- A/B 테스트는 두 가지 이상의 버전(A와 B)을 비교하여 어느 쪽이 더 나은 성과를 내는지 측정하는 방법입니다. 주로 웹사이트, 애플리케이션, 광고, 이메일 마케팅 등에서 특정 요소나 디자인, 기능의 효과를 검증하고, 최적의 사용자 경험을 찾기 위해 사용됩니다.

2 서비스 디스커버리(Service Discovery) :

서비스 메쉬는 서비스를 자동으로 감지하고, 필요한 경우 서비스 간에 로드 밸런싱을 제공합니다. 즉, 각 서비스가 다른 서비스를 찾고 통신하는 과정을 자동화합니다.

3 보안(Security)

- mTLS(mutual TLS): 서비스 간 통신을 암호화하고, 각 서비스에 대한 인증 및 권한 부여를 지원하여 보안을 강화합니다.
- 인증 및 권한 부여: 서비스 간 접근 통제를 통해 불필요한 접근을 방지하고, 사용자 요청을 구분하여 서비스의 안정성과 보안을 높입니다.

4 모니터링 및 로깅(Monitoring and Logging)

- 서비스 메쉬는 서비스 간 통신에 대한 추적(Tracing), 로깅, 메트릭 수집 등을 자동화하여 서비스의 상태와 성능을 모니터링할 수 있습니다.
- 분산 트레이싱을 통해 서비스 호출 체인을 추적하며, 각 요청의 응답 시간을 측정하고 성능 병목 지점을 파악할 수 있습니다.

5 회복성(Resilience)

- 서비스 장애 발생 시 자동으로 페일오버(failover)를 수행하거나, 장애가 발생한 서비스를 우회하여 트래픽을 전달합니다.
- 서킷 브레이커(Circuit Breaker), 재시도(Retry), 타임아웃(Timeout) 등의 기능을 통해 서비스의 안정성과 가용성을 높입니다.

11.7.4 서비스 메쉬의 대표적인 솔루션

1 Istio :

- Istio는 Google, IBM, Lyft가 협력하여 만든 오픈소스 서비스 메쉬 솔루션으로, Kubernetes와 함께 사용되는 경우가 많습니다.
- 제어 평면과 데이터 평면을 구성하여, 트래픽 관리, 보안, 모니터링, 장애 복구 등의 기능을 제공합니다.

2 Linkerd:

- Linkerd는 경량화된 서비스 메쉬로, Istio보다 간단한 구조로 이루어져 있으며 설정과 운영이 상대적으로 간편합니다.

- 서비스 간 통신을 효율적으로 처리하고, Kubernetes와의 호환성을 강조합니다.

3 Consul:

- HashiCorp의 Consul은 서비스 메쉬 기능뿐만 아니라 서비스 디스커버리와 구성 관리도 지원합니다.
- Consul은 데이터센터 간의 네트워크 트래픽을 지원하는 기능을 제공하여 하이브리드 클라우드 환경에서도 유용합니다.

11.7.5 서비스 메쉬의 장점과 단점

1 장점

- 운영 간소화: 각 서비스의 통신 로직을 개별 서비스 코드에 추가하지 않고, 서비스 메쉬가 이를 담당하여 복잡성을 줄입니다.
- 보안 강화: mTLS를 통해 서비스 간 통신을 암호화하고, 서비스 인증과 권한 부여를 통해 통신 보안을 보장합니다.
- 확장성과 가시성: 트래픽 제어와 분산 트레이싱으로 각 서비스의 성능과 상호작용을 추적하여 시스템의 가시성을 높입니다.

2 단점

- 복잡성 증가 : 서비스 메쉬 자체도 복잡한 시스템이기 때문에, 운영 중 추가적인 관리와 유지보수가 필요합니다.
- 자원 소모 : 각 서비스에 프록시를 배포하는 사이드카 패턴은 CPU와 메모리를 추가로 사용하므로, 리소스 소모가 증가할 수 있습니다.
- 학습 곡선: 서비스 메쉬를 도입하고 운영하기 위해서는 새로운 도구와 개념을 학습하고 이해해야 하므로, 초기 학습 곡선이 존재합니다.

11.7.6 결론

서비스 메쉬는 마이크로서비스 아키텍쳐에서 서비스 간의 복잡한 통신을 추상화하고, 관리 및 제어를 자동화하는 데 큰 역할을 합니다. 특히 대규모 분산 시스템에서 보안, 트래픽 제어, 모니터링 등을 통합적으로 제공하여 서비스의 안정성과 운영 효율성을 높이는 강력한 솔루션입니다.

11.8 Bulkhead 패턴

Bulkhead 패턴은 소프트웨어 설계에서 시스템의 일부 컴포넌트나 서비스를 독립된 구획으로 분리하여 하나의 컴포넌트에서 발생한 오류가 다른 부분에 영향을 미치지 않도록 하는 설계 패턴입니다. 이 패턴은 주로 마이크로서비스 아키텍처나 분산 시스템에서 사용됩니다.

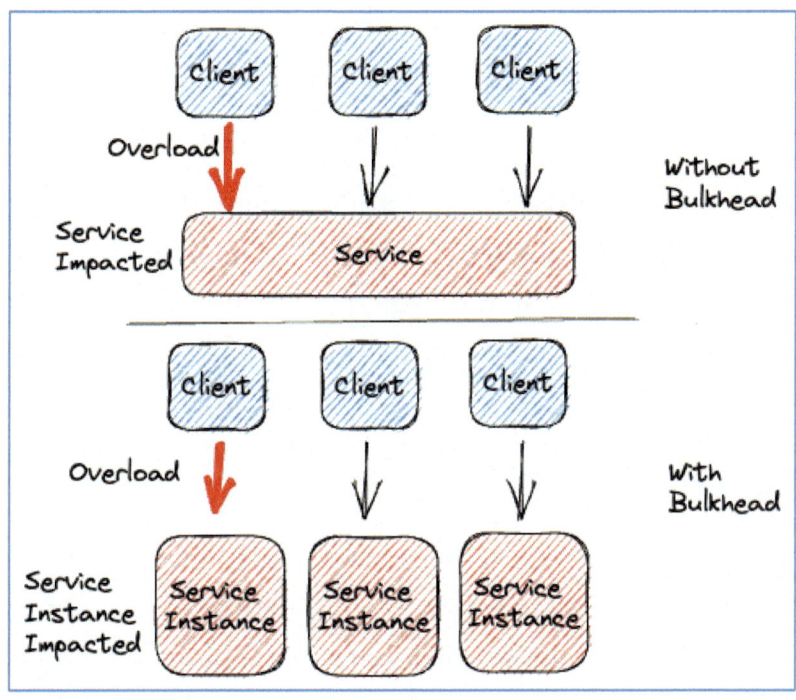

그림 11-15 Bulkhead패턴 아키텍처 구조

11.8.1 Bulkhead 패턴의 기원

Bulkhead 패턴의 기원은 소프트웨어 개발보다는 해양 산업에서 사용된 물리적 설계 개념에서 시작되었습니다. 선박이 침몰하는 것을 방지하기 위해 내부에 여러 격벽(Bulkhead)

을 두어 한 구역에 물이 들어와도 다른 구역으로 확산되지 않게 했습니다. 이 아이디어가 소프트웨어 개발로 넘어오면서 시스템 안정성을 높이는 방법으로 Bulkhead 패턴이 채택된 것입니다.

11.8.2 소프트웨어에서의 Bulkhead 패턴 사용

Bulkhead 패턴이 소프트웨어 설계에 본격적으로 적용되기 시작한 것은 주로 2000년대 초반에 마이크로서비스 아키텍처와 분산 시스템이 활성화되면서 입니다. 특히 대규모 분산 시스템을 운영해야 하는 기업들, 예를 들어 아마존(Amazon)이나 넷플릭스(Netflix)와 같은 회사들이 초기 적용 사례로 알려져 있습니다. 이러한 기업들은 높은 트래픽과 다양한 서비스 요구 사항을 처리하면서도 시스템 장애를 최소화해야 하는 필요가 있었고, 시스템의 안정성을 높이기 위해 Bulkhead 패턴과 같은 장애 허용성 설계 기법을 적극 도입했습니다.

넷플릭스의 경우, Failure Isolation이라는 개념을 강화하면서 Bulkhead 패턴을 도입하여 한 서비스의 오류가 다른 서비스에 영향을 미치지 않도록 했습니다. 이로 인해, 단일 장애가 전체 시스템 중단으로 이어지지 않고, 개별 서비스가 독립적으로 장애에서 회복할 수 있는 아키텍처를 설계했습니다

11.8.3 Bulkhead 패턴의 발전

Bulkhead 패턴의 사용과 발전은 Circuit Breaker, Rate Limiting, Retry와 같은 다른 회복 탄력성 패턴들과 함께 발전해왔습니다. 이를 돕는 도구로 Hystrix(넷플릭스가 만든 오픈소스 도구)와 같은 회복 탄력성 라이브러리가 등장했으며, 이는 마이크로서비스 환경에서 Bulkhead와 같은 패턴을 쉽게 구현할 수 있도록 도와주었습니다.

따라서 Bulkhead 패턴은 2000년대 이후 대규모 시스템 안정성을 필요로 하는 산업에서 폭넓게 사용되기 시작했으며, 최근에는 클라우드 기반의 분산 시스템과 마이크로서비스 아키텍처의 보편화로 인해 더욱 널리 사용되고 있습니다.

11.8.4 Bulkhead 패턴의 주요 개념

① 격리 (Isolation) : 시스템의 특정 부분을 독립된 구획으로 나누어, 하나의 부분이 실패하더라도 다른 부분에는 영향을 미치지 않도록 합니다. 예를 들어, 마이크로서비스 아키텍처에서 각 서비스가 독립적으로 동작하도록 구성하여 다른 서비스에 영향을 최소화합니다

② 자원 할당 제한 (Resource Limiting) : Bulkhead 패턴은 시스템의 자원을 격리된 구획에 나누어 배정하여 특정 컴포넌트가 자원을 과도하게 소비하지 않도록 제한합니다. 이로 인해 하나의 컴포넌트에서 자원이 부족해도 다른 컴포넌트는 안정적으로 작동할 수 있습니다

③ 장애 감지 및 회복력 (Fault Tolerance) : Bulkhead 패턴을 사용하면 특정 컴포넌트의 장애를 신속하게 감지하고 해당 컴포넌트만 복구하면 되므로, 시스템 전체가 중단되는 상황을 방지할 수 있습니다. 이를 통해 시스템의 전체적인 회복력을 높입니다

11.8.5 Bulkhead 패턴 적용 예시

① API 요청 관리 : 예를 들어, 외부 API와 내부 서비스 간의 요청을 서로 다른 Bulkhead로 분리하여 특정 API에서 장애가 발생할 때 내부 서비스의 안정성을 유지할 수 있습니다.

② 스레드 풀 분리 : 마이크로서비스에서 특정 서비스에 할당된 스레드 풀을 다른 서비스와 분리하여, 하나의 서비스에서 스레드가 부족해져도 다른 서비스에 영향을 미치지 않도록 할 수 있습니다

③ 데이터베이스 연결 제한 : 데이터베이스에 여러 애플리케이션이 접근할 경우, 각 애플리케이션에 할당된 연결 풀을 분리하여 하나의 애플리케이션이 많은 연결을 소비해도 다른 애플리케이션이 안정적으로 데이터베이스에 접근할 수 있도록 합니다.

11.8.6 Bulkhead 패턴의 장점

- 시스템 안정성 : 장애 발생 시에도 다른 컴포넌트가 영향을 받지 않으므로 시스템이 안정적으로 유지됩니다.

- 자원 최적화 : 자원 소비를 관리하여 전체 시스템의 성능을 최적화할 수 있습니다.
- 회복력 향상 : 장애를 격리하고 빠르게 복구할 수 있어 시스템 전체의 회복력을 높입니다.

11.8.7 Bulkhead 패턴의 단점

- 구현 복잡성 : 서비스를 분리하고 관리하는 과정이 복잡할 수 있으며, 리소스 분배를 잘못할 경우 성능 저하로 이어질 수 있습니다.
- 자원 중복 : 각 구획에 자원을 분배하기 때문에 전체 자원 사용률이 비효율적일 수 있습니다.

11.8.8 결론

Bulkhead 패턴은 장애를 최소화하고 안정성을 높이기 위한 방법으로 많이 사용되며, 특히 장애 허용성과 안정성이 중요한 대규모 분산 시스템에서 자주 활용됩니다. 클라이언트-서버 아키텍처 패턴과 Layered Architecture 패턴이 비슷한 형태와 장단점을 가지고 있듯이, Bulkhead패턴은 Microservice Architecture와 비슷한 장단점을 가지고 있으며, 아키텍처의 형태도 비슷한 모습입니다.

11.9 Sidecar 패턴

Sidecar 패턴은 마이크로서비스 아키텍처에서 보조 기능을 담당하는 프로세스를 주 애플리케이션과 분리하여 독립적인 프로세스로 실행하는 방법입니다. 이 패턴은 주로 애플리케이션의 주요 기능과 관계없이 추가적인 기능을 제공하는 데 활용됩니다. Sidecar는 '옆에 붙어 다니는 차'라는 뜻으로, 주 프로세스와 함께 배포되지만 별도의 컨테이너나 프로세스로 동작합니다. 주로 Kubernetes 환경에서 자주 사용되며, 이 패턴을 통해 애플리케이션의 확장성과 관리성을 높일 수 있습니다.

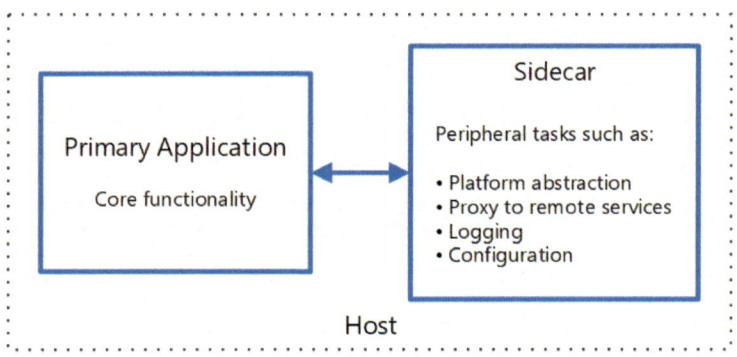

그림 11-16 Sidecar 패턴 아키텍처 구조
⟨Source : https://learn.microsoft.com/en-us/azure/architecture/patterns/sidecar⟩

11.9.1 Sidecar 패턴의 발전

Sidecar 패턴은 마이크로서비스 아키텍처가 확산되면서 점차 사용되기 시작했습니다. 특히 2010년대 중반부터 마이크로서비스가 널리 도입되면서, 독립적이면서도 서로 연관된 여러 기능을 효율적으로 관리하고 배포할 필요성이 커졌습니다.

이 패턴은 정확히 누가 처음 제안했는지에 대한 공식적인 기록은 없지만, 주로 Netflix와 Google 같은 기술 선도 기업들이 초기에 이를 도입하고 발전시켰습니다. Netflix는 다양한 보조 서비스를 독립적인 프로세스로 분리해 마이크로서비스와 연계하여 실행하는 방식으로 패턴을 적용했고, Google은 자사의 오픈소스 오케스트레이션 플랫폼인 Kubernetes에서 Sidecar 패턴을 적극적으로 활용할 수 있는 환경을 만들면서 이 패턴의 확산에 기여했습니다.

특히 2016년 Envoy라는 오픈소스 프록시가 등장하면서 Sidecar 패턴이 본격적으로 주목받기 시작했습니다. Envoy는 Lyft에서 개발한 프로젝트로, 애플리케이션과 독립된 프록시로서 네트워크 통신을 관리하는 Sidecar 역할을 수행했습니다. 이후 Envoy는 Istio와 같은 서비스 메쉬의 핵심 구성 요소로 채택되며, Sidecar 패턴이 서비스 메쉬 아키텍처의 주요 패턴으로 자리 잡는 데 중요한 역할을 했습니다.

따라서 Sidecar 패턴은 2010년대 중반부터 대규모 서비스를 운영하는 기업들이 서비스 메쉬 아키텍처와 마이크로서비스의 복잡성을 해결하기 위해 적극적으로 사용하기 시작했다고 볼 수 있습니다.

11.9.2 Sidecar 패턴의 구조와 특징

① 독립성: Sidecar는 주 애플리케이션과 별도의 프로세스로 실행되므로 개별적으로 배포하고 관리할 수 있습니다.
② 연결: 주 애플리케이션과 Sidecar는 로컬 네트워크를 통해 통신하며, 이를 통해 트래픽 제어, 로깅, 모니터링 등을 수행할 수 있습니다.
③ 추가 기능 제공: 인증, 로깅, 트래픽 라우팅, 모니터링, 캐싱, 프로세스 간 통신 등 보조적인 기능을 제공하여 주 애플리케이션의 기능을 보완합니다.

11.9.3 Sidecar 패턴의 주요 사용 사례

① 서비스 메쉬: Envoy, Istio 등과 같은 서비스 메쉬 솔루션은 Sidecar 패턴을 활용해 네트워크 트래픽 관리, 보안, 로깅 등의 기능을 제공합니다.
② 프로젝트 환경 적용 사례) 보안을 위해 사이드카로 NGINX reverse proxy 등을 붙여서 HTTPS 통신을 할 수 있습니다.
③ 로깅 및 모니터링: Sidecar 컨테이너에서 주 애플리케이션의 로그를 수집하고 전송하거나, 애플리케이션 성능을 모니터링할 수 있습니다.
④ 프로젝트 환경 적용 사례) 컨테이너 외부로 로그를 모으기 위해 logstash, fluentd 등을 붙일 수 있습니다. (centralized logging)
⑤ 데이터 동기화: 주 애플리케이션과 외부 시스템 간의 데이터를 주기적으로 동기화하거나 캐싱할 때 Sidecar 패턴이 사용될 수 있습니다.
⑥ 프로젝트 환경 적용 사례) 성능을 위해 사이드카로 NGINX content cache 등을 붙일 수 있습니다.
⑦ API 프록시: 주 애플리케이션이 직접 API에 접근하지 않고 Sidecar를 통해 접근함으로써, 보안과 트래픽 제어 기능을 강화할 수 있습니다.

11.9.4 Sidecar 패턴의 장점

유연한 배포: 주 애플리케이션과 독립적으로 업데이트할 수 있으므로 유지 보수가 용이합니다.

① 확장성: 보조 기능을 Sidecar로 분리하여 주 애플리케이션을 간결하게 유지하고, 필요할 때 새로운 기능을 추가할 수 있습니다.
② 재사용성: 다양한 마이크로서비스에서 동일한 Sidecar를 재사용할 수 있어 일관성 있고 효율적인 관리를 지원합니다.
③ 사이드카 장애 시 어플리케이션이 영향을 받지 않습니다. (isolation)
④ 사이드카 적용/변경/제거 등의 경우에 어플리케이션은 수정이 필요 없습니다.

어플리케이션과 사이드카를 다른 언어로 만들 수 있습니다.

11.9.5 Sidecar 패턴의 단점

① 복잡성 증가: 애플리케이션과 Sidecar 간의 통신 및 관리가 필요해 시스템의 복잡도가 증가할 수 있습니다.
② 리소스 사용량: 독립된 프로세스로 동작하기 때문에 추가적인 메모리와 CPU 리소스를 사용합니다.

11.9.6 결론

Sidecar 패턴은 특히 마이크로서비스 아키텍처에서 개별 서비스를 간결하게 유지하면서도 확장 가능하고 관리 가능한 시스템을 구현할 때 유용한 패턴입니다.

11.10 BFF 패턴

BFF (Backend For Frontend) 패턴은 마이크로서비스 아키텍처에서 백엔드와 프론트엔드 간의 인터페이스를 효율적으로 구성하기 위해 사용하는 패턴입니다. 이 패턴은 각 클라이언트 유형(웹, 모바일 앱 등)에 특화된 백엔드 인터페이스를 제공하는 방법입니다. BFF 패턴의 주요 목표는 클라이언트별로 필요한 데이터를 최적화하여 제공함으로써 성능을 향상시키기 위하여 주로 사용됩니다.

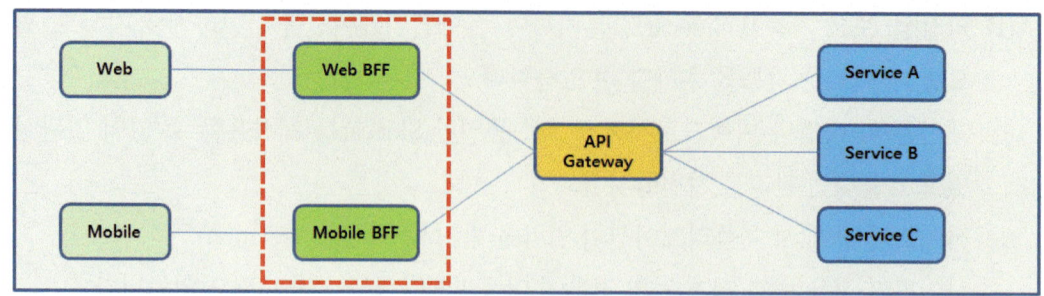

그림 11-17 BFF 패턴 아키텍처 구조

11.10.1 BFF 패턴의 시작과 넷플릭스에서의 활용

넷플릭스는 사용자 수가 폭발적으로 증가하면서, 다양한 클라이언트에 맞춘 UI와 성능 최적화가 중요해졌습니다. 예를 들어, 모바일 앱과 웹 브라우저의 요구 사항은 다르며, 동일한 백엔드 API로 모든 클라이언트를 지원하면 비효율적이거나 불필요한 데이터가 전송될 수 있었습니다.

이러한 이슈에 대한 해결방안으로, 넷플릭스는 각 클라이언트 유형(모바일, 웹, 스마트 TV)에 맞는 데이터와 기능을 맞춤형으로 제공하기 위해 BFF 패턴을 도입했습니다. 각 클라이언트에 맞춘 개별 BFF 서비스가 백엔드의 데이터를 가공하여 제공함으로써, 클라이언트가 간편하게 필요한 정보만 요청하고 받을 수 있게 했습니다.

11.10.2 BFF 패턴의 확산 시기

BFF 패턴이 명확하게 정의되어 업계에 확산된 것은 2010년대 중반으로 알려져 있습니다. 이 시기는 클라우드 기반 아키텍처와 마이크로서비스가 널리 보급되던 때로, 많은 기업들이 사용자 경험을 개선하고자 클라이언트별 맞춤형 백엔드 구성을 고민하게 되었습니다. 넷플릭스뿐만 아니라, 페이스북과 같은 대규모 기업들도 비슷한 아키텍처 패턴을 채택하여 모바일과 웹 클라이언트에 최적화된 데이터를 제공하기 시작했습니다.

BFF 패턴은 넷플릭스의 성공적인 적용 이후 마이크로서비스 아키텍처를 도입하는 많은 기업들 사이에서 인기를 끌기 시작했으며, 특히 다음과 같은 상황에서 유용성이 부각되었습니다:

- 다양한 클라이언트 지원이 필요한 경우 (예: 웹, iOS, Android, TV 앱 등)
- 빠르게 변하는 UI 요구사항을 백엔드에 미치지 않고 독립적으로 관리하고 싶은 경우
- 클라이언트에 불필요한 데이터 전송을 줄이고 성능을 최적화하고 싶은 경우

이렇게 BFF 패턴은 넷플릭스를 비롯한 주요 기술 회사들의 혁신적인 아키텍처 실험에서 시작되어, 마이크로서비스와 API 기반 아키텍처가 발전하면서 더 널리 사용되게 되었습니다. 현재는 소규모 스타트업부터 대규모 기업까지 다양한 조직에서 클라이언트 최적화를 위해 BFF 패턴을 사용하고 있습니다.

11.10.3 BFF 패턴의 특징과 동작 방식

1 클라이언트별 맞춤형 백엔드 :

- 일반적인 백엔드 시스템은 모든 클라이언트(웹, 모바일, 데스크톱)에게 동일한 API를 제공합니다. 그러나 각 클라이언트는 필요한 데이터가 다를 수 있으며, 이를 모두 통합해 제공하면 불필요한 데이터를 포함하거나 요청이 복잡해질 수 있습니다.
- BFF 패턴에서는 각 클라이언트에 맞는 맞춤형 백엔드를 따로 제공하여, 해당 클라이언트가 필요한 데이터만 정확히 받을 수 있게 합니다.

2 BFF와 서비스 레이어의 분리 :

- BFF는 클라이언트별로 필요한 데이터를 수집하고 가공하는 역할을 합니다. BFF는 마이크로서비스 아키텍처의 다른 서비스들과 통신하여 데이터를 받아온 후, 이를 조합하여 클라이언트에게 전달합니다.
- 이 패턴은 각 클라이언트가 백엔드의 복잡한 로직을 신경 쓰지 않고, 필요한 데이터와 로직을 BFF에서 처리하게 함으로써 프론트엔드 개발을 간소화합니다.

3 단순한 요청과 효율적인 데이터 전달 :

- BFF 패턴은 클라이언트에서 여러 개의 요청을 보내는 것을 방지합니다. 필요한 데이터를 BFF에서 조합하여 한 번에 제공하기 때문에, 클라이언트는 단일 요청으로 필요한 정보를 받아볼 수 있습니다. 이렇게 하면 성능이 최적화되고, 네트워크 비용이 줄어듭니다.

11.10.4 BFF 패턴의 장점

1 클라이언트에 특화된 API 제공 :

- 클라이언트별로 최적화된 API를 제공하여, 각각의 클라이언트가 필요로 하는 데이터를 정확하게 제공합니다. 이를 통해 오버헤드를 줄이고 성능을 향상시킬 수 있습니다.

2 프론트엔드와 백엔드의 명확한 역할 분리 :

- BFF는 백엔드의 복잡성을 클라이언트가 직접 다루지 않도록 하여, 프론트엔드 개발자는 백엔드의 복잡한 마이크로서비스 구조에 대해 알 필요가 없게 됩니다. 이를 통해 프론트엔드와 백엔드 간의 역할 분리가 명확해집니다.

3 신속한 UI 변경 지원 :

- UI 요구 사항이 빠르게 변화하는 경우, BFF에서 데이터를 가공하는 로직을 수정하는 것만으로 대응할 수 있습니다. 전체 백엔드 시스템을 수정할 필요 없이, BFF에서만 수정하면 클라이언트의 요구에 맞출 수 있기 때문에 민첩하게 대응할 수 있습니다.

4 보안 강화 :

- BFF를 통해 클라이언트가 직접 마이크로서비스에 접근하지 않고, BFF를 경유하여 데이터를 받게 함으로써 보안을 강화할 수 있습니다. BFF는 인증, 권한 부여 등의 역할도 수행할 수 있습니다.

11.10.5 BFF 패턴의 단점

1 복잡성 증가 :

- 클라이언트별로 BFF를 제공해야 하기 때문에, 각 BFF마다 관리와 유지보수의 부담이 커질 수 있습니다. 특히 클라이언트 유형이 많아질수록 BFF의 수가 증가하여 복잡성이 커질 수 있습니다.

2 일관성 문제 :

- 동일한 데이터 요청을 여러 BFF에서 처리하게 되면, 각 BFF 간에 일관성을 유지하기

어려울 수 있습니다. 이를 해결하기 위해 각 BFF 간의 데이터 동기화가 필요할 수도 있습니다.

3 성능 병목 :

- BFF가 클라이언트와 마이크로서비스 사이에 중간 계층으로 자리 잡기 때문에, 성능 병목이 발생할 수 있습니다. BFF가 과도한 데이터 조작이나 비즈니스 로직을 포함하면 성능 저하의 원인이 될 수 있습니다.

11.10.6 BFF 패턴 적용 시 고려사항

① 유지보수 전략 : 각 BFF에 대해 코드베이스를 따로 관리할 경우 유지보수가 어려워질 수 있으므로, 공통 코드와 클라이언트 전용 코드를 분리하는 전략이 필요합니다.
② API 게이트웨이와의 연계 : BFF는 API 게이트웨이와 함께 사용되는 경우가 많습니다. API 게이트웨이는 보안, 인증 등을 관리하고, BFF는 클라이언트별 비즈니스 로직을 처리하는 식으로 역할을 분담할 수 있습니다.
③ 테스트 : BFF는 클라이언트별로 다른 API를 제공하므로, 각각의 BFF에 대해 개별적인 테스트가 필요합니다. 이를 위해 자동화된 테스트가 필수적입니다.

11.10.7 적용사례

(카카오페이지 사례) BFF서버의 주요기능은 각 서비스에서 불러온 데이터를 통합 처리하는 형태로 사용함

(K 생명 사례) Business서비스를 조합하여 UI에서 원하는 데이터를 생성하는 별도의 Composite(합성) 서비스 형태로 사용

11.10.8 결론

BFF 패턴은 클라이언트별 맞춤형 인터페이스를 제공함으로써, 마이크로서비스 아키텍처에서 프론트엔드와 백엔드 간의 통신 효율을 높여주는 유용한 패턴입니다. 클라이언트의 다양성에 따른 요구사항을 최적화하여 제공하고자 할 때 특히 효과적이며, 유지보수 전략

을 적절히 마련한다면 매우 유용한 아키텍처 패턴이 될 수 있습니다.

11.11 Aggregator 패턴

Aggregator 패턴은 소프트웨어 디자인 패턴 중 하나로, 여러 소스의 데이터를 통합하거나 집계하는 역할을 수행하는 데 사용됩니다. 이 패턴은 특히 데이터의 중앙 집중화와 단순화된 인터페이스 제공에 중점을 둡니다. Aggregator는 일반적으로 여러 개의 독립된 객체, 서비스, 또는 데이터 소스를 수집하고 이 데이터를 클라이언트가 사용하기 쉽도록 조작하거나 처리합니다.

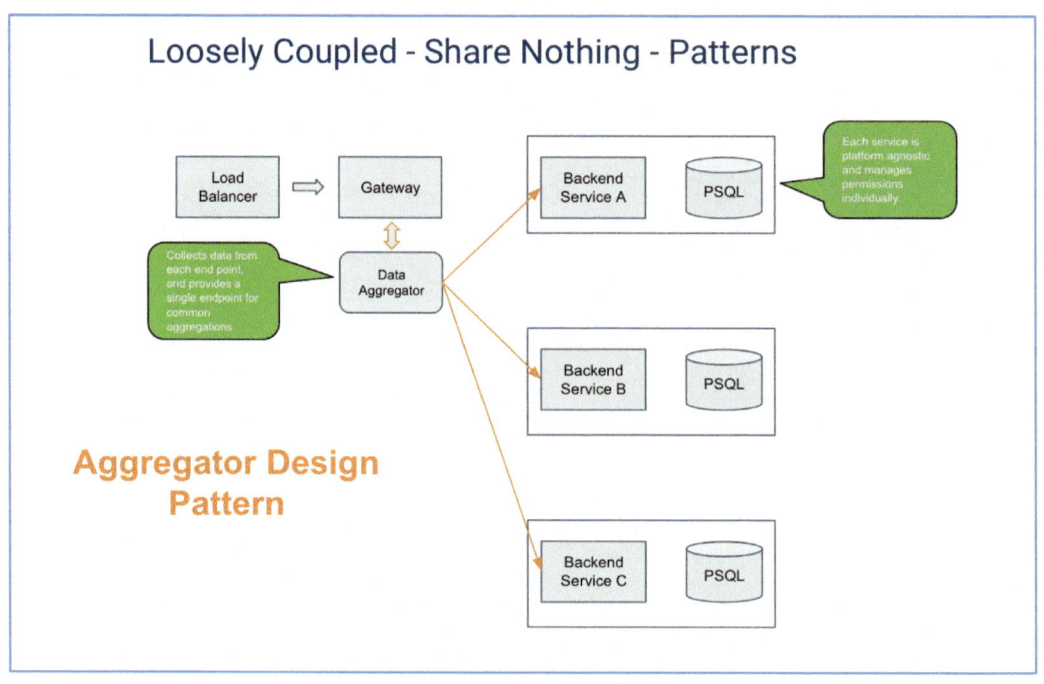

그림 11-18 Aggregator 패턴 아키텍처 구조
Source : https://humanitec.com/

1 Aggregator 패턴의 탄생

Aggregator 패턴의 기원과 사용 시점은 특정 시기나 인물로 명확히 정의되지 않습니다. 이는 시스템 구축 프로젝트의 거대화 및 소프트웨어 공학과 디자인 패턴의 발전 과정에서 자연스럽게 등장한 개념 중 하나입니다. Aggregator 패턴은 데이터 통합과 시스템 설계의

요구로 인해 유기적으로 발전해왔습니다

2 Aggregator 패턴의 발전

Aggregator 패턴은 소프트웨어 공학의 초기 발전 단계에서 데이터를 효율적으로 처리하고 통합하기 위한 필요성에서 출발했습니다. 특히, 객체지향 프로그래밍(OOP)과 컴포넌트 기반 설계가 발전하면서 복잡한 데이터 흐름과 여러 데이터 소스를 단순화할 방법이 중요해졌습니

3 데이터 집계의 초기 사례

- 1960~1970년대 : 데이터 통합과 관련된 초기 개념은 메인프레임 컴퓨터와 데이터베이스 관리 시스템(DBMS)이 개발될 때부터 시작되었습니다.
- 예: 여러 데이터 소스를 조합하여 리포트를 생성하는 IBM의 초기 DB 시스템.

4 디자인 패턴의 형식화

- Aggregator 패턴은 1990년대 초반 디자인 패턴 개념이 형식화되면서 구체적으로 다뤄지기 시작했습니다

5 웹과 인터넷의 발전

- 1990~2000년대 : 웹 애플리케이션과 서비스 지향 아키텍처(SOA)의 등장으로 Aggregator 패턴이 점점 더 중요해졌습니다.
- RSS 피드, 뉴스 집계 서비스 등이 Aggregator 패턴의 구체적인 예로 활용되기 시작했습니다.

6 현대적 응용

- 2010년 이후 : 클라우드 컴퓨팅과 마이크로서비스 아키텍처(MSA)의 인기로 Aggregator 패턴이 명확히 정의되고 널리 사용되었습니다.
- API Gateway와 데이터 통합 서비스는 Aggregator 패턴의 대표적 응용 사례로 자리 잡았습니다.

7 주요특징

- 데이터 수집 및 통합 : 여러 소스로부터 데이터를 수집하고 이를 통합하여 단일 인터페이스로 제공.
- 단순화된 인터페이스 : 클라이언트가 여러 데이터 소스를 각각 호출하거나 처리하지 않아도 되도록 통합된 접근 방식을 제공.
- 캡슐화 : 복잡한 데이터 처리 로직을 Aggregator 내부에서 처리하여 클라이언트는 이를 알 필요 없이 데이터를 사용할 수 있음.
- 확장성 : 새로운 데이터 소스나 기능 추가가 용이하며, 기존 클라이언트 코드에 영향을 미치지 않음.

8 Aggregator 패턴의 사용 사례

- 웹 크롤러 및 데이터 스크레이핑 : 여러 웹사이트에서 데이터를 수집하고 통합된 결과를 제공.
- 마이크로서비스 아키텍처 : 여러 마이크로서비스의 결과를 통합하여 단일 응답으로 제공.
- IoT 시스템 : 다양한 센서 데이터 수집 및 통합.
- e-커머스 플랫폼 : 여러 공급업체의 상품 정보를 통합하여 하나의 상품 리스트로 제공

9 결론

Aggregator 패턴은 데이터의 집계 및 통합에 최적화된 패턴으로, 대규모 데이터 처리 시스템이나 복잡한 애플리케이션에서 유용하게 사용할 수 있습니다.

11.12 Proxy 패턴

1 프록시 패턴의 시작

- 기원 : 프록시 패턴은 1994년 GoF의 디자인 패턴 책에서 소개되었습니다. 이 책은 객체지향 소프트웨어 설계에서 공통적으로 사용되는 23가지 디자인 패턴을 정리한 첫 번째 공식 문헌입니다. 프록시 패턴은 이 책에서 구조적 패턴(Structural Pattern)으로 분류되며, 객체 간의 관계와 구조를 다루는 패턴 중 하나로 설명됩니다.

- 사용 목적 : 컴퓨팅 자원이 제한된 환경에서, 실제 객체를 생성하거나 접근하는 과정을 제어하기 위한 필요성에서 시작되었습니다. 초기 컴퓨터 시대에는 메모리와 처리 속도에 제약이 있었기 때문에 객체의 생성 비용을 줄이고 효율성을 높이는 설계 방식이 중요했습니다.

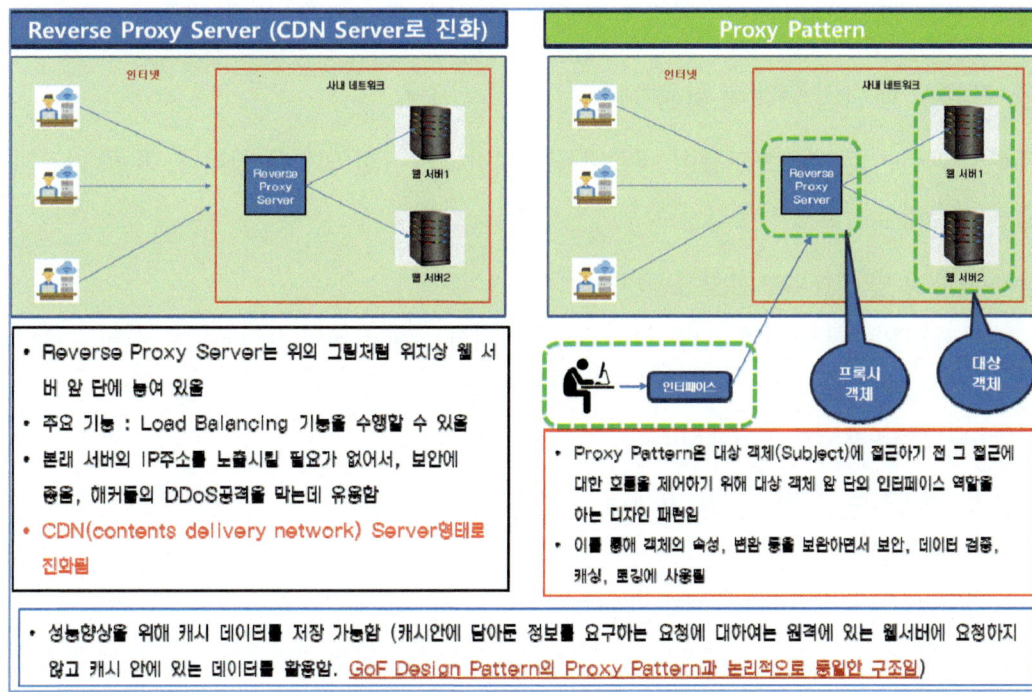

그림 11-19 Proxy Pattern 아키텍처 구조

2 프록시 패턴의 사용 사례

- 초기 컴퓨터 네트워크 :
  - 원격 호출(Remote Method Invocation, RMI)이 필요했던 네트워크 환경에서 사용되었습니다.
  - 원격 서버에 있는 객체를 로컬에서 사용하는 것처럼 접근하게 해주는 원격 프록시(Remote Proxy)로 활용되었습니다
- 가상 환경 :
  - 메모리나 자원 제약이 심했던 시대에, 실제 객체를 생성하지 않고 대리 객체를 통해 필요한 시점에만 리소스를 로딩하거나 생성하는 방식으로 사용되었습니다.

- 예: 대용량 이미지 처리 또는 파일 시스템 접근
- 보안과 권한 제어 :
  - 보호 프록시(Protection Proxy)는 중요한 시스템이나 데이터에 접근하는 사용자 권한을 관리하고 제어하는 방식으로 사용되었습니다.
  - 예: 데이터베이스 시스템에서 인증된 사용자만 접근할 수 있도록 제어.

3 프록시 패턴의 현대적 활용

프록시 패턴은 현대 소프트웨어 개발에서도 여전히 중요한 역할을 합니다. 특히, 다음과 같은 기술에서 폭넓게 사용됩니다:

- 웹 개발 및 네트워크 프로그래밍 :
  - HTTP 프록시 서버, API 게이트웨이 등에서 실제 서버와 클라이언트 사이의 중계 역할을 수행.
- 가상화 및 클라우드 컴퓨팅 :
  - 클라우드 서비스 제공 업체는 자원을 효율적으로 관리하기 위해 프록시 패턴을 사용.
- ORM(Object-Relational Mapping) :
  - Hibernate와 같은 ORM에서는 데이터베이스에서 실제 데이터를 필요할 때만 가져오기 위해 가상 프록시를 사용.
- AOP (Aspect-Oriented Programming) :
  - 메서드 호출 전후로 로깅, 보안, 트랜잭션 처리 등의 부가기능을 추가하기 위해 프록시가 사용됩니다.
- 캐싱 및 성능 최적화 :
  - 애플리케이션에서 반복적인 데이터 호출을 줄이고 성능을 향상시키기 위해 캐싱 프록시를 활용.

4 프록시 패턴의 장점

- 객체 접근 제어를 효과적으로 수행할 수 있습니다.
- 객체 초기화 비용이 높은 경우 성능을 최적화할 수 있습니다.
- 객체 사용 전에 검증, 로깅, 권한 확인 같은 부가 작업을 추가할 수 있습니다.

5 프록시 패턴의 단점

- 구조가 복잡해질 수 있습니다.
- 추가적인 계층이 생기므로 약간의 성능 오버헤드가 발생할 수 있습니다.

11.13 Rate Limiting 패턴

Rate Limiting은 시스템의 안정성과 보안을 보장하기 위해 단위 시간당 요청 수를 제한하는 설계 패턴입니다. 이 패턴은 클라이언트가 서버로 과도한 요청을 보내는 것을 방지하고, 서버 자원의 사용을 효율적으로 관리하며, 서비스 품질을 유지하는 데 중요한 역할을 합니다.

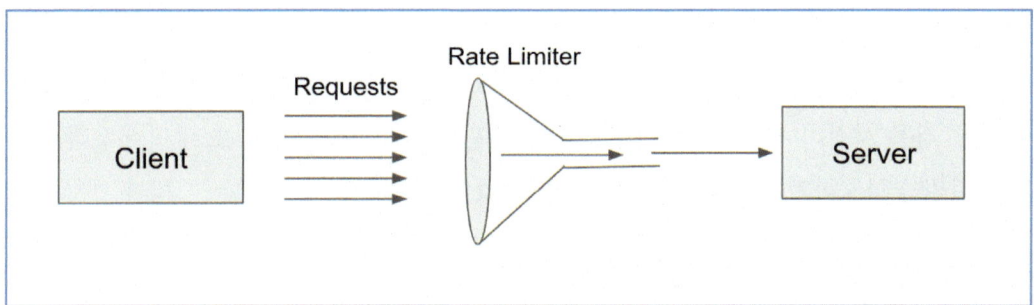

그림 11-20 Rate Limiting 패턴 아키텍처 구조

11.13.1 핵심 개념

1 요청 수 제한

클라이언트가 보낼 수 있는 요청 수를 정해진 단위 시간(초, 분, 시간, 일 등) 안에서 제한합니다.

- 예: "1분에 최대 100개의 요청만 허용"

2 제한 조건

- IP 주소 기반 제한 : 특정 IP에서 오는 요청만 제한
- 사용자별 제한 : 사용자의 인증 정보(Token, API Key 등)에 기반한 요청 제한

- 리소스별 제한 : API 엔드포인트별로 요청 제한

3 정책 유형

- Fixed Window : 정해진 시간 간격(예: 1분, 1시간) 동안 요청을 제한
- Sliding Window : 고정 창 대신 시간의 흐름에 따라 요청을 평가
- Token Bucket : 일정량의 "토큰"을 소모하며 요청 허용, 새로운 요청은 일정 속도로 토큰을 재충전
- Leaky Bucket : 일정 속도로 "물(요청)"을 흘려보내며 초과 요청은 무시

11.13.2 Rate Limiting 패턴의 역사와 보급

1 기원과 초기 사용

Rate Limiting 패턴의 개념은 인터넷과 네트워크 통신이 발전하면서 등장했습니다. 정확한 최초 사용 시점이나 창안자는 명확하지 않지만, 이 패턴은 인터넷 초기 단계부터 네트워크 자원을 보호하기 위해 자연스럽게 개발되었습니다.

2 초기 네트워크 시대 (1980~1990년대)

- TCP/IP 프로토콜의 도입과 함께 네트워크 트래픽 제어에 대한 필요성이 대두되었습니다.
- "Token Bucket"과 같은 알고리즘이 대규모 네트워크에서 대역폭을 관리하기 위해 처음 사용되기 시작했습니다.

3 API 경제와 웹 서비스의 부상 (2000년대 초)

- API 기반 서비스와 클라우드 컴퓨팅의 등장으로 Rate Limiting은 더욱 중요해졌습니다.
- 특히 "Twitter", "Facebook", "Google"과 같은 대형 플랫폼은 자원을 보호하고 API 남용을 방지하기 위해 Rate Limiting을 도입했습니다.
- 사용 사례 : Twitter는 2008년부터 API 호출 제한 정책을 명문화하여 적용했습니다.

11.13.3 널리 알려지게 된 계기

Rate Limiting이 널리 알려지고 표준화된 이유는 다음과 같습니다:

1 DDoS 공격과 보안 문제 증가 (2000년대 초중반)

- 분산 서비스 거부(DDoS) 공격의 빈도가 증가하면서 Rate Limiting이 보안 대책으로 주목받았습니다.
- 사용 사례 : 방화벽과 API Gateway에서 Rate Limiting을 구현하여 트래픽을 제어함으로써 공격을 완화.

2 API 사용량 증가 (2010년대)

- 모바일 애플리케이션과 클라이언트-서버 아키텍처가 대중화되면서 Rate Limiting이 표준적인 API 관리 기법으로 자리 잡았습니다.
- 주요 API 제공 업체들은 Rate Limiting 정책을 공식적으로 도입하며 문서화
- Twitter: "15분에 최대 300 API 호출" 정책 발표.
- Google Maps API: "1초당 최대 10개 요청" 제한.

3 오픈소스 도구 및 라이브러리의 확산

- Nginx, Envoy, Kong과 같은 API Gateway 및 다양한 Rate Limiting 라이브러리의 등장으로 구현이 쉬워졌습니다.
- 오픈소스 커뮤니티에서 Rate Limiting 알고리즘(예: "Token Bucket", "Leaky Bucket")이 널리 사용되며 인기를 얻음.

11.13.4 최근 활용 동향

현재 Rate Limiting은 다음과 같은 환경에서 표준화된 패턴으로 자리 잡았습니다

1 클라우드 서비스

- AWS, Microsoft Azure, Google Cloud와 같은 클라우드 서비스 제공 업체들이 기본적으로 Rate Limiting을 포함한 API 관리 도구를 제공.

- SaaS 플랫폼에서는 트래픽을 관리하고 요금제를 구분하기 위한 핵심 기술로 사용.

2 애플리케이션 보안

- 웹 애플리케이션 방화벽(WAF) 및 DDoS 방어 솔루션에서 필수 요소로 통합

3 데이터 중심 시스템

- 데이터베이스 및 데이터 처리 서비스에서 쿼리 수를 제한하여 과도한 리소스 소비를 방지.

11.13.5 장점

① 서버 안정성 보장 : 과도한 트래픽이 서버를 과부하 상태로 만드는 것을 방지합니다.
② 서비스 품질 유지 : 다른 사용자에게 공정한 리소스 사용 기회를 제공합니다.
③ 보안 강화 : DDoS 공격 및 악성 클라이언트로 인한 부하를 줄입니다.

11.13.6 Rate Limiting pattern 확산의 주요 공헌자

- Vinton Cerf와 Bob Kahn
  TCP/IP의 설계자로, 초기 네트워크 트래픽 제어를 위한 알고리즘에 영향을 줌.
- API 플랫폼 기업 (Twitter, Google, Facebook 등)
  Rate Limiting을 대규모로 사용하며 관련 기술 및 정책을 정립.

11.13.7 결론

Rate Limiting은 서버를 보호하면서 클라이언트의 과도한 요청을 제어하는 데 필수적이며, 다양한 시스템에서 기본적으로 사용되는 중요한 패턴입니다.

11.14 Retry 패턴

Retry 패턴은 애플리케이션이 일시적인 오류나 실패 상황에서 요청을 반복적으로 시도함으로써 안정성과 가용성을 높이는 설계 패턴입니다. 이는 네트워크 장애, 일시적인 서비

스 중단, 타이밍 문제 등과 같은 문제를 해결하는 데 유용합니다.

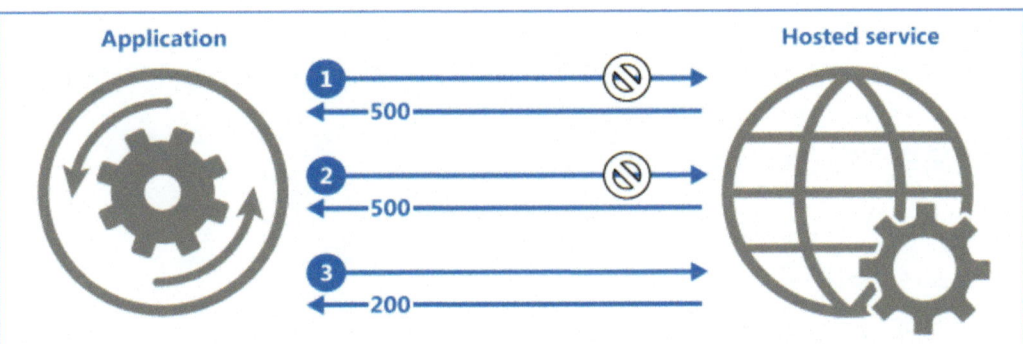

그림 11-21 Retry 패턴 아키텍처 구조
Source : https://learn.microsoft.com/en-us/azure/architecture/patterns/retry

11.14.1 Retry 패턴의 주요 요소

1 Retry 조건:

- 재시도를 할 오류를 정의합니다.
- 보통 일시적인 네트워크 오류나 HTTP 상태 코드(예: 500, 503, 504)와 같은 조건에서 재시도를 수행합니다.
- 치명적인 오류(예: 400, 401)는 재시도를 하지 않도록 설정합니다

2 Retry 횟수 (Max Retry Attempts):

- 요청을 재시도할 최대 횟수를 지정합니다.
- 무한히 재시도하지 않도록 설정해 시스템의 과부하를 방지합니다.

3 재시도 간격 (Retry Interval):

- 재시도 요청 사이의 대기 시간을 정의합니다.
- 고정 간격 또는 점진적으로 증가하는 간격(예: 지수 백오프)을 사용할 수 있습니다.

4 백오프 전략 (Backoff Strategy):

- 재시도 사이의 간격을 조정하는 알고리즘입니다.
- 주로 사용되는 전략:
  - 고정 대기(Fixed Delay): 일정한 시간 간격으로 재시도.
  - 지수 백오프(Exponential Backoff): 매번 재시도할 때 대기 시간을 지수적으로 증가.
  - 지수 백오프 + Jitter: 지수 백오프에 무작위성을 추가하여 과도한 트래픽 폭주를 방지.

5 최대 대기 시간 (Max Wait Time):

- 재시도를 중단하기 전까지 대기할 수 있는 최대 시간을 설정합니다.

6 컨텍스트 보존:

- 재시도 과정에서 기존 요청에 대한 상태나 컨텍스트를 유지합니다.
- 동일한 요청이 동일한 결과를 내도록 설계합니다(Idempotency).

11.14.2 Retry 패턴의 IT발전 시기별 적용 현황

1 1970-1980년대: 네트워크와 분산 시스템의 초기 개발

- 네트워크 기반 시스템의 등장으로 일시적인 통신 장애가 빈번하게 발생.
- TCP/IP 프로토콜 설계에서는 자동 재전송(예: ACK 손실 시 재전송)을 포함하여 초기적인 형태의 Retry 메커니즘을 구현.
- 데이터 전송 신뢰성을 보장하기 위해 이런 방식의 Retry 개념이 도입됨.

2 1990년대: 클라이언트-서버 아키텍처와 인터넷의 발전

- 클라이언트-서버 기반 애플리케이션이 확산되면서 HTTP 프로토콜에서 오류 처리(특히 상태 코드 `500`, `503` 등)를 위한 Retry가 필요해짐.
- 이 시기에 초기 웹 클라이언트와 서버 시스템에서 Retry 로직이 구현되기 시작.

3 2000년대 초반: 대규모 분산 시스템의 확산

- 클라우드 컴퓨팅 및 대규모 분산 시스템(예: Google, Amazon, Microsoft Azure)에서 장애와 오류 복원력을 위한 Retry 패턴의 중요성이 강조됨.
- 특히, RESTful API와 마이크로서비스 아키텍처에서 재시도 로직이 필수적인 부분으로 자리 잡음.

4 2010년대: Retry 패턴의 표준화와 도구의 발전

- 오픈 소스 라이브러리 및 프레임워크(예: Spring Retry, Polly, Resilience4j)가 Retry 패턴을 쉽게 구현할 수 있도록 도와줌.
- 클라우드 제공업체(AWS, Azure, Google Cloud)에서도 Retry를 기본적으로 지원하는 SDK를 제공.

5 현재(2020년대)

- Retry 패턴은 현대 애플리케이션 설계에서 표준적인 기법으로 자리 잡음.
- 분산 시스템, 서버리스 아키텍처, IoT 시스템 등에서 필수적으로 사용.

11.14.3 Retry 패턴의 장점

- 서비스 안정성: 일시적인 오류를 처리하여 애플리케이션의 신뢰성을 높임.
- 사용자 경험 개선: 네트워크 지연으로 인한 중단을 최소화.
- 리소스 효율성: 장기적인 재시도보다 짧은 지연과 간격 설정으로 리소스 소모를 줄임.

11.14.4 Retry 패턴 사용 주의사항

1 무조건적인 재시도는 피해야 함:
- 무한 재시도는 시스템에 과부하를 일으킬 수 있음.
- 적절한 종료 조건을 설정해야 함.

2 조정 가능한 설정:
- 재시도 횟수, 대기 시간 등을 환경이나 요구 사항에 따라 조정 가능하도록 구현.

3 Fallback 전략 통합:
- 일정 횟수 이상 재시도에 실패하면 대체 동작(Fallback) 또는 사용자 알림 제공.

11.14.5 Retry 패턴의 발전

- 기술 표준 : Retry는 HTTP, 데이터베이스 트랜잭션, 메시지 큐 등 다양한 프로토콜과 도구에서 표준적인 기능으로 자리 잡음.
- 실무 적용 : 대부분의 엔터프라이즈 시스템에서 장애 복원력을 높이는 주요 전략으로 사용.
- 지속적인 발전 : Jitter를 포함한 더 스마트한 백오프 전략이 등장하며 효율성과 안정성을 더욱 강화.
- Retry 패턴은 현재도 진화하고 있으며, 특히 AI/ML 서비스와 IoT 분야에서도 중요한 역할을 하고 있음.

연습 문제

> **주관식 문제**

1. Saga 패턴에서 분산 시스템의 트랜잭션을 처리하는 방법을 간단히 설명하시오.

2. CQRS 패턴에서 Command와 Query의 차이를 설명하시오.

3. Event Sourcing 패턴의 주요 개념 중 "이벤트 스토어(Event Store)"가 하는 역할을 설명하시오.

4. API Gateway 패턴이 마이크로서비스 아키텍처에서 중요한 이유를 설명하시오.

5. Circuit Breaker 패턴의 동작 원리를 Closed, Open, Half-Open 상태를 포함하여 설명하시오.

6. Strangler 패턴이 기존 시스템을 새로운 시스템으로 전환하는 과정에서 어떻게 활용되는지 설명하시오.

7. 서비스 메쉬(Service Mesh) 패턴에서 프록시(Proxy) 또는 사이드카(Sidecar)가 수행하는 역할을 설명하시오.

8. Bulkhead 패턴이 시스템의 안정성을 유지하는 방법을 설명하시오.

9. BFF(Backend For Frontend) 패턴이 API Gateway 패턴과 다른 점을 설명하시오.

10. Retry 패턴에서 "지수 백오프(Exponential Backoff)" 전략이 가지는 장점은 무엇인가?

연습 문제

객관식 문제

11. Saga 패턴에서 트랜잭션이 실패했을 때 수행되는 작업을 무엇이라고 하는가?
    a) 데이터 샤딩　　　　　　　　　　　b) 보상 트랜잭션
    c) 캐시 무효화　　　　　　　　　　　d) 이벤트 브로커

12. CQRS 패턴의 주요 장점이 아닌 것은?
    a) 조회 성능 최적화
    b) 확장성 증가
    c) 명령과 조회의 일관성 유지가 쉬움
    d) 복잡한 도메인 모델의 분리가 가능함

13. Event Sourcing 패턴에서 이벤트를 저장하는 저장소의 역할을 수행하는 것은?
    a) NoSQL 데이터베이스　　　　　　　b) 이벤트 스토어(Event Store)
    c) 메시지 큐　　　　　　　　　　　　d) API Gateway

14. API Gateway 패턴의 주요 기능이 아닌 것은?
    a) 요청 라우팅　　　　　　　　　　　b) 서비스 디스커버리
    c) 클라이언트와 직접 데이터베이스 연결　d) 인증 및 인가 처리

15. Circuit Breaker 패턴에서 일정 시간이 지나고 시스템이 복구되었는지 확인하는 상태는?
    a) Closed　　　　　　　　　　　　　b) Open
    c) Half-Open　　　　　　　　　　　　d) Timed-Out

16. Strangler 패턴을 적용할 때 기존 시스템과 새로운 시스템이 병렬로 운영되는 이유는 무엇인가?
    a) 성능 최적화를 위해　　　　　　　　b) 점진적인 전환을 위해
    c) 유지보수 비용을 절감하기 위해　　　d) 이벤트 로그를 저장하기 위해

연습 문제

17. 서비스 메쉬(Service Mesh) 패턴에서 서비스 간 통신을 관리하기 위해 가장 많이 사용되는 오픈소스 프로젝트는?
    a) RabbitMQ
    b) Istio
    c) PostgreSQL
    d) Jenkins

18. Bulkhead 패턴을 적용할 때 얻을 수 있는 주요 이점은?
    a) 모든 서비스 간의 강한 결합을 유지
    b) 한 서비스 장애가 다른 서비스에 영향을 주지 않도록 격리
    c) 성능 최적화를 위해 모든 요청을 한 큐에서 처리
    d) 데이터베이스 트랜잭션 성능 향상

19. BFF(Backend For Frontend) 패턴의 주된 목적은 무엇인가?
    a) 데이터 일관성을 보장하는 것
    b) 클라이언트별 맞춤형 백엔드 API 제공
    c) 서비스 간의 트랜잭션을 관리하는 것
    d) 데이터베이스의 부하를 줄이는 것

20. Retry 패턴을 적용할 때 가장 중요한 고려 사항은?
    a) 무한정 재시도할 수 있도록 구현해야 한다.
    b) 항상 동일한 시간 간격으로 재시도해야 한다.
    c) 재시도 횟수와 대기 시간을 적절히 설정해야 한다.
    d) 모든 요청에서 재시도를 수행해야 한다.

PART 5
실무에서 사용하는 아키텍처 평가

UML-based software architecture design used in practice

CHAPTER 1

SW아키텍처 평가

12.1 SW아키텍처 평가 개요
12.2 소프트웨어 아키텍처 평가의 필요성
12.3 소프트웨어 아키텍처 평가 모델 분류
12.4 실습과제 : 주차관리 시스템 구축_ATAM 평가
■ 연습문제

12.1 SW아키텍처 평가 개요

소프트웨어 아키텍처 평가는 아키텍처 접근법이 품질 속성에 미치는 영향을 분석하여, 최적의 아키텍처를 구현하고 선택하기 위한 표준 절차입니다. 이를 통해 아키텍처의 적합성을 평가하고, 궁극적으로 시스템이 요구되는 품질 목표를 달성하며, 가용한 자원 내에서 구축될 수 있도록 보장합니다.

12.2 소프트웨어 아키텍처 평가의 필요성

소프트웨어 아키텍처 평가는 시스템 개발 초기부터 아키텍처의 적절성을 검증하여, 프로젝트의 성공 가능성을 높이고 잠재적인 리스크를 줄이는 중요한 과정입니다. 평가를 수행하지 않으면 성능 저하, 유지보수 비용 증가, 확장성 부족 등의 문제가 발생할 가능성이 커집니다. 아래에서 SW 아키텍처 평가가 필요한 이유를 구체적으로 설명하겠습니다.

12.2.1 시스템 품질 확보

소프트웨어 시스템은 성능, 보안, 확장성, 가용성, 유지보수성 등의 품질 속성을 충족해야 합니다. 아키텍처 평가를 통해 다음과 같은 이점을 얻을 수 있습니다.

- **성능 보장**: 시스템의 응답 속도, 처리량 등을 분석하여 성능 병목을 사전에 발견
- **보안 강화**: 잠재적 취약점을 식별하여 보안 위협을 사전에 차단
- **확장성 검증**: 시스템이 증가하는 사용자 및 데이터 처리량을 효과적으로 수용할 수 있는지 평가

12.2.2 비용 절감 및 유지보수 효율성 향상

소프트웨어 개발에서 잘못된 아키텍처 선택은 유지보수와 확장 시 높은 비용을 초래할 수 있습니다. 아키텍처 평가를 통해:

- **재설계 비용 절감**: 개발 후반부에 수정이 발생하면 비용이 급증하므로, 초기 평가를 통해 최적의 아키텍처를 선택
- **유지보수 용이성 증가**: 코드 변경이 빈번한 시스템의 경우, 유지보수가 용이한 구조

를 미리 검증하여 운영 비용 절감

12.2.3 프로젝트 리스크 최소화

아키텍처 평가 없이 개발을 진행하면 예상치 못한 문제가 발생할 가능성이 큽니다.

- **기술적 리스크 완화:** 새로운 기술 도입 시, 해당 기술이 요구사항을 충족하는지 사전에 검토 가능
- **일정 및 예산 리스크 감소:** 잘못된 아키텍처 설계로 인해 일정이 지연되거나 예산 초과가 발생하는 문제를 예방

12.2.4 표준 준수 및 호환성 보장

많은 기업과 조직에서는 특정 표준 및 규정을 준수해야 합니다. 아키텍처 평가를 통해:

- **산업 표준 및 규정 준수:** 보안 및 데이터 보호 관련 법규(예: GDPR, HIPAA)를 만족하는 설계를 검증
    - GDPR(General Data Protection Regulation)은 유럽연합(EU)이 개인 데이터 보호를 강화하고 데이터 주체(개인)의 권리를 보장하기 위해 2018년 5월 25일부터 시행한 개인정보 보호 법규이며, EU 거주자의 개인정보를 수집·처리·저장·이전하는 모든 기업과 조직에 적용됨
    - HIPAA(건강 보험 이동성과 책임법, Health Insurance Portability and Accountability Act)는 1996년 미국에서 제정된 의료 정보 보호법으로, 환자의 의료 정보(Protected Health Information, PHI)를 보호하고 보안 기준을 강화하는 것을 목적으로 함. 이 법은 의료 서비스 제공자, 보험사, IT 서비스 기업 등이 환자의 개인정보를 안전하게 보호하도록 요구함
- **기존 시스템과의 호환성 보장:** 레거시 시스템과의 연동 및 데이터 호환성을 고려한 아키텍처인지 평가 가능

12.2.5 이해관계자 간의 공감대 형성

아키텍처 평가 과정에서 개발팀, 운영팀, 비즈니스팀 등이 참여하여 시스템의 목표와 방

향성을 명확히 정리할 수 있습니다.

- **개발팀과 경영진 간 원활한 의사소통:** 평가 결과를 통해 비즈니스 요구사항과 기술적 요구사항을 조율
- **요구사항 변경에 대한 대응력 강화:** 변화하는 요구사항에 대하여 유연하게 대응할 수 있도록 아키텍처의 유연성을 검토

12.2.6 결론

소프트웨어 아키텍처 평가는 단순한 검증 작업이 아니라, 시스템의 장기적인 성공을 보장하는 필수 과정입니다. 이를 통해 시스템의 품질을 높이고, 유지보수 비용을 줄이며, 프로젝트 리스크를 최소화할 수 있습니다. 특히, 대규모 시스템이나 장기적으로 운영되는 소프트웨어일수록 초기 아키텍처 평가가 더욱 중요합니다.

12.3 소프트웨어 아키텍처 평가 모델 분류

아래는 주요한 소프트웨어 아키텍처의 평가 모델입니다.

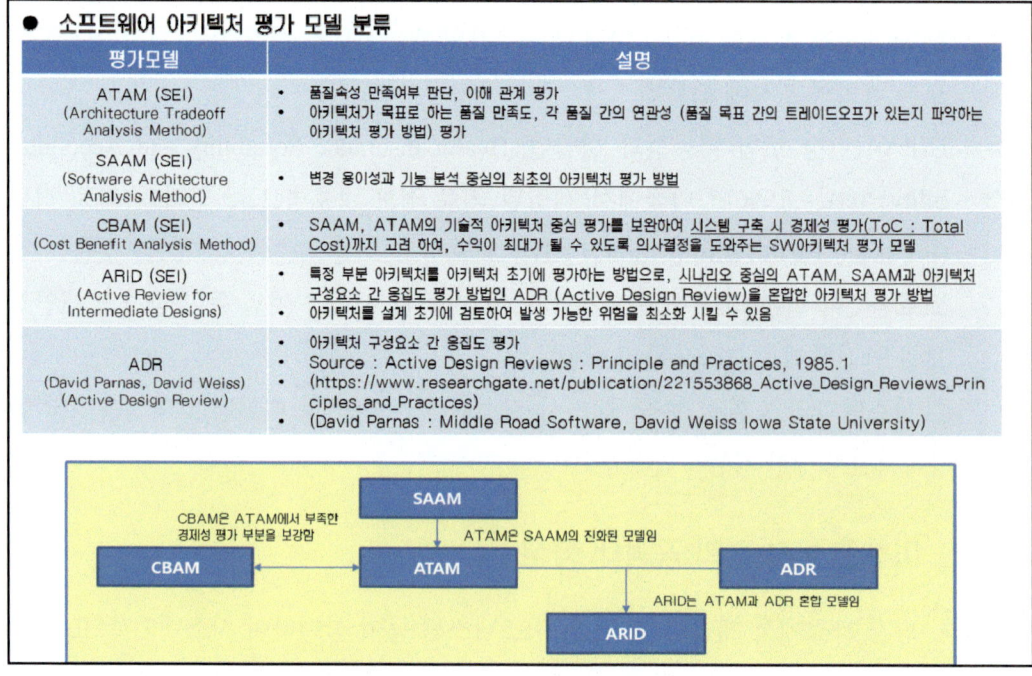

그림 12-1 소프트웨어 아키텍처 평가 모델 분류

위 그림을 기반으로 소프트웨어 아키텍처 평가 모델을 하나씩 자세히 설명하겠습니다.

12.3.1 ATAM (Architecture Tradeoff Analysis Method)

ATAM은 **소프트웨어 아키텍처의 품질 속성이 서로 어떻게 영향을 주는지 분석하고, 품질 속성 간의 trade-off를 평가하는 방법**입니다.

- 주요 특징
    - 시스템이 **성능, 보안, 유지보수성, 확장성 등의 품질 속성**을 얼마나 만족하는지 평가
    - 품질 속성 간의 trade-off(상충 관계)를 분석하여 아키텍처의 강점과 약점 파악
    - **시나리오 기반 평가 방식** 사용 (실제 사용 사례를 정의하고, 아키텍처가 해당 사례를 처리할 수 있는지 분석)
    - SAAM의 발전된 형태로, 기능뿐만 아니라 **비기능적 요구사항까지 고려하는 평가 방법**

- ATAM 평가 절차

표 12-1 ATAM 평가 절차

단계	설명
1. ATAM 소개	평가 방법과 절차를 참가자에게 설명합니다.
2. 비즈니스 동인 제시	시스템의 비즈니스 목표와 요구사항을 공유합니다.
3. 아키텍처 발표	아키텍트가 현재 시스템 아키텍처를 설명합니다.
4. 아키텍처 접근 방식 식별	평가팀이 사용된 아키텍처 접근 방식을 정리합니다.
5. 품질 속성 유틸리티 트리 생성	참가자와 평가팀이 주요 품질 속성을 도출하고 구조화합니다.
6. 아키텍처 접근 방식 분석	도출된 품질 속성을 기준으로 아키텍처를 분석합니다.
7. 시나리오 브레인스토밍 및 우선순위 선정	이해관계자가 추가적인 평가 시나리오를 제안하고 우선순위를 정합니다.
8. 새로운 시나리오 기반 분석	선정된 새로운 시나리오를 통해 아키텍처를 추가 분석합니다.
9. 결과 발표	분석 결과, 위험 요소, 트레이드오프를 정리하여 발표합니다.

- 활용 예시
    - 대규모 분산 시스템에서 성능과 확장성 간의 trade-off 분석
    - 실시간 시스템에서 응답 속도와 보안성을 균형 있게 유지하는 방법 평가

12.3.2 SAAM (Software Architecture Analysis Method)

SAAM은 아키텍처의 변경 용이성과 기능성을 중심으로 분석하는 초기 아키텍처 평가 방법입니다.

- **주요 특징**
  - ATAM의 전신 모델로, **기능적 요구사항 중심의 평가**를 수행
  - 시스템의 변경이 용이한지(유지보수성), 기능이 적절히 배치되었는지 검토
  - 여러 시나리오를 정의하고, 시스템 변경이 용이한지 검증하는 방식

- **SAAM 평가 절차**
  - 시스템 기능 및 품질 속성 정의
  - 평가 대상 아키텍처 모델링
  - 변경 시나리오 작성 및 변경이 필요한 컴포넌트 분석
  - 변경에 따른 비용 및 영향도 평가
  - 최종 보고서 작성

- **활용 예시**
  - ERP(전사적 자원 관리) 시스템에서 기능 변경 시 유지보수 비용 분석
  - 기존 레거시 시스템의 모듈 변경 용이성 평가

12.3.3 CBAM (Cost Benefit Analysis Method)

CBAM은 경제적 관점에서 아키텍처의 의사 결정을 돕는 방법으로, **SAAM과 ATAM의 기술적 평가를 보완**하여 비용과 수익성을 고려하는 평가 모델입니다.

- **주요 특징**
  - 품질 속성을 만족하는 동시에, **비즈니스 목표(비용, 수익, ROI 등)를 최적화**하는 방법 제공
  - 시스템 구축 시 **경제성 평가(Total Cost, TCO)까지 고려**
  - 아키텍처 개선에 따른 **비용과 효과를 정량적으로 분석**하여 최적의 선택을 할 수 있도록 지원

■ CBAM 평가 절차

표 12-2 CBAM평가 절차

단계	설명
1. 시나리오 수집	품질 속성과 관련된 시나리오를 이해관계자로부터 수집
2. 시나리오 정제	중복 제거 및 그룹화하여 최종 시나리오 선정
3. 시나리오 우선순위 결정	비즈니스 목표에 맞춰 시나리오 중요도 평가
4. 효용-반응 곡선 작성	각 시나리오가 품질 속성에 미치는 영향을 분석
5. 아키텍처 접근법 예상 반응 값 결정	해결 가능한 아키텍처 변경 방법을 선정 및 평가
6. 아키텍처 접근법 예상 효용 계산	변경된 아키텍처가 시스템 품질에 미치는 영향을 분석
7. 아키텍처 접근법 이익 계산	변경에 따른 비용과 예상 이익을 분석
8. 아키텍처 접근법 ROI 계산	투자 대비 수익(Return on Investment) 분석
9. 최종 접근법 선정	비용과 일정 고려 후 최적의 아키텍처 변경안 결정

■ 활용 예시

- 클라우드 기반 서비스에서 성능을 높이기 위한 추가 서버 비용 분석
- 의료 시스템에서 보안 강화에 따른 비용 증가와 서비스 품질 간의 균형 평가

12.3.4 ARID (Active Reviews for Intermediate Designs)

ARID는 **아키텍처 설계 초기에 특정 부분을 평가하는 방법**으로, ATAM, SAAM과 같은 시나리오 중심 평가 방식과 ADR(Active Design Review)을 혼합한 방법입니다.

■ 주요 특징

- ATAM, SAAM보다 빠른 피드백을 제공하는 **간략한 설계 평가 방법**
- 설계 초기부터 아키텍처를 검토하여 **발생 가능한 위험을 최소화**
- 주로 새로운 시스템보다는 기존 아키텍처의 특정 부분을 평가하는 데 사용

■ ARID 평가 절차

- 평가할 아키텍처 구성 요소 식별
- 해당 구성 요소가 요구사항을 만족하는지 검토

- 시나리오 기반 테스트 및 피드백 수집
- 개선 사항 도출 및 문서화

■ 활용 예시
- 기존 시스템에서 특정 모듈이 새로운 기능을 지원할 수 있는지 평가
- 특정 API나 데이터베이스 설계가 변경될 경우, 기존 시스템과의 충돌 여부 분석

12.3.5 ADR (Active Design Review)

ADR은 아키텍처의 구성 요소 간 **응집도(Cohesion)**와 **결합도(Coupling)**를 평가하는 방법으로, 특정 설계 요소의 적절성을 검토하는 방법입니다.

■ 주요 특징
- 모듈 간의 응집도를 높이고 불필요한 결합을 줄이기 위한 설계 평가
- 개발자가 직접 참여하여 특정 모듈의 설계 적절성을 평가
- 설계 초기 단계에서 문제를 사전에 발견하고 개선할 수 있도록 지원

■ ADR 평가 절차
- 평가할 모듈 및 구성 요소 식별
- 설계 요소 간의 결합도 및 응집도 분석
- 개선이 필요한 부분을 도출
- 최적화된 설계안 도출 및 문서화

■ 활용 예시
- 레거시 코드 리팩토링 시, 모듈 간 결합도를 낮추기 위한 설계 평가
- 마이크로서비스 아키텍처에서 서비스 간 의존성을 최소화하는 방법 검토

12.3.6. 아키텍처 평가 모델 간 관계

① **SAAM → ATAM**
ATAM은 SAAM의 발전된 모델이며, 기능적 요구사항뿐만 아니라 **비기능적 요구**

사항(성능, 보안, 확장성 등)을 평가할 수 있도록 확장됨.

② **CBAM → ATAM**

ATAM이 품질 속성 평가에 집중하는 반면, CBAM은 **비용과 수익성을 고려하는 경제적 평가**를 추가함.

③ **ARID → ATAM + ADR**

ARID는 ATAM과 ADR을 결합한 형태로, **아키텍처의 특정 부분을 조기에 검토**하여 위험을 최소화할 수 있도록 지원.

④ **ADR → 아키텍처 응집도 평가**

ADR은 아키텍처의 특정 모듈이나 구성 요소의 적절성을 평가하는 데 중점.

12.3.7 결론

소프트웨어 아키텍처 평가는 단순한 코드 리뷰가 아니라, **시스템의 품질과 유지보수성을 장기적으로 보장하는 필수 과정**입니다.

표 12-3 평가 모델 별 주요 목적

평가 모델	주요 목적
ATAM	품질 속성 간 trade-off 분석 및 아키텍처 평가
SAAM	기능 변경 용이성 및 구조 평가
CBAM	비용과 경제성을 고려한 평가
ARID	특정 부분의 아키텍처 조기 평가
ADR	아키텍처 모듈 간 응집도 평가

※ 어떤 시스템을 평가할 것인지에 따라 적절한 평가 방법을 선택하는 것이 중요합니다. □

12.4 실습과제 : 주차관리 시스템 구축_ATAM 평가

12.4.1 ATAM평가의 Step 5 Quality Attribute Utility Tree 작성법

Utility Tree(유틸리티 트리)는 ATAM(Architecture Tradeoff Analysis Method)에서 **소프트웨어 시스템의 품질 속성을 분석하고 우선순위를 정하기 위한 핵심 도구**입니다. 이 트리를 작성함으로써 **품질 속성(예: 성능, 보안, 확장성 등)이 시스템에 미치는 영향을 명확히 정의**할 수 있습니다.

1 Utility Tree의 구조

Utility Tree는 **트리 구조로 품질 속성을 계층적으로 정리**하여 아키텍처의 강점과 약점을 분석하는 방법입니다.

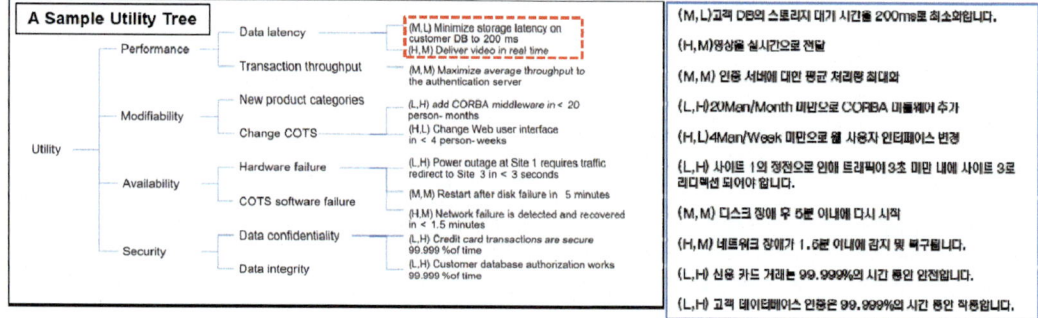

그림 12-2 Utility Tree

위 이미지는 **Utility Tree(유틸리티 트리)의 예제**로, 시스템의 비기능적 요구사항(품질 속성)을 체계적으로 정리한 구조입니다.

Utility Tree는 트리 형태(Tree Structure)를 가지며, **최상위 개념에서 하위 개념으로 점점 구체화되는 계층적 구조**를 따릅니다.

(1) Utility Tree의 계층 구조

① 최상위 노드 (Root Node) - "Utility"

- 최상위 개념으로, **시스템이 달성해야 하는 전체적인 품질 목표**를 나타냅니다.
- 여기서 Utility(유틸리티)는 전체적인 시스템 품질을 의미합니다.

② 1차 레벨 노드 - "Quality Attributes (품질 속성)"

- 시스템의 핵심 품질 속성(QoS, Quality of Service)을 정의합니다.
- 예제에서는 다음과 같은 품질 속성이 포함됨:
  - **Performance (성능)**
  - **Modifiability (변경 용이성)**
  - **Availability (가용성)**
  - **Security (보안)**

③ 2차 레벨 노드 - "Refined Quality Attributes (세부 품질 속성)"

- 각 품질 속성 아래에 더 구체적인 **하위 품질 속성을 추가**하여 정의합니다.
- 예를 들어:
  - **Performance(성능)** → "Data Latency (데이터 지연 시간)"
  - **vAvailability(가용성)** → "Hardware Failure (하드웨어 장애)"
  - **Security(보안)** → "Data Confidentiality (데이터 기밀성)"

④ 3차 레벨 노드 - "Concrete Scenarios (구체적 시나리오)"

- 각 품질 속성이 실제 시스템에서 어떻게 적용되는지 구체적으로 설명하는 시나리오를 포함합니다.
- 예를 들어:
  - **Performance - Data Latency**

    (M, L) Minimize storage latency on customer DB to 200 ms (고객 **DB의 저장 지연 시간을 200ms로 최소화**)

    (H, M) Deliver video in real time (실시간 비디오 전송)
  - **Availability - Hardware Failure**

    (L, H) Power outage at Site 1 requires traffic redirected to Site 3 in < 3 seconds (사이트 1의 정전 시 3초 내에 사이트 3으로 트래픽 전환)

④ 4차 레벨 노드 - "Priority & Measurable Goals (우선순위 및 측정 가능 목표)"

- 각 시나리오에 대해 우선순위를 할당하고, 측정 가능한 성능 기준을 정의합니다.

- 우선순위는 두 가지 기준으로 설정됩니다:
  - 비즈니스 중요도(첫 번째 값) → High(H), Medium(M), Low(L)로 설정
  - 비용 및 기술한계성, 구현난이도를 고려한 위험정도(두 번째 값) → High(H), Medium(M), Low(L)로 설정
- 예제:
  - **(M, L) Minimize storage latency on customer DB to 200 ms**
    비즈니스 중요도: M (중간), 위험정도: L (낮음)
  - **(H, M) Deliver video in real time**
    비즈니스 중요도: H (높음), 위험정도: M (중간)

(2) Utility Tree의 핵심 역할

1. 품질 속성을 구조적으로 정의

- 복잡한 품질 요구사항을 **트리 구조로 정리하여 명확한 평가 기준을 제공**합니다.
- 각 속성이 시스템에서 어떻게 작동해야 하는지를 명확하게 규정할 수 있음.

2. 시나리오 기반으로 품질 속성을 평가

- 단순히 "성능이 좋아야 한다"는 추상적인 요구사항이 아니라,
- "DB의 저장 지연 시간을 200ms 이내로 유지해야 한다"처럼 구체적인 목표를 설정함.

3. 품질 속성 간의 우선순위 및 Trade-off 분석 가능

- **비즈니스 요구와 기술적 난이도를 기준으로 우선순위를 설정**하여, 개발 시 **어떤 요소를 우선적으로 고려할지 결정**할 수 있음.
- 예를 들어, "실시간 비디오 전송(H, M)"은 높은 비즈니스 중요도를 가지므로 우선적으로 해결해야 할 요구사항이 됨.

4. 측정 가능한 목표 설정

- 품질 속성을 평가할 때 **측정 가능한 수치(예: 응답 시간, 가용성 비율 등)를 설정**하여, 시스템이 요구사항을 충족하는지 객관적으로 평가할 수 있음.

(3) Utility Tree 예제 분석

표 12-4 Utility Tree 예제 분석

레벨	노드명	설명
최상위 노드	Utility	시스템이 만족해야 하는 전체적인 품질 목표
1차 레벨	Performance (성능)	시스템의 성능 요구사항
2차 레벨	Data Latency (데이터 지연)	성능 중에서도 응답 속도 관련 요구사항
3차 레벨	Minimize storage latency on customer DB to 200 ms	DB 저장 속도를 200ms 이하로 유지
4차 레벨	(M, L)	비즈니스 중요도: M(중간), 위험 정도: L(낮음)

(4) 결론

Utility Tree는 소프트웨어 아키텍처 평가(ATAM)에서 품질 속성을 정리하고 분석하는 핵심 도구입니다.

트리 구조를 활용하여 품질 속성을 체계적으로 정리하고, 시나리오 기반으로 우선순위를 결정함으로써 효과적인 아키텍처 평가가 가능합니다.

※ Utility Tree를 활용하면 품질 목표를 명확히 정의하고, 시스템이 실제 요구사항을 충족하는지 평가할 수 있습니다! □

2 Utility Tree 작성 절차

Steps of the ATAM process (3)
(Source : Rick Kazman; Mark Klein; Paul Clements. "ATAM: Method for Architecture Evaluation" (PDF). Carnegie Mellon Software Engineering Institute. P.17)

- Step 5 : 품질 속성 유틸리티 트리 생성 : 시스템의 핵심 비즈니스 및 기술 요구 사항을 정의하고 적절한 아키텍처 속성에 매핑합니다. 주어진 요구사항에 대한 시나리오를 제시한다.

- 유틸리티 트리를 생성하는 절차
  1. 루트에 "유틸리티"를 할당한다.
  2. 루트의 하위 노드인 레벨2에 시스템의 품질요소를 할당한다.(예: Performance, Modifiability, Availability, Security 등) (SEI품질속성 or ISO25010)
  3. 레벨2 노드를 정제하여 레벨3 노드를 생성한다.
  4. 레벨4 노드로서 품질 시나리오를 생성한다.
  5. H/M/L 단위를 사용하여 시나리오의 중요도를 선정한다.
  6. 시나리오의 중요도가 할당된 시나리오에 대해 그 시나리오를 수행하기가 얼마나 어려운지 아키텍트에게 질의한 후, 비용 및 기술한계성, 구현난이도를 고려한 위험정도를 H/M/L 형식으로 선정한다.
  7. 품질요구 사항과 트리에서 나타난 중요 품질 요소 차이를 확인한다. (요구사항 도출 단계에서 수집한 Quality Attribute 검증 : 아키텍처 평가를 통해서 Design Decision 및 아키텍처 설계의 부분 변경이 일어날 수도 있다.)
  8. 유틸리티 트리를 기록한다.

3 Utility Tree 예제

아래는 Utility Tree의 예제입니다.

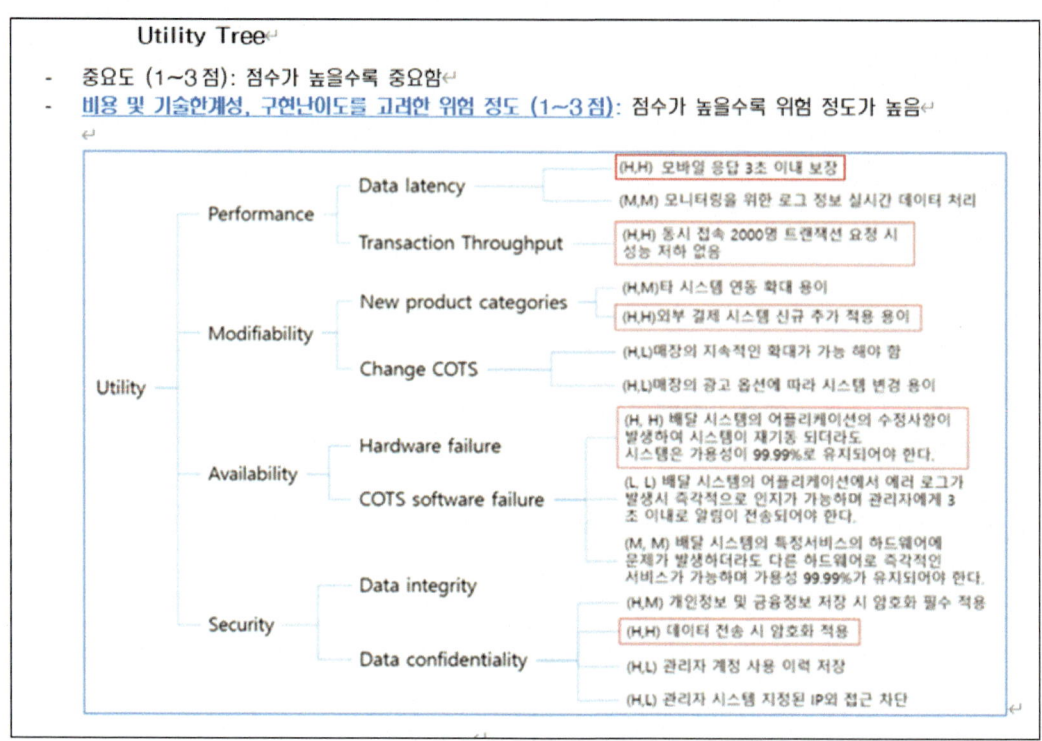

그림 12-3 Utility Tree 예제

4 Utility Tree 작성의 이점

- 품질 속성을 체계적으로 정리하여 평가 목표를 명확히 설정
- 이해관계자(개발자, 기획자, 사용자) 간의 공통된 기준을 마련
- 시나리오별 우선순위를 설정하여 아키텍처 개선 방향을 효과적으로 도출
- 품질 속성 간의 trade-off(예: 성능 vs. 보안) 분석 가능

5 Utility Tree와 ATAM 평가의 관계

- **Utility Tree**는 ATAM 평가에서 가장 중요한 분석 도구 중 하나임
- Utility Tree를 통해 도출된 품질 속성을 기반으로 **아키텍처가 해당 속성을 충족하는지 분석**

- 품질 속성 간 **Trade-off**를 평가하고, 아키텍처 개선이 필요한 부분을 식별함

6 결론

Utility Tree는 ATAM 평가에서 **시스템의 핵심 품질 속성을 체계적으로 정리하고, 평가 기준을 설정하는 필수 도구**입니다. 이를 통해 **아키텍처의 강점과 약점을 효과적으로 분석하고, 개선 방향을 도출**할 수 있습니다.

※ Utility Tree를 활용하면 아키텍처 평가의 신뢰성을 높이고, 최적의 설계를 도출하는 데 큰 도움이 됩니다!

12.4.2 ATAM평가의 Step 8 아키텍처 접근법 분석서 작성법

1 아키텍처 접근법 분석서 주요 용어 : 민감점, 절충점

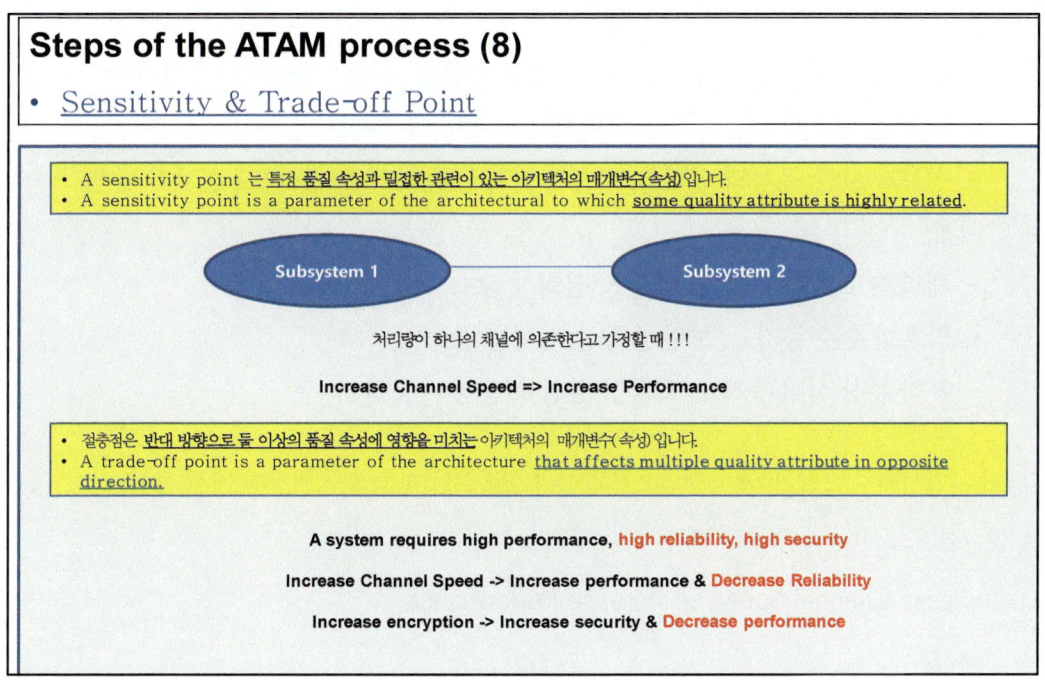

그림 12-4 민감점 .vs. 절충점

1. ATAM에서의 민감점(Sensitivity Point)

- **정의:**
  - **특정 품질 속성과 밀접하게 관련된 아키텍처의 매개변수(속성)**
  - 아키텍처에서 특정 요소(예: 채널 속도, 암호화 수준 등)가 조정되면 **한 가지 품질 속성(예: 성능, 보안 등)에 직접적인 영향을 미치는 경우**
  - 주어진 아키텍처에서 **어떤 결정이 가장 큰 영향을 주는지 식별하는 과정**
- **예제:**
  - 채널 속도 증가 → 성능 향상
  - 암호화 수준 증가 → 보안성 향상
  - 캐시 크기 증가 → 응답 시간 단축

2. ATAM에서의 절충점(Trade-off Point)

- **정의:**
  - **두 개 이상의 품질 속성에 반대 방향으로 영향을 미치는 아키텍처의 매개변수(속성)**
  - 한 품질 속성을 향상시키면 다른 품질 속성이 감소하는 경우
  - 성능과 보안, 성능과 신뢰성, 비용과 가용성 등의 **트레이드오프 관계가 발생**
- **예제:**
  - 채널 속도 증가 → 성능 향상 & 신뢰성 감소
  - 암호화 수준 증가 → 보안성 향상 & 성능 감소
  - 부하 분산 서버 추가 → 확장성 향상 & 운영 비용 증가

3. 위 이미지에서 민감점(Sensitivity Point)과 절충점(Trade-off Point) 예시 분석

■ 민감점(Sensitivity Point) 예시

(1) Increase Channel Speed → Increase Performance

- **설명:**
  - 시스템의 처리량이 하나의 채널 속도에 의해 결정된다고 가정했을 때, **채널 속도를 증가시키면 성능이 향상됨.**
  - 즉, "채널 속도(Channel Speed)"라는 매개변수는 성능(Performance)과 강하게 연결된 민감점이 됨.

(2) Increase Encryption → Increase Security

- 설명:
  - 암호화 수준을 높이면 시스템의 **보안(Security)**이 향상됨.
  - 즉, "암호화 수준(Encryption Level)"이 보안성과 직접적으로 연결된 민감점이 됨.

■ 절충점(Trade-off Point) 예시

(1) Increase Channel Speed → Increase Performance & Decrease Reliability

- 설명:
  - 채널 속도를 높이면 성능(Performance)은 향상되지만, 높은 속도로 인해 패킷 손실 및 신뢰성(Reliability)이 감소할 가능성이 있음.
  - 즉, "채널 속도(Channel Speed)"는 성능과 신뢰성 간의 절충점(Trade-off Point) 역할을 함.

(2) Increase Encryption → Increase Security & Decrease Performance

- 설명:
  - 암호화 수준을 높이면 보안(Security)이 강화되지만, 암·복호화 과정이 추가되어 성능(Performance)이 저하됨.
  - 즉, "암호화 수준(Encryption Level)"은 보안과 성능 간의 절충점(Trade-off Point) 역할을 함.

2 아키텍처 접근법 분석서 주요 용어 : 위험(Risk), 무위험(Non-Risk)

1. ATAM에서의 위험 (Risk)

- 정의:
  - 잠재적으로 문제가 될 가능성이 있는 아키텍처 결정
  - 특정 아키텍처 요소가 예상치 못한 동작을 하거나, 시스템 품질 속성을 저하시킬 위험이 있는 경우
  - 위험은 기능적 요구사항과 비기능적 요구사항(성능, 보안, 신뢰성 등)에 부정적인 영향을 줄 가능성이 높은 요소

- 해결되지 않으면 시스템 장애, 데이터 손실, 성능 저하 등의 문제가 발생할 수 있음
- 예제:
  - 하나의 **Active** 서버에 의존하는 구조 → 서버 장애 발생 시 데이터 유실 가능성 존재
  - 네트워크 트래픽이 증가할 경우 성능 저하 발생 가능성
  - **API** 응답 속도가 느려질 경우 사용자 경험 저하
  - 키 관리가 부실한 경우 **AES** 암호화 키 탈취 위험 존재

2. ATAM에서의 무위험 (Non-Risk)

- 정의:
  - 아키텍처에서 명확하게 정의된 설계로 인해, 예상되는 품질 속성이 안정적으로 보장되는 경우
  - 시스템이 가정한 범위 내에서 동작하며, 예상치 못한 문제가 발생하지 않는 아키텍처 요소
  - 위험 요소를 제거하거나 완전히 해결한 경우
- 예제:
  - **Active-Active** 서버 구성으로 이중화가 보장된 경우 → 서버 장애 시 자동 **Failover**로 데이터 유실 위험 없음
  - 부하 분산(**Load Balancing**) 적용 → 트래픽 증가에도 성능 저하 없음
  - AES 키 관리 시스템(**KMS**) 적용 → 키 탈취 가능성이 사라짐
  - HTTPS, TLS 암호화 적용 → 보안성이 강화되어 데이터 유출 위험 없음

3 아키텍처 접근법 분석서 Sample 및 해설

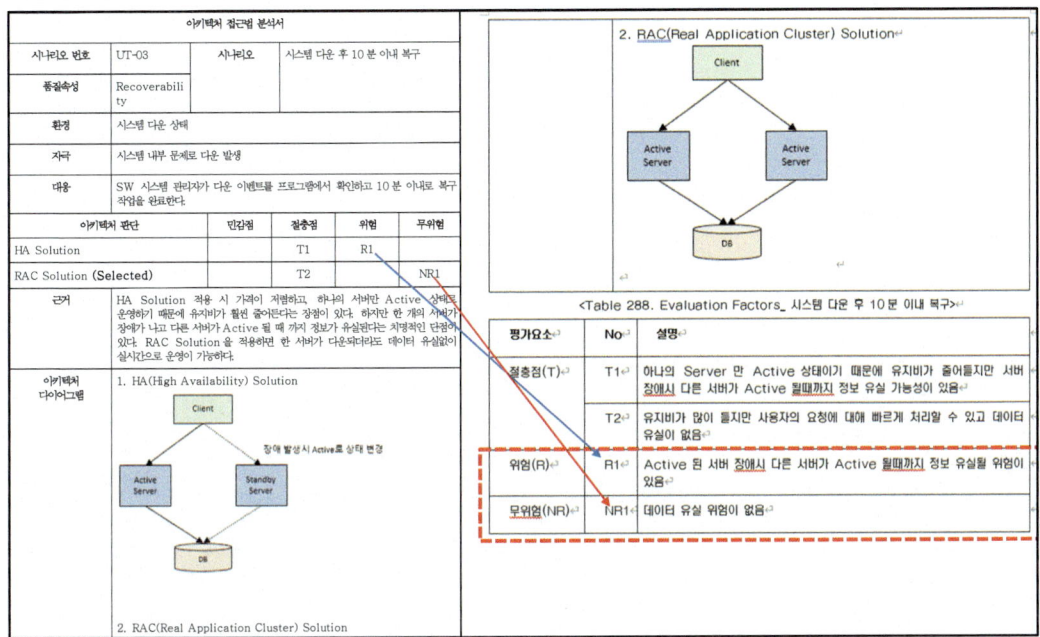

그림 12-5 아키텍처 접근법 분석서 예시

(1) 개요 (Overview)

- 목적:
  - 고가용성(High Availability, HA)과 데이터 무결성을 유지하면서 장애 발생 시 빠른 복구를 보장하는 시스템 구축
  - 시스템 장애 발생 시 **10분 이내 복구** 목표 설정

- 아키텍처 접근법:
  - **RAC (Real Application Cluster) 솔루션**: 다중 Active 서버 구조를 사용하여 가용성을 확보함.
  - **HA (High Availability)** : 장애 발생 시 Standby 서버가 Active 상태로 변경됨.

(2) 아키텍처 접근법 목록 (Architectural Approaches)

표 12-5 아키텍처 접근법 목록 예시

No	아키텍처 접근법	관련 품질 속성	설명
A1	RAC 솔루션	가용성(Availability), 성능(Performance)	다중 Active 서버 구조를 사용하여 가용성을 확보
A2	HA 솔루션	가용성(Availability), 신뢰성(Reliability)	장애 발생 시 Standby 서버가 Active 상태로 변경됨

(3) 품질 속성별 분석 (Quality Attribute Analysis)

표 12-6 품질 속성별 분석 예시

아키텍처 접근법	관련 품질 속성	기대 효과
RAC 솔루션	성능, 가용성	서버 간 부하 분산, 빠른 장애 복구 가능
HA 솔루션	가용성, 신뢰성	Standby 서버가 장애 발생 시 즉시 Active 전환

(4) Trade-off 분석 (Trade-off Analysis)

표 12-7 절충점 분석 예시

아키텍처 접근법	장점	Trade-off 요소 (단점)
RAC 솔루션	다중 Active 서버로 성능 및 가용성 증가	비용이 높고 유지보수 복잡
HA 솔루션	유지보수가 간단하고 비용 절감 가능	장애 발생 시 전환 시간 필요

(5) 위험 요소 및 설계 한계 분석 (Risk Identification & Design Constraints)

표 12-8 위험 요소 및 설계 한계 분석 예시

평가요소	No	설명
절충점 (Trade-off)	T1	하나의 Active 서버만 동작하면 유지비가 줄어들지만, 장애 발생 시 다른 서버가 Active 될 때까지 데이터 유실 가능성 있음
절충점 (Trade-off)	T2	유지비는 증가하지만, 데이터 유실 가능성이 적고 빠른 응답 가능
위험 (Risk)	R1	Active 서버 장애 발생 시, 다른 서버가 Active로 전환될 때까지 데이터 유실 위험 존재
무위험 (No Risk)	NR1	데이터 유실 위험이 없는 구성

(6) 개선 방향 및 대안 제안 (Recommendations & Alternatives)

- 데이터 유실 위험 감소를 위해 → Standby 서버를 **Hot Standby(즉시 전환 가능)** 방식으로 변경
- 비용 절감과 성능 균형을 고려 → RAC 대신 **Hybrid** 방식 **(Active-Active + Standby)** 고려
- **Active-Standby** 전환 속도 향상 → **Heartbeat** 모니터링 및 자동 장애 감지 시스템 도입

(7) 최종 평가 및 결론 (Final Evaluation & Conclusion)

- **RAC 솔루션**: 고가용성을 제공하지만, 유지 비용이 높고 복잡한 운영이 필요함.
- **Active-Standby 아키텍처**: 비용이 낮고 관리가 용이하지만, 장애 발생 시 데이터 유실 가능성이 존재함.
- 최적의 해결책 : **Hybrid 아키텍처 (Active-Active + Hot Standby)** 모델을 도입하여 성능과 가용성을 동시에 확보하는 방향이 적절함.

(8) 결론:

본 아키텍처 접근법 분석서를 통해, 시스템의 가용성을 유지하면서도 비용과 성능 간의 균형을 맞출 수 있는 최적의 아키텍처를 도출할 수 있음.

4 시스템 해킹 방지 아키텍처 접근법 분석서 Sample 및 해설

아키텍처 접근법 분석서					
시나리오 번호	UT-07	시나리오	시스템 해킹 방지		
품질속성	보안성	^	^		
환경	시스템 주요 기능 정상 동작 상태				
자극	악성코드, 바이러스 침입				
대응	결제정보 해킹 등에 대비하여 알려진 모든 악성코드 및 바이러스에 대한 대응 방안을 강구하여야 한다.				
아키텍처 판단	민감점	절충점	위험	무위험	
RSA 암호화	S2	T1			
AES 암호화	S1	T2	R1		
웹방화벽+방화벽 (Selected)	S4		R3		
사이버 대피소	S4		R2		
근거	1. RSA 암호화의 경우 비대칭형 암호화 방식이기 때문에 한 쌍의 Public Key와 Private Key가 필요하다. 높은 보안성을 지니고 있지만 속도가 느리며 암호화를 할 수 있는 분량에 제한이 있다. 2. AES 암호화의 경우 암호화 방식에 속도가 빠르기 때문에 대용량 데이터 암호화에 적합하다. 하지만 같은 키를 공유하는 대칭키 암호화이기 때문에 키를 서로 교환해야 하고 탈취 관리를 해야 하는 단점이 있다. 3. 방화벽을 사용하여 다양한 외부 공격에 대응이 가능하다. 4. DDoS트래픽을 사이버 대피소로 우회하여 분석, 차단함으로써 서비스를 정상적으로 운영이 가능하다.				
아키텍처 다이어그램	1. RSA 암호화				

2. AES 암호화

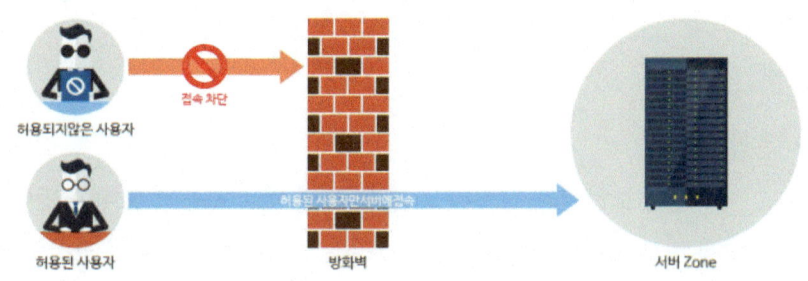

3. 방화벽

4. 사이버 대피소

평가요소	No	설명
민감점(S)	S1	개인정보 노출 방지 기능 존재
	S2	하나의 키를 사용하므로 확장성이 높음
	S3	한 쌍의 키를 사용하므로 재사용성 떨어짐
	S4	한국인터넷진흥원(KISA)에서 지원하는 서비스로 추가 비용 가능성이 있음
절충점(T)	T1	암호화 수준을 높이면 보안성은 좋아지지만, 성능은 떨어짐
	T2	암호화 수준을 낮추면 보안성은 취약해지지만, 성능은 좋아짐
위험(R)	R1	같은 키를 공유해서 탈취에 취약함
	R2	다양한 외부 공격을 대응할 수 없음
	R3	HTTPS와 TCP/IP로 통신하는 트래픽을 모두 감시하여 방어 가능

(1) 개요 (Overview)

- **목적:**
    - 시스템의 보안성을 강화하고 해킹 및 악성코드 공격에 대한 방어 체계를 구축
    - 결제 정보 해킹, 악성코드 및 바이러스 침입에 대비하여 효과적인 대응 방안을 마련
- **평가 대상 품질 속성:**
    - 보안성(Security)
- **환경:**
    - 시스템 주요 기능이 정상적으로 동작하는 상태
- **자극:**
    - 악성코드, 바이러스 침입 시 시스템 대응 필요
- **대응:**
    - 알려진 모든 악성코드 및 바이러스에 대한 대응 방안을 적용해야 함

(2) 아키텍처 접근법 목록 (Architectural Approaches)

표 12-9 아키텍처 접근법 목록 예시

No	아키텍처 접근법	관련 품질 속성	설명
A1	RSA 암호화	보안성	비대칭 암호화 방식으로 높은 보안성 제공, 하지만 속도가 느림
A2	AES 암호화	보안성	대칭키 암호화 방식으로 속도가 빠르나, 키 탈취 가능성 존재
A3	웹 방화벽 + 방화벽 (Selected)	보안성	외부 공격 및 비인가 접근을 차단
A4	사이버 대피소	보안성	DDoS 공격 시 트래픽을 우회하여 분석 및 차단

(3) 품질 속성별 분석 (Quality Attribute Analysis)

표 12-10 품질 속성별 분석 예시

아키텍처 접근법	관련 품질 속성	기대 효과
RSA 암호화	보안성	높은 보안성 제공, 개인키 보호
AES 암호화	보안성	빠른 성능으로 대용량 데이터 암호화 가능
웹 방화벽 + 방화벽	보안성	다양한 외부 공격 및 악성 트래픽 차단 가능
사이버 대피소	보안성	DDoS 공격 트래픽 분석 및 차단

(4) Trade-off 분석 (Trade-off Analysis)

표 12-11 절충점 분석 예시

아키텍처 접근법	장점	Trade-off 요소 (단점)
RSA 암호화	높은 보안성, 개인키 보호	속도가 느리고 암호화 용량 제한
AES 암호화	빠른 속도, 대용량 데이터 암호화 가능	키 공유로 인해 탈취 가능성 존재
웹 방화벽 + 방화벽	다양한 보안 공격 차단	HTTPS, TCP/IP 트래픽 감시로 인해 성능 부담
사이버 대피소	DDoS 트래픽 우회 및 차단	다양한 외부 공격 대응이 어려울 수 있음

(5) 평가요소

표 12-12. 평가요소 설명 예시

평가요소	No	설명
민감점 (Sensitive Points)	S1	개인정보 노출 방지 기능 존재
	S2	하나의 키를 사용하므로 확장성이 높음
	S3	RSA의 경우 한 쌍의 키를 사용하므로 재사용성이 떨어짐
	S4	사이버 대피소는 KISA(한국인터넷진흥원) 지원 서비스로 추가 비용이 발생할 가능성 있음
절충점 (Trade-offs)	T1	암호화 수준을 높이면 보안성 증가하지만, 성능 저하 발생
	T2	암호화 수준을 낮추면 성능은 향상되지만 보안성이 취약해짐
위험 요소 (Risks)	R1	AES 암호화의 경우 같은 키를 공유해야 하므로 탈취에 취약함
	R2	사이버 대피소는 특정 유형의 외부 공격만 대응 가능
	R3	방화벽은 HTTPS 및 TCP/IP 트래픽을 감시하여 보호 가능하지만 성능 부담 초래

(6) 개선 방향 및 대안 제안 (Recommendations & Alternatives)

- **RSA 암호화 대신 하이브리드 방식 적용:**
  - RSA의 보안성과 AES의 속도를 조합한 **하이브리드 암호화 기법(RSA + AES) 적용**
- **키 관리 시스템(KMS) 도입:**
  - AES 암호화의 단점인 키 탈취 가능성을 줄이기 위해 **보안 강화된 키 관리 시스템(KMS) 적용**
- **AI 기반 실시간 보안 모니터링 도입:**
  - 방화벽 및 사이버 대피소의 한계를 극복하기 위해 **AI 기반 악성 트래픽 탐지 시스템** 적용
- **DDoS 보호 강화를 위한 추가 대책:**
  - 사이버 대피소 외에도 **CDN(Content Delivery Network) 활용**하여 트래픽 부하 분산

(7) 최종 평가 및 결론 (Final Evaluation & Conclusion)

- **RSA 암호화:** 보안성은 높지만 성능 저하 발생
- **AES 암호화:** 속도는 빠르나 키 탈취 위험 존재

- **웹 방화벽 + 방화벽:** 종합적인 외부 공격 방어 가능하나 성능 부담 초래
- **사이버 대피소:** DDoS 방어 가능하나 다양한 외부 공격 대응 한계 있음

(8) **최적의 해결책:**

- RSA + AES 하이브리드 암호화 적용 → 보안성과 성능의 균형 확보
- KMS(Key Management System) 도입 → 키 탈취 위험 감소
- AI 기반 보안 모니터링 시스템 추가 → 실시간 공격 탐지 및 대응
- DDoS 방어를 위한 CDN 활용 → 서비스 안정성 강화

(9) **결론:**

본 아키텍처 접근법 분석서를 통해, 시스템의 보안성을 극대화하면서도 성능 저하를 최소화할 수 있는 최적의 방안을 도출하였음.

연습 문제

주관식 문제

1. Utility Tree의 최상위 노드(Root Node)는 무엇이며, 어떤 개념을 의미하는가?

2. ATAM 평가에서 민감점(Sensitivity Point)과 절충점(Trade-off Point)의 차이를 설명하시오.

3. 아키텍처 평가에서 위험(Risk)과 무위험(Non-Risk)의 개념을 설명하고, 각각의 예제를 하나씩 들어보시오.

4. ATAM 평가에서 Utility Tree가 가지는 주요 역할을 2가지 이상 설명하시오.

5. 시스템 보안성을 강화하기 위해 RSA 암호화와 AES 암호화를 혼합하여 사용하는 이유를 설명하시오.

객관식 문제

6. Utility Tree에서 품질 속성을 계층적으로 정리하는 이유로 적절하지 않은 것은?
    a) 품질 속성을 구조적으로 정의하기 위함
    b) 특정 품질 속성을 제거하기 위함
    c) 품질 속성 간 우선순위를 설정하기 위함
    d) 측정 가능한 목표를 설정하기 위함

7. 다음 중 민감점(Sensitivity Point)의 예시로 적절한 것은?
    a) 네트워크 암호화 수준을 높이면 보안성이 증가하지만 성능이 저하됨
    b) 채널 속도를 증가시키면 성능이 향상됨
    c) 서버 이중화를 하면 가용성이 증가하지만 운영 비용이 상승함
    d) 부하 분산 서버를 추가하면 확장성이 증가하지만 유지보수가 복잡해짐

연습 문제

8. 아래의 설명이 의미하는 것은 무엇인가?

   > "특정 아키텍처 결정이 한 품질 속성에는 긍정적인 영향을 미치지만, 다른 품질 속성에는 부정적인 영향을 미치는 경우이다."

   a) 민감점 (Sensitivity Point)
   b) 절충점 (Trade-off Point)
   c) 위험 (Risk)
   d) 무위험 (Non-Risk)

9. 아래의 위험 요소 중 보안성과 가장 직접적으로 관련된 것은?
   a) 네트워크 트래픽 증가로 인해 시스템 성능 저하 발생 가능
   b) 데이터 암호화 수준이 낮아 정보 탈취 위험 존재
   c) 부하 분산 서버 추가로 인해 운영 비용 증가
   d) 장애 발생 시 Active 서버 전환 속도가 느려 복구 지연 가능

10. 아키텍처 접근법 분석에서 "웹 방화벽 + 방화벽"을 사용하는 주요 목적은?
    a) 데이터 처리 속도를 향상시키기 위해
    b) 클라우드 인프라 비용을 절감하기 위해
    c) 외부 공격 및 비인가 접근을 차단하기 위해
    d) 네트워크 트래픽을 분석하여 성능을 최적화하기 위해

저자 홍석우

2015~현재   수원대학교 지능형SW융합대학 컴퓨터학부 교수
2008~2010   삼일PwC컨설팅 시니어 매니저
2003~2006   LG CNS 임베디드SW팀 차장
1991~2000   삼성SDS 공공개발팀 과장
            숭실대, 한국산업기술대 겸임교수

[주요 프로젝트 경력]
- 대규모프로젝트수행주요경험(Architect, PMO, QA, SW분석/설계자, 개발자역할수행)
  - 공공분야(200억규모1건(노*), 100억규모1건(조*), 500억규모(행*지*))
  - 유통분야(100억규모1건(G사))
  - 금융분야(400억규모1건(H사), 100억규모1건(S은행), 500억규모(H금융))
- 그외시스템Maintenance 및중소규모프로젝트수행및IT Advisory (아워홈, 휴맥스등)
- H5 UX 솔루션개발및수상(인터넷에코어워드서비스혁신정보통신분야대상,2013.12)
- 산학R&D : 딥러닝이미지인식분석검색기술바탕의심리기반인테리어스타일추천서비스개발등
- 해외프로젝트(사업)활동및ITAdvisory자문경력: About 10 years
  - AI기술을활용한우즈베키스탄법률서비스선진화및중앙아시아디지털법센터설립사업(KOICA, 2024.12~2025.1)(IT Advisory)
  - Improving Healthcare Service Delivery in Uganda Through Health Information Automation and Capacity Building in Infection Management in Uganda (IT Advisory of Health Care Service Area) (KOICA, 2024.1~6)(IT Advisory)
  - Cloud-based Integrated Digital Document Management System Implementation Project for Peruvian Central Government (2023.3)(IT Advisory)
  - 베트남기획투자부New NIIS 구축EA 컨설팅(2018.11 ~ 2021.10)(프로젝트)
  - KOICA-UNDP Partnership for Strengthening of Capacity for an Integrated Civil Petition System in Indonesia(UNDP & KOICA, 2018.11 ~ 12) (ITAdvisory)
  - Capacity Building on Operation and Regulation of Derivatives Market in Nigeria (Financial Sector IT Advisory) (KDI, 2018. 7 ~ 8)
  - KOICA-UNDP Partnership for Promoting Transparent and Participatory Governance in Indonesia (LAPOR Integration IT Advisory) (UNDP & KOICA, 2018.2)
  - New NIIS System in Vietnam EA(Enterprise Architecture) Advisory (KOICA, 2017.10)
  - FDI System in Vietnam EA(Enterprise Architecture) Advisory (KOICA, 2017.2)
  - 글로벌HR서비스시스템모듈화및해외진출사업(캄보디아RUPP 적용) (NIPA) (프로젝트)
  - 캄보디아HRD센터타당성조사설계컨설팅(KOICA)(Advisory)
  - 베트남ICT입법지원사업사후평가(외교통상부)(Advisory)
  - PwC Global EA(Enterprise Architecture)GroupMember활동

[주요 Knowledge Background]
- Knowledge Background (프로젝트활동시적용기술)
  - Method/I, SILC (SHL 사)
  - Innovator (Package, C/S Module)적용
  - PPC (C/S, Web OO, CBD Module)
  - CMM/CMMI, SMART PM
  - PMBOK (SW Project Management Process)
  - ISO/IEC 12207 (SDLCProcess)
  - ISO/IEC9126, 25010(SWQualityProcess)
  - ISO/IEC 14143 (SW Estimation , Function Point)
  - TOGAF MODEL (Enterprise Architecture Framework)
  - SWArchitectureFramework(IEEE1471, ISO/IEC 42010)
  - Viewpoint Models ("4 + 1" View Model , SEI View Model)
  - Architecture Style, Design Pattern
  - SW Architecture Evaluation
  - Machine Learning & Deep Learning (TensorFlow 등)
  - DB (Oracle, DB2 등), Programming Language
  - HW, OS, 다양한SW Solution 등
- 국내외SWArchitect (IT Consultant)활동시필요한Global License 보유부분✓OCP(DBMS 관리), CISA(정보시스템감사), PMP(프로젝트관리), CMM 등

실무에서 사용하는 UML 기반의 소프트웨어 아키텍처 설계

1판 1쇄 인쇄 2025년 02월 20일
1판 1쇄 발행 2025년 02월 28일
저　　　자 홍석우
발 행 인 이범만
발 행 처 **21세기사** (제406-2004-00015호)
　　　　　경기도 파주시 산남로 72-16 (10882)
　　　　　Tel. 031-942-7861　　Fax. 031-942-7864
　　　　　E-mail : 21cbook@naver.com
　　　　　Home-page : www.21cbook.co.kr
　　　　　ISBN 979-11-6833-175-4

정가 32,000원

이 책의 일부 혹은 전체 내용을 무단 복사, 복제, 전재하는 것은 저작권법에 저촉됩니다.
저작권법 제136조(권리의침해죄)1항에 따라 침해한 자는 5년 이하의 징역 또는 5천만 원 이하의 벌금에 처하거나 이를 병과
(併科)할 수 있습니다. 파본이나 잘못된 책은 교환해 드립니다.